U0772385

经典追溯——

卡·马克思和弗·恩格斯著作在中国的传播

1899
—
1949

张远航 —— 著

中央编译出版社
CCTP Central Compilation & Translation Press

图书在版编目（CIP）数据

经典追溯——卡·马克思和弗·恩格斯著作在中国的传播（1899-1949）/ 张远航著 . --
北京：中央编译出版社，2020.7
ISBN 978-7-5117-3866-0

I. ①经…

II. ①张…

III. 马克思主义 – 传播 – 研究 – 中国 – 1899-1949

IV. ① D61

中国版本图书馆 CIP 数据核字 (2020) 第 045277 号

经典追溯——卡·马克思和弗·恩格斯著作在中国的传播（1899-1949）

出 版 人：葛海彦
出版统筹：贾宇琰
责任编辑：李易明
责任印制：刘 慧
出版发行：中央编译出版社
地　　址：北京西城区车公庄大街乙 5 号鸿儒大厦 B 座 (100044)
电　　话：(010) 52612345（总编室） (010) 52612352（编辑室）
　　　　　(010) 52612316（发行部） (010) 52612346（馆配部）
传　　真：(010) 66515838
经　　销：全国新华书店
印　　刷：北京文昌阁彩色印刷有限责任公司
开　　本：787 毫米 × 1092 毫米 1/16
字　　数：520 千字
印　　张：29.5
版　　次：2020 年 7 月第 1 版
印　　次：2020 年 7 月第 1 次印刷
定　　价：198.00 元

网　　址：www.cctphome.com　　　邮　　箱：cctp@cctphome.com
新浪微博：@ 中央编译出版社　　　微　　信：中央编译出版社（ID: cctphome）
淘宝店铺：中央编译出版社直销店 (http://shop108367160.taobao.com)（010）55626985

本社常年法律顾问：北京市吴栾赵阎律师事务所律师　闫军　梁勤
凡有印装质量问题，本社负责调换，电话：（010）55626985

目　录

上　篇
卡·马克思和弗·恩格斯著作
中文版本（1899—1949）

下　篇
卡·马克思和弗·恩格斯著作
在中国传播的历程（1899—1949）

学术界视 1899 年为马克思主义传入中国的元年，其标志性事件是上海的《万国公报》刊载了英国传教士李提摩太译，中国人蔡尔康撰的《大同学》一文。该文准确地译出了"马克思""恩格斯"的名字，并译介了《共产党宣言》和《资本论》的部分内容。

1899 年至 1917 年，一些先进的中国知识分子积极推动、创办了一批宣传进步思想的刊物，如 1900 年留日学生在东京创办的《译书汇编》，1905 年资产阶级革命派在东京创办的《民报》，1907 年刘师培等在东京创办的《天义报》，1907 年张静江、吴稚晖、李石曾等人在法国巴黎创办的《新世纪》，1912 年中国社会党绍兴支部在上海创办的《新世界》，1915 年陈独秀在上海创办的《新青年》等。马克思、恩格斯的思想和著作经这些刊物在中国逐渐流传开来，其中《共产党宣言》《资本论》《家庭、私有制和国家的起源》《社会主义从空想到科学的发展》是早期传播最广泛的几部著作。五四时期，马克思、恩格斯的思想和著作成为知识界不可回避的论争焦点，马克思主义在众多学说和理论中脱颖而出，成为进步知识分子终生的理想追求。

1921 年 8 月，陈望道翻译的《共产党宣言》在上海出版，这是中国近代以来知识界发生的一件大事。从那时起，马克思、恩格斯的思想和著作成为中国共产党强大的思想武器，指引中国革命、建设、改革从一个胜利走向另一个胜利。

新中国成立前，马克思、恩格斯的主要著作都有了中译文。一些重要著作，如《共产党宣言》《资本论》《反杜林论》《哲学的贫困》《社会主义从空想到科学的发展》《家庭、私有制和国家的起源》等甚至有多个中文译本，这些译文实现了对马克思主义著作从字面翻译，到思想内容诠释的跃进，逐渐确立了其在中文世界的经典地位。

本书内容所跨越的时间截至 1949 年 10 月，这不仅因为旧时代已经结束、新世界已经来临，还因为这之后新的译文开始酝酿，以此为时间节点，合情合理。本书力求以全新的构架和体例，循着马恩著作产生年代的时间脉络，以单部著作的传播历程为研究对象，图文并茂、全面系统地梳理 1899 年至 1949 年这半个世纪内，马克思、恩格斯著作所有中文版本在中国流传的详细历程及收藏现况，旨在对马克思、恩格斯著作在中国的传播进行一次彻底的考察。

张远航

2020 年 5 月 20 日

卡·马克思和
弗·恩格斯著作
中文版本

1899
—
1949

上篇

卡·马克思《〈黑格尔法哲学批判〉导言》

马克思没有上过小学，在父亲的指导下，完成了启蒙教育，1830 年，进入特里尔中学读书。1835 年，马克思中学毕业后，进入波恩大学攻读法学，一年后，转入柏林大学。1841 年，年仅 23 岁的马克思在完成他的博士论文《德谟克利特的自然哲学和伊壁鸠鲁的自然哲学的差别》后，顺利拿到了哲学博士学位。马克思大学毕业后的第一份工作，即是从 1842 年 10 月开始，担任《莱茵报》的编辑。

《莱茵报》全名《莱茵政治、商业和工业日报》，从 1842 年 1 月 1 日至 1843 年 4 月 1 日，在普鲁士王国莱茵省科伦市共出版 456 号。青年黑格尔派的 B. 鲍威尔、E. 鲍威尔、M. 赫斯、K.F. 科本等人常为该报撰稿。至 1843 年 4 月 1 日《莱茵报》被查封时，马克思在该报上共发表各类文章 24 篇（组），恩格斯在该报上共发表了 17 篇（组）文章。其中，1842 年 2 月马克思撰写的第一篇政论文章《评普鲁士最近的书报检查令》，讨论了媒体自由问题；1843 年 1 月 15 日发表的《摩泽尔记者的辩护》，抨击了普鲁士的专制制度。

马克思退出《莱茵报》编辑部后，来到了莱茵省的克罗伊茨纳赫小镇，在那里度过了几个月，并于 1843 年 6 月同燕妮举行了婚礼。在此期间，马克思撰写了《黑格尔法哲学批判》，批判了黑格尔在国家问题上的唯心主义立场，并与青年黑格尔派的代表人物阿尔诺德·卢格商量，要在巴黎创办革命刊物《德法年鉴》。同年10月，马克思和怀孕3个月的妻子燕妮来到了“新世界的首府”——巴黎。很快，马克思就融入到巴黎的工人运动中，接触了当时进步的政治思想，12月中旬，马克思完成了《〈黑格尔法哲学批判〉导言》的撰写，并发表在来年2月出版的《德法年鉴》上。这就是《〈黑格尔法哲学批判〉导言》问世前后，马克思的生活与写作背景。

《〈黑格尔法哲学批判〉导言》和下一篇《论犹太人问题》是马克思第一次在国外出版的著作。在这两部著作问世之前，马克思通过在《莱茵报》时期的历练，获得了全国范围内的大量热心读者，成长为一名革命民主主义者。

在《〈黑格尔法哲学批判〉导言》中，马克思首次阐明了无产阶级的历史使命是实现人类的解放。列宁认为，这部著作和《论犹太人问题》标志着马克思实现了从唯心主义向唯物主义、从革命民主主义向共产主义转变的“彻底

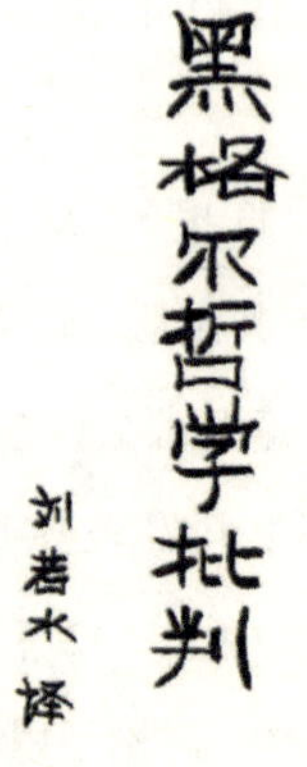

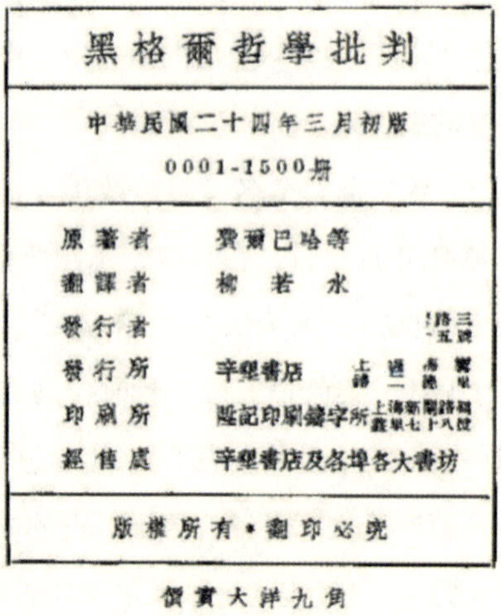
黑格爾哲學批判

中華民國二十四年三月初版
0001-1500册

原著者　費爾巴哈等
翻譯者　柳若水
發行者
發行所　辛墾書店
印刷所　[illegible]記印刷鑄字所　上海新聞路福盛里七十八號
經售處　辛墾書店及各埠各大書坊

版權所有·翻印必究

價實大洋九角

图1-1 1935年3月，辛垦书店出版，北京杂书馆藏。

完成"。①

1850 年，由海·艾韦贝克著的法文版《从最新的德国哲学看什么是宗教》节译了《〈黑格尔法哲学批判〉导言》的内容；1887 年，日内瓦出版了俄文版；1890 年 12 月 2—10 日，《柏林人民报》用德文发表了全文。②

《〈黑格尔法哲学批判〉导言》的中译文最早出现在 1935 年辛垦书店出版的《黑格尔哲学批判》一书中（图 1-1）。

---

① 《列宁全集》第 26 卷，人民出版社 1988 年版，第 83 页。
② 中央编译局编：《马克思恩格斯文件资料汇编》，人民出版社 2011 年版，第 11 页。

第二章

卡·马克思《论犹太人问题》

《论犹太人问题》写于 1843 年 10 月中至 12 月中，首次发表于 1844 年 2 月《德法年鉴》（巴黎）1—2 期合刊，原文是德文。该著作是马克思同青年黑格尔派的主要代表布·鲍威尔就犹太人的解放问题公开论战的著作，在作品中，马克思驳斥了鲍威尔在其著作《犹太人问题》和《现代犹太人和基督徒获得自由的能力》中的错误观点，批判了鲍威尔在解决被剥夺政治权利的德国犹太人的解放问题上采取唯心主义态度。①

1850 年，法国巴黎出版海·艾韦贝克的《从最新的德国哲学看什么是宗教》一书，收录《论犹太人问题》的摘译。1881 年 6 月 30 日和 7 月 7 日，德国社会民主党中央机关报《社会民主党人报》杂文栏分别刊登了《论犹太人问题》的第二部分。1890 年 10 日至 19 日，德国《柏林人民报》在增刊上全文发表了《论犹太人问题》。② 此后，《论犹太人问题》德文版、俄文版的单行本

① 中央编译局编：《马克思恩格斯文件资料汇编》，人民出版社 2011 年版，第 12 页。
② 中央编译局编：《马克思恩格斯文件资料汇编》，人民出版社 2011 年版，第 12 页。

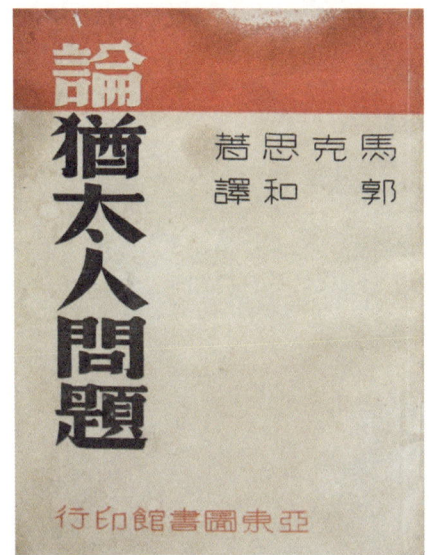
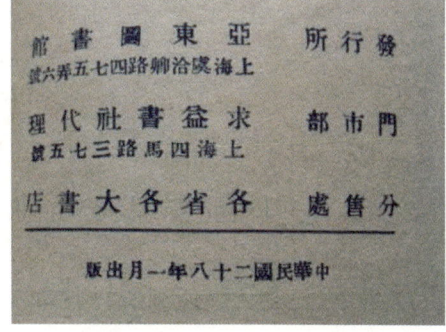

图 2-1 1939 年 1 月，亚东图书馆出版，上海图书馆藏。

陆续出版。

1939 年 1 月，亚东图书馆出版由郭和翻译的《论犹太人问题》一书（图2-1）。马克思的《论犹太人问题》收入其第 13—72 页。该书 32 开，竖排平装本，其目录为：

第三章

弗·恩格斯《国民经济学批判大纲》

　　1820 年出生的恩格斯中学毕业后，受命于父，于 1837 年弃学经商，开始了在社会实践中学习和探索的艰辛历程。[1] 1842 年 11 月，恩格斯来到英国曼彻斯特，在欧门 – 恩格斯公司办公处任职。[2] 在曼彻斯特期间，恩格斯对资产阶级古典政治经济学以及空想社会主义思想的著作进行了批判性研究。[3]

　　《国民经济学批判大纲》写于 1843 年 9 月至 1844 年 1 月中旬，是恩格斯的第一部经济学著作，它最初发表在《德法年鉴》上。1890 年 11 月 28 日，为庆祝恩格斯 70 寿辰，德国社会民主党理论刊物《新时代》重新发表该文。

　　在该著作中，恩格斯对资产阶级政治经济学进行了较系统的考察，同时还分析了政治经济学的一些基本范畴，指出了资本主义社会矛盾的根源，强调变

---

[1]　中央编译局编：《恩格斯画传》，重庆出版集团 2012 年版，第 3 页。
[2]　中央编译局编：《恩格斯画传》，重庆出版集团 2012 年版，第 35 页。
[3]　中央编译局编：《恩格斯画传》，重庆出版集团 2012 年版，第 42 页。

革社会关系是消除资本主义社会制造的社会弊端的重要手段。[①] 这篇文章被马克思誉为"批判经济学范畴的天才大纲"[②]，表明恩格斯在自己的世界观的发展上已经开始了一个崭新的阶段。

《国民经济学批判大纲》的中文版（节译）最初由何思敬翻译，发表在广州中山大学 1931 年《社会科学论丛》第 3、4 卷上。

---

① 中央编译局编：《马克思恩格斯文件资料汇编》，人民出版社 2011 年版，第 13 页。
② 《马克思恩格斯文集》第 2 卷，人民出版社 1972 年版，第 592 页。

第四章

卡·马克思《1844 年经济学哲学手稿》

《德法年鉴》的创刊号也是它的终刊号，时值 1844 年 2 月。当时，燕妮已怀孕 7 个月。马克思因办报与卢格发生了意见分歧，马克思与燕妮的经济情况开始变得不稳定。[①] 不过，在他们的家庭经济危机来临之前，科隆的格奥尔格·荣克和《莱茵报》的老股东们为了表达对马克思的敬意，寄来一笔是马克思在《德法年鉴》担任编辑时所能得到报酬两倍的款项。[②]

1844 年 5 月 1 日，马克思的第一个孩子出生了，是个女孩，随母亲的名字叫燕妮。[③] 孩子病得厉害，于是，6 月初至 9 月，燕妮带着孩子回到了莱茵省。[④] 这使得马克思有了一段安静的时间来充分地学习、写作。[⑤]《1844 年经济学哲学手稿》（以下简称《手稿》）就是这一时期产生的。

[①] ［美］玛丽·加布里埃尔：《爱与资本：马克思家事》，朱艳辉译，湖南人民出版社 2018 年版，第 50 页。
[②] ［美］玛丽·加布里埃尔：《爱与资本：马克思家事》，朱艳辉译，湖南人民出版社 2018 年版，第 50 页。
[③] ［英］戴维·麦克莱伦：《马克思传》，王珍译，中国人民大学出版社 2007 年版，第 110 页。
[④] ［美］玛丽·加布里埃尔：《爱与资本：马克思家事》，朱艳辉译，湖南人民出版社 2018 年版，第 51 页。
[⑤] ［英］戴维·麦克莱伦：《马克思传》，王珍译，中国人民大学出版社 2007 年版，第 110 页。

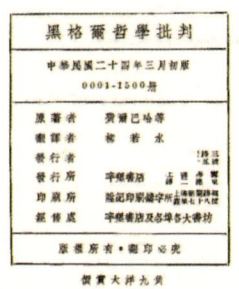

图 4-1 1935 年 3 月，辛垦书店出版，北京杂书馆藏。

《手稿》是马克思写于 1844 年 4—8 月间的一部未完成的手稿，在马克思生前没有发表。这部著作反映了马克思对哲学、经济学和共产主义理论的许多新思考和新见解，是马克思主义形成阶段的一部重要著作。①

1927 年，苏联出版的《马克思恩格斯文库》在第 3 卷附录中摘要发表了这部手稿中的"第三手稿"（即笔记本 III）的俄译文，但这部分手稿被误认为是《神圣家族》的准备材料。1929 年出版的俄文版《马克思恩格斯全集》第 3 卷以同样的形式和标题继承了 1927 年的形式和内容。1932 年出版的《马克思恩格斯全集》历史考证版第三卷以德文原文发表了全部手稿，并加了标题《1844 年经济学哲学手稿》。② 这个标题一直沿用至今。

1935 年 3 月，辛垦书店出版柳若水翻译的《黑格尔哲学批判》（图 4-1），其中第 97—135 页的《黑格尔辩证法及哲学一般之批判》一文，即摘译了《手稿》中的"黑格尔的辩证法和整个哲学的批判"③ 一章内容。这是《手稿》传入中国的最早译文。

---

① 中央编译局编：《马克思恩格斯文集资料汇编》，人民出版社 2011 年版，第 14 页。
② 中央编译局编：《马克思恩格斯文集资料汇编》，人民出版社 2011 年版，第 16 页。
③ 《马克思恩格斯全集》第 42 卷，人民出版社 1979 年年版，第 156—181 页。

第五章

卡·马克思和弗·恩格斯《神圣家族》

1844 年 6 月，燕妮回到特里尔后十分担心在巴黎的马克思，9 月份，她又返回了巴黎，不久又怀上了第二个孩子。[①] 她见证了马克思与一生中最重要的朋友——弗里德里希·恩格斯友谊的开始。

1844 年 8 月底，恩格斯从曼彻斯特返回德国，途径巴黎。[②] 8 月 28 日，在法兰西剧场对面的雷让斯咖啡馆，马克思与恩格斯进行了历史性会晤。这是当时巴黎最为著名的咖啡馆之一，伏尔泰、本杰明·富兰克林、狄德罗、格林、路易斯·拿破仑、圣伯沃和马塞特曾是这里的顾客。[③] 他们一见如故，在接下来的 10 天中，俩人朝夕相处，几乎形影不离，一起探讨理论问题，一起参加工人集会。恩格斯后来写道："我们在一切理论领域的完全一致是很明显的，我们共同的工作从此开始了。"在一起的 10 天中，马克思和恩格斯决定

① [英] 戴维·麦克莱伦：《马克思传》，王珍译，中国人民大学出版社 2007 年版，第 132 页。
② 中央编译局编：《恩格斯画传》，重庆出版集团 2012 年版，第 37 页
③ [英] 戴维·麦克莱伦：《马克思传》，王珍译，中国人民大学出版社 2007 年版，第 114 页。

公开发表他们共同的观点，批判之前的伙伴的立场。恩格斯大约写了 15 页。^①
马克思直到 11 月底才完成自己的那部分。1845 年 2 月，马克思和恩格斯共同的
著作在德国法兰克福首次出版，马克思给它起了一个讽刺性的名字——《神圣
家族》。

《神圣家族》全称《神圣家族，或对批判的批判所做的批判。驳布鲁
诺·鲍威尔及其伙伴》，是马克思和恩格斯合写的第一部重要哲学著作。"神
圣家族"是对青年黑格尔派鲍威尔兄弟及其伙伴的谑称，讽喻鲍威尔像耶稣，
他的伙伴们像耶稣的门徒，"批判的批判"是指他们这伙人的唯心主义哲学体
系。^②《神圣家族》出版之时，鲜有问津，当然，它也不是马克思的主要著作。^③
马克思和恩格斯在这部著作中除了批判青年黑格尔派和黑格尔本人的唯心主义
哲学思想外，最为重要的是，他在书中初步阐述了唯物史观的一些重要思想，
提出人民群众在历史中起决定作用这一重要的历史唯物主义原理，指出群众是
社会进步的主要动力，他们运用对立统一规律分析了资本主义社会固有的矛盾
运动——无产阶级和资产阶级的斗争，阐述了无产阶级的历史作用。^④总的说
来，《神圣家族》是马克思恩格斯建立无产阶级世界的理论基础以及同他们的
先驱和思想敌人划清界线的道路上的重要里程碑。

1949 年前的《神圣家族》中译文有两种。

1930 年 2 月，上海社会科学研究会出版由李一氓译、匕匕（郭沫若的笔
名）校的《马克思论文选译（第一集）》（图 5-1），刊载《神圣家族》第四章
中的《批判性的评注 1》《批判性的评注 2》和第六章中的《对法国唯物主义的
批判的斗争》共三篇文章。

1936 年 5 月，东京质文社出版由郭沫若翻译的《艺术作品之真实性》一

① [美] 玛丽·加布里埃尔：《爱与资本：马克思家事》，朱艳辉译，湖南人民出版社 2018 年版，第 66 页。
② 中央编译局编：《马克思恩格斯文集资料汇编》，人民出版社 2011 年版，第 17 页。
③ [英] 戴维·麦克莱伦：《马克思传》，王珍译，中国人民大学出版社 2007 年版，第 138 页。
④ 中央编译局编：《马克思恩格斯文集资料汇编》，人民出版社 2011 年版，第 17 页。

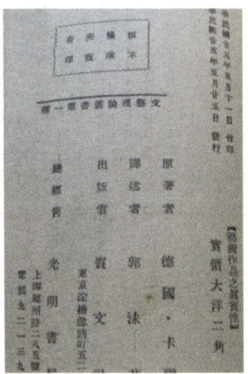

图 5-1 1930 年 2 月，上海社会科学研究会出版，国家图书馆藏。

图 5-2 1936 年 5 月，东京质文社出版，国家图书馆藏。

书（图 5-2），刊载《神圣家族》第五章和第六章，注明"文艺理论丛书第一种"，译者署名"德国·卡尔"。该书 32 开，竖排平装本，同年 11 月再版（图 5-3）。

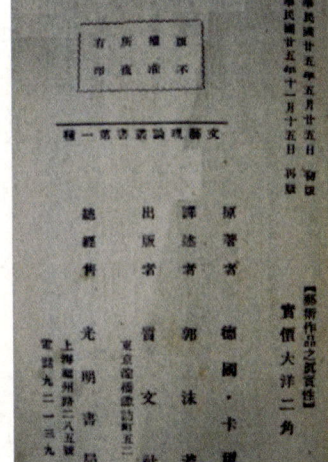

图 5-3 1936 年 11 月，东京质文社出版，上海图书馆藏。

第六章

弗·恩格斯《英国工人阶级状况》

　　恩格斯离开巴黎回到巴门后，就专心致力于写作《英国工人阶级状况》。[①]
他要以无产阶级的名义"向全世界控诉英国资产阶级所犯下的大量杀人、抢劫
以及其他种种罪行"，并清清楚楚地告诉德国资产阶级："他们和英国资产阶
级一样坏。"[②]

　　对于恩格斯来说，写作并不困难，此前，他已经在英国收集了大量材料，
现在他需要进一步深入研究和整理，并将自己多方面的观察、体会、研究和社
会调查加以概括，他在 1845 年 3 月写成了《英国工人阶级状况》一书，并写
信告诉马克思称它是"第一本关于英国的书"。[③]

　　《英国工人阶级状况》全称《英国工人阶级状况。根据亲身观察和可靠材

[①] 中央编译局编：《恩格斯画传》，重庆出版集团 2012 年版，第 47 页。
[②] 《马克思恩格斯全集》第 27 卷，人民出版社 1972 年版，第 11 页。
[③] [德]海因里希·格姆科夫等：《恩格斯传》，易庭镇、侯焕良译，生活·读书·新知三联书店 1978 年版，第 88 页。

料》。恩格斯在这部著作中，对资本主义制度本身以及无产阶级在资产阶级社会中的状况与作用，进行了第一次内容丰富的辩证分析，揭露了资产阶级对无产阶级的残酷剥削，指明了无产阶级和资产阶级之间矛盾的不可调和性，全书是对资本主义与资产阶级的义正词严的控诉。[①]

《英国工人阶级状况》原文是德文，写完后，恩格斯便将手稿寄往莱比锡，首版于1845年3月在莱比锡的奥托·维干德出版社印行。[②] 1887年，在美国纽约以《一八四四年英国工人阶级状况》为名出版这部著作，这是第一个英译本，恩格斯还用英文为美国版写了序言。1892年，该著作的英国版在伦敦出版，书名为《一八四四年的英国工人阶级状况》，该版本是1887年出版的美国版的第2版，恩格斯于1892年11月11日用英文为该版本写了序言。1892年，德文第2版在斯图加特出版，恩格斯于1892年7月21日用德文为该版本写了序言。[③]

《英国工人阶级状况》中译文最早由陈问路、余无辜翻译，其中"农业无产阶级"一节以"农业的无产阶级"之名载于《劳动季报》1935年5月第5期第15—20页和1936年第6期63—68页。译者指出，"农业的无产阶级"根据英译本并参照日译本翻译。

---

① 中央编译局编：《马克思恩格斯文集资料汇编》，人民出版社2011年版，第19页。

② [德]海因里希·格姆科夫等：《恩格斯传》，易庭镇、侯焕良译，生活·读书·新知三联书店1978年版，第88页。

③ 北京图书馆马列著作研究室编：《马克思恩格斯著作中译文综录》，书目文献出版社1983年版，第419页。

第七章

卡·马克思《关于费尔巴哈的提纲》

马克思在巴黎的革命活动引起了普鲁士政府的注意，在他们的要求下，法国政府将马克思、卢格等人驱逐出境。马克思和朋友亨利希·毕尔格尔斯离开巴黎，前往布鲁塞尔，几天后，燕妮带着女儿小燕妮也来到这里。很快，马克思的周边又聚集了恩格斯、海尔维格等人。马克思一家在布鲁塞尔度过了三年时间。

得知燕妮又怀孕了，她的母亲派自己的女仆海伦·德穆特过来照顾她。这个忠心耿耿的仆人，一直跟随马克思的家庭，直到马克思逝世。①

布鲁塞尔时期，是马克思思想最为活跃的时期之一。他的哲学著作构思，在《关于费尔巴哈的提纲》中得到反映。马克思在 1845 年春草拟的十一条提纲，写在 1844 年至 1847 年旅居巴黎和布鲁塞尔时期用的笔记本中，原文是德文。这些匆匆写成、供进一步研究的纲要，虽然总共只占五页手稿，但是就

---

① ［英］戴维·麦克莱伦：《马克思传》，王珍译，中国人民大学出版社 2007 年版，第 140 页。

其思想的精炼和深度、表述的清晰和准确来说，是无与伦比的。提纲的中心思想是，物质的、革命的实践在社会生活中起着决定作用。这部文本被恩格斯誉为"包含着新世界观的天才萌芽的第一个文件"①。

《关于费尔巴哈的提纲》约1200字，其内容多以摘译、附录的形式载入某一著作或文章中。1888年，恩格斯把它作为《费尔巴哈和德国古典哲学的终结》一书单行本的附录首次发表，指出它的写作时间和地点，并作了某些编辑上的修改。《关于费尔巴哈的提纲》这一标题是苏共中央马克思列宁主义研究院根据恩格斯给《费尔巴哈论》写的序言加的。在该书附录中该提纲的标题是：《马克思论费尔巴哈》。在马克思的笔记本中，标题是《关于费尔巴哈》。

在1949年前的中文语式中，费尔巴哈曾被译成"费尔巴赫""佛耶巴赫""傅涯耶巴赫"等，"提纲"被译成"纲要""论纲"等。1929年10月，林超真翻译的《关于费尔巴哈的提纲》以"费儿巴赫论纲要"为篇名载于由沪滨书局出版的《宗教·哲学·社会主义》一书的第213—218页。该书于1934年、1936年和1949年多次重版。

此外，它还见于以下这些文献中：

一、彭嘉生译，1929年12月上海南强书局出版，以"费尔巴哈论纲"为篇名作为附录载《费尔巴哈论》第125—131页（图7-1）。

二、向省吾译，1930年4月江南书店出版，以"费尔巴哈论"为篇名载《马克思恩格斯关于唯物论的断片》第1—9页（图7-2）。

三、程始仁译，1930年4月亚东图书馆出版，以"关于傅涯耶巴赫的论纲"为篇名载《辩证法经典》第15—29页。

四、杨东莼和宁敦伍译，1932年5月昆仑书店出版，以"费尔巴哈论"为篇名作为附录载《机械论的唯物论批判》第103—107页（图7-3）。马克思手稿原图作为"附录六"载该书第171—174页，篇名为《费尔巴哈论原稿译文》。

---

① 《马克思恩格斯选集》第4卷，人民出版社1972年版，第208—209页。

五、青骊译，1932 年 11 月社会主义研究社出版，以"费尔巴哈论纲"为篇名作为附录载《费尔巴哈论》第 99—103 页。

六、张申府译，1932 年 10 月 15 日以"佛耶巴赫论纲"为篇名载于《大公报》第 8 版"世界思潮"第 7 期，附长篇注释。

七、张仲实译，1937 年 12 月上海生活书店出版，以"费尔巴哈论纲"为篇名作为附录载于《费尔巴哈论》第 83—88 页。

八、郭沫若译，1938 年 11 月上海言行出版社，以"费尔巴哈论纲"（依据原有手稿）为篇名载于《德意志意识形态》第 27—34 页。

九、克士（周建人）译，1941 年 7 月珠林书店出版，以"费尔巴哈论纲原稿"为篇名，作为附录载《德意志观念体系》第 106—111 页，文前有译者说明。

十、周建人译，1948 年 8 月大用图书公司出版，以"费尔巴哈提纲"为篇名载《新哲学手册》第 20—23 页。

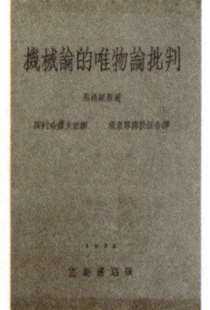

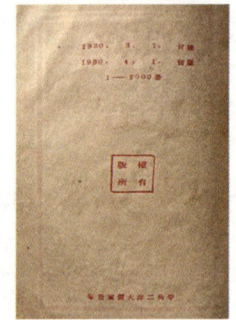

图 7-1 1929 年 12 月，南强书局出版，中央党史和文献研究院图书馆藏。

图 7-2 1930 年 4 月，江南书店出版，中央党史和文献研究院图书馆藏。

图 7-3 1932 年 5 月，昆仑书店出版，中央党史和文献研究院图书馆藏。

卡·马克思和弗·恩格斯《德意志意识形态》

　　1845 年 7—8 月，马克思在恩格斯陪同下，先后到曼彻斯特和伦敦作了为期六周的考察。而燕妮和德穆特则带着孩子回到了特里尔。[①] 在曼彻斯特的 6 个星期中，马克思和恩格斯考察了机器的工业生产和工人们简陋的生活条件，花了较长时间在英国最古老的公共图书馆——切特姆图书馆里研究大卫·李嘉图、亚当·斯密、大卫·休谟和威廉·佩第等英国经济学家的著作。[②] 马克思和恩格斯还参加了宪章派、正义者同盟和各国民主运动者的聚会，并支持建立一个国际性的革命组织。[③] 这次英国之行，马克思和恩格斯不仅学到了组织工人运动的实际经验，还巩固了他们的友谊。[④]

　　9 月底，马克思的第二个女儿劳拉在布鲁塞尔出生。而马克思和恩格斯在

① ［美］玛丽·加布里埃尔：《爱与资本：马克思家事》，朱艳辉译，湖南人民出版社 2018 年版，第 76 页。
② ［美］玛丽·加布里埃尔：《爱与资本：马克思家事》，朱艳辉译，湖南人民出版社 2018 年版，第 77 页。
③ 中央编译局编：《马克思画传》，重庆出版集团 2018 年版，第 55 页。
④ ［美］玛丽·加布里埃尔：《爱与资本：马克思家事》，朱艳辉译，湖南人民出版社 2018 年版，第 81 页。

英国之行后，为了"搞清事实，揭露真相"①，决定"先把挡在路上的障碍清除——尤其是青年黑格尔派"②。

《德意志意识形态》全称《德意志意识形态. 对费尔巴哈、鲍威尔和施蒂纳所代表的现代德国哲学以及各式各样先知所代表的德国社会主义的批判》，是马克思和恩格斯共同撰写的阐述唯物史观和共产主义理论的重要著作。撰写该著作的起因是，1845 年夏天，费尔巴哈发表了一篇文章公开宣称自己是"共产主义者"，9 月"真正的社会主义者"发表了一批主要著作，而主要的是 10 月中旬《维干德季刊》第三卷发表了鲍威尔和施蒂纳的文章。在《德意志意识形态》中，马克思和恩格斯批判了路·费尔巴哈、布·鲍威尔等人的唯心史观，揭露了"真正的社会主义"的假社会主义面目，系统阐述了唯物史观，揭示了人类社会发展的一般规律，论证了共产主义取代资本主义的历史必然性，提出了无产阶级夺取政权、消灭私有制、建设共产主义新社会的任务。③

马克思和恩格斯在 1845 年 11 月开始着手写作《德意志意识形态》，到 1846 年 4 月就基本结束，第一卷的大部分以及第二卷的大部分都已脱稿。只有第一卷的一部分，在 1846 年下半年还在继续，而且也没有完成。在以后的一年时间里，偶尔也写写，直到恩格斯写了《真正的社会主义者》一文（第二卷的补充），才算最后结束。《德意志意识形态》手稿的命运并不像该书的作者所希望的那样，由于普鲁士官方书报检查机关的阻挠以及出版商对书中部分内容的担忧，这部著作在出版的道路上命运多舛，一直未能全部出版，仅仅第二卷中论述"真正的社会主义者"格律恩的一本书的那一章刊载在《威斯特伐利亚汽船》杂志 1847 年 8 月号和 9 月号上，署名马克思。④

---

① ［美］玛丽·加布里埃尔：《爱与资本：马克思家事》，朱艳辉译，湖南人民出版社 2018 年版，第 81 页。
② ［英］戴维·麦克莱伦：《马克思传》，王珍译，中国人民大学出版社 2007 年版，第 84 页。
③ 中央编译局编：《马克思恩格斯文集资料汇编》，人民出版社 2011 年版，第 23 页。
④ 中央编译局编：《马克思恩格斯文集资料汇编》，人民出版社 2011 年版，第 24 页。

《德意志意识形态》全书与读者见面，是在马克思和恩格斯逝世多年之后。苏共中央马克思列宁主义研究院于1932年首次全文用德文出版，1933年用俄文出版。虽然他们生前未能看到全书的出版，但达到了批判的目的。关于这一点，马克思在1859年出版的《政治经济学批判》一书的序言中就曾写道："既然我们已经到达了我们的主要目的——自己弄清问题，我们就情愿让原稿留给老鼠的牙齿去批判了。"①

1949年以前的《德意志意识形态》中译文版本如下：

一、摘译

1930年4月，亚东图书馆出版、程始仁编译的《辩证法经典》含有《唯物的见解和唯心的见解之对立》一文，即《德意志意识形态》第1卷摘译。

1932年5月，昆仑书店出版，杨东莼、宁敦伍译的《费尔巴哈论》（又名《机械论的唯物论批判》）含有《观念论的见解与唯物论的见解之对立》一文，即《德意志意识形态》第1卷摘译。

1937年2月，南京《时事类编》第5卷第3期含有荃麟译的《社会意识形态概说》一文，即《德意志意识形态》第1卷摘译。

1948年8月，周建人译，大用图书公司出版的《新哲学手册》含有《德意志观念体系》一文，即《德意志意识形态》第1卷摘译。

二、郭沫若译本

1938年11月，《德意志意识形态》由言行出版社出版（图8-1）。该书32开，竖排平装本，164页。书中还收有马克思和恩格斯两幅老照片。"译者弁言"

---

① 《马克思恩格斯全集》第2卷，人民出版社1972年版，第84页。

图 8-1 1938 年 11 月，言行出版社出版，中央党校图书馆藏。

指出："这部马克思与昂格斯合著的遗稿，是由苏俄莫斯科马克思·昂格斯研究所所长李亚山诺夫氏所编纂的马克思·昂格斯文库第一册中（Marx-Engels Archiv Bd.I.S.205-306）翻译出来的，原题为：Marx und Engels über Feuerbach（der erste Teil der [Deutschen Ideologie]）。"另外，苏共中央马克思列宁主义研究院院长李亚山诺夫（即梁赞诺夫）撰写了"编者导言"。1947 年 3 月和 1949 年 4 月，《德意志意识形态》由群益出版社重印（图 8-2、图 8-3），该书 32 开，竖排平装本，162 页，并注明"沫若译文集之五"字样，其目录为：

序

译者弁言

编者导言

费尔巴哈提纲

马克思所著"德意志观念体系"序文之初稿

费尔巴哈——唯物论与唯心论的见解之对立

A. 观念体系一般 特别是德意志的

1. 观念体系一般 特别是德意志的哲学

国家之起源与国家对于有产者的社会之关系

B. 唯物观中之经济，社会，个人及其历史

C. 国家与法律对于财产之关系

1. 分工与财产诸形态

三、周建人译本

1941 年 7 月，珠林书店出版（图 8-4）。译者署名"克士"，即周建人的笔名，书名译为《德意志观念体系》。该书 32 开，竖排平装本，121 页，书中有注释，其目录为：

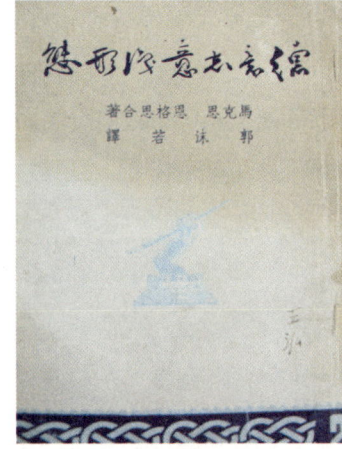
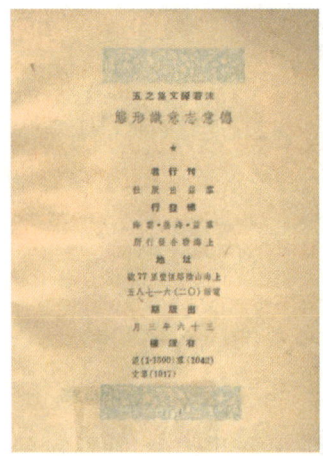

图8-2 1947年3月，群益出版社出版，中央党史和文献研究院图书馆藏。

图8-3 1949年4月，群益出版社出版，中央党史和文献研究院图书馆藏。

介绍

序言

费尔巴哈·唯物观和唯心观的对立

A 观念体系一般——特别是德意志观念体系

[1] 历史

[2] 关于意识的产生

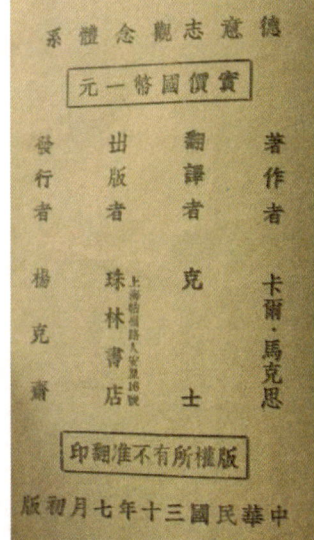

B 观念体系的真实基础

[1] 交通和生产力

[2] 国家和法律对于财产的关系

[3] 自然的和文明的生产工具及财产形式

C 康敏主义——交通形式的产生

附录 费尔巴哈论纲原稿

图 8-4 1941 年 7 月，珠林书店出版，国家图书馆藏。

卡·马克思《哲学的贫困》

　　1846 年，为加强同各国共产主义和社会主义者的联系，马克思和恩格斯在布鲁塞尔建立了共产主义通讯委员会。① 这一年，他们同宣扬"真正的社会主义"的魏特林彻底决裂②，为布鲁塞尔共产主义通讯委员会起草了《反克利盖的通告》，对克利盖的言行进行了彻底的批判。③

　　与此同时，马克思还努力与巴黎最有影响的社会主义者蒲鲁东建立联系。④马克思写信希望蒲鲁东担任共产主义通讯委员会的巴黎通讯员。蒲鲁东表示愿意参加马克思的计划，但有些保留，而且他不赞成马上进行革命行动。⑤ 1846年，蒲鲁东发表《贫困的哲学》（全名《经济矛盾的体系，或贫困的哲学》），企图以政治经济学的某些方面来论证他的改良主义思想的合理性。这本著作

① 中央编译局编：《马克思画传》，重庆出版集团 2018 年版，第 60 页。
② 中央编译局编：《马克思画传》，重庆出版集团 2018 年版，第 62 页。
③ 中央编译局编：《马克思画传》，重庆出版集团 2018 年版，第 63 页。
④ ［英］戴维·麦克莱伦：《马克思传》，王珍译，中国人民大学出版社 2007 年版，第 162 页。
⑤ ［英］戴维·麦克莱伦：《马克思传》，王珍译，中国人民大学出版社 2007 年版，第 162 页。

传播很广，很受工人们欢迎，仅在德国就有三个不同的译本出版。①

1846 年 12 月底，马克思在读了出版不久的《贫困的哲学》一书以后，就决定批判他的观点。1847 年 4 月初，马克思的《哲学的贫困》这部著作基本完成，并交巴黎的弗兰克出版社和布鲁塞尔的福格勒出版社付印。②

《哲学的贫困》原文是法文，全名《哲学的贫困。答蒲鲁东先生的〈哲学的贫困〉》，1847 年 6 月 15 日，马克思为该书写了一篇简短的序言。1847 年 7 月初，首次以单行本在巴黎和布鲁塞尔出版。马克思逝世前，该书没有再版。1884 年 10 月 23 日，恩格斯专门为《哲学的贫困》德文第 1 版写了一篇序言并加上许多注释，于 1885 年 1 月下半月出版该书。同年 1 月初，经恩格斯提议，序言用德文原文、以《马克思和洛贝尔图斯》为题发表在《新时代》杂志第 1 期上。恩格斯于 1891 年 3 月 24 日用法文写给西班牙社会主义者霍赛·梅萨的信，作为序言于 1891 年夏天发表在马德里出版的西班牙文版《哲学的贫困》一书上，《关于卡·马克思〈哲学的贫困〉一书的西班牙文版》这一标题是苏共中央马克思列宁主义研究院加的。1892 年斯图加特出版的《哲学的贫困》德文第 2 版继续收录该序言，恩格斯于 1892 年 3 月 29 日用德文为这一版写了按语。③

马克思在这部著作中首先批判了蒲鲁东的唯心主义观点，同时也发展了自己的哲学观点和经济学观点，还阐述了关于工人运动及其策略的许多深刻思想。马克思在 1880 年写道："……在该书中还处于萌芽状态的东西，经过二十年研究之后，变成了理论，在《资本论》中得到了发挥。"④列宁认为《哲学的贫困》是第一批成熟的马克思主义著作之一。

蒲鲁东在 1865 年去世后，马克思应《社会民主党人报》编辑施韦泽的请

---

① ［英］戴维·麦克莱伦：《马克思传》，王珍译，中国人民大学出版社 2007 年版，第 163 页。
② 中央编译局编：《马克思恩格斯文集资料汇编》，人民出版社 2011 年版，第 27 页。
③ 中央编译局编：《马克思恩格斯文集资料汇编》，人民出版社 2011 年版，第 27 页。
④ 《马克思恩格斯全集》第 19 卷，人民出版社 1963 年版，第 248 页。

求写了《论蒲鲁东》一文。该文后收入经恩格斯校订的《哲学的贫困》德文版、法文版中。1929 年由杜竹君翻译、水沫书店出版的《哲学之贫困》，1932年由许德珩翻译、北平东亚书局出版的《哲学之贫乏》，以及 1949 年由何思敬翻译、解放社出版的《哲学的贫困》均收有《论蒲鲁东》。

1949 年以前的《哲学的贫困》中译文版本如下：

一、摘译

1903 年 1 月 18 日由日本人福井准造著、赵必振翻译的《近世社会主义》在上海广智书局出版，本书在介绍马克思的生平与著作时指出：马克思"以达劳动者之事情"时，批评了布露度（即蒲鲁东）的《关于贫困之哲理》（即《贫困的哲学》）一书，撰写了《自哲理上所见之贫困》（即《哲学的贫困》），并认为此书"最名于世"。这是中文书刊中最早提到《哲学的贫困》的有关内容。

1919 年 9 月至 11 月，《新青年》第 6 卷第 5 号和第 6 号刊载的李大钊《我的马克思主义观》一文，提到《哲学的贫困》对马克思唯物史观的贡献，并翻译了其中的一段话。

1922 年 5 月 15 日，北京《今日》杂志第 1 卷第 4 号刊载胡南湖撰写的《马克斯传》一文，节译《哲学的贫困》中关于生产关系和生产力辩证运动规律的相关内容："社会关系，和生产力是密接联络的。人类本来是随着新生产力而改变他们的生产方法；又随着生产方法而改变他们的一切社会关系。手工器具时代，造出有封建诸侯的社会；蒸汽机械时代，造出有工业资本家的社会。同是一样的人们，一方面既能顺应他们的物质生产，建设社会关系，他方面又能创造顺应他们的社会关系的主义、理想和范畴……所以，所有这样的理想和范畴，都是历史的变迁的产物。"

此后，马克思《哲学的贫困》相关内容以摘译的形式，又多次出现在期刊和其他著作中。1928 年 9 月至 10 月，上海《思想》月刊第 2—3 期刊载了李铁声翻译的《〈哲学低贫困〉底拨粹》，即《哲学的贫困》第 1、2 章摘译，

"译者言"指出，本文根据日本人浅野晃编的《马克思的方法底形成——〈哲学底贫困〉里之问题底提起与问题底解决》一书编译。

1929 年 1 月，由千香翻译、启智书局出版的《社会科学丛书第七编——社会进化的铁则》含"一端富之积蓄与他端贫困之积蓄"一节，即《资本论》第 1 卷第 23 章 4 节的摘录，以及"在封建的与资本主义的制度内部的对立"一节，即《哲学之贫困答复蒲鲁东之贫困的哲学》第 2 章第 2 节第 7 段中的相关内容。

由程始仁编译的《辩证法经典》曾多次出版，该书第 49—93 页名为"经济学的形而上学"的章节，摘译《哲学的贫困》第 2 章第 1 节和第 5 节后半部分。1949 年，周建人翻译的《新哲学手册》第 126—147 页名为"哲学的贫乏"的章节，摘译《哲学的贫困》第 2 章第 1 节。

二、杜竹君译本

《哲学的贫困》第一个中文全译本由杜竹君根据法文本翻译，书名译名为《哲学之贫困》，附录《卡尔·马克思对于蒲鲁东的批判》（即《论蒲鲁东》）、《约翰葛雷及其劳动券的理论》[①]、《自由贸易问题》（即《关于自由贸易的演说》）三篇文章。该译本分别在 1928 年 10 月、1930 年 10 月由水沫书店和 1946 年 5 月、1947 年 10 月、1949 年 2 月由作家书屋出版。

（一）杜竹君译本第 1 种

1929 年 10 月，水沫书店出版（图 9-1）。该书 32 开，横排平装本，260 页，印 1500 册，定价 8 角，版权页著录作者的英文名：Karl Marx，目录为：

[①] 即《政治经济学批判》第 2 章"B 关于货币计量单位的学说"的后半部分，《马克思恩格斯全集》第 13 卷，人民出版社 1972 年版，第 73—76 页。

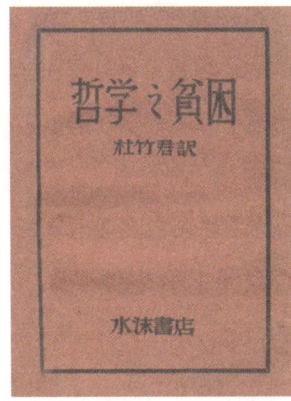

图 9-1 1929 年 10 月，水沫书店出版，中央党史和文献研究院图书馆藏。

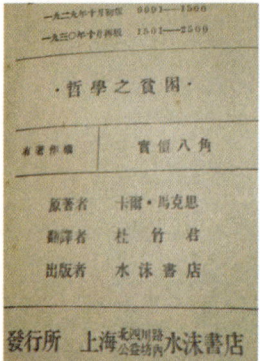

图 9-2 1930 年 10 月，水沫书店出版，上海图书馆藏。

（二）杜竹君译本第 2 种

1930 年 10 月，水沫书店出版（图 9-2）。该书 32 开，横排平装本 260 页印 1000 册，定价 8 角，版权页著录作者的中文名：卡尔·马克思。

（三）杜竹君译本第 3 种

1946 年 5 月，作家书屋出版（图 9-3）。该书 32 开，横排平装本，版权页著录作者的中文译名：卡尔·马克思。

（四）杜竹君译本第 4 种

1947 年 10 月，作家书屋出版（图 9-4）。该书 32 开，横排平装本，260 页，定价 8 角，版权页著录作者的中文译名：卡尔·马克思。

（五）杜竹君译本第 5 种

1949 年 2 月，作家书屋出版（图 9-5）。该书 32 开，横排平装本，260 页，定价 8 角，版权页著录作者的中文译名：卡尔·马克思。

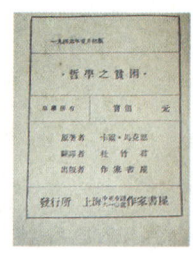

图 9-3 1946 年 5 月，作家书屋出版，上海图书馆藏。

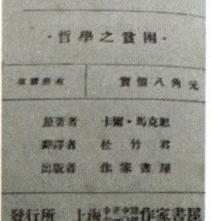

图 9-4 1947 年 10 月，作家书屋出版，复旦大学图书馆藏。

三、许德珩译本

《哲学的贫困》第二个中文全译本由许德珩翻译。书名译为《哲学之贫乏》。许德珩（1890—1990），原名许础，字楚生。江西九江人。早年加入中国同盟会，参加过辛亥革命及讨袁运动。1919年参加五四运动，是著名青年学生领袖之一，受北京学生联合会委托起草了《五四宣言》。译者在"赘言"中，对翻译过程和书的内容作了精简介绍，同时对蒲鲁东的唯心主义思想进行了批判，并指出，此译本根据1922年巴黎M.Giard书店出版的法文第3版翻译，并参考1920年美国芝加哥Charles H. Kerr& Company公司出版的英文译本以及木下半治与浅野晃翻译，日本岩波书店出版的日文译本。其译本分别于1932年7月和1937年6月，由北平东亚书局和上海东亚书局出版。

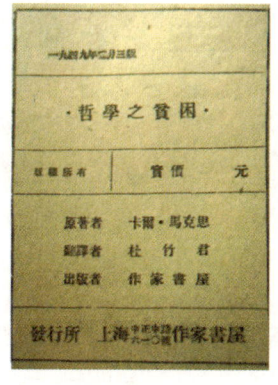

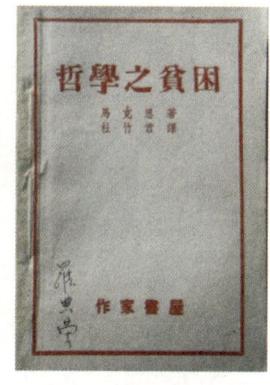

图9-5 1949年2月，作家书屋出版，国家图书馆藏。

（一）许德珩译本第1种

1932年7月，北平东亚书局出版（图9-6）。该书32开，竖排平装本，247页，印1000册，售价8角，目录为：

译者赘言

恩格斯序

德译第二版序

原序

第一章 一个科学的发现

第一节 使用价值与交换价值之对立

第二节 构成价值或综合价值

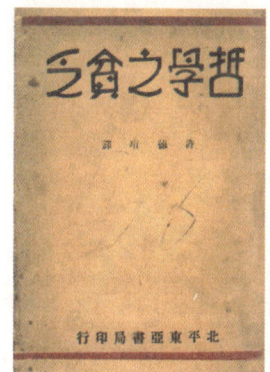

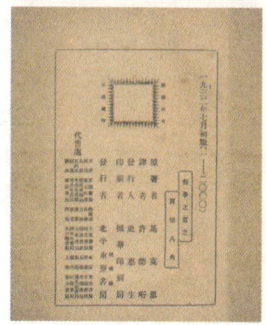

图9-6 1932年7月，北平东亚书局出版，复旦大学图书馆藏。

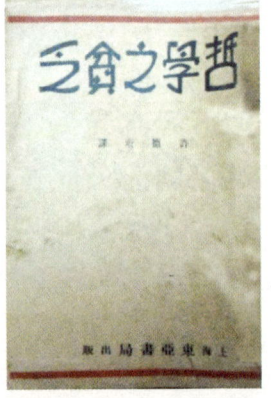

（二）许德珩译本第 2 种

1937 年 6 月，上海东亚书局出版（图 9-7）。太平洋印刷公司印刷，生活书店、光明书店等经售。该书大 32 开，竖排平装本，售价 8 角。

四、何思敬译本

《哲学的贫困》第三个中文全译本由何思敬翻译，1949年 9 月，解放社出版，新华书店发行（图 9-8）。封面印有马克思的木刻像。该书 32 开，竖排平装本，232 页。其目录为：

序言

恩格斯序言

德文译本第二版恩格斯序言

第一章 一个科学的发现

图 9-7 1937 年 6 月，上海东亚书局再版，上海图书馆藏。

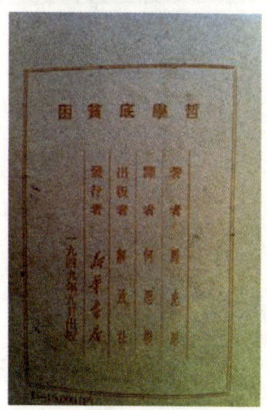

图9-8 1949年9月，解放社出版，中央党史和文献研究院图书馆藏。

第十章

弗·恩格斯《共产主义原理》

1847 年在共产主义者同盟第一次代表大会期间，恩格斯为同盟起草了第一个纲领稿本，即《共产主义信条草案》，与会者进行了认真讨论，决定将这个草案作为制定同盟纲领的基础，提请各支部进一步研究。会议结束后，同盟巴黎区部委员委托恩格斯为同盟起草新的纲领草案。恩格斯于 1847 年 11 月初继续用问答形式写出了《共产主义原理》。《共产主义原理》是恩格斯继《共产主义信条草案》之后为同盟起草的第二个纲领稿本。《共产主义原理》用问答形式论述关于科学共产主义的 25 个问题。1914 年《共产主义原理》第一次以单行本形式出版。1949 年以前的《共产主义原理》中译本版本如下：

一、华岗译本

《共产主义原理》第一个中译全文收录在潘鸿文（即华岗）译，上海社会科学研究会 1930 年 3 月出版的《马克斯主义的基础》一书中（图 10-1），篇名为《恩格斯起草的共产主义宣言初稿》。

二、林若译本

《共产主义原理》第二个中译全文由林若翻译，1949 年 7 月，民间出版社出版（图 10-2）。

图 10-1　1930 年 3 月，上海社会科学研究会出版，中共中央党史和文献研究院图书馆藏。

图 10-2　1949 年 7 月 1 日，民间出版社出版，国家图书馆藏。

第十一章

卡·马克思《雇佣劳动与资本》

在创作《共产党宣言》期间，1847 年 12 月，马克思在布鲁塞尔德意志工人协会作了一系列关于政治经济学的讲演。[①] 马克思原打算把他在德意志工人协会上作的关于政治经济学的讲演整理出版（魏德迈抄写的供出版用的手稿保存了下来），这时，欧洲爆发了 1848 年革命，而且由于被比利时政府驱逐，马克思试图在布鲁塞尔发表这部著作的愿望没有实现，可是这部著作以《新莱茵报》社论的形式于 1849 年 4 月 5—8 日和 11 日首次发表，标题为《雇佣劳动与资本》，原文是德文，由于该报停刊，文章未完全发表。[②] 在保留下来的马克思的材料中有一份手稿，标题是《工资》，很可能是马克思的讲演的未发表部分的草稿。该书的单行本于 1880 年在布雷斯劳首次出版，1881 年又在同一地方再版。在恩格斯的参与下，该书 1884 年又在霍廷根 - 苏黎世出版，并附

---

① 中央编译局编：《马克思画传》，重庆出版集团 2018 年版，第 67 页。
② 北京图书馆马列著作研究室编：《马克思恩格斯著作中译文综录》，书目文献出版社 1983 年版，第 158 页。

有恩格斯写的一篇关于该书发表经过的简短序言，即《卡·马克思〈雇佣劳动与资本〉一书1884年单行本前言》。这部著作的第一种外文译本——俄译本根据1880年德文版译出，于1883年在瑞士日内瓦出版。1891年，这部著作又出了一种新版，由恩格斯校订并作序，并作了某些修改和补充。在单行本出版以前，它曾发表在1891年5月13日《前进报》第109号附刊上，标题是《雇佣劳动与资本》。它还稍经删节，载于1891年5月30日《自由报》第22号，意大利杂志《社会评论》1891年7月10日第10期，1891年7月22日《社会主义者报》第44号，1892年法国社会主义杂志《社会问题》的文集以及其他机关报刊。①

《雇佣劳动与资本》是马克思在19世纪40年代后半期继《哲学的贫困》后的第二部篇幅较大的政治经济学著作。马克思在这部著作中阐明了资本主义剥削的本质，揭露资产阶级统治和实际奴役雇佣工人的经济基础，简明扼要地向工人阐述了非常复杂的经济学问题，是他用通俗的形式表述自己的科学观点的光辉典范之一。②《雇佣劳动与资本》在中国传播十分广泛，1949年以前的中译本版本如下：

一、摘译

1922年5月15日，胡南湖的《马克斯传》发表在《今日》第1卷第4号，文中提到"1849年4月4日，马克斯又在《新莱茵报》登了一篇小著《赁银劳动与资本》（即《雇佣劳动与资本》）"，并节译马克思的序言。

---

① 中央编译局编：《马克思恩格斯文集资料汇编》，人民出版社2011年版，第31页。
② 中央编译局编：《马克思恩格斯文集资料汇编》，人民出版社2011年版，第32页。

二、食力译本

《雇佣劳动与资本》最早译本分 24 期连载在 1919 年 5 月 9 日至 6 月 1 日的北京《晨报》上，共 9 章，译者署名"食力"，篇名为《劳动与资本》。文前的"河上肇序言"指出，"该文根据日本人河上肇的日译版转译"。目录为：

第一章　河上肇序言

第二章　劳银为何

第三章　货物之价格如何而决定乎

第四章　劳银依何标准而决定乎

第五章　资本之性质及其增加

第六章　赁雇劳动与资本之关系

第七章　决定劳银及利润腾落之一般的法则

第八章　资本与劳动之厉害正反对——生产资本及于劳银之影响

第九章　资本家之竞争及于资本家阶级

三、袁让译本

《雇佣劳动与资本》第二个中文全译本由袁让翻译，广州人民出版社 1921 年 12 月出版（图 11-1），书名为《工钱劳动与资本》。该书 32 开，竖排平装本，61 页，封面印有"马克思全书第二种"字样。书前的"译例"指出，"本文根据恩格斯修订过的 1891 年柏林德文版并参考罗斯路卜（H.E.Lothrop）1902 年英文版译出"。书后附录的"人民出版社通告"告知人民出版社将出版"马克思全书""列宁全书""其他"图书、"康民尼斯特丛书"，其中"马克思全书"已出版《工钱劳动与资本》《共产党宣言》，"其他"图书已出版《劳农会之建设》。该书目录为：

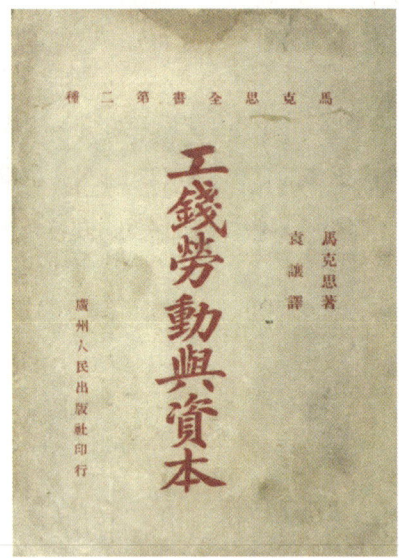
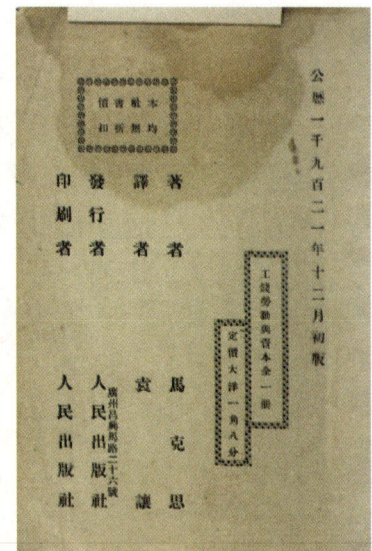

图 11-1 1921 年 12 月，广州人民出版社出版，中央党史和文献研究院图书馆藏

四、朱应祺、朱应会译本

《雇佣劳动与资本》第三个中文全译本由朱应祺、朱应会翻译，泰东图

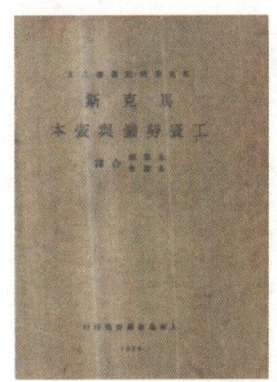

图 11-2 1929 年 5 月，泰东图书局出版，中央党史和文献研究院图书馆藏。

书局于 1929 年 5 月出版（图 11-2），译名为《工资劳动与资本》。该书 32 开，竖排平装本，91 页，封面印有"马克斯研究丛书之五"字样，书前有"译者小引"。译者指出，"本书根据日本人河上肇的日译文转译过来"。该书于 1949 年 7 月由世界文化出版社再版（图 11-3），其目录为：

第一章 绪言

第二章 工资是什么？究是什么决定的？

第三章 商品的价格是如何决定的呢？

第一节 劳动"力"的生产者

第二节 资本是什么

第三节 工资劳动与资本的互相关系

第四节 名义上的工资实质上的工资及相对的工资

第五节 决定工资和利润的相互关系上涨跌的一般法则

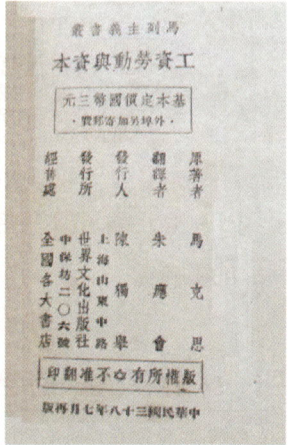

图 11-3 1949 年 7 月，世界文化出版社出版，中央党史和文献研究院图书馆藏。

五、李一氓译本

《雇佣劳动与资本》第四个中文全译本由李一氓翻译，乜乜（即郭沫若）校，收录于上海社会科学研究会 1930 年 2 月出版的《马克斯论文选译》第 1 集第 99—162 页，包括《雇佣劳动与资本》全文及 1891 年单行本导言。

六、华岗译本

《雇佣劳动与资本》第五个中文全译本由华岗翻译，收录于 1930 年 5 月由上海社会科学研究出版社出版的《马克斯主义的基础》第 105—157 页，篇名为"马克思著：雇佣劳动与资本"。

七、王学文、何锡麟、王石巍译本

《雇佣劳动与资本》第六个中文全译本由延安马列学院的王学文、何锡麟、王石巍翻译，收录于延安解放社 1939 年 3 月出版的《政治经济学论丛》第 17—59 页。该书在解放战争后期，由东北新华书店、山东新华书店等多次再版。

八、沈志远译本

《雇佣劳动与资本》第七个中文全译本由沈志远翻译，先后经重庆生活书店、实践出版社、香港三联书店等出版 10 多次。书前附有写于 1939 年 4 月 3 日的译者序言。译者指出，本书根据 1933 年莫斯科出版的俄文版《马克思选集》译出，同时参照选集的英文本。

（一）沈志远译本第 1 种

1939 年 8 月，生活书店出版、发行（图 11-4）。该书 32 开，竖排平

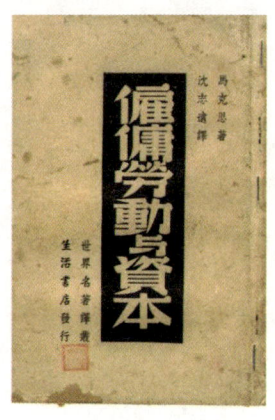

图 11-4 1939 年 8 月，生活书店出版，国家图书馆藏。

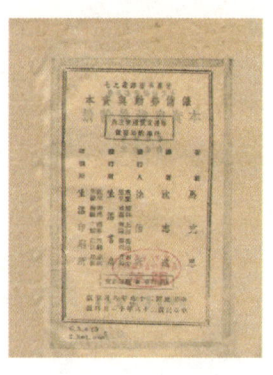

图 11-5 1939 年 11 月，生活书店出版，湖北省图书馆藏。

装本，72 页，印 2000 册，封面印有"世界名著译丛之七"字样，目录为：

译者序言

恩格斯导言

雇佣劳动与资本：

　　一、工资是什么？它被什么决定的

　　二、怎样决定商品底价格

　　三、工资是怎样决定的

　　四、资本底性质和资本底增殖

　　五、雇佣劳动和资本底关系

　　六、决定工资和利润涨跌的一般法则

　　七、资本和劳动底利害直接相反——生产资本对于工资的影响

　　八、资本底竞争给予资产阶级、中产阶级和工人阶级的影响

（二）沈志远译本第 2 种

　　1939 年 11 月，生活书店出版（图 11-5）。发行人为徐伯昕，生活印刷所印，重庆、桂林、上海、香港、西安、昆明、成都、衡阳、兰州、贵阳、杭州、柳州、南京、玉林、赤坎、常德、梅县、立煌、曲江、星洲等地的生活书店发行所发行，封面印有"世界名著译丛之七"字样。该书 32 开，竖排平装本，72 页，印 2000 册。

卡·马克思和弗·恩格斯著作在中国的传播 1899—1949

图 11-6 1945 年 11 月，生活书店出版，中央党史和文献研究院图书馆藏。

（三）沈志远译本第 3 种

1945 年 11 月，生活书店出版、发行（图 11-6）。生活印刷所印，注明"胜利后第一版"，印有"世界名著译丛之七"字样。该书 32 开，竖排平装本，72 页，印 1000 册。

（四）沈志远译本第 4 种

1946 年 4 月，生活书店出版、发行（图 11-7）。生活印刷所印，注明"胜利后第二版"，印有"世界学术名著译丛"字样。该书 32 开，竖排平装本，72 页。

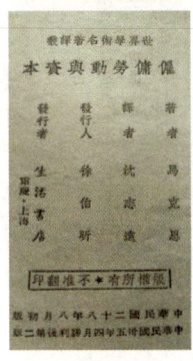

图 11-7 1946 年 4 月，生活书店出版，武汉图书馆藏。

（五）沈志远译本第 5 种

1947 年 6 月，生活书店出版、发行（图 11-8）。生活印刷所印，光华书店经售，注明"胜利后第三版"，印有"世界学术名著译丛"字样。该书 32 开，竖排平装本，47 页，印 3000 册。

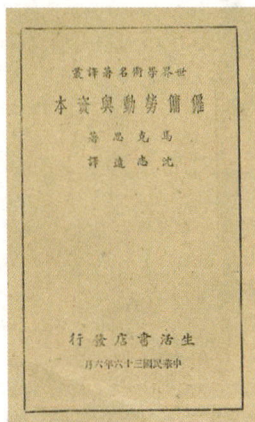

图 11-8 1947 年 6 月，生活书店出版，国家博物馆藏。

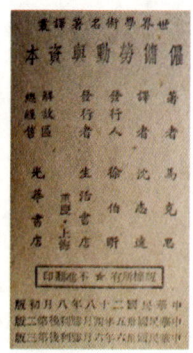

图 11-9 1947 年 6 月，生活书店出版，国家图书馆藏。

（六）沈志远译本第 6 种

1947 年 6 月，生活书店出版、发行（图 11-9）。生活印刷所印，版权页注明"解放区总经销光华书店""胜利后第三版"，封面印有"世界学术名著译丛"字样。该书 32 开，竖排平装本，47 页，印 3000 册。

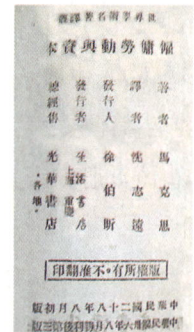

图 11-10 1947 年 8 月，生活书店出版，中央党史和文献研究院图书馆藏。

（七）沈志远译本第 7 种

1947 年 8 月，生活书店出版、发行（图 11-10）。各地光华书店经售，注明"胜利后第三版"，封面印有"世界学术名著译丛"字样。该书 32 开，竖排平装本，68 页，印 3000 册。

（八）沈志远译本第 8 种

1948 年 2 月，生活书店出版（图 11-11）。上海、香港、新加坡等地的生活书店

图 11-11 1948 年 2 月，生活书店出版，中央党史和文献研究院图书馆藏。

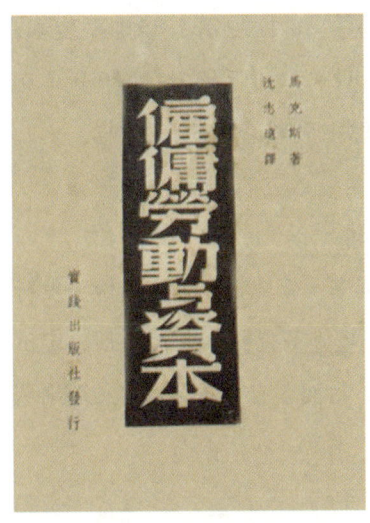
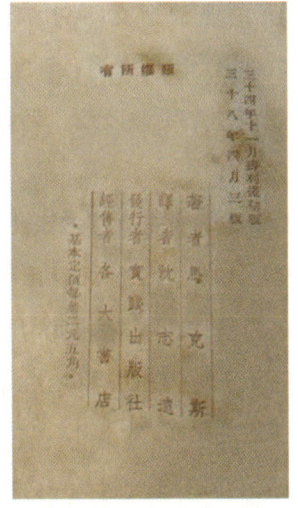

图 11-12 1949 年 4 月，实践出版社出版，中央党史和文献研究院图书馆藏。

图 11-13 1949 年 7 月，生活书店出版，中央党史和文献研究院图书馆藏。

发行所发行。该书 32 开，竖排平装本，70 页，定价 2 元 5 角。

（九）沈志远译本第 9 种

1949 年 4 月，实践出版社出版、发行（图 11-12）。该书 32 开，竖排平装本，72 页，定价 2 元 5 角。

（十）沈志远译本第 10 种

1949 年 7 月，生活书店出版，新中国书局印刷、发行（图 11-13）。该书 32 开，竖排平装本，注明"东北再版一万册"。

（十一）沈志远译本第 11 种

1949 年 8 月，生活·读书·新知三联书店出版、发行（图 11-

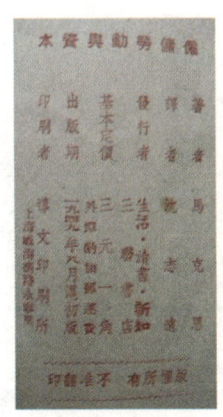

图 11-14 1949 年 8 月，生活·读书·新知三联书店出版，中山大学图书馆藏。

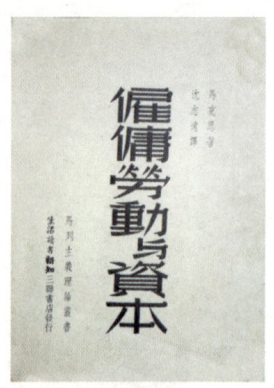

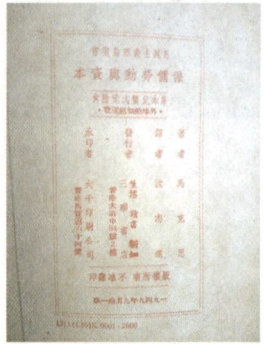

14），上海道文印刷所印刷。该书 32 开，竖排平装本，70 页，定价 3 元 1 角，注明"沪初版"，封面印有马克思恩格斯头像以及"马克思主义理论丛书"的字样。

（十二）沈志远译本第 12 种

1949 年 9 月，生活·读书·新知三联书店出版、发行（图 11-15）。该书 32 开，竖排平装本，印 2000 册，定价 2 元 6 角，注明"港初版"，封面印有"马克思主义理论丛书"的字样。

九、吴文焘译本

《雇佣劳动与资本》第八个中文全译本由吴文焘翻译，收录于 1940 年中国工人社出版的《英国工人运动》（图 11-16），篇名为"工资制度"。

图 11-15 1949 年 9 月，生活·读书·新知三联书店出版，国家图书馆藏。

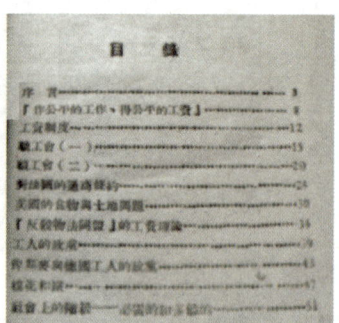

图 11-16 1940 年，中国工人社出版，国家图书馆藏。

第十二章

卡·马克思《关于自由贸易问题的演说》

　　《关于自由贸易问题的演说》是 1848 年 1 月 9 日马克思在布鲁塞尔民主协会召开的大会上发表的演说，该演说的单行本首先用法文在布鲁塞尔出版。同年，马克思和恩格斯的战友约·魏德迈将这篇演说译成德文在德国出版。1885 年，在恩格斯的建议下，这篇演说新的德文版作为附录收入马克思《哲学的贫困》德文第一版中。1888 年，这篇演说的英译本在美国波士顿出版，并刊有恩格斯撰写的序言《保护关税制度和自由贸易》。1888 年 7 月，《新时代》杂志刊载了恩格斯的这篇序言，标题为《保护关税制度和自由贸易》。[①]这部著作 1949 年以前的中译文版本情况如下：

[①]　中央编译局编：《马克思恩格斯文集汇编》，人民出版社 2011 年版，第 32 页。

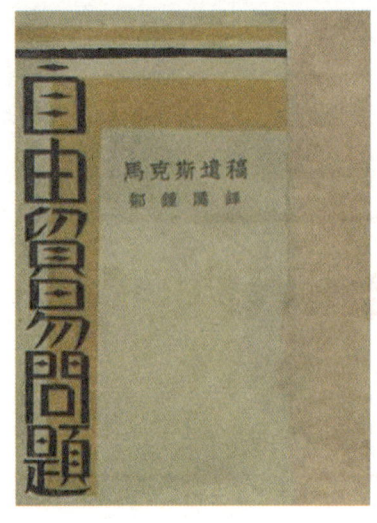
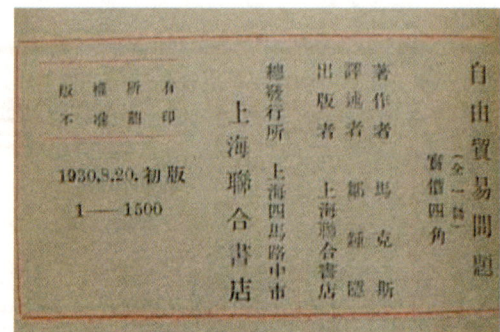

图 12-1 1930 年 8 月 20 日，上海联合书店出版，北京红展藏。

一、邹钟隐译本

1930 年 8 月 20 日，上海联合书店以"自由贸易问题"为书名出版（图 12-1）。本书内容包括《关于自由贸易的演说》、《日译者例言》、中文《译者例言》（写于 1930 年 4 月 1 日）、《〈自由贸易问题〉英译绪论》（即《保护关税制度和自由贸易》）、《自由贸易问题》（即《关于自由贸易的演说》）。该书还附有《工资》一文，为节选马克思《工资、价格与利润》内容，该文分为 A、B、C 三个部分，其中 A 部分从七个方面分别用一句话简单介绍了"工资、商品的价格""当作商品底工资""劳动时间""利润与工资对抗的关系""为工资的增高或变动值斗争""劳动的平均价格""租税"的内容；B 部分以"补遗"的形式（相当于《工资、价格与利润》一书中的注释）介绍了"亚肯苏（Wielliam Atkinson）""卡拉聂（Thomas Carlyle）""马苦洛克（Mac Cullock）""维德（John Wade）""巴柏基（Babbage）""安的牛·余莱（Andrew Ure）""罗西（Rossi）""辛尔比力（Cherbuilze）""布雷（Bray）"九位西方经济学家的理论观点；C 部分为正文部分共八个小结，摘自《工资、价格与利润》中的内容。

二、许德珩译本

1932 年 7 月，东亚书局出版许德珩翻译的《哲学的贫乏》，马克思的《关于自由贸易问题的演说》作为该书的"附录三：自由贸易问题"收入。

三、何思敬译本

1949 年 9 月，解放社出版何思敬翻译的《哲学底贫困》一书，马克思《关于自由贸易问题的演说》作为"附录一（二）：关于自由贸易问题（一八四八年一月九日马克思在布鲁塞尔民主协会中的讲演）"收入。

第十三章

卡·马克思和弗·恩格斯《共产党宣言》

　　《共产党宣言》的创作，与共产主义者同盟的早期活动密不可分。1836 年，英国的德国政治流亡者组成秘密组织——正义者同盟。随着形势的发展，同盟的领导成员逐渐确信马克思和恩格斯理论的主张是正确的。1847 年 1 月 20 日，正义者同盟委托约瑟夫·莫尔拜访马克思和恩格斯，邀请他们加入同盟。鉴于同盟领导者愿意改组同盟并接受科学社会主义理论，马克思和恩格斯同意加入并帮助改组同盟。1947 年 6 月，正义者同盟召开第一次代表大会，根据马恩的建议，正义者同盟改名为共产主义者同盟，把同盟的旧口号"人人皆兄弟"改为"全世界无产者，联合起来"。这个口号具有世界历史意义，因为它在历史上第一次体现了无产阶级国际主义的基本原则——劳动者的国际团结，有了统一和团结的思想。第一个以科学社会主义为指导思想的无产阶级政党诞生了。受 1847 年 11 月召开的同盟第二次代表大会委托，年轻的马克思和恩格斯，决定为同盟起草纲领，也就是后来的《共产党宣言》，这时马克思 29 岁，恩格斯 27 岁。1847 年 11 月，马克思在《共产党宣言》的开篇中写道："一个幽灵，共产主义的幽灵，在欧洲游荡。"1848 年 1 月底，马克思用这样气壮山河的语句结束了这篇无产阶级的战斗檄文："无产者在这个革命中失去的只是锁链。他们获得的将是整个世界。全世界无产者，联合起来！"2月下旬，《共产党宣言》在伦敦出版。《共产党宣言》的出版，标志着马克思主义的诞生。

《共产党宣言》由总纲和四章组成。马克思恩格斯在总纲中宣布，共产党人要向全世界公开说明自己的目的。其第一章是"资产者和无产者"，论述了阶级斗争。其中最激动人心的是它开头那句横扫一切的历史性论断："至今一切社会的历史都是阶级斗争的历史。"这一论断指出无产阶级进行反资产阶级的斗争的合理性，并提供理论支持。其第二章是"无产者和共产党人"，说明了无产阶级政党的性质、特点、目的和任务，以及共产党的理论和党性。其第三章是"社会主义和共产主义的文献"，批判了以前及当时流行的其他社会主义构想，揭露它们的阶级实质。其第四章是"共产党人对各种反对党派的态度"，提出了资本主义民主革命的前夜应采取的战略策略方针。

在文章末尾，结合总纲中的表述，《共产党宣言》向全世界表明了共产党人的目的："他们的目的只有用暴力推翻全部现存的社会制度才能达到。让统治阶级在共产主义革命面前发抖吧。无产者在这个革命中失去的只是锁链。他们获得的将是整个世界。"[1]

一、《共产党宣言》在世界各地的传播

《共产党宣言》的发表，恰逢 1848 年欧洲革命。为适应革命的需要，许多从伦敦回到法国、德国、荷兰等地的革命者，将《共产党宣言》随身携带，从而传播到欧洲许多国家。

1848 年 3 月，《共产党宣言》刚出版一个月，反动警察便以从事政治活动的罪名将马克思和他的妻子燕妮拘捕。随后，布鲁塞尔的警察又将马克思驱逐出比利时。马克思和他的夫人离开布鲁塞尔后，先到巴黎，后又回到了祖

---

[1] ［德］马克思、恩格斯：《共产党宣言》，人民出版社 2018 年版，第 65 页。

国，在科隆创办了《新莱茵报》。1849 年 5 月 19 日，马克思创办的《新莱茵报》被迫停刊，在反动统治的迫害下，马克思不得不又离开祖国，从此，终身漂泊国外，成为没有国籍的"世界公民"。

随着 1848 年革命失败，欧洲工人运动陷入了低潮。《共产党宣言》暂时从历史的前台退到后台。马克思把更多的时间用于理论研究。在 19 世纪 60 年代，马克思撰写了《资本论》，提出剩余价值理论，进一步发展了《共产党宣言》的思想。

19 世纪 60 年代，欧洲革命运动重新高涨。1871 年 3 月 18 日，法国无产阶级成立了人类历史上第一个无产阶级政权——巴黎公社。巴黎公社时期，第一国际的有力活动，使马克思和恩格斯的名声传遍欧美。在《共产党宣言》发表 25 年之后，也就是 1872 年，马克思、恩格斯为《共产党宣言》的德文第二版，撰写了序言，并指出："不管最近 25 年来的情况发生了多大的变化，这个《共产党宣言》中所阐述的一般原理整个说来直到现在还是完全正确的……这些原理的实际运用，正如《共产党宣言》所说，随时随地都要以当时的历史条件为转移。"

1882 年，马克思已久病在床，受俄国革命者拉甫罗夫的请求，他与恩格斯一道，为普列汉诺夫翻译的《共产党宣言》撰写了序言。他们在序言中指出："《共产党宣言》的任务，是宣告现代资产阶级所有制必然灭亡。"这也是马克思生前最后一次为宣言撰写序言。

1883 年出版的德文版第三版《共产党宣言》，是马克思逝世后，首次由恩格斯一人撰写序言的版本。序言的开头，就充满了凄凉色彩，恩格斯写道："本版序言不幸只能由我一个人署名了。马克思这位比其他任何人更应受到欧美整个工人阶级感谢的人物，已经长眠于海格特公墓，他的墓上已经初次长出了青草。"恩格斯强调，马克思逝世后，就更谈不上对《共产党宣言》作什么修改或补充了。但恩格斯也明确重申了这一点：贯穿《共产党宣言》的基本思想完全是属于马克思一个人的。

1888 年，恩格斯为伦敦出版的英文版《共产党宣言》写了序言。恩格斯回顾了国际工人运动的历史和《共产党宣言》在各国的传播史，指出："它无疑是全部社会主义文献中传播最广和最具有国际性的著作，是从西伯利亚到加利福尼亚的千百万工人公认的共同纲领。"恩格斯还重申，他1883年德文版序言中所阐述的基本思想，并强调："这一思想对历史学必定会起到像达尔文学说对生物学所起的那样的作用。"

1890年，经恩格斯同意后的第四个德文版《共产党宣言》出版。该版本除了发表恩格斯的新序言外，还收入了1872年和1883年德文版序言、1882年俄文版序言，援引了1888年英文版序言，可以说，这个版本涵括了六个版本的序言。恩格斯在1892年和1893年又分别为波兰文和意大利版宣言撰写了序言。

马克思恩格斯在《共产党宣言》中，就拟定用英文、法文、德文、意大利、佛拉芒文和丹麦文等六种语言公布于世。目前，《共产党宣言》用100多种语言，出版了2000多次。

已知最早的《共产党宣言》外文译本是1848年在斯德哥尔摩出版的瑞典文本，书名为《共产主义之声。1848年2月出版的共产党宣言》。译者为瑞典社会主义者佩捷尔·约特雷克。不过该书扉页和封面上的"全世界无产者，联合起来！"被代之以"人民之声——上帝的呼唤"，正文末尾的这句话也删去了。[1]

第二个外文译本是英文本。1850年，英国宪章运动著名领导人乔治·哈尼在主办的《红色共和党人》首次刊登了名为《德国共产党的宣言》的《共产党宣言》英译本，译者是该报撰稿人海伦·麦克法林女士。更为可贵的是，哈尼为译本写的序言中，第一次指出了马克思、恩格斯是《共产党宣言》的作者，并称它为"世界上前所未有的最革命的文献"[2]。

1869年，日内瓦的《钟声》出版社出版了俄文版《共产党宣言》。这一事情，被马克思、恩格斯称为"著作界的一件奇闻"。之所以被看作奇闻，是有道理的。沙俄是欧洲的保守反动势力的最后堡垒，是摧残西欧革命的刽子

---

[1] 杨金海主编：《马克思主义研究资料》第2卷，中央编译出版社2013年版，第503页。
[2] 杨金海主编：《马克思主义研究资料》第2卷，中央编译出版社2013年版，第503页。

手，这资本主义发展相对落后、无产阶级政党还没形成的国度里，反而先有了《共产党宣言》译本，这让马克思、恩格斯感到惊讶。①

19世纪70年代是《共产党宣言》在欧洲传播的高潮。这一时期最早的译本是塞尔维亚译本。之后，又出现了法文译本、西班牙文译本、葡萄牙文译本。在马克思生前，《共产党宣言》的版本包括了德、英、法、俄、瑞典、塞尔维亚、西班牙、葡萄牙、荷兰、丹麦等欧洲主要国家的语种。马克思逝世后，恩格斯肩负起整理、编辑和出版马克思遗著的任务。到恩格斯逝世前，《共产党宣言》版本覆盖了18种文字，含手抄本的版本约130个，基本涵盖了欧美主要语种。②

《共产党宣言》在世界传播的高潮，是在19世纪晚期到第一世界大战前的第二国际时期。从1896年开始，新的译本相继问世，如，匈牙利文译本、格鲁吉亚文译本、乌克兰文译本、芬兰文译本、斯洛文尼亚文译本、斯洛伐克文译本，等等。到1918年，共有202个版本。另外，十月革命前后，苏俄出版了35种俄文版的《共产党宣言》。此后，新的译本不断出现，重印版本也占据着相当大比重。

在亚洲，最早出现的译本是日文版。1904年，日本著名社会主义者幸德秋水和堺利彦将《共产党宣言》翻译成日文，不过该版本缺少第三章。该版本刊出后，遭到了日本政府的查封，被立刻没收，但仍有半数（约4000份）传了出来。《共产党宣言》在日本再次面世，是在幸德秋水1906年创刊的杂志《社会主义研究》的创刊号上，并补充了第三章。这是在日本第一次对马恩著作进行全文翻译。不过，1910年日本发生了政府镇压社会主义运动的事件，致使幸德秋水被捕并被处以死刑，自那以后直到"二战"日本战败，《共产党宣言》一直被禁。但尽管如此，在民间，社会主义者一直致力于《共产党宣言》译本的完善和秘密传播。1921年，堺利彦又参照德文版本，

---

① 杨金海主编：《马克思主义研究资料》第2卷，中央编译出版社2013年版，第512—513页。
② 杨金海主编：《马克思主义研究资料》第2卷，中央编译出版社2013年版，第507—509页。

对 1904 年和 1906 年的旧译进行了修订。到 1945 年"二战"结束前，《共产党宣言》在日本一共又出版了十六七次。至 1988 年，日本国内共出版《共产党宣言》82 次，至今有 100 次左右。

二、《共产党宣言》在中国的传播

在马克思、恩格斯生前，《共产党宣言》还只是在英国、德国、法国、美国等欧美国家和地区流传。进入 20 世纪，《共产党宣言》几乎在全世界每一个角落都有了踪影，极大地推动了全世界政治、经济、文化和社会格局的变化。清末民初，少数中文报刊曾节译过《共产党宣言》部分内容，但直到 1920 年，中国才出现了第一个《共产党宣言》中文全译本。中华人民共和国成立前，除陈望道译本外，《共产党宣言》还有多种中译本，其中影响较大的是华岗译本，成仿吾、徐冰译本及博古译本，另外还有鲜为人知的陈瘦石译本和近来发现的胡乔木校译本，以及国外出版的莫斯科百周年纪念本。自 1958 年，中央编译局译本首次面世至今，经多次修订后，成为马克思主义经典文献中发行量最大、传播最为广泛的文本。

（一）摘译

1899 年 2 月到 4 月，上海广学会主办的《万国公报》连续刊载了一篇在当时很有影响的名为《大同学》的文章，它由李提摩太节译，蔡尔康撰文。文章在中国的刊物中首次提到"马克思""安民新学"（即社会主义）及《共产党宣言》的一段文字。文章写道，"马克思之言曰：'纠股办事之人，其权笼罩五洲，突过于君相之范围一国'"。这里援引的就是马克思在《共产党宣言》中讲的一段话，现在的译文是："资产阶级，由于开拓了世界市场，使一切国家的生产和消费都成为世界性的了。"

孙中山于 1896 年伦敦蒙难之后在英国留居近一年，其间，曾常常到大英博物馆研究欧洲社会主义运动。正是在这里，孙中山第一次知道了马克思和恩格斯的名字及其活动情况，并第一次读到了《共产党宣言》等马克思主义著作。这对他形成三民主义思想影响深远。在孙中山的影响下，资产阶级革命派大力宣扬《共产党宣言》思想。如 1903 年 2 月 15 日，由日本东京的中国留学生主办的杂志《译书汇编》第 2 卷第 11 号上，发表了革命派马君武的《社会主义与进化论比较》一文，文章写道："马克司者，以唯物论解历史学之人也。马氏尝谓阶级竞争为历史之钥。"很明显，这是《共产党宣言》的思想。1905 年 8 月，孙中山从欧洲回来后，便在东京建立中国同盟会；同年 11 月，同盟会机关报《民报》创刊。资产阶级革命派朱执信、宋教仁、叶夏声、廖仲恺等先后在《民报》撰文，介绍《共产党宣言》及共产主义运动。1912 年 6 月 2 日，中国社会党绍兴支部在上海出版的《新世界》杂志第 2 期发表了朱执信译述的《社会主义大家马儿克之学说》一文，文章对马克思的生平和《共产党宣言》的内容作了介绍。

1919 年 4 月 6 日，北京《每周评论》第 16 期刊载了成舍我翻译的《共产党的宣言》一文，摘译《共产党宣言》的部分内容。

1919 年 11 月，北京《国民》第 2 卷第 1 号刊载李泽彰翻译的《马克思和昂格思共产党宣言》一文，摘译了《共产党宣言》第一章的内容。

1921 年 6 月 1 日，《新青年》第 9 卷第 2 号载李达《马克思派社会主义》一文，该文第六节"多数主义"节译《共产党宣言》一段文字："劳动阶级的革命，第一步在使劳动阶级跑上支配阶级的地位。劳动阶级就用政治的优越权，从资本阶级夺取一切资本，把一切生产工具集中到国家手里，即是集中在组成支配阶级的劳动阶级手里，全部生产力就可用大速度增加起来……劳动阶级若和资本阶级战斗，迫不得已，自己不得不组织一个阶级，用革命手段，把自己造成一个支配阶级，并且用权力扫除旧生产条件，于是阶级对抗的存在和一切阶级的自身都要扫除的，无产阶级的优越权也要废除了。"

1921 年 7 月 1 日，《新青年》第 9 卷第 3 号《社会主义批评》刊载了"在共产党宣言上更是大声疾呼地说：'（一）纠合无产者团成一个阶级，（二）颠覆有产者底权势，（三）由无产阶级掌握政权。'又说：'无产阶级的革命，第一步是在使他们跑上权力阶级的地位……既达第一步，老东家就用他的政权渐次夺取资本阶级的一切资本，将一切生产工具集中在国家手里，就是集中在组织权力阶级的劳动者手里。'"等内容。

1921年8月1日，《新青年》第9卷第4号载施存统《马克思底共产主义》一文，该文节译《共产党宣言》相关内容："劳动阶级的革命，第一步是使劳动阶级跑上权力阶级的地位。……既达到第一步，劳动阶级就用政治的优越权从资本阶级夺取一切资本，将一切生产工具集中在国家底手里，就是集中在组成权力阶级的劳动阶级手里；这样去做，那全部生产力，就可以用最大的速度增加起来了。起初的时候，少不得要用强迫的攻击手段对付私有财产权和资本家的生产方法，总得达到目的。……劳动者和资本阶级战斗的时候，迫于情势，自己不能不组成一个阶级，而且不能不用革命的手段去占领权力阶级的地位，用那权力去破坏旧生产力方法，但是同时阶级对抗的存在和一切阶级本身，也都是应该扫除的，因此劳动阶级底权势也是要去掉的。"

1922年7月1日，《新青年》第9卷第6号《马克思学说》对《共产党宣言》进行了介绍："一八四八年马克思和因格斯共著的《共产党宣言》，是马克思社会主义最重要的书，正是根据唯物史观来说明阶级斗争的。"

1926年2月27日，《政治生活》第68期载由赵世炎（署名乐生）翻译的《〈共产党宣言〉序言三篇》一文。此三篇序言分别为1872年德文版序言、1882年德文版序言和1890年德文版序言全文。这是《共产党宣言》三篇德文序言中文版全文第一次在中国出现。

1927年10月，民智书局出版日本河西太一郎著、周亚屏译的《农民问题研究》一书（图13-1），该书第二篇"农业理论及农业政策底研究"的第一章"马克斯底农业理论及政策"第三节"马克斯底农业政策"载有"共产党宣言中

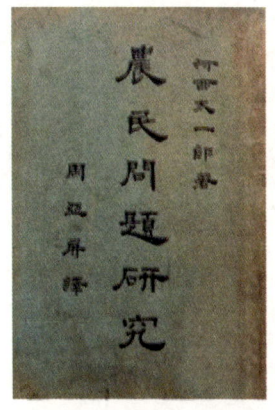

图13-1 1927年10月，民智书局出版，国家图书馆藏。

所见的马克斯农业政策"一文，该文摘译了《共产党宣言》第二章部分内容。1928年8月，民智书局再版此书。

1928年3月，上海太平洋书店出版刘宝书编译的《马克思与列宁之农业政策》一书，书中载有"马克思之农业政策"一章，该章"甲、《共产党宣言》中之农业政策"一节即《共产党宣言》第二章摘译，出自于周亚屏译的《农民问题研究》一书。

1930年7月，春秋书店出版塞姆柯甫士基编，刘沁仪译的《社会主义的必然》一书。其中包括《空想的社会主义》一文，即摘译《共产党宣言》第三章的内容。

1930年8月，上海山城书店出版德特里希编，巴克译的《社会主义底基础》一书。该书包括《共产党宣言》等20种著作中的语句摘译。

1930年10月，上海春秋书店出版刘济闿译的《社会进化的原理》一书，其中摘译了《共产党宣言》的部分内容。

（二）《共产党宣言》陈望道译本——第一个中文全译本

1920年8月，由陈望道翻译的首个《共产党宣言》中文全译本在上海出版。从1920年至1938年，《共产党宣言》陈望道译本至少出版了22次。陈望道早年留学日本，精通日文，熟练掌握英文，翻译《共产党宣言》时所依据的外文原版为日文版和英文版。其中日本版《共产党宣言》由时任《星期评论》的编辑戴季陶提供，英文版由陈独秀提供。陈望道译本仅有1848年发表的正文部分，没有刊载马恩撰写的七篇序言，但由于其首创性，更广为人知。陈望道译本按照出版机构分类，有以下几种：

1. 社会主义研究社版

上海社会主义研究社的第一版，即陈望道译本首版（图13-2），1920年8月出版。这一版封面为水红色，中央印有大幅马克思半身坐像；肖像上端依次印有4横排文字："社会主义研究小丛书第一种""共党产宣言""马格斯安格尔斯合著""陈望道译"。肖像的下方有"马格斯"三字。书本为32开，竖排版，共56页，约19000字。书中41处单词附有英文译名，很明显，陈望道译本参考了英译本。陈译本最后一句"万国劳动者团结起来呵"（今译为"全世界无产者联合起来"）的英译文"Working of all Countries unite"附在文章的末尾。封底印有该书的版权项，从右至左分别为："一千九百二十年八月初版""定价大洋一角""原著者马格斯、安格尔斯""翻译者陈望道""印刷及发行者社会主义研究社"。该版把书名错印为"共党产宣言"。

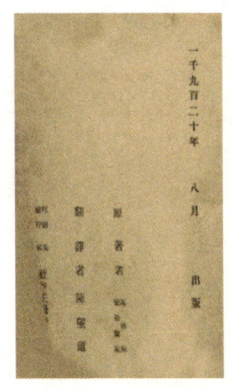

图 13-2 1920 年 8 月，社会主义研究社出版，国家图书馆、国家博物馆、上海图书馆等藏。

上海社会主义研究社的第二版（图 13-3），1920 年 9 月出版。这一版内容与首版没有任何改变，与首版的区别主要有以下三个方面：（1）第二版封面马克思的坐像的颜色变成了蓝色；（2）封面的书名从"共党产宣言"改为"共产党宣言"；（3）版权页的时间改成了"一千九百二十年九月再版"。

上海社会主义研究社的第三版（图 13-4），1924 年 9 月出版上海社会主义研究社。这一版封面无马克思肖像，从上至下横排印的文字分别为："社会主义研究小丛书第一种""共党产宣言""马格斯、安格尔斯合著""陈望道译""社会主义研究会""1924"。版权页文字分别为："公历一千二四年九月三版""定价大洋一角""版权公开""原著者马格斯、安格尔斯""翻译者陈望道""印刷及发行者社会主义研究社""特约经售者太原晋华书社"。封底有"介绍新书"。这一版的版权页首次标出的"版权公开"，是陈望道译本所有版本中唯一一次宣布本书为公版书，表明《共产党宣言》译者为传播真理，为放弃自身利益所做的努力。在该书第 56 页，印有"总理遗嘱"（孙文遗嘱），全文如下：

图 13-3 1920 年 9 月，社会主义研究社出版，中央党史和文献研究院图书馆藏。

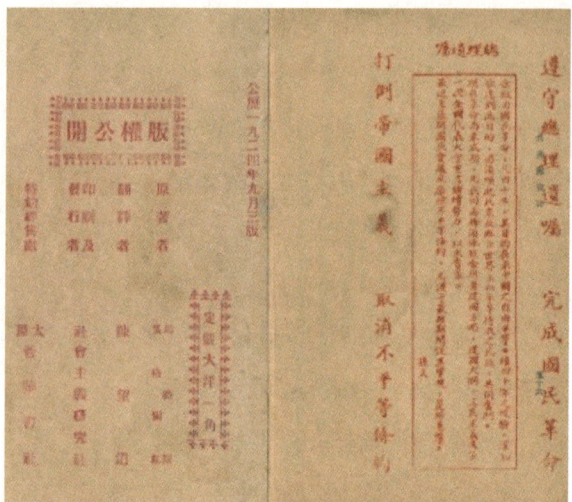

图 13-4 1924 年 9 月，上海社会主义研究社出版，北京红展藏。

余致力国民革命，凡四十年，其目的在求中国之自由平等。积四十年之经验，深知欲达到此目的，必须唤起民众及联合世界上以平等待我之民族，共同奋斗。

现在革命尚未成功，凡我同志务须依照余所著建国方略、建国大纲、三民主义及第一次全国代表大会宣言继续努力，以求贯彻。

最近主张开国民会议及废除不平等条约，尤须于最短期间促其实现。是所至嘱！

该页的其他文字有："遵守总理遗嘱，完成国民革命；打倒帝国主义，取消不平等条约。"

2. 平民书社版

平民书社曾多次刊印陈望道译本，目前发现最早的版本为 1924 年 6 月出版，注明为"一九二四年六月三版"。1926 年 5 月出版的版本，注明为"民国十五年五月十七版"，据此推测，在不到两年的时间内，平民书社至少出版了 14 次，可见其发行规模之大，传播范围之广。遗憾的是，目前只发现了少量的几个版次，主要如下：

平民书社于 1924 年 6 月出版的陈望道译本（图 13-5），白色封面，扉页有马克思和恩格斯半身塑像照片。该书 32 开，60 页。版权项中标注的文字从左至右分别为："一九二四（民国一三）年六月三版""定价大洋一角""原著者马克思、昂格士""翻译者陈望道""印刷及发行者平民书社"。

相较于上海社会主义研究社的第一版和第二版，该版本的变化主要为：（1）著作译名有了变化，从"马格斯"和"安格尔斯"分别改为"马克思"和"昂格士"；（2）封面无马克思像，文字从横排改为竖排；（3）扉页印有马克思和恩格斯半身塑像；（4）封面首次印有《共产党宣言》的目次，即"第一章 有产者及无产者""第二章 无产者和共产党""第三章 社会主义及共产主义的著作""第四章 共产党和在野各党底关系"，通过封面上的目次，能直观了解到书本的大概内容，体现了《共产党宣言》传播者不断改进传播方式所作的不懈努力；（5）某些语句的断句发生变化，标点符号的位置有所不同；（6）少数语气词、语句的翻译发生变化，如上海社会主义研究社第一版中第 1 页第 2 段最后一句翻译为："不都是用共产主义这名词作回敬的套语吗？"在平民书社版中改成了："不都是用共产主义这名词作回敬的套语么？"

平民书社于 1925 年 7 月出版的第六版，该书 32 开，竖排，标明为"一九二四（民国一三）年六月三版"的翻印，版权页竖排从右至左的文字分别为"民国十五年一月八版、民国十五年五月十六版""定价大洋一角""原著者马克思、昂格士""翻译

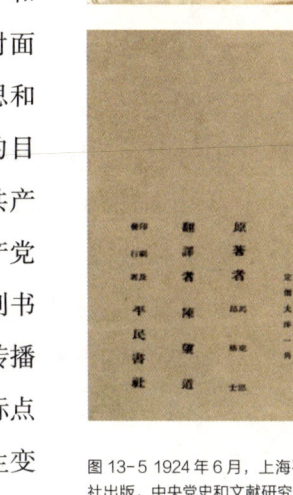

图 13-5 1924 年 6 月，上海平民书社出版，中央党史和文献研究院图书馆藏。

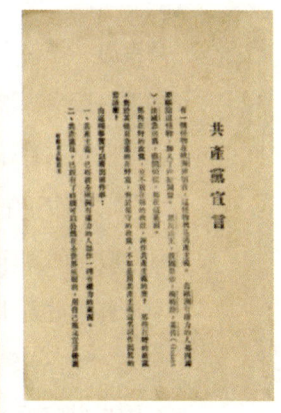

图 13-6 1925 年 7 月，平民书社出版，中共一大会址纪念馆藏。

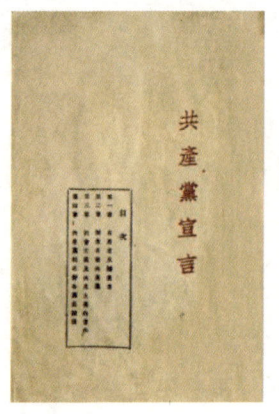
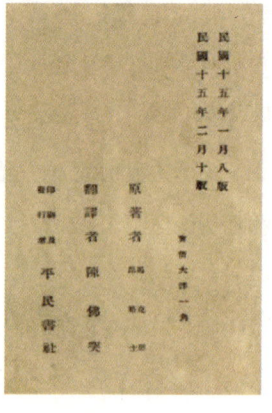
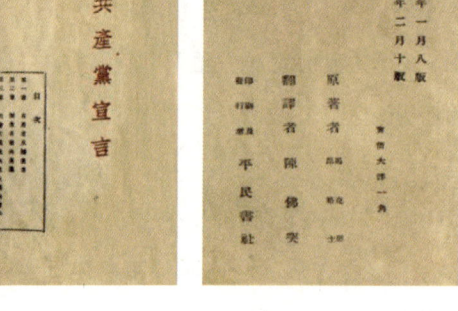
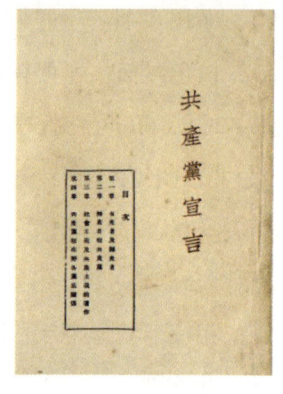

图 13-7 1926 年 2 月，平民书社出版，国家博物馆藏。

图 13-8 1926 年 5 月，平民书社出版，中共一大会址纪念馆藏。

者陈佛突""印刷及发行者平民书社"。

平民书社于 1926 年 2 月出版的第十版（图 13-7），译者陈望道改为"陈佛突"，该书 32 开，60 页，注明为"一九二四（民国一三）年六月三版"的翻印，版权页竖排从右至左的文字分别为"民国十五年一月八版、民国十五年二月十版""定价大洋一角""原著者马克思、昂格士""翻译者陈佛突""印刷及发行者平民书社"。

平民书社于 1926 年 5 月出版的第十六版（图 13-8），译者署名"陈佛突"，该书 32 开，60 页，封面印有"目次"，版权页竖排从右至左的文字分别为"民国十五年一月八版、民国十五年五月十六版""定价大洋一角""原著者马克思、昂格士""翻译者陈佛突""印刷及发行着平民书社"。扉页有马克思和恩格斯半身塑像。

平民书社于 1926 年 5 月出版的第十七版（图 13-9），译者署名为"陈佛突"，封面印有"目次"，32 开，60 页，注明为"一九二四（民国一三）年六月三版"的翻印，版权页上从右至左的竖排文字为"民国十五年一月八版、民国十五年五月十七版""定价大洋一角""原著者马克思、昂格士""翻译者陈佛突""印刷及发行者平民书社"。扉页有马克思和恩格斯半身塑像。

3. 国光书店版

广州国光书店是在中国出版《共产党宣言》全译本的第三家进步机构。

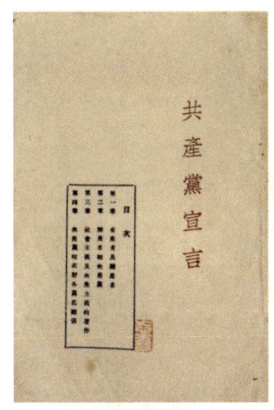
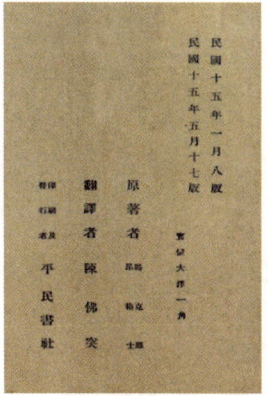

图 13-9 1926 年 5 月，平民书社出版，中共一大会址纪念馆藏。

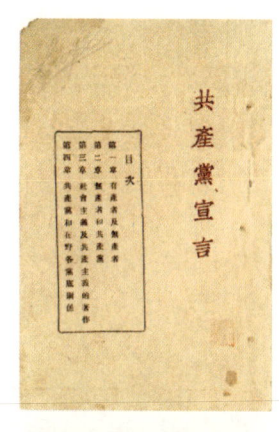

1925 年 4 月国光书店首次出版陈望道译本（图 13-10）。该版本 32 开 56 页，封面用竖排印有"共产党宣言"及"目次"，版权页从左至右竖排文字为："一九二五年四月五版""定价大洋一角""原著者马克思、昂格士""翻译者陈望道""印刷及发行者国光书店"。该版本的特点有：（1）部分译文修改，如该版本第 2 段中的"都是用共产主义这名词作回敬的套语吗？"在首版中译为"不都是用共产主义这名词作回敬的套语吗？"通过分析上下语境，这是一次错误的修订，曲解了原文的意思；（2）封底有广告页，刊载了国光书店经售的 23 种进步书刊，包括：《共产主义初步》《马克斯主义浅说》《中国关税问题》《不平等条约》《反戴季陶国民革命观》《工团主义》《哲学问题》《阶级斗争》《罢工与东证》《中国军人》《现代评论》《精神谈话》《陈独秀演讲录》《新社会观》《共产主义与共产党》《共产党宣言》《社会进化简史》《评中西文化观》《向导周报》《中国青年》《新学生》《两个工人谈话》《资本制度前说》。

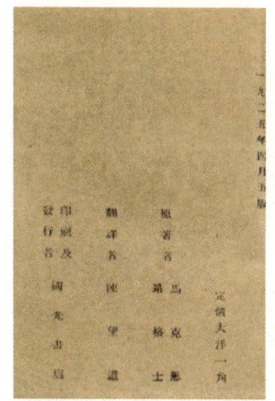

1926 年 4 月，国光书店再次出版陈望道译本（图 13-

图 13-10 1925 年 4 月，国光书店出版，中共一大会址纪念馆藏。

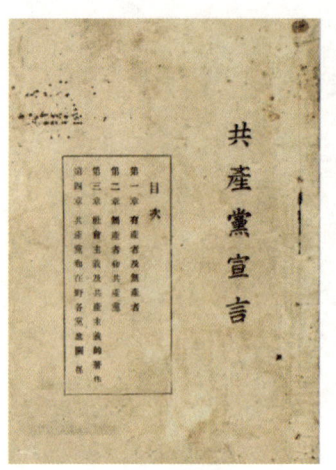
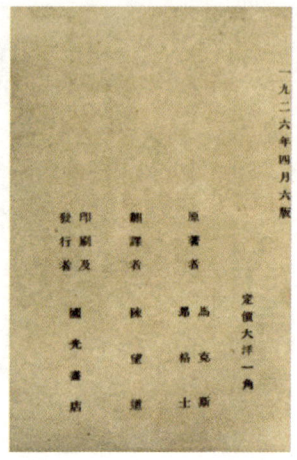

图 13-11 1926 年 4 月，国光书店出版，北京红展藏。

11）。该书 32 开，56 页，封面用竖排印有"共产党宣言"及本书的"目次"。版权页从左至右竖排文字为："一九二六年四月六版""定价大洋一角""原著者马克斯、昂格士""翻译者陈望道""印刷及发行者国光书店"。

4. 党化社版

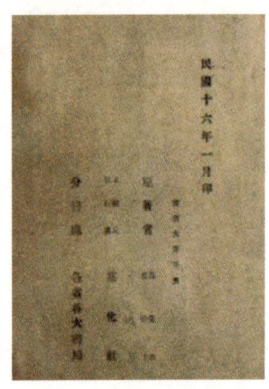

图 13-12 1927 年 1 月，党化社出版，北京红展藏。

1927 年 1 月，党化社出版《苏俄政策——共产党宣言》一书（图 13-12）。该书 32 开，共 44 页。其下面用竖排印有"共产党宣言"与"目次"。版权页从左至右的竖排文字分别为："民国十六年一月印""定价大洋叁角""原著者马克思、昂格士""印刷及发行者党化社""分售处各省各大书局"。该版本未注明译者名，经考证为陈望道译本。

5. 汉口长江书店版

1927 年 3 月，汉口长江书店出版陈望道译本（图 13-13）。封面文字竖排，从左至右为："马克思、恩格斯著""共产党宣言""汉口长江书店印行"。该书 32 开，60 页。版权项分别为："一九二七年三月十一版""共产党宣言""版权所有""定价大洋一角""著作者马克思、恩格斯""编译

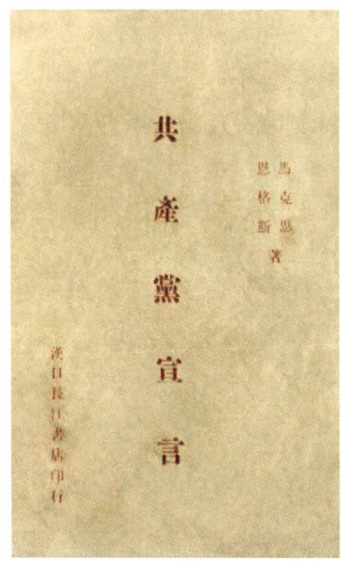
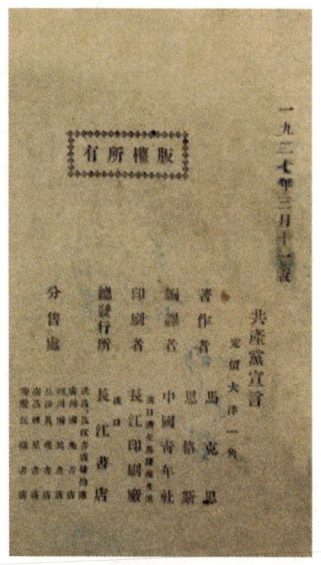

图 13-13 1927 年 3 月，汉口长江书店出版，中共一大会址纪念馆藏。

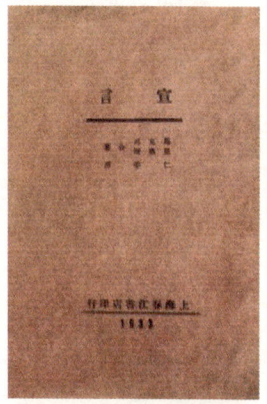

者中国青年社""印刷者长江印刷厂（汉口济生马路福生里）""总发行所长江书店（汉口）""分销处武昌长江书店特约处、广州国光书店、四川国民书店、长沙真理书店、南昌明星书店、安徽江淮书店"。

6.上海春江书店版

1933 年 2 月，上海春江书店以"宣言"为书名，出版了陈望道译本（图 13-14）。本书封面枣红色，文字横排，从上至下文字依次为："宣言""马克司、恩格斯合著""仁子译""上海春江书店印行""1933"。书名页的最上端为《共产党宣言》最后一句话"全世界无产阶级联合起来"。该书 32 开，60 页。版权页竖排文字从左至右分别为："一九三三年二月出版""上海春江书店印行""出版者魏寒涛""代销处全国各大书局""总发行所为春江书店（两处地址：上海四马路山东路口、北平东安市场）"。"仁子"为陈望道笔名。

图 13-14 1933 年 2 月，上海春江书店出版，中共一大会址纪念馆藏。

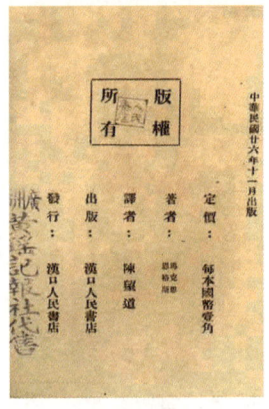

图 13-15 1937 年 11 月，汉口人民书店出版，北京红展藏。

7. 汉口人民书店版

1937 年 11 月，汉口人民书店出版陈望道译本（图 13-15）。封面有马克思恩格斯正面木刻版画头像。封面的横排文字从上至下分别为："宣言""马克思·恩格斯著""汉口人民书店出版""1937"。该书 32 开，44 页。版权页从左至右文字为："中华民国廿六年十一月出版""定价：每本国币壹角""著者：马克思、恩格斯""译者：陈望道""出版：汉口人民书店""发行：汉口人民书店"，在版权页上端有"版权所有"四字。

1938 年，汉口人民书店再次以"宣言"为书名，出版陈望道译本（图 13-16）。封面文字除版式有变化外，书名、著者名、出版社、出版年代、马克思恩格斯头像都未变化。该书竖排，版权页横排文字从上至下依次为："宣言""定价一角""译者：陈道望""出版：华新书店""发行：华新书店""1938"。

汉口人民书店版本的主要特点是：（1）封面首次使用

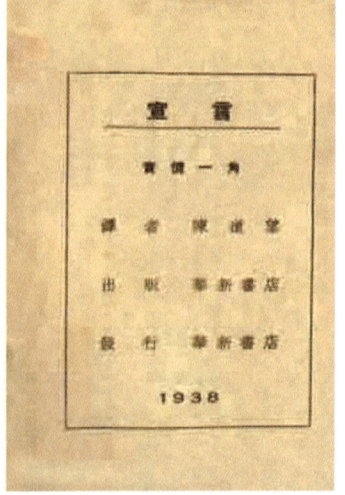

图 13-16 1938 年，汉口人民书店出版，中央党史和文献研究院图书馆藏。

马克思恩格斯的头像；（2）封面都隐去了《共产党宣言》的名称，代之以"宣言""马克思和恩格斯之宣言"的文字出现；（3）部分语气词、断句、标点有变动。

8. 青年出版社版

1938 年 1 月 5 日，延安青年出版社以《马克思与恩格斯之宣言》为书名出版陈望道译本（图 13-17）。封面有马克思恩格斯的木刻版画头像。该书横排，32 开，43 页。版权页横排文字从上至下依次为："马克思与恩格斯之宣言""定价国币壹角""发行者：青年出版社""经销者：全国各大书局""地址：延安南大街""1937.8.5. 出版、1838.1.5 再版"。这是陈望道译本第一次在解放区出版。

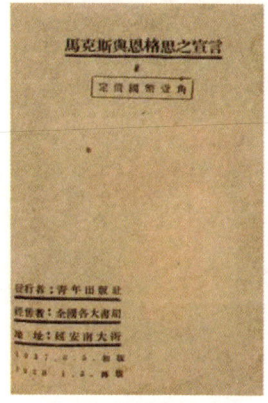

9. 出版地不详版本

中国出版的《共产党员宣言》还有一个无从考证的版本（图 13-18）。该版本封面书名为《恩格斯和马克思的宣言》，无版权页。该书 32 开，封面"目次"横排，马克思恩格斯木刻红色头像位于封面正中偏上。

图 13-17 1938 年 1 月 5 日，青年出版社出版，中央党史和文献研究院图书馆藏。

（三）《共产党宣言》华岗译本——第二个中文全译本

在中国革命最危急的时候，怀着对革命必胜的坚定信念，中国共产党人冒着生命危险传播马克思主义。华岗译本正是在这一历史背景下诞生的。1930 年，共产党员华岗以英文版为底本，全译《共产党宣言》。这是我国第二个《共产党宣言》中文全译本，内容包括 1848 年发表的正文以及《共产党宣言》的三个德文版序言。华岗译本语句较陈望道译本更为流畅，部分译词符合当时的使用习惯，但漏译的地方时有出现，如在"1872 年德文序言"中，漏译了第一段，而该段是了解《共产党宣言》的产生历史背景、出版时间、出版地点、早期传播概况等重要内容的关键。

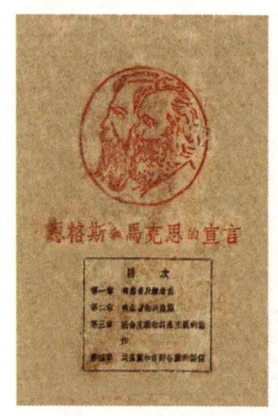

图 13-18 版本无从考证，中共一大会址纪念馆藏。

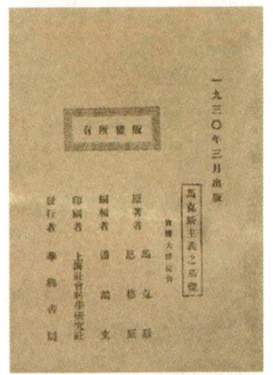

图 13-19 1930 年 3 月，华兴书局出版，中央党史和文献研究院图书馆藏。

1. 华兴书局首版

1930 年 3 月，上海华兴书局出版《马克斯主义的基础》，其后附华岗译的《共产党宣言》（图 13-19）。该书竖排、32 开，封面为浅灰色，封面文字从上至下依次为"社会科学丛书""马克斯主义的基础""1930"。版权页从右至左依次为："一九三〇年三月出版""马克斯主义之基础""定价大洋伍角""原著者马克斯、恩格斯""编辑者潘鸿文""印刷者上海社会科学研究社""发行者：华兴书局"。该书目录为：

编者序

恩格斯起草的国际工人同盟宣言初稿

一八四七年共产主义宣言

一八七二年恩格斯马克斯宣言合序

恩格斯一八八三年序

恩格斯一八九〇年序

马克斯雇佣劳动与资本

"恩格斯起草的国际工人同盟宣言初稿"即恩格斯的《共产主义原理》；"一八四七年共产主义宣言"为错译，实为 1848 年 2 月出版的《共产党宣言》；"一八七二年恩格斯马克斯宣言合序"即马克思恩格斯合写的 1872 年德文版序言；"恩格斯一八八三年序"即马克思逝世后、恩格斯独自撰写的 1883 年德文版序言；"恩格斯一八九〇年序"即恩格斯撰写的 1890 年德文版序言。

华岗译本有如下特点：（1）它是中国共产党成立后的第一个译本；（2）它是我国第一个从英文版翻译过来的版本；（3）它里面的三篇序言分别译自《共产党宣言》的

图 13-20 1930 年 3 月，华兴书局出版，北京大学图书馆藏。

1872 年德文版序言、1883 年德文版序言和 1890 年德文版序言，这是第一次在中国译介；（4）它第一次将全文最后一句准确地译成"全世界无产阶级联合起来"，成为响彻中国革命时期的战斗口号。

"潘鸿文"即华岗的笔名。在序言中，译者指出，希望此书帮助广大青年读者正确认识马克思主义。编者用大量篇幅批评了李季、戴季陶、周佛海、郭任远当时的反马克思主义的言论及其著作。华岗对他们的著作中出现的反马克思主义的观点进行一一驳斥。

2. 华兴书局中英文对照版

1930 年 3 月，华兴书局还出版了华岗译本中英文对照本（图 13-20）。该书横排，32 开，前 60 页是恩格斯校注过的 1888 年英文版《共产党宣言》，后 40 页为华岗的译文。封面文字从上至下依次为："英汉对照""共产党宣言""The Communist Manifesto By Marx and Engels With Chinese Translation By Hua Kung""马克斯、恩格尔斯合著""华岗译"。版权页文字为"1——1000""定价：大洋　角"Price："$."。这是《共产党宣言》英文版全文在中国首次出现，这大大利于读者了解《共产党宣言》的思想。

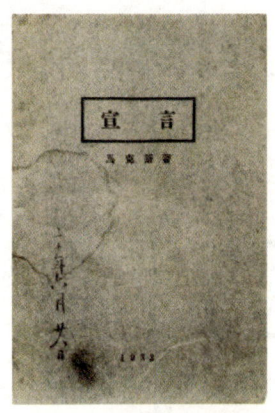

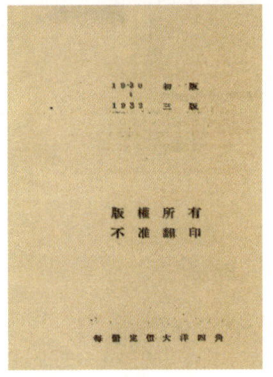

图 13-21 1932 年，上海中外社会科学研究社出版，国家图书馆藏。

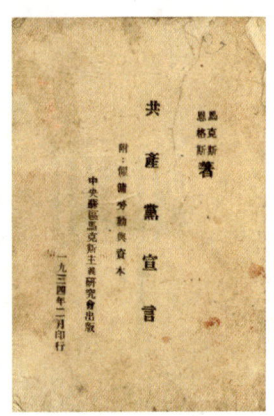

图 13-22 1934 年 3 月，中央苏区马克斯主义研究会出版，江西兴国革命纪念馆藏。

3. 中外社会科学研究社版

1932 年，上海中外社会科学研究社出版华岗译本第三版（图 13-21）。封面为浅灰色，封面文字从上至下依次为"宣言""马克斯著""1932"。该书横排，32 开，共 47 页。版权页文字从上至下依次为"1930 年初版""1932 年三版""版权所有不准翻译""每册定价大洋四角"。

4. 中央苏区版

1934 年 3 月，中央苏区马克斯主义研究会出版华岗译本（图 13-22）。该书竖排，32 开，书后另附《雇佣劳动与资本》译文。封面文字从右至左依次为："马克斯、恩格斯著""共产党宣言""附：雇佣劳动与资本""中央苏区马克斯主义研究会出版""一九三四年二月印行"。版权页文字分别为："一九三四年三月出版""共产党宣言""定价大洋一角二分""著者马克斯、恩格斯""出版者马克斯主义研究会""印刷者中央印刷厂""发行者中央局发行部""代售处各地代销处"。这是《共产党宣言》第一次在革命根据地出版，为促进马克思主义在中央苏区的传播发挥了积极作用。

5. 抗战学社版

1938 年，抗战学社出版《共产党宣言》华岗译本，上海中外社会科学研究社印行（图 13-23）。该书横排，32 开，42 页。封面文字从上至下依次为："宣言""抗战学社版""1938"。版权页文字从上至下依次为"1930 年初版""1938 年四版""版权所有不准翻印""每册定价大洋二角"。

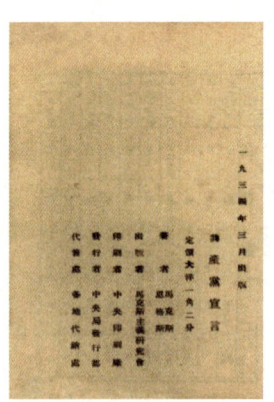

6. 竟成印务局版

1938 年 5 月，汉口竟成印务局翻印 1930 年 3 月华兴书局出版的

《马克斯主义的基础》一书（图13-24）。封面印有红色的马克思的木刻半身像，封面文字从左至右依次为"马克斯、恩格斯合著""彭汉文编译""上海社会科学研究社刊行""马克斯主义的基础"。该书竖排，32开，共157页。版权页文字从左至右为："民国二十七年五月初版""马克斯主义的基础""定价大洋肆角""原著者马克斯、恩格斯""编译者彭汉文""印刷者汉口竟成印务局""经售者天马书局（汉口交通路生成南里六号）"。"彭汉文"为华岗另一笔名。

7. 健全出版社版

1939年3月，健全出版社再版1930年3月上海华兴书局的《马克斯主义的基础》一书（图13-25）。该书竖排，32开，共157页，其中《共产党宣言》载于第39—91页。书的封面偏右上角有马克思的木刻头像，封面文字从左至右为："马克斯、恩格思著""彭汉文译""健全出版社印行""马克斯主义的基础"。版权页最右边为出版年代"民

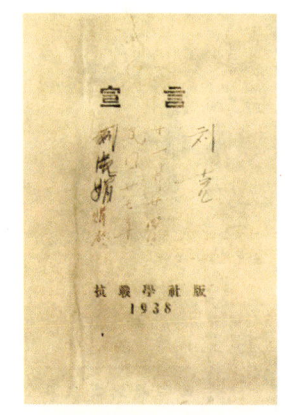

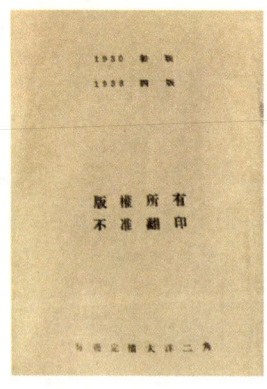

图13-23 1938年，抗战学社出版，国家博物馆藏。

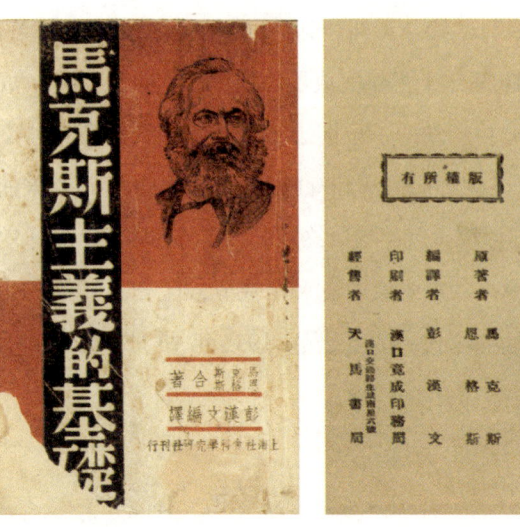

图13-24 1938年5月，竟成印务局印发，北京红展藏。

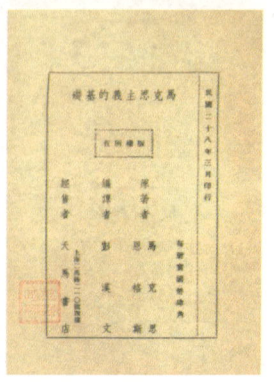

图 13-25 1939 年 3 月，健全出版社出版，北京红展藏。

国二十八年三月印行"中间偏上是书名"马克斯主义的基础"书名下方是"版权所有"四字，版权页中间部分的掐其他文字从右至左依次为："每册实国币四角""原著者马克思、恩格斯""编译者彭汉文""经售者天马书店（上海二马路二一号四楼）"。该书封面的作者"马克斯"与版权页上的作者"马克思"译名不一，属出版排版错误所致。

（四）《共产党宣言》成仿吾、徐冰译本——第三个中文全译本

成仿吾早年留学日本，大革命失败后，成仿吾经由日本、莫斯科远赴欧洲探索真理，于 1928 年夏在巴黎加入了中国共产党。

在旅欧期间，成仿吾曾担任西欧中共支部机关刊物《赤光》的社长兼总编辑。1929 年初，驻共产国际的中共代表蔡和森给在柏林的成仿吾写信，要他尽快根据德文原著将《共产党宣言》译成中文，寄到莫斯科外文出版社交 Watson 收。Watson 就是蔡和森当时的化名。接到蔡和森的信件后，成仿吾就着手《共产党宣言》的翻译工作。他使用了当时流行的德文《共产党宣言》版本，并参考了英、法译本，于 1929 年上半年完成了翻译工作。1929 年夏，成仿吾托付德国共产党的一位同志将翻译手稿带到莫斯科交给"Watson"。但那时候蔡和森已经离苏回国，不久就被捕牺牲了，这部译稿也就不知所终了。[1] 成仿吾回国后到达瑞金，在中共中央共产党宣言部和中央党校工作，还被选为苏维埃共和国临时中央政府委员。1935 年 10 月，红军到达

---

[1]　《回忆蔡和森》，人民出版社 1980 年版，第 41 页。

陕北后，成仿吾任中央党校教务主任、陕北公学校长等。

徐冰曾赴德国留学。1937年初到延安后，任中共中央党报委员会秘书长、解放社编辑，参与编辑《解放》周刊。

当时的中共中央组织部得到一本德文版《共产党宣言》，委托成仿吾和徐冰将这本德文版《共产党宣言》尽快译成中文。根据分工安排，文本的前半部分由成仿吾翻译，后半部分由徐冰翻译。在不到半年时间内，翻译工作完成。1938年8月，这本译稿作为"马克思恩格斯丛书"第四种由延安解放社出版发行。该译本收入《共产党宣言》及其的三篇德文版序言。成仿吾、徐冰译本是首次根据1848年2月德文原版翻译的中文版本，能够较准确地反映、表达《共产党宣言》的思想。它比之前的两个版本的传播范围更加广泛，被多家出版社出版，曾是中共中央指定出版的马克思主义经典读物。

1. 延安解放社版

1938年8月，成仿吾、徐冰译本由延安解放社首次出版（图13-26）。该书大32开，60页，实价一角五分。封面印有"共产党宣言"及其德文名"Manifest Der Kommunistischen Partei"，内容包括《共产党宣言》正文内容及其三篇德文版序言。

图13-26 1938年8月，解放社出版，中央党史和文献研究院图书馆藏。

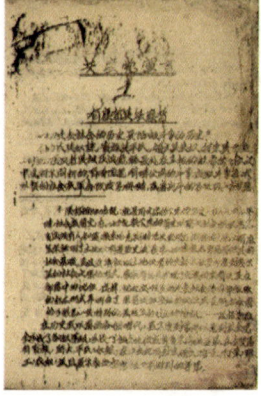

图 13-27 1938 年 10 月，八路军晋南军政干部学校翻印，北京红展藏。

2. 第八路军国民革命军晋南军政干部学校翻印版

1938 年 10 月，八路军国民革命军晋南军政干部学校翻印 1938 年 8 月延安解放社版本（图 13-27）。该书横排，32 开，42 页。封面文字从上至下依次为："共产党宣言""Manifest Der Kommunistischen Partei"。下部右侧有手写体"马恩藏书""马克思 恩格斯著""成仿吾 徐冰译"；下部左侧竖排有手写体"第八路军国民革命军晋南军政干部学校翻印""一九三八．十"。

3. 中国出版社版

1938 年 8 月至 10 月，中国出版社先后三次出版成仿吾、徐冰译本，此版与延安解放社版几乎同时出版，内容包括正文及三篇德文版序言。

第一种：1938 年 8 月出版（图 13-28），竖排，32 开，60 页。封面文字从右至左依次为："马克思、恩格斯合著""成仿吾 徐冰合译""共产党宣言""中国出版社"。版权页文字从上至下依次为"马恩藏书·第四种""共产党宣言""著者 马克思、恩格斯""译者 成仿吾、徐冰""一九三八年八

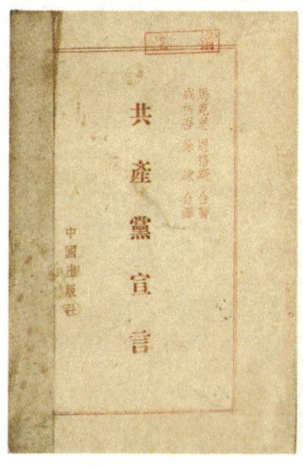

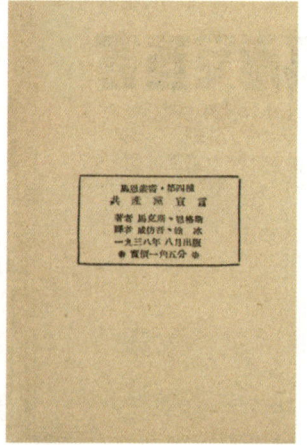

图 13-28 1938 年 8 月，中国出版社出版，北京红展藏。

月出版""实价一角五分"。

第二种：1938年8出版（图13-29），横排，32开，60页。封面文字从上至下依次为："共产党宣言""马克思 恩格斯著""成仿吾 徐冰合译""中国出版社出版"。版权页文字从上至下依次为"马恩藏书·第四种""共产党宣言""著者 马克思、恩格斯""译者 成仿吾、徐冰""一九三八年八月出版""实价一角五分"。

第三种：1938年10月，出版（图13-30），竖排，32开，91页。封面文字从右至左依次为："共产党宣言""中国出版社发行"。版权页最上部是书名"共产党宣言"，最下部是发行时间"中华民国二十七年十月初版"，版权页中间部分其他文字从右至左依次为："每册实价一角五分""著者 马克思、恩格斯""译者 成仿吾、徐冰""发行者 中国出版社""经售处 各大书房""版权所有 不准翻印"。

4. 新文化书房版本

1938年，上海新文化书房出版成仿吾、徐冰译本（图13-31）。该书竖排，32开，67页。封面文字从上至下依次为："共产党宣言""马克思、恩格斯合著""成仿吾 徐冰合译""新文化书房出版"。版权页最上部是书

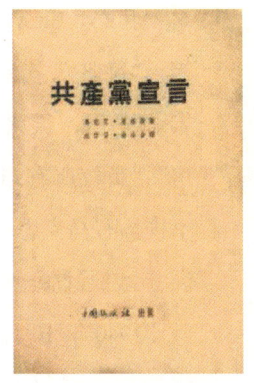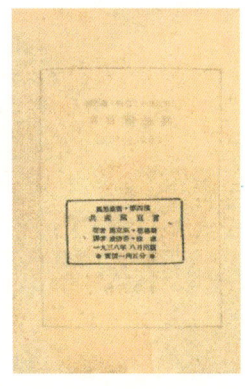

图13-29 1938年8月，中国出版社出版，北京红展藏。

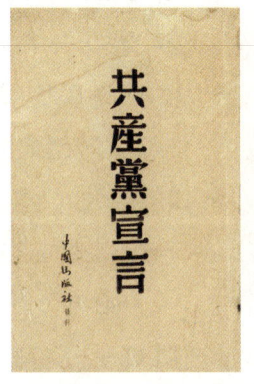

图13-30 1938年10月，中国出版社出版，北京红展藏。

图13-31 1938年，新文化书房出版，北京红展藏。

图 13-32 1940 年 10 月，延安抗敌报社出版，北京红展藏。

名"共产党宣言"，版权页中间部分其他文字从右至左依次为："每册实售国币一角二分""著者 马克思、恩格斯""译者 成仿吾、徐冰""出版者　新文化书房""经售处 各大书房""版权所有 不许翻印"。封面有马克思恩格斯木刻像，书中插有马克思和恩格斯的影像。

5. 抗敌报社版

1940 年 10 月，延安抗敌报社翻印 1938 年 8 月延安解放社出版的译本（图 13-32）。该书横排，32 开，58 页。封面文字从上至下依次为："共产党宣言""Manifest Der Kommunistischen Partei""马恩藏书 4""马克思恩格斯著""成仿吾 徐冰译""1940"。版权页文字从上至下依次为"马恩藏书·第四种""共产党宣言""著者 马克思、恩格斯""译者 成仿吾、徐冰""一九三八年八月出版""实价四角"。

6. 江淮出版社版本

1941 年 6 月，淮安江淮出版社出版成仿吾、徐冰译本（图 13-33）。该书竖排，32 开，69 页。封面文字从上至下

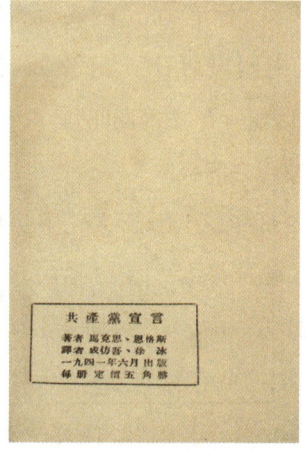

图 13-33 1941 年 6 月，江淮出版社出版，国家图书馆藏。

依次为："共产党宣言""江淮出版社"。版权页文字从上至下依次为"共产党宣言""著者 马克思、恩格斯""译者 成仿吾、徐冰""一九四一年六月出版""每册定价五角整"。

7. 山西太行区党委版

1942年，山西太行区党委翻印成仿吾、徐冰合译本（图13-34）。该书横排，32开，56页。封面文字从上至下依次为："共产党宣言""太行区党委翻印""一九四二年"。无版权页。

8. 冀鲁豫新华书店版

1949年4月，冀鲁豫新华书店印行成仿吾、徐冰合译本（图13-35）。该书竖排，32开，57页。封面文字从上至下依次为："干部学习丛书""共产党宣言""马克思、恩格斯著""冀鲁豫新华书店印"。版权页最上部是："干部学习丛书""共产党宣言""民国三十八年四月"，版权页中间部分其他文字从右至左依次为："著者 马克思、恩格斯""译者 成仿吾、徐冰""出版发行者 冀鲁豫新华书店""总店 菏泽城

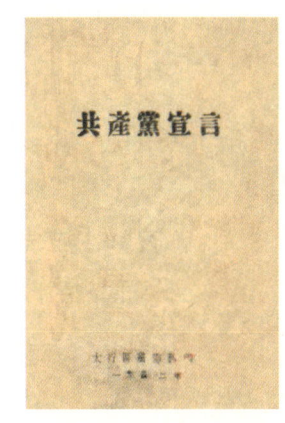
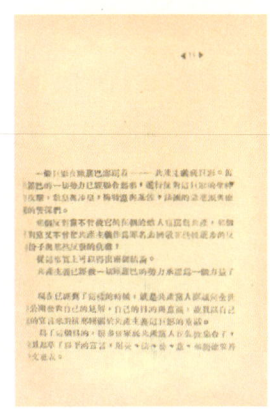

图13-34 1942年，山西太行区党委翻印、北京红展藏。

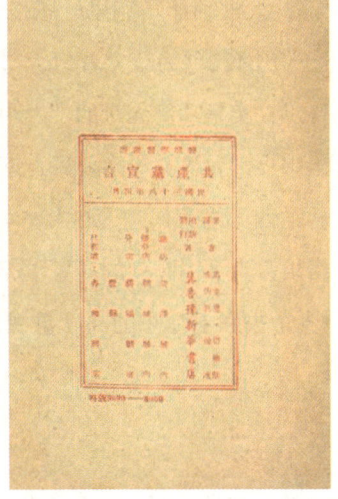

图13-35 1949年4月，冀鲁豫新华书店出版，北京红展藏。

内""总分店 聊城城内""分店 濮阳 朝城 丰县""代售处 各地同业"。封面有蓝色木刻版画。这是目前发现的解放战争时期唯一一版、也是新中国成立前出版的最后一版《共产党宣言》成、徐译本。

（五）《共产党宣言》博古译本——第四个中文全译本

博古在上海大学社会系学习期间，接触了大量进步文学，接受了革命思想，结识了多位马克思主义传播者，从思想上逐步确立起对马克思主义、共产主义的信仰。[1]

1926 年底，博古被派往苏联莫斯科中山大学留学，在莫斯科中山大学学习了四年，接触了大量马克思主义书籍，不仅对马克思主义理论知识有了更深刻的认识，还培养了良好的外语素养。这些为他之后从事新闻工作、翻译事业奠定了基础，特别是为他翻译马克思主义著作打下了良好的理论基础。

延安时期，我党高度重视马克思主义文献翻译、出版工作，为此，党中央制定了一系列文件，号召全党不仅要读马列、学马列，而且要求党员干部学会在实际工作中运用好马克思主义理论。

在整风运动中，毛泽东尤其重视马列著作的翻译、出版工作。1942 年，毛泽东写信给时任中宣部部长的何凯丰，强调要在延安整风运动结束后，在中央设立一个编译部，大批翻译马克思、恩格斯、列宁、斯大林及苏联的有关书籍。毛泽东还在信中说："为全党着想，与其做地方工作，不如做翻译工作，学个唐三藏及鲁迅，实是功德无量的。"[2] 1943 年 3 月 16 日，毛泽东在中央政治局会议上提出中央直属机关干部要进行理论、思想教育，读马克思、恩格斯、列宁、斯大林的四十本著作。1943 年 5 月，《中共中央关于一九四三年翻译工作的决定》指出，为了提高党的高级干部理论学习，许多马恩列斯的著作必须重新校阅。党中央和毛泽东的高度重视，极大地鼓励了我党翻译工作

---

[1] 黎辛、朱鸿召主编：《博古，39 岁的辉煌与悲壮》，学林出版社 2005 年版，第 323 页。
[2] 《毛泽东书信选集》，人民民出版社 1983 年版，第 205 页。

者和理论工作者。曾留学苏联、精通翻译的一批马克思主义理论家、翻译家，如凯丰、博古、洛甫等人组成翻译校阅委员会，负责马克思主义文献的翻译、校阅、出版工作。

为响应党中央、毛主席的号召，为推进全党理论共产党宣言工作的深入开展，在不到三年的时间内，博古先后翻译了《苏联共产党历史简明教程》（上下册）、《辩证唯物论与历史唯物论基本问题》（四册）、《共产党宣言》、《卡尔·马克思》、《社会主义从空想到发展》、《社会存在与社会意识》六部马克思主义著作。其中，1943年8月出版的博古译本《共产党宣言》，是以成、徐译本内容为基础并参考了其他文种的《共产党宣言》翻译而成的。从初版到最后一版，博古译本《共产党宣言》重印了几十次，成为抗日战争后期、解放战争时期传播马克思主义的重要文献。

根据考证，《共产党宣言》的博古译本是新中国成立前发行规模最大、传播范围最广泛的马克思主义文献。其至少由13个出版机构出版过67次，发行量高达62万多册，是陈望道译本、华岗译本、成仿吾和徐冰合译本三者发行总量的10倍还要多，仅在1949年就出版了35次，堪称马克思主义著作传播史上的重大事件。从其历史语境、内容构成、传播过程、当代影响和基本启示等方面对其进行的研究，构成了对马克思主义传播史研究的重要领域。马克思主义中国化的首要任务即马克思主义文本中国化，其中最重要的是翻译、出版体现中国文化特色尤其是符合中国人语言习惯的作品。陈望道译本和华岗译本文言文色彩浓厚，阅读起来较为吃力；而成仿吾、徐冰合译本基本接近现代中文语言风格，但部分语句的翻译并不精炼。博古译本在这方面进行了大大的改进，使其语句更加流畅，断句、修辞更接近现代人的阅读习惯。

博古生前，其翻译的《共产党宣言》仅由解放社于1943年8月出版过两次。从这两个版本中辨认出首版本一直是学界较为关注的问题。从外观观察，它们的封面均白底绿字，印有"共产党宣言"几个字，作者名与译者名字体大小略有差异，且封面上的作者名分别印为"马克斯、恩格斯"和"马克思、恩格斯"，版权信息极其相似，从这些方面似乎很难辨认出首版本。

陈望道译本共出版20多次，作者名先后被译成"马格斯、安格尔斯""马克思、昂格士""马克斯、昂格士""马克斯、恩格斯""马克司、恩格斯""马克斯、恩格思"等；华岗译本共出版 7 次，作者名先后被译成"马克斯、恩格尔斯""马克斯、恩格斯""马克斯、恩格斯""马克思、恩格斯"等；成仿吾、徐冰合译本共出版 11 次，作者名仅有"马克思、恩格斯"一种译法。可见，到成仿吾徐冰合译本出现时，翻译界都认可了"马克思、恩格斯"这一译法。本书还通过考察 1938 年延安马列学院编译的一套 10 卷本"马恩丛书"，发现丛书中单行本都使用了"马克思"这一译名。博古译本再次出现"马克斯、恩格斯"这一译名，只有一种可能，那就是在第一次印刷时将"马克思"错印为"马克斯"，而在第二次印刷时，及时进行了纠正，而之后出版的 60 多个博古译本都使用了"马克思"这一译名。因而我们可以合理地推断出，印有"马克斯、恩格斯"字样的版本为博古译本首版本。

新中国成立前，陈望道译本共出版 17 次、华岗译本出版 6 次、成仿吾徐冰合译本出版 11 次，且大部分注明印量，但根据当时的发行条件，这些版本印量一般都在 1000—2000 册之间，粗略估量三个版本的发行总量约 6 万册。

马克思主义在中国的传播历史中，新中国成立前马克思主义文献发行量最大、出版次数最多的是《共产党宣言》，而博古译本是"流传最广、印行最多、影响最大的一个版本"，"其发行量自 1938 年到 1949 年估计有几百万册"，"例如仅华东新华书店从 1947 年到 1949 年就印行 12000 册，东北书店 1947 年 9 月一次就印行 1 万册"，"仅 1949 年 6 月到 1950 年 5 月一年'干部必读'（12 种）就印行 300 万册，其中《共产党宣言》至少印行 20 万至 30 万册"这一结论是学界较为权威的研究成果，但上述关于《共产党宣言》发行量"估计有几百万册"需进一步考证。

表 13-1《共产党宣言》博古译本出版情况

出版年月	出版社及地点		发行量（册）	所属（丛）书名
	出版社	地点		
1943.8	解放社	陕西延安	不详	无

出版年月	出版社及地点		发行量（册）	所属（丛）书名
	出版社	地点		
1943.8	解放社	陕西延安	不详	无
1946.5	太岳新华书店	山西	不详	无
1946.6	华北新华书店	山西辽县	不详	无
1946.9	山东新华书店	山东临沂	不详	无
1946.10	胶东新华书店	山东烟台	5000	无
1946.11	解放社	陕西延安	5000	无
1947.9	解放社	陕西延安	10000	无
1948.2	冀鲁豫书店	山东朝城	2000	"干部学习丛书"含《共产党宣言》
1948.3	山东新华书店总店	山东临沂	2000	无
1948.5	山东新华书店总店	山东临沂	2000	《马恩列文献》含《共产党宣言》
1948	华北新华书店	河北	不详	《马列主义五大名著丛刊》含《共产党宣言》
1948.10	东北书店	辽宁沈阳	5000	无
1948.10	解放社	陕西延安	5000	无
1948.11	太岳新华书店	山西	2000	无
1948.11	解放社	陕西延安	5000	无
1948.11	中原新华书店	河南	3000	无
1948.12	解放社	陕西延安	10000	无
1949.2	华中新华书店	江苏淮阴	8000	"干部高级读物"含《共产党宣言》
1949.2	中原新华书店	河南	10000	无
1949.2	华东新华书店	山东	10000	"中级党校教材"含《共产党宣言》
1949.3	太行新华书店	河北涉县	不详	无
1949.3	太岳新华书店	山西	1000	无
1949.3	解放社	陕西延安	2000	无
1949.3	解放社	陕西延安	10000	无
1949.3	大连东北书店	辽宁大连	2000	"干部学丛书（第一辑）"含《共产党宣言》
1949.4	北平中新图书公司	北平	不详	无
1949.4	新中国书局	辽宁大连	不详	无
1949.5	解放社	陕西延安	不详	无
1949.5	东北书店	辽宁长春	3000	"干部必读文件"含《共产党宣言》

出版年月	出版社及地点		发行量（册）	所属（丛）书名
	出版社	地点		
1949.5	新华书店	北平	10000	无
1949.5	华北军政大学	河北石家庄	不详	无
1949.5	华北大学	北平	不详	无
1949.6	太岳新华书店	山西	3000	无
1949.6	苏南新华书店	江苏	16000	无
1949.6	皖北新华书店	安徽	2000	无
1949.6	解放社	陕西延安	50000	无
1949.6	解放社	陕西延安	50000	"干部必读" 含《共产党宣言》
1949.6	解放社	陕西延安	35000	"干部必读"（精装） 含《共产党宣言》
1949.6	解放社	陕西延安	35000	"干部必读"（平装） 含《共产党宣言》
1949.6	解放社	陕西延安	10000	"干部必读" 含《共产党宣言》
1949.6	浙江新华书店	浙江	5000	无
1949.7	新华书店	北平	5000	无
1949.8	西北新华书店	陕西西安	10000	无
1949.8	新华书店	河南	5000	无
1949.8	太岳新华书店	山西	1000	无
1949.8	赣东北新华书店	江西上饶	5000	"干部学习丛书" 含《共产党宣言》
1949.8	解放社	陕西延安	2000	"干部必读" 含《共产党宣言》
1949.8	解放社	陕西延安	5000	"干部必读" 含《共产党宣言》
1949.8	解放社	陕西延安	不详	"干部读物" 含《共产党宣言》
1949.8	解放社	陕西延安	不详	"干部读物" 含《共产党宣言》
1949.9	解放社	陕西延安	10000	"干部必读" 含《共产党宣言》
1949.9	解放社	陕西延安	6000	"干部必读" 含《共产党宣言》
1949.9	新华书店	湖南	10000	无
1949.10	华北军区政治部	河北平山县	不详	无
1949.10	大众出版社	北平	不详	无
1949.10	国强出版社	上海	不详	无

出版年月	出版社及地点		发行量（册）	所属（丛）书名
	出版社	地点		
1949. 10	中共旅大区党委	辽宁大连	不详	无
1949. 10	大连大众书店	辽宁大连	不详	无
1949. 10	北平人民书报社	北平	不详	无
1949. 10	冀中新华书店	山东	不详	无
1949. 10	华中新华书店	江苏淮阴	不详	"干部学习丛书"含《共产党宣言》
1949. 10	新华书店冀中支店	河北	不详	无
1949. 10	解放社	陕西延安	不详	无
1949. 10	西北新华书店延安总分店翻印	陕西延安	不详	无
1949. 10	华东海军政治部	江苏泰州	不详	无
1949. 10	陕甘宁新华书店	陕西延安	不详	无
1950.1	广州新华书店	广东广州	8000	"干部必读"含《共产党宣言》

　　根据表格显示，博古译本自1943年8月首次面世至新中国成立前六年，版本众多，出版机构有解放社、新华书店、冀鲁豫书店、东北书店、新中国书局和我党的军政机构如华北军政大学政治部、华北军区政治部、中国共产党旅大区党委、华东区海军政治部等，从地域来看遍布陕西、山西、山东、黑龙江、河南、河北、江苏、上海、北京、天津、湖南、湖北等13个省市，从早期在延安出版发行到随着解放战争的胜利推进而走向全国各地。

　　1943年8月出版的博古译本都没有标明印刷册数。一方面，根据当时解放区经济条件非常困难的历史条件，基本可以推断出《共产党宣言》当时的发行量较为有限；另一方面，我们的实证研究证实了这一推断，根据一批当时解放社部分印有发行量的书籍发现，绝大部分图书发行量都是1000—2000册，因此估算出这两个版本的发行不会超过4000册。1949年6月至1950年9月，解放社出版了一套共计12种的"干部必读"丛书，其中的《共产党宣言》前后经历了两种译本，首先使用的是博古译本，后用的是莫斯科百周年纪念版。博古译本在这套丛书中共印行9次，发行18.1万册。除此之外，从1946年

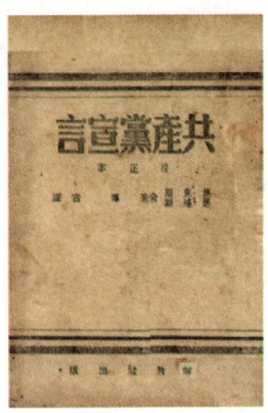

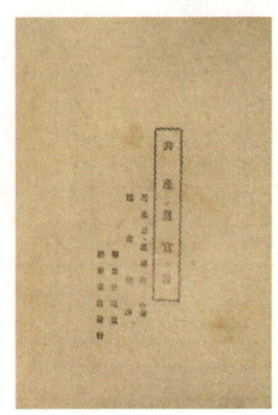

图 13-36 1943 年 8 月，解放社出版，北京红展藏。

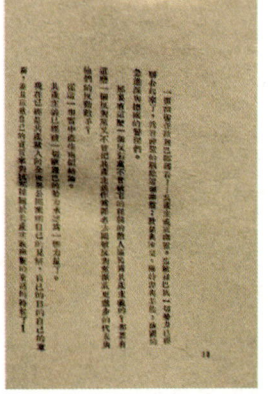

图 13-37 1943 年 8 月，解放社出版，国家博物馆藏。

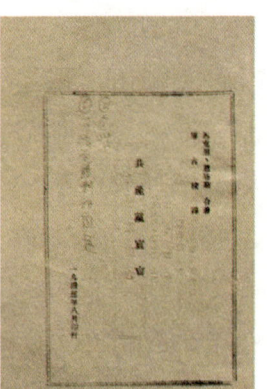

5月至新中国成立前夕，还以其他形式出版了近60次，发行437500册。通过以上考证，《共产党宣言》博古译本出版数量大约为622500册，其数量远远超过其他几个中文译本总和，但绝不会是"估计有几百万册"。

博古译本对当代译本的深刻影响表现在对现行译本的结构与术语语句翻译两个方面。其中对译本结构的影响表现在俄文版序言和18条"编者注"的首次出现，俄文版序言成为中文版《共产党宣言》的一个重要组成部分，"编者注"多为新中国成立后我国编译《共产党宣言》时作为尾注采用，为译本更加全面展现《共产党宣言》的思想发挥了重要作用。博古版本情况如下：

1. 博古译本第 1 种

1943 年 8 月，解放社出版（图 13-36）。该书竖排，32开，67页。封面文字从上至下依次为："共产党宣言""校正本""马克斯 恩格斯合著 博古译""解放社出版"。版权页文字从右至左依次为："共产党宣言""马克思、恩格斯合著""博古校译""解放社出版""新华书店发行"。

2. 博古译本第 2 种

1943 年 8 月，解放社出版（图13-37）。该书竖排，32 开，84 页。封面文字从上至下依次为："共产党宣言""校正本""马克思恩格斯合著 博古译""解放社出版"。版权页文字从右至左依次为："马克思、恩格斯合著""博古校译""共产党宣言""一九四三年八月印行"。

3. 博古译本第3种

1946 年 5 月，太岳新华书店出版（图 13-38）。该书竖排，32 开，65 页。封面文字从上至下依次为："共产党宣言""校正本""马克思 恩格斯合著 博古译""太岳新华书店印行"。版权页文字从右至左依次为："共产党宣言""马克思、恩格斯合著""博古校译""太岳新华书店出版""太岳新华书店发行"。

4. 博古译本第4种

1946 年 6 月，华北新华书店（河北）出版发行（图 13-39）。该书竖排，32 开，84 页。封面文字从上至下依次为："共产党宣言""校正本""马克思恩格斯合著 博古译""华北新华书店出版"。版权页文字从右至左依次为："共产党宣言""马克思、恩格斯合著""博古校译""华北新华书店发行"。

5. 博古译本第5种

1946 年 9 月，山东新华书

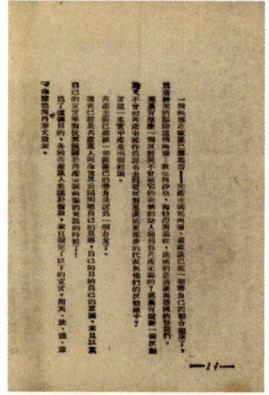
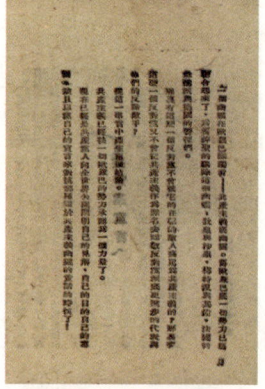
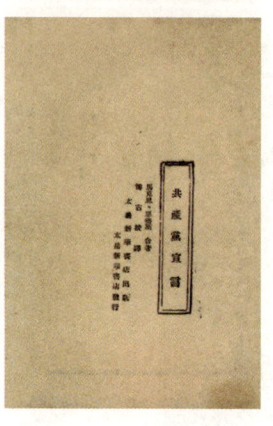

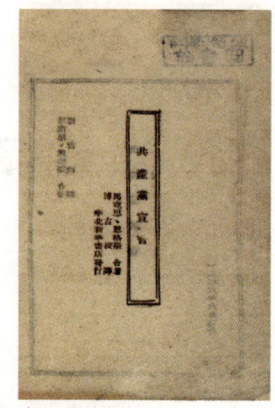

图 13-38 1946 年 5 月，太岳新华书店出版，北京红展藏。

图 13-39 1946 年 6 月，华北新华书店出版，北京红展藏。

图 13-40 1946 年 9 月，山东新华书店出版，北京红展藏。

店（图 13-40）。该书竖排，32 开，49 页。封面文字从上至下依次为："干部学习丛书""共产党宣言""马克思恩格斯著""博古译""山东新华书店出版"。版权页最上部是："共产党宣言""民国三十五年九月出版"，版权页中间部分其他文字从右至左依次为："著者 马克思、恩格斯""校译者 博古""出版者 山东新华书店""发行者 山东新华书店""总店 临沂东大街""总分店 胶东、渤海、鲁中、鲁南""分支店 诸城、日照、临沂、东海……"。

6. 博古译本第 6 种

1946 年 10 月，胶东新华书店出版发行（图 13-41）。该书竖排，32 开，49 页。封面文字从上至下依次为："共产党宣言""校正本""马克思恩格斯著　博古译""胶东新华书店出版"。版权页最上部是："共产党宣言""马克思 恩格斯著"。"博古译"，版权页中间部分其他文字从右至左依次为："出版 胶东新华书店""发行 胶东新华书店""印刷 胶东新华书店印刷厂""经售 分店：烟台、威海""支店 龙口、石岛……"。版权页最下部是："一九四六.十.初版五〇〇〇册"。

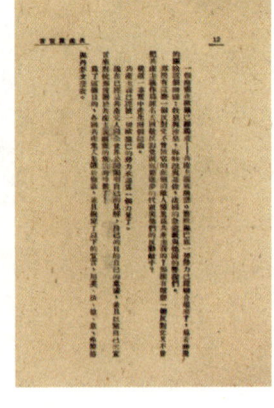

图 13-41 1946 年 10 月，新华书店出版，北京红展藏。

7. 博古译本第 7 种

1946 年 11 月，解放社出版（图 13-42）。该书竖排，32 开，50 页。封面文字从上至下依次为："共产党宣言""校正本""马克思 恩格斯著 博古译""解放社出版"。版权页文字从右至左依次为："共产党宣言""著者 马克思、恩格斯""译者 博古""印行者 东北书店""一九四六年十一月———五○○○"。

8. 博古译本第 8 种

1947 年 9 月，解放社出版（图 13-43）。该书竖排，32 开，50 页，印 10000 册。封面文字从上至下依次为："共产党宣言""校正本""马克思 恩格斯合著 博古译""解放社出版"。版权页文字从右至左依次为："共产党宣言""马克思、恩格斯合著""博古 校译""解放社出版""东北书店印行"。

9. 博古译本第 9 种

1948 年 2 月，冀鲁豫书店印行（图 13-44）。该书竖排，32 开，60 页。封面文字从上至下依次为："干部学习丛书""共产党宣言""马克思 恩格斯著""博

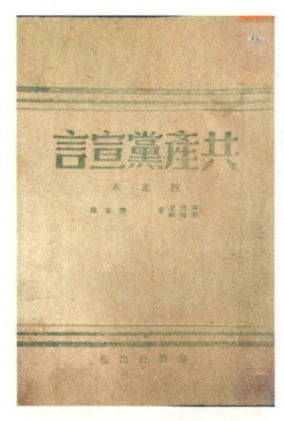

图 13-42 1946 年 11 月，解放社出版，北京红展藏。

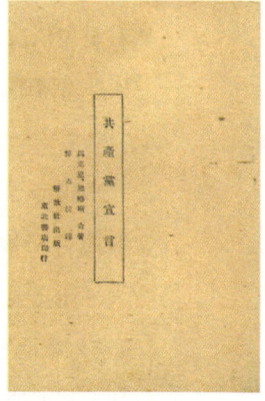

图 13-43 1947 年 9 月，解放社出版，北京红展藏。

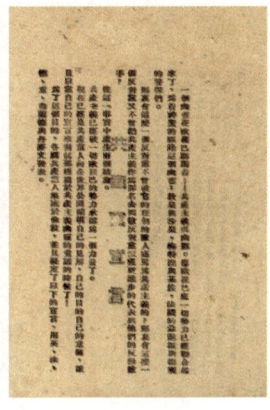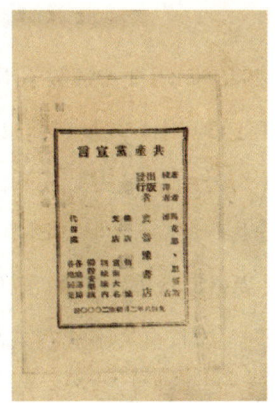

图 13-44 1948 年 2 月，冀鲁豫书店出版，北京红展藏。

古译""冀鲁豫书店印行"。 版权页最上部是："共产党宣言"，版权页中间部分其他文字从右至左依次为："著者 马克思、恩格斯""校译者 博古""出版发行者 冀鲁豫书店""总店 朝城""支店 冀南大名、朝城城内、阳谷安乐镇""代售处 各地邮局、各地同业"。 版权页最下部是："一九四八年二月初版二〇〇〇册"。

10. 博古译本第 10 种

1948 年 3 月，山东新华书店出版（图 13-45）。该书竖排，32 开，49 页。封面文字从上至下依次为："马克思 恩格斯著""博古译""共产党宣言""山东新华书店出版"。 版权页最上部是："共产党宣言"，版权页中间部分其他文字从右至左依次为："著者 马克思 恩格斯""译者 博古""出版者 山东新华书店总店""民国三十七年三月初版"。 版权页最下部是"1——2000"。

11. 博古译本第 11 种

1948 年 5 月，山东新华书店出版《马恩列文献》一书，内含《共产党宣言》博古译本（图 13-46）。该书竖排，32 开，467 页，印 2000 册。 此书还收入《社会主义从空想到科学的发展》《社会民主党在民主革命中的两个策略》《国家与革命》《共产主义运动中的"左"派幼稚病》另外四篇文章。 封面文字从上至下依次为："马克思 恩格斯 列宁著""马恩列文献""山东新华书店出版"。 版权页文字从右至左依次为："马恩列文献""著者 马克思、恩格斯、列

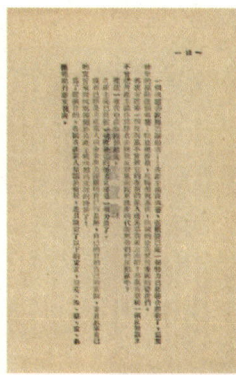

图 13-45 1948 年 3 月，山东新华书店出版，北京红展藏。

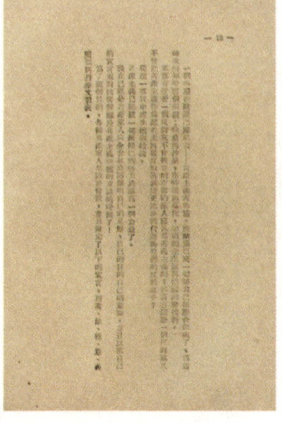

图 13-46 1948 年 5 月，山东新华书店出版，北京红展藏。

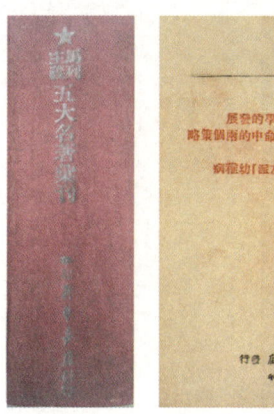
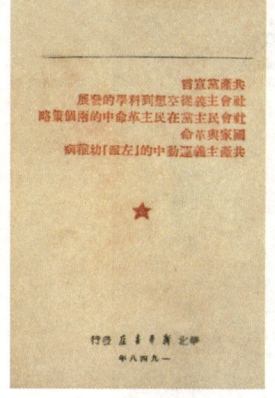
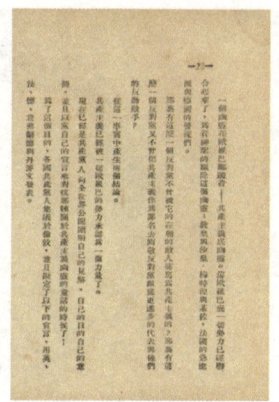

图 13-47 1948 年，华北新华书店（河北）出版，北京红展藏。

宁""出版者 山东新华书店总店""民国三十七年五月出版"。

12. 博古译本第 12 种

1948 年，华北新华书店（河北）发行了一部《马列主义五大名著汇刊》（图 13-47），内含《共产党宣言》《社会主义从空想到科学的发展》《社会民主党在民主革命中的两个策略》《国家与革命》《共产主义运动中的"左"派幼稚病》五篇文章。该书竖排，32 开，947 页。封面文字为："马列主义五大名著汇刊"。书名页从上至下依次为收录的五篇文献名称："共产党宣言""社会主义从空想到科学的发展""社会民主党在民主革命中的两个策略""国家与革命""共产主义运动中的左派幼稚病"，书名页最下端为："华北新华书店发行""一九四八年"。

13. 博古译本第 13 种

1948 年 10 月，东北书店印行（图 13-48）。该书竖排，32 开，50 页，印5000 册。封面文字从上至下依次为："共产党宣言""东北书店印行"。版权页文字从上至下依次为："共产党宣言""1948.10. 三版　佳 15000—20000""基本定价：730 元"。

14. 博古译本第 14 种

1948 年 10 月，解放社出版、东北书店安东分店印行（图 13-49）。该书竖排，32 开，50 页，印 5000 册。封面文字从右至左依次为："博古校

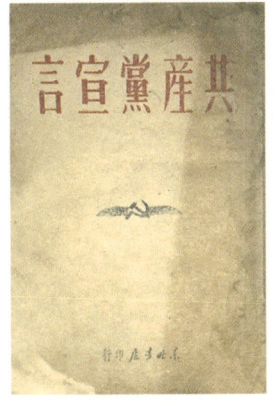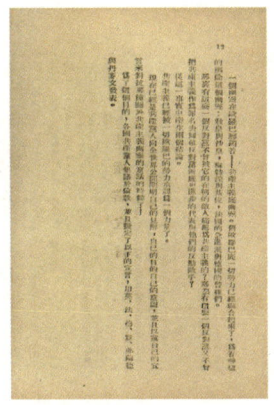

图 13-48 1948 年 10 月，东北书店出版，北京红展藏。

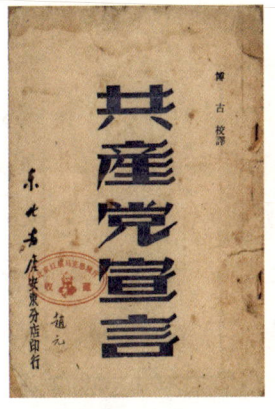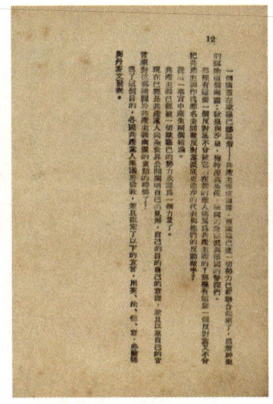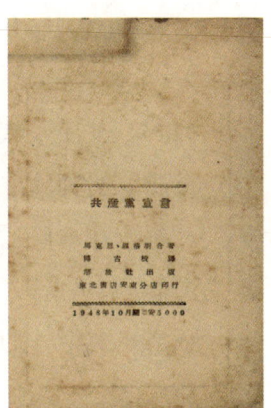

图 13-49 1948 年 10 月，解放社出版，北京红展藏。

译""共产党宣言""东北书店安东分店印行"。版权页文字从上至下依次为："共产党宣言""马克思、恩格斯 合著""博古 校译""解放社出版""东北书店安东分店印行""1948 年 10 月翻印安 5000"。

15. 博古译本第 15 种

1948 年 11 月，太岳新华书店印行（图 13-50）。该书竖排，32 开，68 页，印 2000 册。封面文字从上至下依次为："马克思、恩格斯合著""共产党宣言""太岳新华书店印行"。版权页文字从上至下依次为："共产党宣言""著者 马克思、恩格斯""校译者 博古""出版兼发行者 太岳新华书店""定价 每

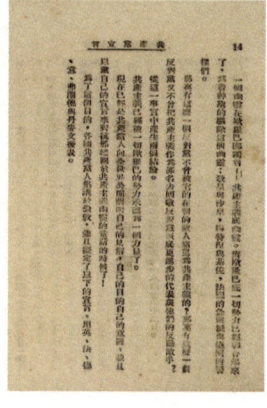

图 13-50 1948 年 11 月，太岳新华书店出版，北京红展藏。

册 元""一九四八年十一月初版""1—2000"。

16. 博古译本第 16 种

1948 年 11 月，解放社出版（图 13-51）。该书竖排，32 开，79 页，印 5000 册。封面文字从上至下依次为："马克思、恩格斯合著""共产党宣言""解放社出版"。版权页文字从上至下依次为："共产党宣言""著者 马克思、恩格斯""校译者 博古""出版者 解放社""发行者 华北新华书店""分销处 冀中、邯郸、石家庄、察哈尔（易县）、辛集、河间、安国、郑州、邢台、长治、阳泉、浑源""一九四八年十一月出版""1—5000"。

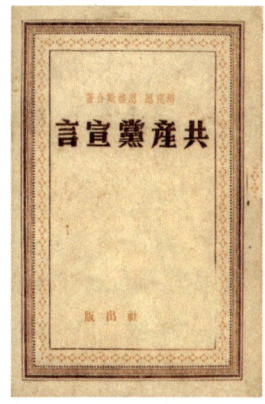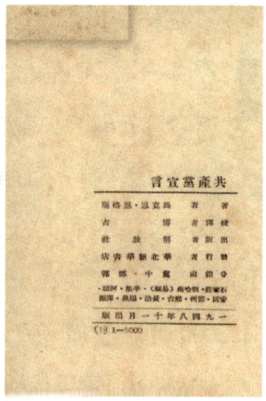

图 13-51 1948 年 11 月，解放社出版，北京红展藏。

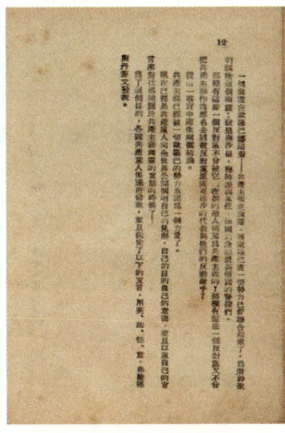

图 13-52 1948 年 11 月，中原新华书店印行，北京红展藏。

17. 博古译本第 17 种

　　1948 年 11 月，中原新华书店印行（图 13-52）。该书竖排，32 开，49 页，印 3000 册。书的封面偏右上角有马克思、恩格斯的木刻头像，封面文字从左至右依次为："共产党宣言""马克思 恩格斯著　博古译"，封面最低端为"中原新华书店印行"。版权页最上部是："共产党宣言"，版权页中间部分其他文字从右至左依次为："著者 马克思 恩格斯""译者 博古""出版者 中原新华书店""原版本 华北新华书店——五大名著汇集""经售处 各地新华书店，开封、郑州、洛、宝丰、鲁山""一九四八年十一月初版"。版权页最下部是："中总 1—3000"。

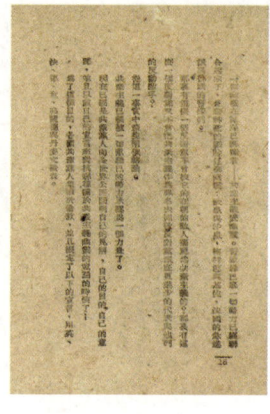

图 13-53 1948 年 12 月，解放社出版，北京红展藏。

18. 博古译本第 18 种

1948 年 12 月，解放社出版（图 13-53）。该书竖排，32 开，79 页，印 10000 册。封面文字从上至下依次为："马克思 恩格斯合著""共产党宣言""解放社出版"。版权页最上部是："共产党宣言"，版权页中间部分其他文字从上至下依次为："著者 马克思 恩格斯""校译者 博古""出版者 解放社""发行者 华北新华书店""总分店 邯郸、冀中""分店 邯郸、邢台、长治、辛集、安国、郑州、河间、石家庄、阳泉、临沂、榆次、完县""一九四八年十二月出版"。版权页最下部是："1—10000"。

19. 博古译本第 19 种

1949 年 2 月，华中新华书店出版（图 13-54）。该书竖排，32 开，47 页，印 8000 册。封面最上部有马克思、恩格斯头像，封面文字从上至下依次为："马克思 恩格斯著""共产党宣言""华中新华书店出版"。版权页文字从上至下依次为："干部高级读物""共产党宣言""著者 马克思 恩格斯""校译 博古""出版 华中新华书店""印刷 新华印刷厂""发行 华中新华书店及各地分支店""一九四九年二月初版""1—8000"。

20. 博古译本第 20 种

1949 年 2 月，中原新华书店印行（图 13-55）。该书竖排，32 开，49 页，印 10000 册。封面文字从上至下依次为："共产党宣言""马克思 恩格斯

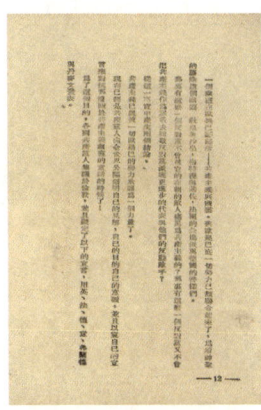
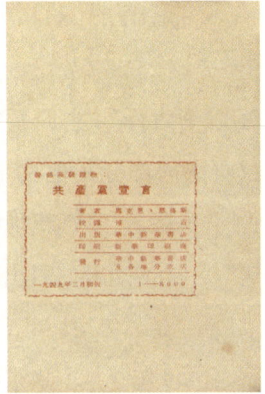

图 13-54 1949年2月，华中新华书店出版，北京红展藏。

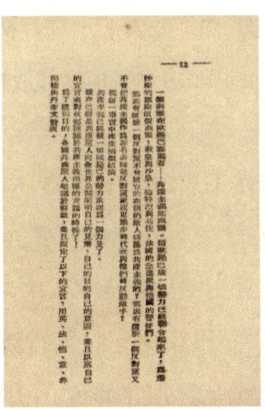

图 13-55 1949年2月，中原新华书店出版，北京红展藏。

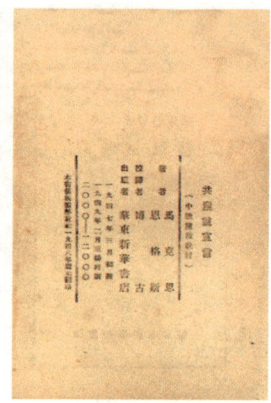

图 13-56 1949 年 2 月，华东新华书店出版，北京红展藏。

著""博古译""中原新华书店印行"。版权页最上部是："共产党宣言"，版权页中间部分其他文字从右至左依次为："著者 马克思 恩格斯""译者 博古""出版者 中原新华书店""发行者 中原新华书店""经售处 各地新华书店""一九四九年二月出版"。版权页最下部是："中总（时）1—10000"。

21. 博古译本第 21 种

1949 年 2 月，华东新华书店出版（图 13-56）。该书竖排，32 开，61 页，印 10000 册。封面文字从上至下依次为："中级党校教材""共产党宣言""马克思 恩格斯合著""博古校译""华东新华书店出版"。版权页文字从右至左依次为："共产党宣言""（中级党校教材）""著者 马克思 恩格斯""校译者 博古""出版者 华东新华书店""一九四七年三月初版""一九四九年二月重排再版""二〇〇〇——二〇〇〇""本书系根据解放社一九四八年版本翻印"。

22. 博古译本第 22 种

1949 年 3 月，太行新华书店印行（图 13-57）。该书竖排，32 开，79 页。封面文字从上至下依次为："马克思 恩格斯著 博古校译""共产党宣言""太行新华书店印行"。版权页文字从上至下依次为："共产党宣言""著者 马克思 恩格斯""校译者 博古""出版发行者 太行新华书店""一九四九年三月出版""总店 河南、涉县""分店：河北邢台、河南焦作、安阳、新乡、山西长治、左权"。

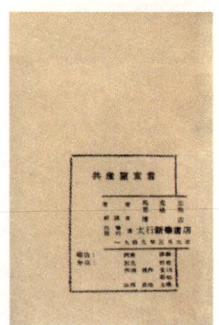

图 13-57 1949 年 3 月，太行新华书店出版，北京红展藏。

23. 博古译本第 23 种

　　1949 年 3 月，太岳新华书店印行（图 13-58）。该书竖排，32 开，68 页，印 1000 册。封面文字从上至下依次为："马克思 恩格斯合著""共产党宣言""太岳新华书店印行"。版权页文字从上至下依次为："共产党宣言""著者 马克思 恩格斯""校译者 博古""出版发行者 太岳新华书店""定价 每册 元""一九四八年十一月初版""一九四九年三月再版""2001—3000"。

24. 博古译本第 24 种

　　1949 年 3 月，解放社出版（图 13-59）。该书竖排，32 开，79 页，印 20000 册。封面文字从上至下依次为："马克思 恩格斯合著""共产党宣言""解放社出版"。版权页文字从上至下依次为："共产党宣言""著者 马克思 恩格斯""校译者

图 13-58 1949 年 3 月，太岳新华书店出版，北京红展藏。

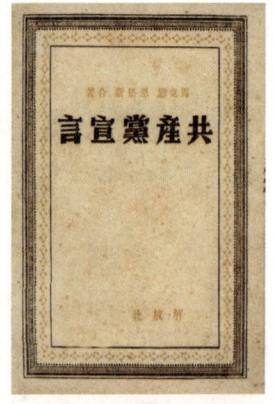

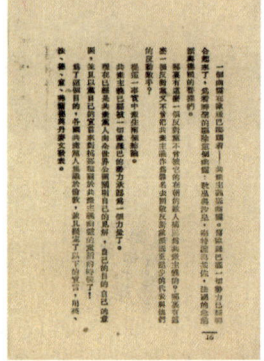

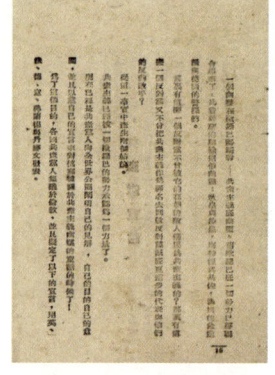

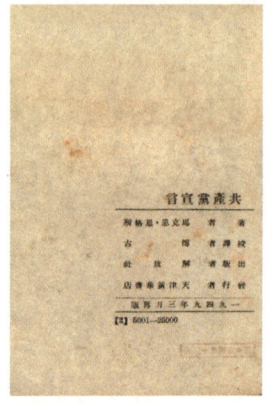

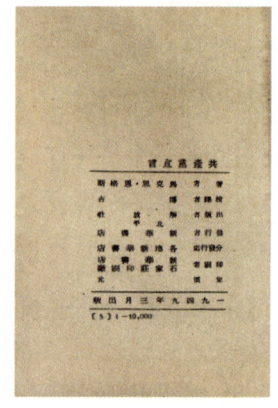

图 13-59 1949年3月，解放社出版，北京红展藏。

图 13-60 1949年3月，解放社出版，北京红展藏。

博古""出版者 解放社""发行者 天津新华书店""一九四九年三月再版""5001—25000"。

25. 博古译本第 25 种

1949 年 3 月，解放社出版（图 13-60）。该书竖排，32 开，79 页，印 10000 册。封面文字从上至下依次为："马克思 恩格斯合著"、"共产党宣言""解放社出版""新华书店发行"。版权页文字从上至下依次为："共产党宣言""著者 马克思 恩格斯""校译者 博古""出版者 解放社""发行者 北平新华书店""分发行处 各地新华书店""印刷者 新华书店石家庄印刷厂""定价元""一九四九年三月出版""（3）1—10000"。

26. 博古译本第 26 种

1949 年 3 月，大连东北书店印行（图 13-61）。该书竖排，32 开，55 页，印 2000 册。封面文字从上至下依次为："马克思 恩格斯合著""博古校译""共产党宣言""大连东北书店印行"。版权页文字从上至下依次为："共产党宣言""著者 马克思 恩格斯""校译者 博古""出

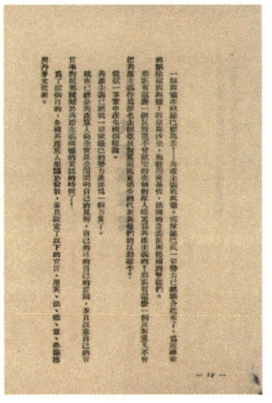

图 13-61 1949 年 3 月，大连东北书店出版，北京红展藏。

版发行者 大连东北书店""印刷者 大连东北书店印刷厂""1948.1 初版 0001—
3000""1949.3 再版 3001—5000""支店 旅顺毛泽东路菜市街三六号 金县城区斯
大林路二零一号""连 A1 字 012001"。

27. 博古译本第 27 种

1949 年 4 月，北平中新图书公司经售（图 13-62）。该书竖排，32 开，46 页。
封面文字从右至左依次为："马克思 恩格斯合著""共产党宣言""一九四九
年版"。 版权页文字从上至下依次为："共产党宣言""马克思 恩格斯合
著""（一九四九年四月版）""北平中新图书公司经售""每册售人民券
三十元"。

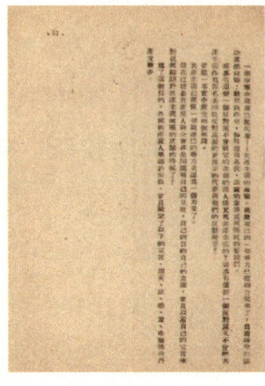

图 13-62 1949 年 4 月，北平中新图书公司出版，北京红展藏。

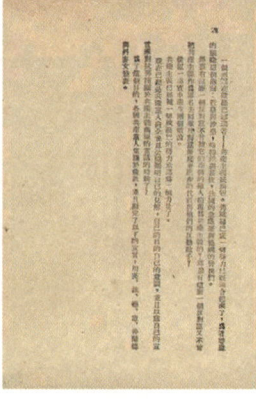

图 13-63 1949 年 4 月，新中国书局出版，北京红展藏。

28. 博古译本第 28 种

1949 年 4 月，新中国书局出版（图 13-63）。该书竖排，32 开，50 页。封面文字从右至左依次为："干部学习丛书 第一辑""马克思 恩格斯合著""共产党宣言"，封面最低端为："新中国书局"。版权页文字从右至左依次为："共产党宣言""著者 马克思 恩格斯""经售者 新中国书局、北平、天津、石家庄、郑州、洛阳、开封、济南、潍坊、佳木斯、沈阳、长春、齐齐哈尔、安东、大连、哈尔滨"。版权页左上角为："干部学习丛书 第一辑"，最底端为："一九四九年四月大连印造""A2 016071"。

29. 博古译本第 29 种

1949 年 5 月，解放社出版、冀东新华书店印行（图 13-64）该书竖排，32 开，60 页。封面文字从上至下依次为："共产党宣言""校正本""马克思 恩格斯著　博古译""解放社版"。版权页文字从右至左依次为："共产党宣言""马克思 恩格斯合著""博古校译""解放社出版""冀东新华书店印行"。

30. 博古译本第 30 种

1949 年 5 月，东北书店印行（图 13-65）。该书竖排，32 开，50 页，印 3000 册。封面文字从上至下依次为："干部必读文件""马克思 恩格斯著""共产党宣言""东北书店印行""1949"。版权页文字从上至下依次为："共产党宣

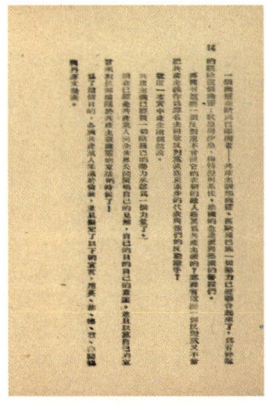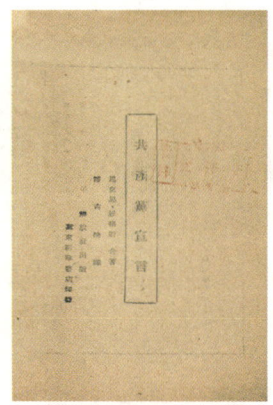

图 13-64 1949 年 5 月，解放社出版，北京红展藏。

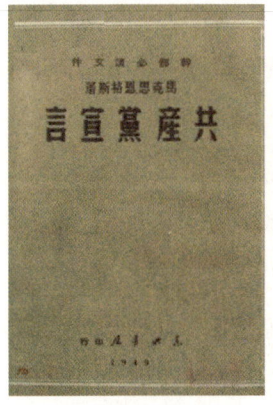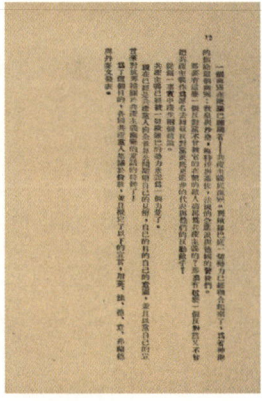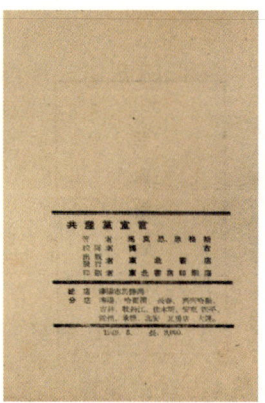

图 13-65 1949 年 5 月，东北书店出版，北京红展藏。

言""著者 马克思 恩格斯""校译者 博古""出版发行者 东北书店""印刷者 东北书店印刷厂""总店 沈阳市马路湾""分店 沈阳、哈尔滨、长春、齐齐哈尔、吉林、牡丹江、佳木斯、锦州、承德、大连""1949.5. 长 .3000"。

31. 博古译本第 31 种

1949 年 5 月，新华书店出版发行（图 13-66）。该书竖排，32 开，79 页，印 10000 册。封面文字从上至下依次为："马克思 恩格斯合著""共产党宣言""解放社编"。版权页文字最上部为："共产党宣言"，中间部分的其他文字从右至左依次为："著者 马克思 恩格斯、"出版者 新华书店""发行者 新华

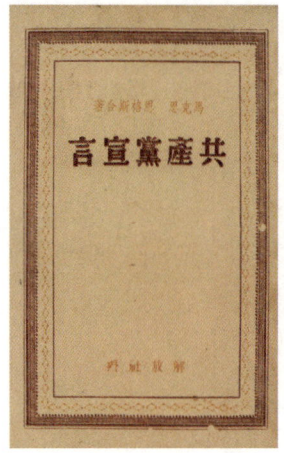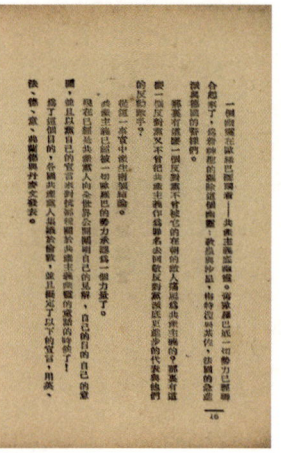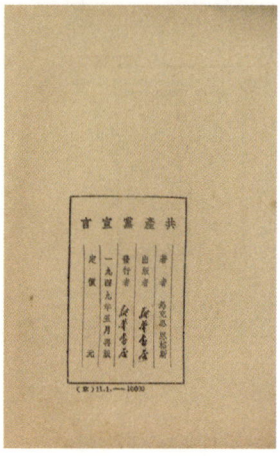

图 13-66 1949 年 5 月，新华书店出版，北京红展藏。

书店""一九四九年五月再版""定价 元"，版权页最底端是："（京）11.1—
10000"。

32. 博古译本第 32 种

1949 年 5 月，华北军政大学政治部翻印（图 13-67）。该书竖排，32 开，
62 页。封面文字从上至下依次为："共产党宣言""华北军政大学政治部翻
印"。版权页文字从上至下依次为："共产党宣言""马克思 恩格斯 合著""华
北军政大学政治部翻印""一九四九年五月"。

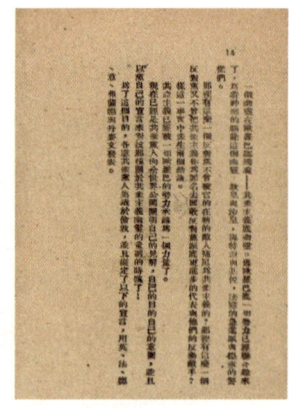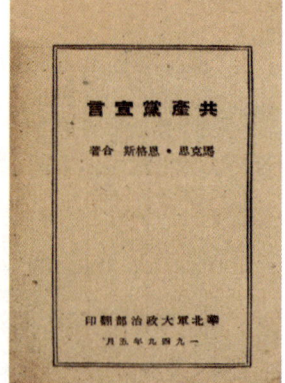

图 13-67 1949 年 5 月，华北军政大学政治部翻印，北京红展藏。

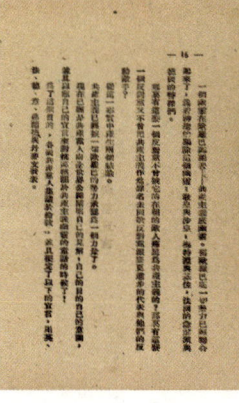
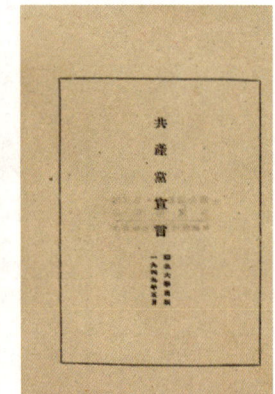

图 13-68 1949 年 5 月，华北大学出版，北京红展藏。

33. 博古译本第 33 种

　　1949 年 5 月，华北大学出版（图 13-68）。该书竖排，32 开，72 页。封面文字从上至下依次为："马克思 恩格斯合著""共产党宣言""华北大学印"。版权页文字从上至下依次为："共产党宣言""华北大学出版""一九四九年五月"。

34. 博古译本第 34 种

　　1949 年 6 月，太岳新华书店印行（图 13-69）。该书竖排，32 开，68 页，印 3000 册。封面文字从上至下依次为："马克思 恩格斯合著""共产党宣言""太岳新华书店印行"。版权页文字从上至下依次为："共产党宣言""著者 马克思 恩格斯""校译者 博古""出版者 发行者 太岳新华书店""定价 每册 元""一九四八年十一月初版""一九四九年六月三版""5001—8000"。

图 13-69 1949 年 6 月，太岳新华书店印行，北京红展藏。

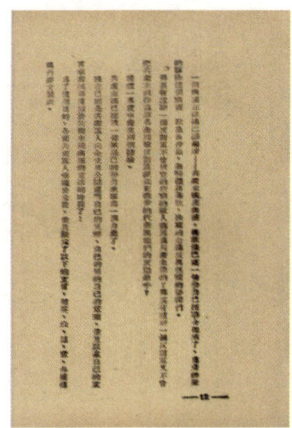

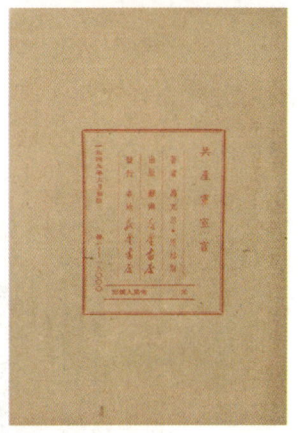

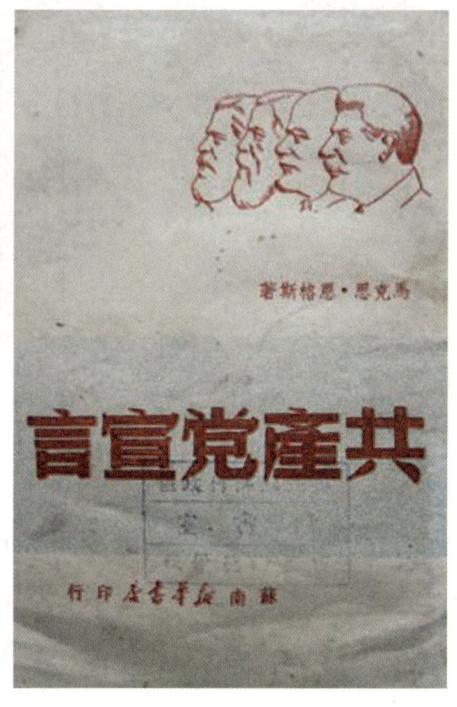

图 13-70 1949 年 6 月，苏南新华书店印行，北京红展藏。

35. 博古译本第 35 种

　　1949 年 6 月，苏南新华书店印行（图 13-70）。该书竖排，32 开，47 页，印 16000 册。封面右上侧有马克思、恩格斯、列宁、斯大林头像，封面文字从上至下依次为："马克思 恩格斯著""共产党宣言""苏南新华书店印行"。版权页文字从右至左依次为："共产党宣言""著者 马克思 恩格斯""出版 苏南新华书店""发行 各地新华书店""一九四九年六月初版"发一——六〇〇〇，版权页最底端有："定价人民币 元"。

36. 博古译本第 36 种

　　1949 年 6 月，皖北新华书店出版（图 13-71）。该书竖排，32 开，49 页，印 2000 册。封面文字从上至下依次为："共产党宣言""马克思 恩格斯合著""博古校译""皖北新华书店出版"。版权页文字从右至左依次为:"共产党宣言""著者 马克思 恩格斯""校译者 博古""出版者 皖北新华书店""发行者 皖北新华书店""一九四九年六月出版""一——二〇〇〇""本书系根据解放社一九四八年版本翻印"。

37. 博古译本第 37 种

1949 年 6 月,解放社出版、新华书店发行(图 13-72)。该书竖排,32 开,79 页,印 50000 册。封面文字从上至下依次为:"马克思 恩格斯合著""共产党宣言""解放社"。版权页文字最上部为:"共产党宣言",中间部分的其他文字从右至左依次为:"出版者 解放社""发行者 新华书店 上海苏州路六七九号 上海河南路一七零号""印刷者 新华印刷厂 上海西康路四八九号",版权页最底端是:"1949 年 6 月 1—50000(沪)"。

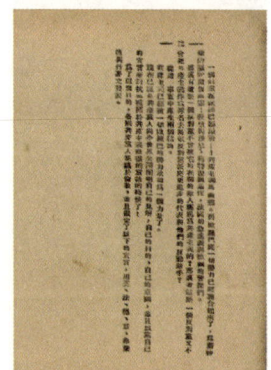

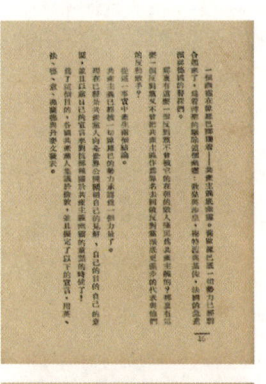

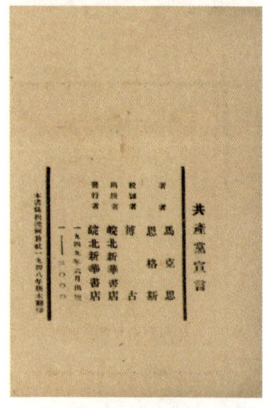

图 13-71 1949 年 6 月,皖北新华书店出版,北京红展藏。

图 13-72 1949 年 6 月,解放社出版,北京红展藏。

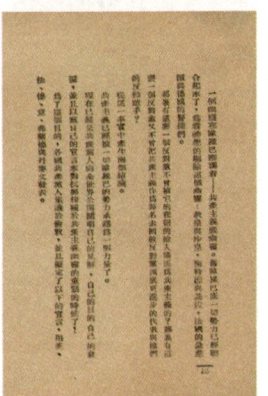

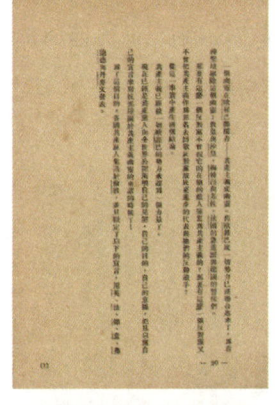

图 13-73 1949 年 6 月，解放社出版，北京红展藏。

图 13-74 1949 年 6 月，解放社出版，北京红展藏。

38. 博古译本第 38 种

1949 年 6 月，解放社出版、新华书店发行（图 13-73）。该书竖排，32 开，79 页。封面文字从上至下依次为："干部必读""共产党宣言""马克思 恩格斯合著""解放社"。版权页文字最上部为："共产党宣言"，中间部分的其他文字从右至左依次为："出版者 解放社""发行者 新华书店 上海苏州路六七九号 上海河南路一七零号""印刷者 新华印刷厂 上海西康路四八九号"，版权页最底端是："1949 年 6 月 1—50000（沪）"。

39. 博古译本第 39 种

1949 年 6 月，解放社出版、新华书店发行（图 13-74）。该书竖排，32 开，107 页，印 35000 册。封面文字从上至下依次为："干部必读""共产党宣言""社会主义从空想到科学的发展""解放社"。版权页文字最上部为："干部必读""共产党宣言""社会主义从空想到科学的发展"，中间部分的其他文字从右至左依次为："出版者 解放社""发行者 新华书

店""一九四九年六月出版"，版权
页最底端是："1—35000（P）"。

40. 博古译本第 40 种

1949 年 6 月，解放社出版、新华
书店发行（图 13-75）。该书竖排，
32 开，71 页，印 10000 册。封面文
字从上至下依次为："干部必读""共
产党宣言""马克思 恩格斯合著""解
放社"。版权页文字最上部为："干部必读""共产党宣言"，
中间部分的其他文字从右至左依次为："著者 马克思 恩格
斯""出版者 解放社""发行者 新华书店""一九四九年六月
出版"，版权页最底端是："1—10000（P）"。

41. 博古译本第 41 种

1949 年 6 月，浙江新华书店出版（图 13-76）。该书
竖排，32 开，47 页。封面文字从上至下依次为："马克思
恩格斯合著""共产党宣言""解放社编""浙江新华书店出
版"。版权页文字从右至左依次为："共产党宣言""著者
马克思 恩格斯""出版者 浙江新华书店""一九四九年六月
再版"。

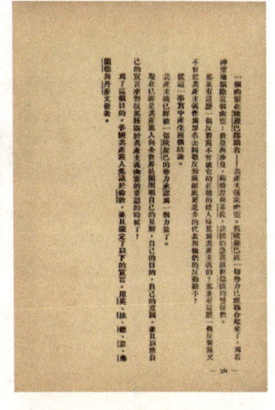

图 13-75 1949 年 6 月，解放社出
版，北京红展藏。

图 13-76 1949
年 6 月，浙江新华
书店出版，北京红
展藏。

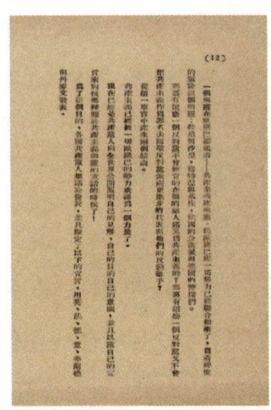
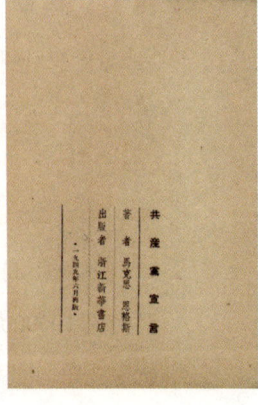

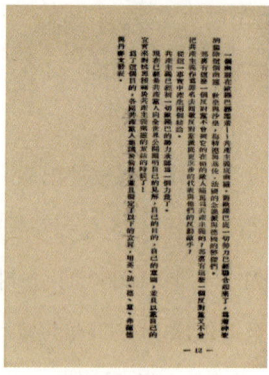

图 13-77 1949 年 7 月，新华书店发行，北京红展藏。

42. 博古译本第 42 种

　　1949 年 7 月，新华书店发行（图 13-77）。该书竖排，32 开，49 页。封面文字从上至下依次为："共产党宣言""马克思 恩格斯合著""博古校译""新华书店发行"。版权页文字从右至左依次为："共产党宣言""著者 马克思 恩格斯""校译者 博古""发行者新华书店""一九四九年七月初版""一——五〇〇〇"。

43. 博古译本第 43 种

　　1949 年 8 月，西北新华书店翻印（图 13-78）。该书竖排，32 开，69 页，印 10000 册。封面右上角有马克思、恩格斯头像，封面文字从上至下依次为："马克思 恩格斯合著　博古校译　共产党宣言""西北新华书店翻印"。

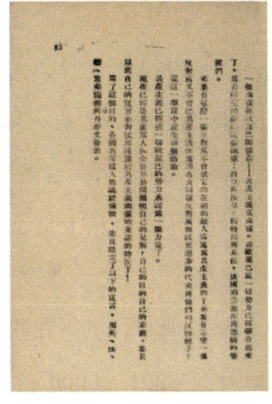
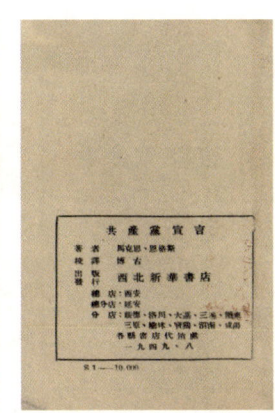

图 13-78 1949 年 8 月，西北新华书店出版，北京红展藏。

版权页文字从上至下依次为："共产党宣言""著者 马克思 恩格斯""校译 博古""出版发行 西北新华书店""总店：西安""总分店：延安""分店：绥德、洛川、大荔、陇东、三原、榆林、宝鸡、渭南、咸阳、各县书店代销处""一九四九·八""S1—10000"。

44. 博古译本第 44 种

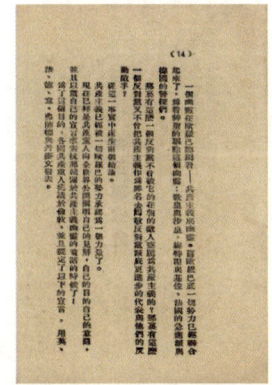

1949 年 8 月，新华书店出版发行（图 13-79）。该书竖排，32 开，64 页，印 5000 册。封面文字从上至下依次为："共产党宣言""马克思 恩格斯著""博古译""新华书店发行"。版权页文字最上部为："共产党宣言"，中间部分的其他文字从右至左依次为："著者 马克思 恩格斯""译者 博古""出版者 新华书店""发行者 新华书店""一九四九年八月印行"，版权页最底端是："华中豫（北）1—5000"。

图 13-79 1949 年 8 月，新华书店出版，北京红展藏。

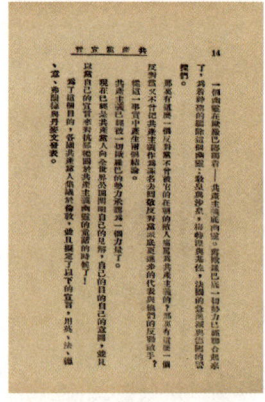

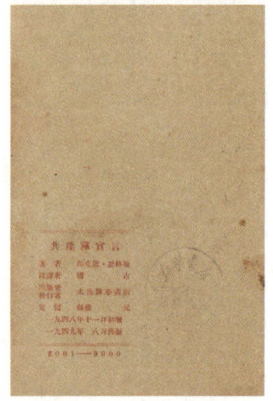

图 13-80 1949 年 8 月，太岳新华书店出版，北京红展藏。

45. 博古译本第 45 种

1949 年 8 月，太岳新华书店印行（图 13-80）。该书竖排，32 开，68 页，印 1000 册。封面文字从上至下依次为："马克思 恩格斯合著""共产党宣言""太岳新华书店印行"。版权页文字从上至下依次为："共产党宣言""著者 马克思 恩格斯""校译者 博古""出版发行者 太岳新华书店""定价 每册 元""一九四八年十一月初版""一九四九年八月再版""8001—9000"。

46. 博古译本第 46 种

1949 年 8 月，赣北新华书店出版（图 13-81）。该书竖排，32 开，46 页，印 5000 册。封面文字从右至左依次为："干部学习丛书""马克思 恩格斯合著""共产党宣言"，封面最底端为："赣北新华书店"。版权页左上角为："干部学习丛书"，中间部分其他文字从右至左依次为："共产党宣言""著者 马克思 恩格斯""经售者 赣东北新华书店""地址 江西上饶中山街"，版权页最底端为："一九四九年八月版""1—5000"。

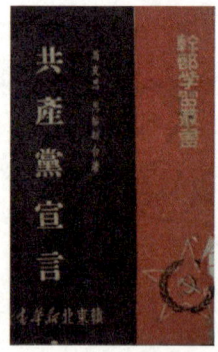

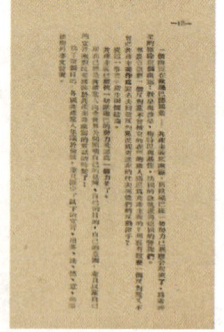

图 13-81 1949 年 8 月，赣北新华书店出版，北京红展藏。

47. 博古译本第 47 种

1949 年 8 月，解放社出版、新华书店发行（图 13-82）。该书竖排，大 32 开，107 页，印 2000 册。封面文字从上至下依次为："干部必读""共产党宣言""从空想社会主义到科学的发展""解放社"。版权页最上部为："干部必读""共产党宣言""从空想社会主义到科学的发展"，中间部分其他文字从右至左依次为："出版者 解放社""发行者 新华书店""一九四九年八月出版，版权页最底端为："1—2000（X）（湖北版）"。

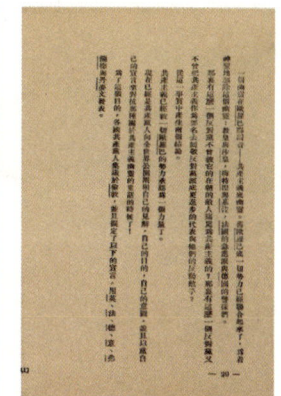

48. 博古译本第 48 种

1949 年 8 月，解放社出版、新华书店发行（图 13-83）。该书竖排，大 32 开，71 页。封面文字从上至下依次为："干部必读""共产党宣言""马克思 恩格斯合著""解放社"。版权页最上部为："干部必读""共产党宣言"，中间部分其他文字从右至左依次为："著者 马克思 恩格斯""出版者 解放社""发行者 新华书店""一九四九年八月出版"，版权页最底端为："1—5000（D）"。

图 13-82 1949 年 8 月，解放社出版，北京红展藏。

图 13-83 1949 年 8 月，解放社出版，国家图书馆藏。

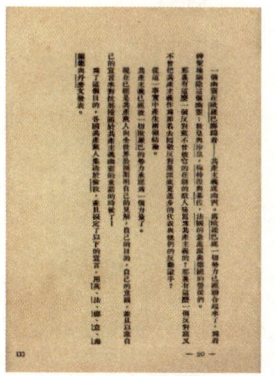

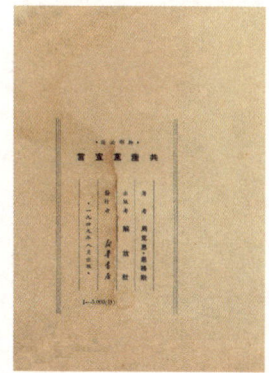

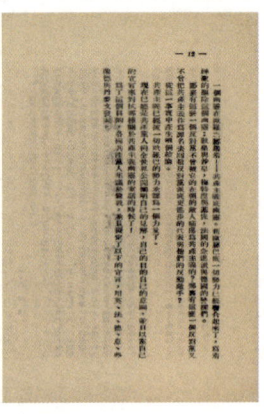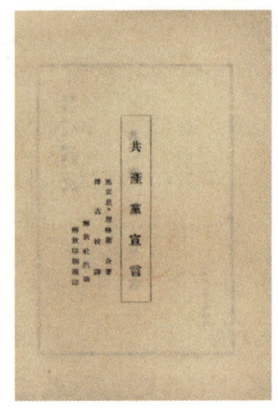

图 13-84 1949 年 8 月，解放社出版，北京红展藏。

49. 博古译本第 49 种

1949 年 8 月，解放社出版，新华书店印行（图 13-84）。该书竖排，32 开，52 页。封面文字从右至左依次为："马克思 恩格斯合著""共产党宣言"，封面最底端为："新华书店印行"。版权页文字从右至左依次为："共产党宣言""马克思 恩格斯 合著""博古 校译""解放社出版""解放印刷厂印"。

50. 博古译本第 50 种

1949 年 8 月，解放社出版，中国人民解放军第十五兵团政治部翻印（图 13-85）。该书竖排，32 开，52 页。封面文字从右至左依次为："干部读物之六""马克思 恩格斯合著""共产党宣言"，封面最底端为："中国人民解放军第十五兵团政治部翻印""1949.8.15"。版权页文字从右至左依次为："共产党宣

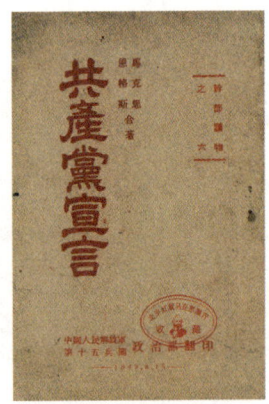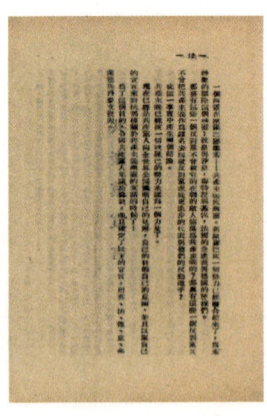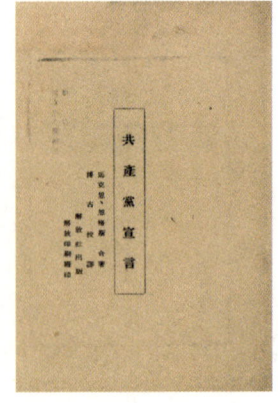

图 13-84 1949 年 8 月，解放社出版，中国人民解放军第十五兵团政治部翻印，北京红展藏。

言""马克思 恩格斯 合著""博古 校译""解放社出版""解放印刷厂印"。

51. 博古译本第51种

1949年9月，解放社出版，新华书店发行（图13-86）。该书竖排，大32开，71页。封面文字从上至下依次为："干部必读""共产党宣言""马克思恩格斯合著""解放社"。版权页最上部为："干部必读""共产党宣言"，中间部分其他文字从右至左依次为："著者 马克思 恩格斯""出版者 解放社""发行者 新华书店""一九四九年九月出版"，版权页最底端为："5001—15000（D）"。

52. 博古译本第52种

1949年9月，新华书店出版发行（图13-87）。该书竖排，32开，47页，印10000册。封面文字从上至下依次为："马克思 恩格斯合著""博古译""共产党宣言""新华书店发行"。版权页最上部为："共产党宣言"，中间部分其他文字从右至左依次为："著者 马克思 恩格斯""译者 博古""发行者 新

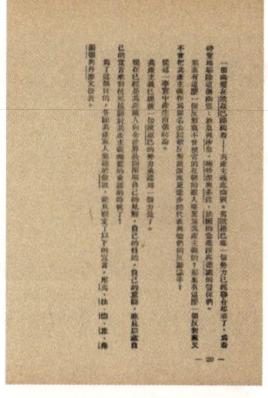
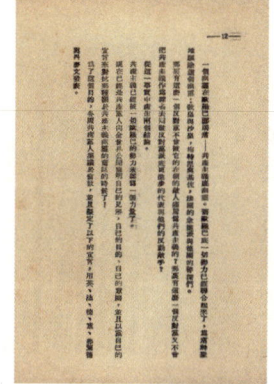
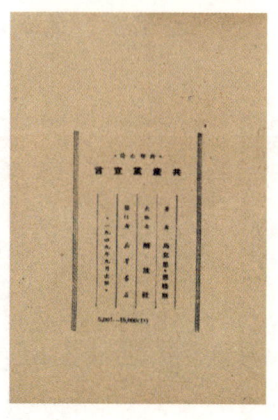

图13-86 1949年9月，解放社出版，北京红展藏。

图13-87 1949年9月，新华书店出版，北京红展藏。

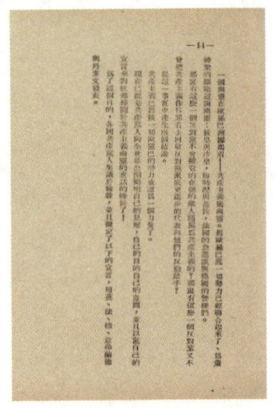

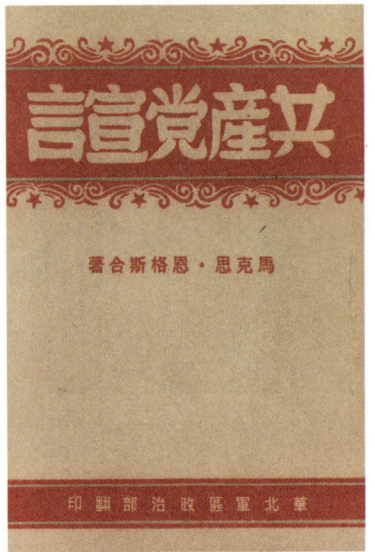

华书店""一九四九年九月再版"，版权页最底端为："（湘）1—10000"。

53. 博古译本第 53 种

1949 年 10 月，华北军区政治部翻印（图 13-88）。该书竖排，32 开，59 页。封面文字从上至下依次为："共产党宣言""马克思 恩格斯合著""华北军区政治部翻印"。

54. 博古译本第 54 种

1949 年 10 月，大众出版社印行（图 13-89）。该书竖排，32 开，48 页。封面文字从右至左依次为："马克思 恩格斯合著""共产党宣言""大众出版社印行"。版权页文字从上至下依次为："共产党宣言""出版者 大众出版社""总代售 励志书店""北平 琉璃厂九十四号"。

图 13-88 1949 年 10 月，华北（河北平山县）军区政治部翻印，北京红展藏。

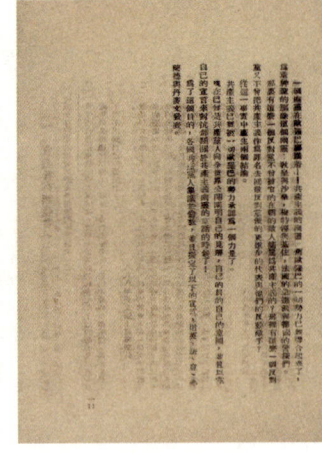

图 13-89 1949 年 10 月，大众出版社印行，北京红展藏。

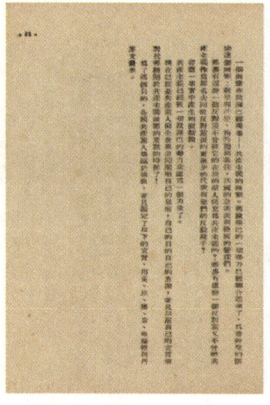

图 13-90 1949
年 10 月，上海国
强出版社印行，北
京红展藏。

55. 博古译本第 55 种

  1949 年 10 月，国强出版社印行（图 13-90）。该书竖排，32 开，46 页。封面文字从上至下依次为：“共产党宣言”“马克思 恩格斯合著”“国强出版社印行”。版权页文字从右至左依次为：“发行者 国强出版社”“社址 上海四川北路一三四三号”“印刷者 三星印刷所”。

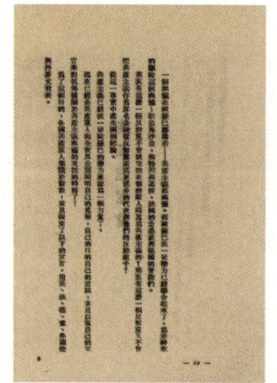

56. 博古译本第 56 种

  1949 年 10 月前，中国共产党旅大区党委印（图 13-91）。该书竖排，32 开，55 页。封面左上角有五角星，封面文字从上至下依次为：“马克思 恩格斯合著”“博古校译”“共产党宣言”“中国共产党旅大区党委赠”。

57. 博古译本第 57 种

  1949 年 10 月，大连大众书店出版发行（图 13-92）。该书竖排，32 开，55 页。封面左上角有五角星，封面文字从上至下依次为：“马克思 恩

图 13-91 1949 年 10 月，中国共产党旅大区党委印，北京红展藏。

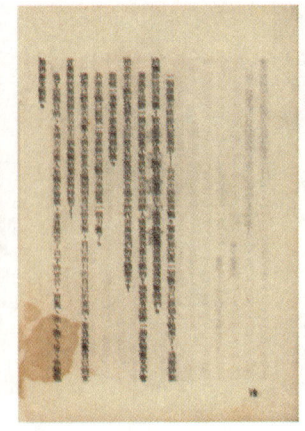

图 13-92 1949 年 10 月，前大连大众书店出版，北京红展藏。

格斯合著""博古校译""共产党宣言""大连大众书店出版"。版权页文字从上至下依次为："共产党宣言""作者 马克思 恩格斯""译者 博古""出版发行者 大连大众书店""印刷者 大众印刷厂""定价 元""A1 012001"。

58. 博古译本第 58 种

1949 年 10 月前，北平人民书报社出版发行（图 13-93）。该书竖排，32 开，48 页。封面文字从左至右依次为："共产党宣言""马克思 恩格斯合著""北平人民"。

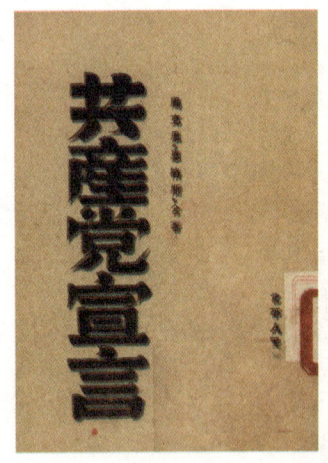
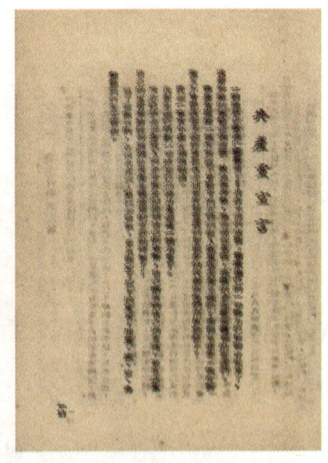

图 13-93 1949 年 10 月，北平人民书报社出版，北京红展藏。

59. 博古译本第 59 种

　　1949 年 10 月，冀中新华书店翻印，解放社出版，新华书店发行（图 13-94）。该书竖排，32 开，67 页。封面文字从上至下依次为："共产党宣言""马克思 恩格斯合著""博古校译""冀中新华书店翻印"。版权页文字从右至左依次为："共产党宣言""马克思 恩格斯合著""博古校译""解放社出版""新华书店发行"。

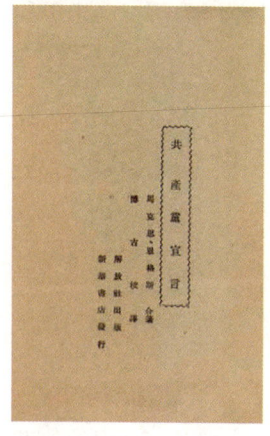

60. 博古译本第 60 种

　　1949 年 10 月，华中新华书店出版发行（图 13-95）。该书竖排，32 开，57 页。封面左上角有五角星，封面文字从上至下依次为："干部学习丛书之一""马克思 恩格斯著""博古译""共产党宣言""华中新华书店出版"。版权页文字从上至下依次为："共产党宣言""作者 马克思 恩格斯""译者 博古""出版发行者 华中新华书店""印刷者 新华书店印刷厂""定价 华中币十元"。

图 13-94　1949 年 10 月，冀中新华书店翻印，北京红展藏。

图 13-95　1949 年 10 月，华中新华书店出版，北京红展藏。

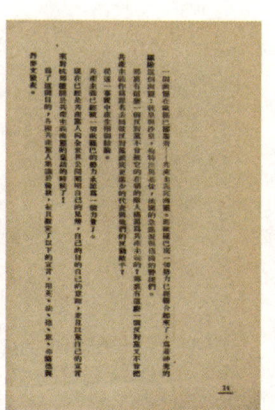

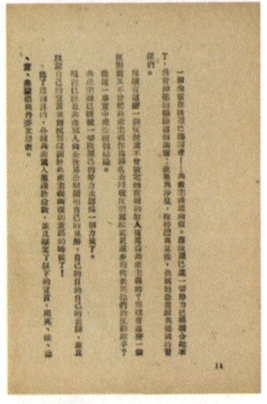

图 13-96 1949 年 10 月，新华书店冀中支店翻印，北京红展藏。

61. 博古译本第 61 种

1949 年 10 月前，新华书店冀中支店翻印（图 13-96）。该书竖排，32 开，67 页。封面文字从上至下依次为："共产党宣言""马克思 恩格斯合著""博古校译""新华书店冀中支店翻印"。

62. 博古译本第 62 种

1949 年 10 月前，解放社编印（图 13-97）。该书竖排，32 开，37 页。封面文字从上至下依次为："马克思 恩格斯合著"、"共产党宣言"、"成仿吾寒冰合译"（正文与序言实为博古校译——作者注）、"解放社编"。

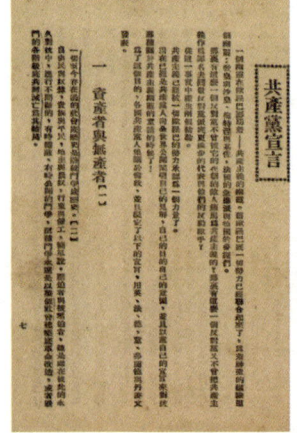

图 13-97 1949 年 10 月，解放社编印，北京红展藏。

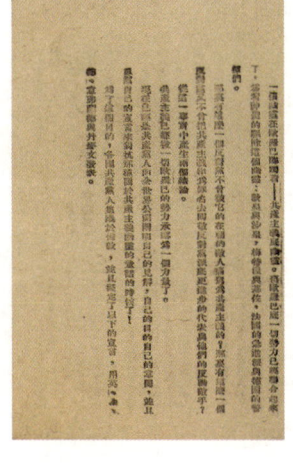
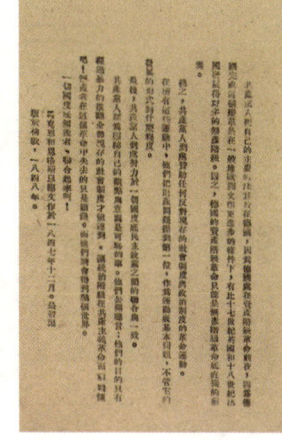

图 13-98 1949 年 10 月，西北新华书店延安总分店翻印，北京红展藏。

63. 博古译本第 63 种

1949 年 10 月，西北新华书店延安总分店翻印（图 13-98）。该书竖排，32 开，69 页。封面右上角有马克思、恩格斯头像，封面文字从上至下依次为："马克思 恩格斯合著""博古校译""共产党宣言""西北新华书店延安总分店翻印"。

64. 博古译本第 64 种

1949 年 10 月，华东军区海军政治部翻印（图 13-99）。该书竖排，32 开，43 页。封面文字从右至左依次为："马克思 恩格斯著""共产党宣言""华东军区海军政治部翻印"。

65. 博古译本第 65 种

1949 年 10 月，陕甘宁边区新华书店翻印（图 13-100）。该书竖排，32 开，69 页。封面右上角有马克思、恩格斯头像，封面文字从上至下

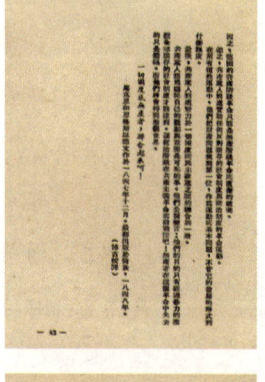

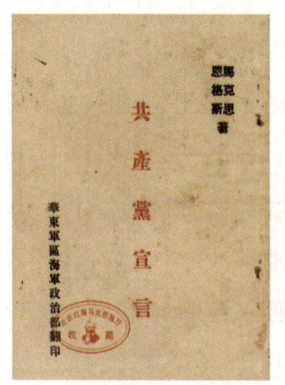
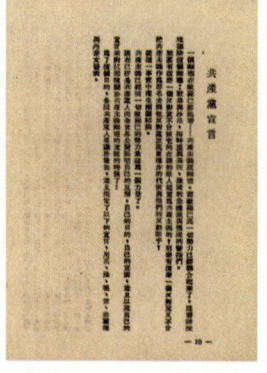

图 13-99 1949 年 10 月，华东军区海军政治部翻印，北京红展藏。

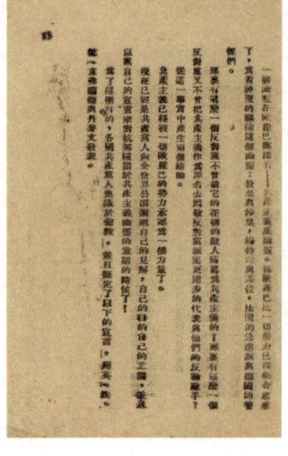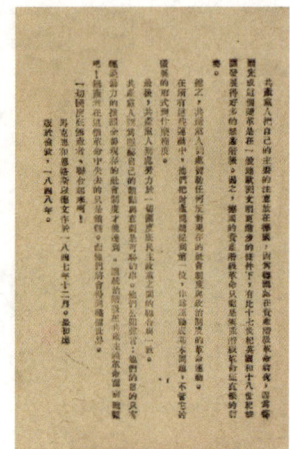

图 13-100 1949 年 10 月，陕甘宁边区新华书店翻印，北京红展藏。

依次为："马克思 恩格斯合著""博古校译""共产党宣言""陕甘宁边区新华书店翻印"。

（六）《共产党宣言》陈瘦石译本——第五个中文全译本

陈瘦石，江苏无锡人，生于 1908 年，1926 年毕业于江苏省立第三师范学校，1929 年考入国立中央大学英国语言文学系，1933 年毕业后在资源委员会任秘书。陈瘦石与其弟陈瘦竹（曾任南京大学中文系主任）两人合译的罗素著作《自由与组织》一书于 1932 年由商务印书馆出版。中华人民共和国成立，陈瘦石在中国银行总行国外局工作。陈瘦石的名字以及他翻译的《共产党宣言》十分隐秘，在很长一段时间内无人知晓，其译本的传播范围很有限。

其实，早在 20 世纪 30 年代初开始，陈瘦石便关注并译介马克思主义文献。他最早的译著——罗素的《自由与组织》，是一部关于西方民主的历史与发展以及西方当代民主思想的著作。该书用了 55 页的篇幅介绍了马克思、恩格斯的生平事业和《共产党宣言》。陈瘦石在翻译这本书时，将《共产党宣言》首尾句分别译成"一个精灵在欧洲作祟——共产主义的精灵"和"全世界的工人联合起来"。他还翻译了《共产党宣言》中提到的具体措施、目标等重要内容。

20 世纪 40 年代，陈瘦石再次将目光投向了马克思主义。这次不是片段式的译介，而是翻译整篇马克思主义著作。1938 年，美国宾夕法尼亚大学华敦学院的教授劳克斯（W.N. loucks）和副教授霍特（J.W.HootL）合作出版了《比较经济制度》一书。该书分别于 1940 年、1943 年、1950 年多次重印，是第一本关于比较经济制度的教科书。在书中，作者将世界经济制度分为资本主义、法西斯主义、社会主义和共产主义四种类型。在比较经济学早期发展中，最显著的特征是采用"主义"分类法进行比较研究的，因此此处的"主义"是指基本经济制度。《比较经济制度》上卷用了约五分之三的篇幅对社会主义和共产主义的学说做了较为详细的介绍，从空想社会主义到苏联的社会主义都一一进行了论述，不仅介绍了马克思恩格斯的生平，还对其关于推翻资本主义制度、建立新的制度等方面的内容作了阐释。《比较经济制度》下卷着重介绍了苏联的经济制度及美国的经济制度等方面的内容。作为对苏美经济制度及社会制度较好的比较说明，作者还附上了英文版《共产党宣言》和《美国共产党党章》等内容。

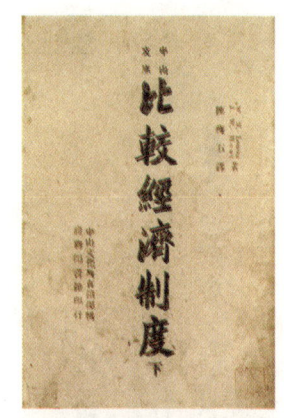

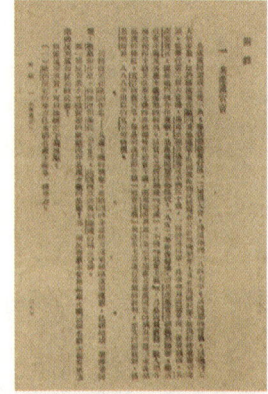

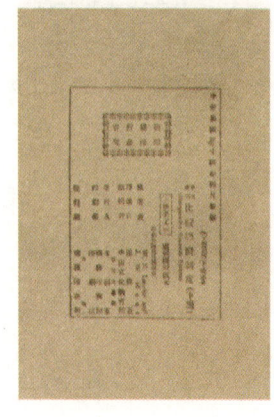

陈瘦石于 1943 年 9 月和 1945 年 4 月分别译完了《比较经济制度》上卷和下卷并出版。他翻译的《共产党宣言》收录在《比较经济制度》下卷。目前仅发现这两种陈瘦石译本。

1945 年 4 月，《比较经济制度》作为"中山文库"丛书之一由商务印书馆印行（图 13-101）。书前有王文山（武汉大学图书馆学毕业，曾任职国民党交通部）序文："瘦石兄译这本书，费时一年有半……他工作勤勉，态度认真，文笔清丽可诵，正如他在战前译的《自由与组织》一样。"该书首先对《共产党宣言》起草和产生的经过进行了简单的说

图 13-101 1945 年 4 月，商务印书馆出版，上海图书馆藏。

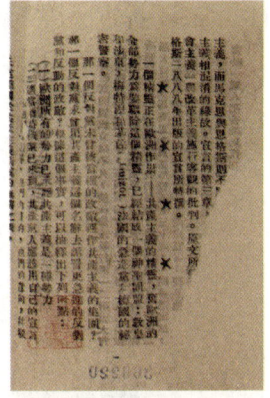

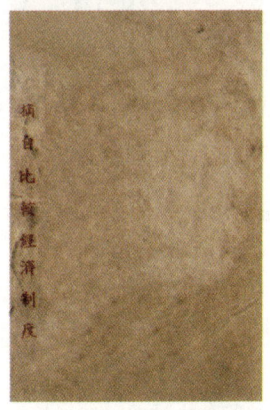

图 13-102 版权不详，国家图书馆藏。

明，且只有《共产党宣言》正文，不包含马克思和恩格斯为《共产党宣言》撰写的七篇序言。

此外，新中国成立前出版过一部无版权页的陈瘦石译本（图 13-102）。该书竖排版，64 开，书名竖排在封面中央。封面左上部有红色五角星，五角星下边是中国共产党党徽，在书名的右部是"陈瘦石译"字样，在封底左边印有"摘自比较经济制度"一排小字。全书铅字印刷，纸质较为低劣。

（七）乔木（乔冠华）译本——第六个中文全译本

乔冠华，笔名乔木、于潮、于怀等，1913 年 3 月 28 日出生于江苏盐城县东乔庄（今盐城市建湖县庆丰镇福初村）。早年就读清华大学哲学系，毕业后东渡日本，进入东京帝国大学攻读哲学，他利用课外时间为日本共产党举办的工人夜校讲解《资本论》。1939 年，乔冠华加入中国共产党。1946 年，国共和谈破裂，内战爆发。香港成为我党对外宣传的重要阵地，为加强党的宣传力量，中共南方局派遣乔冠华、龚澎前往香港，支持新华社香港分社的工作。也正是在这个时期，乔冠华一方面领导新华社香港分社为配合解放战争，做了大量共产党宣言报道工作，发表了大量分析透彻、观点鲜明的文章，引起了强烈反响；另一方面，他利用空暇之余继续出版、校译进步文献、马克思主义文献。乔冠华在成仿吾、徐冰译本的基础上，通过参考英文版原文，翻译了《共产党宣言》。关于翻译《共产党宣言》的目标，他在《校后记》中这样写道：

> 由于德文版本之不易找到，目前的译本是根据英文校的——尽管原译是根据德文译的。

除掉误植和个别的字句而外，比较重要的校正可以说是很少的。有些地方的校正并不足以说明原译者译错了，只是因为原译者太忠实于德文的结构，往往显得生硬，甚而至于有使读者发生误解的可能。例如第二章中开头说明共产党和其他无产阶级政党不同的第二点，原译者是："只是由于他们一方面，在各个民族的无产阶级斗争中主张并坚持整个无产阶级底超出民族的共同利益"，"超出民族"四个字显然容易引起误解，忠实于宣言的精神和字句，我把它改写为"……并坚持全然和民族问题无关的整个无产阶级底共同利益"。类似的地方还有好几次，不一一列举了。

今年是共产主义——共产党宣言诞生的一百年，把这个创造历史的文件再版是有重大意义的；一百年来，"宣言"中的伟大真理更加辉煌了。

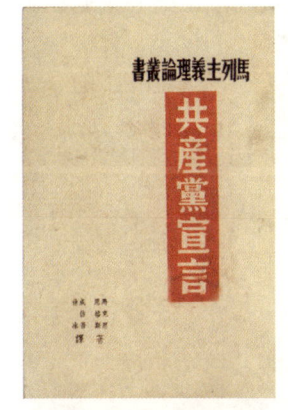

乔冠华译本特征主要有两点：（1）它署名的译者是成仿吾、徐冰，而非乔冠华本人；（2）在书的最后一页，附有乔冠华署名的"译后记"。其版本如下：

第一种：1947年11月，中国出版社出版乔冠华译本（图13-103）。该书竖排，32开，共58页，封面从上至下文字为："马列主义理论丛书""共产党宣言""马克思、恩格斯著""成仿吾、徐冰译"。版权页文字从右至左依次为："共产党宣言""著者 马克思、恩格斯""译者 成仿吾、徐冰""出版者 中国出版社（干诺道西九十九号四楼）""承印者 香港印刷合作社（香港威菲路道三十二号）""经售者 各大书店""定价：港币一元""一九三九年七月出版，一九四七年十一月再版"。不过，出版项中关

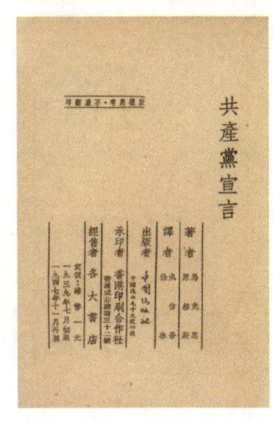

图13-103 1947年11月，中国出版社出版，北京红展藏。

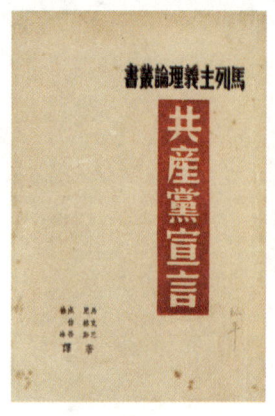

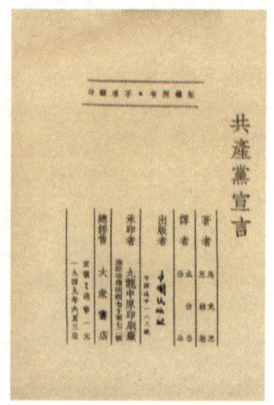

图13-104 1949年6月，中国出版社出版，北京红展藏。

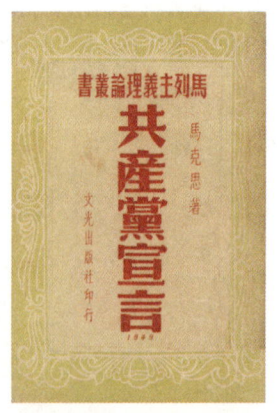

图13-105 1949年6月，香港文光出版社出版，北京红展藏。

于"一九三九年七月出版"系错印，正确时间应该是一九三八年八月。

第二种：1949年6月，中国出版社再版1947年11月的乔冠华译本（图13-104）。除出版者、承印者的地址以及经售者不一样外，两个版本的封面及版权页上的其他文字信息未有改动。

第三种：1949年6月，香港的文光出版社出版（图13-105）。该书竖排，32开，46页，没有指明译者，著者只标注了"马克思"，没有恩格斯的名字。正文后附有乔木（乔冠华）写的"校后记"。

（八）《共产党宣言》谢唯真译本——第七个中文全译本

《共产党宣言》谢唯真译本也称"百周年纪念版"，由苏联的外国文书籍出版局1949年出版（图13-106）。

谢唯真的身份较为隐秘，他的真实身份很难从正式出版物中获识。根据原中央编译局档案文件查知，谢唯真曾名谢建民，1906年8月出生于湖南省桃源县善溪乡（今热市镇属地）一个书香之家，1914年在慈利县两汉溪高等小学读书，1920年考入湖南省立第二师范学校（校址在常德），1923年在该校加入中国社会主义青年团，不久转入中国共产党。1923年至1926年，先后任共青团常德特支组织部部长、中共常德地方执行委员会组织部部长和湖南省农民协会执行委员会秘书长。在此期间，他介绍其胞弟谢泽芝加入中国共产党。大革命失败后，谢唯真由中共党组织保送苏联，入莫斯科中国劳动大学学习，同学中有张闻天、王稼祥等。

1929 年至次年夏，谢唯真与杨尚昆同为莫斯科中国问题研究院研究生，并在共产国际编辑出版部担任《共产国际》杂志中文版编辑和马列主义经典著作译核员，1937 年转入莫斯科外国文书籍出版局，历任中文编辑部主任编辑、中文编译部主任等职。在莫斯科工作期间，谢唯真翻译和负责译校了大量的马列经典著作，除《共产党宣言》外，还有《什么是人民之友》《论马克思主义》《马克思恩格斯文选》《列宁文选》《列宁主义问题》《斯大林全集》等。谢唯真回国后，曾任中央编译局校审主任。

在 1949 年，为纪念《共产党宣言》发表 100 周年，苏联外国文书籍出版局组织了力量，将《共产党宣言》翻译成了中文、英文、德文、法文、日文、朝鲜文等语言。其中，《共产党宣言》中文版由谢唯真根据德文版《共产党宣言》独自完成。苏联外文书籍出版局的出版声明指出："本版《共产党宣言》系按一八四八年德文原版译出。凡以后各次德文版本上所加进的更改以及一八八八年英文版上由恩格斯所作的补充，均有编者加注说明。一八八八年英文版和一八九〇年德文版上由恩格斯所加的附注，一概附在本书正文页尾。《共产党宣言》作者为各种版本所写的一切序言，均已编入本版中。"声明不仅指出了谢唯真译本的参考蓝本是 1848 年发表的《共产党宣言》，还对本书的编排的其他内容即马克思、恩格斯为《共产党宣言》撰写的七篇序言进行了介绍。这一体例和结构安排为新中国成立后我国出版的各《共产党宣言》版本所采用。

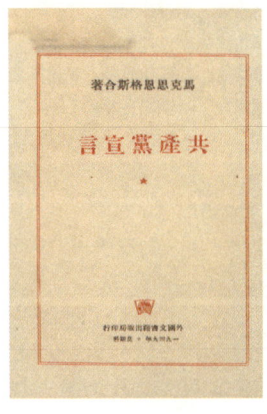

图 13- 106 1949 年，外国文书籍出版局出版，北京红展藏。

当时，市面上流通的最好版本属谢唯真译本，它的内容最丰富、语句最流畅、用词最准确。第一，它是从德文原文翻译过来的版本；第二，它收齐了作者撰写的全部七篇序言；第三，其译文更符合现代汉语规范，文中的语气词、助词更少了，阅读起来更为流畅；第四，它代表了苏联的国家翻译行为，是当时全世界马克思主义理论水平最高的苏联组织翻译的。

该版《共产党宣言》装帧精致，封面正中偏上印有马克思恩格斯的浮雕像，头像正下方分别是"马克思恩格斯合著"及书名"共产党宣言"，书名下方印有"百周年纪念版"和印花图案。该版本在中华人民共和国成立前仅出版一次，在封面页和书名页之间插有两页，分别印着"全世界无产者，联合起来！"和列宁与斯大林关于《共产党宣言》的两篇语录。

第十四章

卡·马克思《1848 年至 1850 年的法兰西阶级斗争》

《共产党宣言》发表后不久，便爆发了 1848 年欧洲革命。马克思和恩格斯以新创办的《新莱茵报》为阵地，向普鲁士乃至欧洲的整个封建制度发起猛烈的攻击。[①]《新莱茵报》因革命而起，也因革命而停。它受到广大群众的热烈欢迎，在停刊前已经拥有 6000 个订户[②]，对于宣传革命思想来说，无疑是成功的。在 1849 年 5 月 19 日《新莱茵报》停刊前，马克思已接到普鲁士政府驱逐他的命令。马克思一家辗转来到巴黎，不久法国政府再次将他驱离。欧洲大陆再也容不下马克思了。

1849 年 8 月，马克思从巴黎来到伦敦，此后，他再也没有迁离这里。初来乍到，虽然困难重重，但马克思在政治方面依然很活跃。[③] 除了要作为德意志工人教育协会中流亡者的代表进行工作，以及重组共产主义者同盟外，还要

[①] 中央党史和文献研究院、中央电视台编：《不朽的马克思》，人民出版社 2018 年版，第 60 页。
[②] 中央编译局编：《马克思画传》，重庆出版集团 2018 年版，第 89 页。
[③] ［英］戴维·麦克莱伦：《马克思传》，王珍译，中国人民大学出版社 2006 年版，第 236 页。

仿照《新莱因报》的样式创建一种月刊。①

新的杂志命名为《新莱茵报。政治经济评论》，虽然筹办过程困难重重，到底还是问世了。1850 年 3—11 月，共出版 6 期。②《1848 年至 1850 年的法兰西阶级斗争》原文为德文，写于 1850 年 1 月至 11 月 1 日，是一篇连载在《新莱茵报。政治经济评论》第 1、2、3 和 5—6 期的文章，总题目叫《从 1848 到 1849 年》，署名是卡尔·马克思。马克思最初计划该著作包括："1848 年 6 月失败""1849 年 6 月 13 日""6 月 13 日在大陆上产生的后果"和"英国的现状"这四个部分，但他在《新莱茵报。政治经济评论》杂志的 1、2、3 期上只发表了前三篇。③

《1848 年至 1850 年的法兰西阶级斗争》是马克思关于法国革命事件的一部重要著作，是总结革命经验的最重要的著作之一。马克思在这部著作中第一次运用唯物主义辩证法对 1848 年法国资产阶级民主革命的原因、性质和进程作了最卓越的分析。他在这部著作中具体阐述并进一步发展了历史唯物主义的最重要的原理：关于经济基础和上层建筑的相互关系以及经济基础在社会生活中的决定作用，关于阶级斗争和政党斗争的重要意义，关于革命变革在历史中的地位和人民群众的决定性作用，关于国家和社会思想在历史进程中的作用。④

1895 年，恩格斯准备再次出版这一著作时，把他和马克思合写的《国际述评（三）》中关于法国革命的内容以"1850 年普选权的废除"为标题作为第四章收入这部著作，并把这部著作定名为《1848 年至 1850 年的法兰西阶级斗争》。该版本有恩格斯撰写的导言，前三章的标题分别改为"从 1848 年 2 月到 1848 年 6 月""从 1848 年 6 月到 1849 年 6 月 13 日""从 1849 年 6 月 13 日到 1850 年 3 月 10 日"。不过，在中文版《马恩全集》第一版中，前三章

---

① ［英］戴维·麦克莱伦：《马克思传》，王珍译，中国人民大学出版社 2006 年版，第 236 页。
② 中央编译局编：《马克思画传》，重庆出版集团 2018 年版，第 111 页。
③ 北京图书馆马列著作研究室编：《马克思恩格斯著作中译文综录》，书目文献出版社 1983 年版，第 388 页。
④ 中央编译局编：《马克思恩格斯文集资料汇编》，人民出版社 2011 年版，第 45—46 页。

的标题均采用了《新莱茵报。政治经济评论》连载的文章名。恩格斯的这篇导言写于 1895 年 2 月 14 日和 3 月 6 日之间，是恩格斯专为柏林出版的单行本而写。1895 年《新时代》杂志第 27 期和第 28 期登载了这篇经作者删节的导言，又以《新时代》杂志的文本删节的形式登载在 1895 年《社会评论》杂志第 9 期和 1895 年保加利亚《事业》杂志第 1 册上。[①]1930 年，恩格斯导言的全文首次在苏联出版的卡尔·马克思《1848 年至 1850 年的法兰西阶级斗争》一书中发表。1949 年以前这部著作的中文译文版本情况如下：

一、摘译

《1848 年至 1850 年的法兰西阶级斗争》的中译文最早出现在 1930 年 6 月上海平凡社出版的《马克思学体系》一书中（图 14-1）。该书第 4 册第 87—89 页和 136—137 页，分别载有《1848 年至 1850 年的法兰西阶级斗争》中的一段话和恩格斯的导言中的一段话，标题分别为《资本家阶级革命的道路》和《时事问题底史的唯物论的方法之应用》。

二、柯柏年译本

《1848 年至 1850 年的法兰西阶级斗争》的首个中文全译本由柯柏年翻译，也是新中国前唯一的全译本，作为"马恩丛书"第十二种出版。

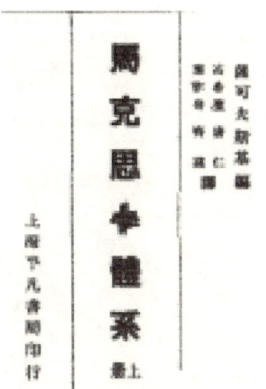

图 14-1 1930 年 6 月，上海平凡社出版，国家图书馆藏。

---

① 中央编译局编：《马克思恩格斯文集资料汇编》，人民出版社 2011 年版，第 47 页。

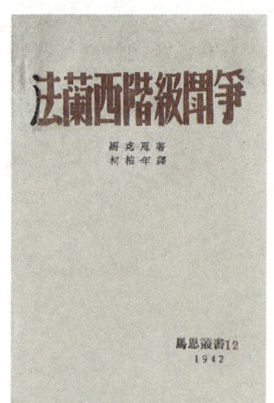

图 14-2 1942 年 7 月，延安解放社出版，国家图书馆藏。

（一）柯柏年译本第 1 种

　　1942 年 7 月，解放社出版，新华书店发行（图 14-2）。该书 32 开，横排平装本，184 页，封面印有"马恩丛书 12"字样，书名译为"法兰西阶级斗争"，目录为：

《法兰西阶级斗争》序言

一八四八年二月到六月

从一八四八年六月到一八四九六月十三日

从一八四九年六月十三日到一八五〇年三月十日

一八五〇年普遍选举制的废止

（二）柯柏年译本第 2 种

　　1949 年 6 月，新华书店出版、发行（图 14-3）。该书 32 开，横排平装本，184 页，印 5000 册，书名译为"法兰西阶级斗争"。

（三）柯柏年译本第 3 种

　　1949 年 6 月，解放社出版，新华书店发行（1949 年 6

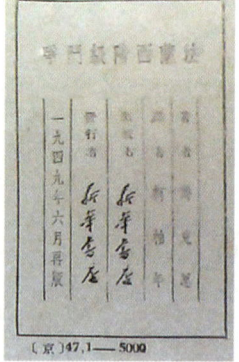

图 14-3 1949 年 6 月，新华书店出版，中央党史和文献研究院图书馆藏。

月）。该书 32 开，横排平装本，184 页，印 5000 册，书名译为"法兰西阶级斗争"。

（四）柯柏年译本第 4 种

1949 年 7 月，解放社出版，（上海）新华书店发行，（上海）新华印刷厂印刷（图 14-5）。该书 32 开，横排平装本，184 页，印 10000 册，书名译为"法兰西阶级斗争"。

（五）柯柏年译本第 5 种

1949 年 7 月，山东新华书店出版、发行（图 14-6）。该书 32 开，横排平装本，184 页，印 10000 册，书名译为"法兰西阶级斗争"。

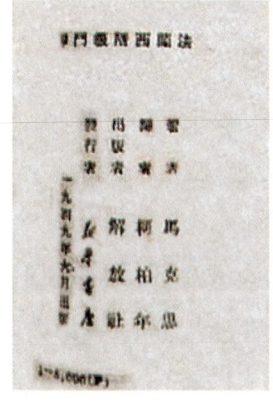
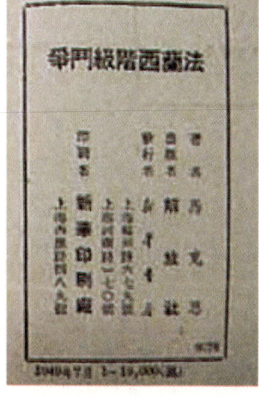

图 14-4 1949 年 6 月，解放社出版，中央党史和文献研究院图书馆藏。

图 14-5 1949 年 7 月，解放社出版，上海图书馆藏。

图 14-6 1949 年 7 月，山东新华书店出版，中央党史和文献研究院图书馆藏。

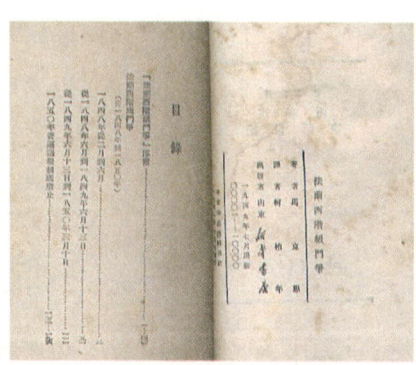

第十五章

弗·恩格斯《德国农民战争》

　　《德国农民战争》是恩格斯总结德国革命经验的重要史学著作。在这部著作中，恩格斯运用唯物史观研究德国历史，特别是德国农民战争史，分析了16世纪上半叶德国农民战争的性质、根源和重要历史作用，强调了工人阶级在斗争中必须高度重视和发挥农民的革命积极性。恩格斯还把德国历史上的农民革命同德国 1848—1849 年革命进行比较，总结了革命失败的原因及其主要经验教训。①

　　《德国农民战争》原文是德文，由恩格斯写于 1850 年夏，同年发表在《新莱茵报。政治经济评论》第 5—6 期合刊，1852 年 1 月 1 日—1853 年 2 月 1 日被纽约《体操报》第 3—20 号转载。1870 年 10 月，莱比锡出版德文第二版，即《德国农民战争》第一个单行本，作者为这一版写了序言。该序言首次发表在 1870 年 4 月 2 日和 6 日《人民国家报》第 27 号和 28 号。

---

① 中央编译局编：《马克思恩格斯文集资料汇编》，人民出版社 2011 年版，第 49 页。

1875 年，莱比锡出版该著作第三版，作者又为第二版序言作了补充，补充部分写于 1874 年 7 月 1 日。在 19 世纪 80 年代，作者还打算重新修订，但这个计划未能实现，但保存下来了准备补充的未完成的手稿和许多札记草稿。1949 年以前出版的《德国农民战争》中译文仅钱亦石译、仲璧校的版本。

一、钱亦石译本

（一）钱亦石译本第 1 种

1938 年 7 月，生活书店出版（图 15-1）。该书 32 开，竖排平装本，封面有"世界名著译丛之五"的字样。书前有译者写于 1931 年 1 月 31 日的例言，另有苏联梁山诺夫（即梁赞诺夫）1925 年 7 月写的俄译本序，书后有附录："德国农民的十二个条件"和"注释"。译者指出，本译文主要根据英译本译出，另外还参考了 1926 年的俄译本和 1928 年的日译本。本书目录：

图 15-1 1938 年 7 月，生活书店出版，中央党史和文献研究院图书馆藏。

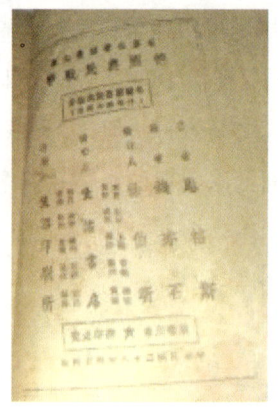

图 15-2 1939 年 4 月，
上海生活书店出版，上海
图书馆藏。

附录一 德国农民的十二个条件
附录二 注释

（二）钱亦石译本第 2 种

1939 年 4 月，生活书店出版，生活印刷所印刷（图 15-2）。该书 32 开，竖排平装本，252 页，印 1000 册，封面有"世界名著译丛之五"的字样。

（三）钱亦石译本第 3 种、第 4 种、第 5 种

抗日战争胜利后，生活书店分别在 1946 年 5 月、1947 年 1 月、1947 年 7 月三次重印钱亦石译本（图 15-3、图 15-4）），并分别注明为"胜利后第一版""胜利后第二版"和"胜利后第三版"，分别印 1000 册、2000 册、5000 册，这三次出版的图书都是 32 开，竖排平装本，252 页，封面有"世界名著译丛之五"的字样。

图 15-3 1947 年 1 月，生活书店出版，上海图书馆藏。

（四）钱亦石译本第 6 种

1949 年 5 月，解放社出版，新华书店发行（图 15-5）。该书 32 开，竖排平装本，242 页。

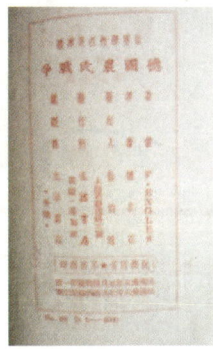

图 15-4 1947 年 7 月生活书店出版，国家图书馆藏。

（五）钱亦石译本第 7 种

1949 年 7 月，生活书店出版，新中国书局印刷、发行（图 15-6）。该书 32 开，竖排平装本印，印 5000 册。

图 15-6 1949 年 7 月，生活书店出版，北京杂书馆藏。

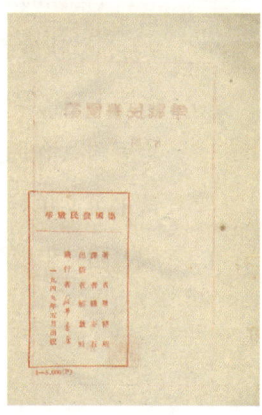

图 15-5 1949 年 年 5 月，解放社出版，北京大学图书馆藏。

第十六章

弗·恩格斯《德国的革命与反革命》

19 世纪 50 年代初，恩格斯协助马克思在美国的《纽约每日论坛报》上发表大量政论文章。[①] 由恩格斯撰写、以马克思名义发表的《德国的革命与反革命》便发表在该报上。根据确凿的事实，恩格斯阐述了 1848—1849 年德国革命的主要事件和主要转折，探讨了革命必然爆发和必然失败的原因，分析了各个社会阶级、政治集团的不同利益和相互关系，为德国人民指出继续斗争的方向。[②]

《德国的革命与反革命》原文是英文，由恩格斯写于 1851 年 8 月至 1852 年 9 月，首次发表是以无标题的形式连载于《纽约每日论坛报》上。由于该作署名为卡尔·马克思，因此，过去人们一直以为其作者是马克思，直至 1913 年马克思和恩格斯的来往书信发表之后，恩格斯是这部著作的真正作者才为人所知。该书英文单行本第一版由马克思的女儿爱琳娜·马克思－艾威林于 1896 年出版，同年出版德文译本。1899 年的俄文译本出版了该作前三章，1900 年俄文全

[①] 中央编译局编：《恩格斯画传》，重庆出版集团 2012 年版，第 117 页。
[②] 中央编译局编：《马克思恩格斯文集资料汇编》，人民出版社 2011 年版，第 52 页。

译本出版。1900 年由马克思的女儿劳拉·拉法格翻译的法文版出版。本著作共有 19 节，在 1896 年的英文版中，爱琳娜·马克思－艾威林给它们加上了标题，还将《最近的科伦案件》作为最后一篇收进该书中。[①] 1949 年以前，这部著作的中译文情况如下。

一、摘译

1944 年，苏联外国书籍出版局出版了中文版的《马恩列斯论游击斗争》，其中第 47—49 页载《起义》一文，节译了《德国的革命和反革命》的相关内容。

二、刘镜圆译本

《德国的革命与反革命》第一个中文全译本由刘镜圆翻译，1930 年由新生命书局出版，书名为《革命与反革命》。书前有译者写于 1930 年 5 月 10 日的序言，以及恩格斯写于 1896 年 4 月的"编辑者言"。

（一）刘镜园译本第 1 种

1930 年 5 月 30 日，新生命书局首次出版、发行（图 16-1）。该书前插有恩格斯的照片，241 页，32 开，竖排平装本。书名译为"革命与反革命"，在封底，注明本书又名"一八四八年的德国"，并印有本书的英文名："Revolution and Counter-Revolution or（Germany in 1848）"，目录为：

一、革命爆发前之德国
二、自由主义反对派之兴起

[①] 中央编译局编：《马克思恩格斯文集资料汇编》，人民出版社 2011 年版，第 56 页。

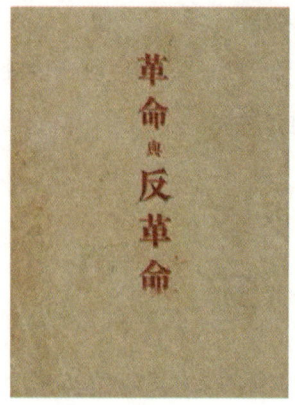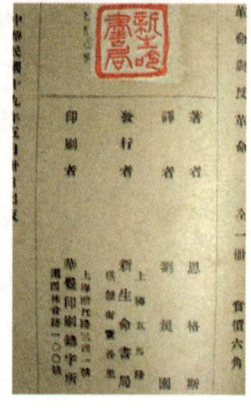

图 16-1 1930 年 5 月 30 日，新生命书局出版，中央党史和文献研究院图书馆藏。

（二）刘镜园译本第 2 种

1936 年 5 月，新生命书局出版、发行（图 16-2）。该书 32 开，竖排平装本，242 页，封面印有恩格斯的大幅木刻头像。

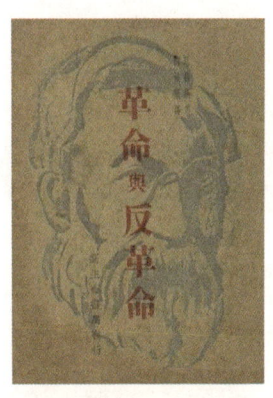

三、王佑铭、柯柏年译本

《德国的革命与反革命》第二个中文全译本由王佑铭、柯柏年翻译，书名译为"德国的革命和反革命"。

图 16-2　1936 年 5 月，新生命书局出版，上海图书馆藏。

（一）王佑铭、柯柏年译本第 1 种

1939 年 3 月，生活书店出版（图 16-3）。该书定价 6 角 5 分，32 开，译者署名为"王佑铭、柯柏年"，其目录为：

一、革命爆发前的德国

二、普鲁士邦

三、德国的其他各邦

四、奥地利

五、维也纳暴动

六、柏林暴动

七、佛兰克府国民会议

八、波兰人、捷克人和日耳曼人

九、大斯拉夫主义——希莱斯威格、荷尔斯坦的战争

一〇、巴黎暴动——佛兰克府会议

一一、维也纳暴动

一二、维也纳的攻击——维也纳的叛徒

一三、普鲁士会议——国民议会

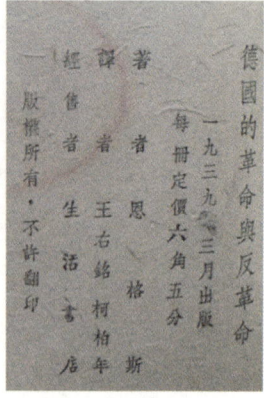

图 16-3 1939 年 3 月，生活书店出版，上海图书馆藏。

图 16-4 1939 年 4 月，解放社出版，国家图书馆藏。

一四、秩序的恢复——议会和议院

一五、普鲁士的胜利

一六、国民议会与各邦政府

一七、暴动

一八、小商人

一九、暴动的终结

二〇、最近的科伦审判共产党案

附录、中央委员会致共产主义者联盟的信、共产主义同盟史、马克思与"新莱茵报"。

（二）王佑铭、柯柏年译本第 2 种

1939 年 4 月，解放社出版（图 16-4）。该书定价 6 角，32 开，封面印有"马恩丛书 8"字样，译者署名为"王石巍、柯柏年"（王石巍即王佑铭的笔名）。

（三）王佑铭、柯柏年译本第 3 种

1949 年 2 月，解放社出版，华北新华书店发行（图 16-5）。该书 32 开，竖排平装本，版权页注明"本书系根据延

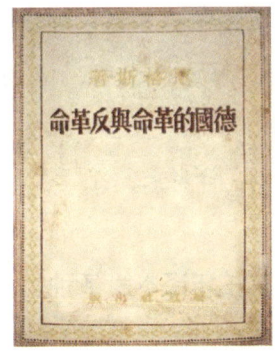
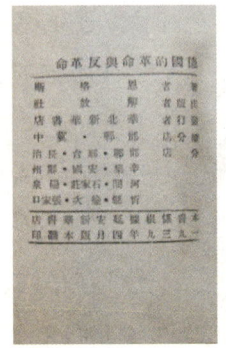

图 16-5 1949 年 2 月，解放
社出版，国家图书馆藏。

安新华书店一九三九年四月版本翻印"，译者未署名。

（四）王佑铭、柯柏年译本第 4 种

1949 年 4 月，解放社出版，新华书店发行（图 16-6）。
该书 32 开，竖排平装本，印 5000 册，译者署名为"柯柏
年等"。

（五）王佑铭、柯柏年译本第 5 种

1949 年 6 月，山东新华书店出版（图 16-7）。该书 32
开，竖排平装本，印 10000 册，译者署名为"柯柏年等"，
注明"本书系根据一九四九年解放社版翻印""一九四九年
六月初版"。

图 16-6 1949 年 4 月，解放社出版，
上海图书馆藏。

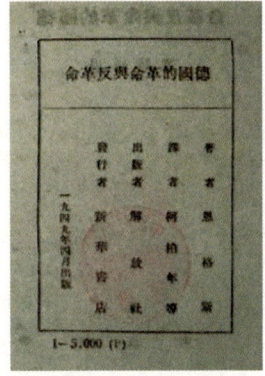

图 16-7 1949 年 6 月，山东新华书
店出版，上海图书馆藏。

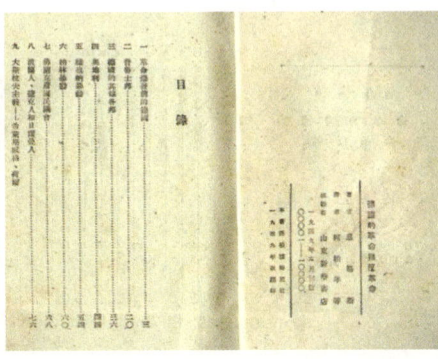

（六）王佑铭、柯柏年译本第6种

1949年7月，解放社出版，（上海）新华书店发行，（上海）新华印刷厂印刷（图16-8）。该书32开，竖排平装本，印10000册，译者未署名。

（七）王佑铭、柯柏年译本第7种

1949年8月，东北新华书店出版（图16-9）。该书32开，竖排平装本，印3000册，译者未署名。版权页注明"1949.8.初版 长."，即1949年8月长春初版。

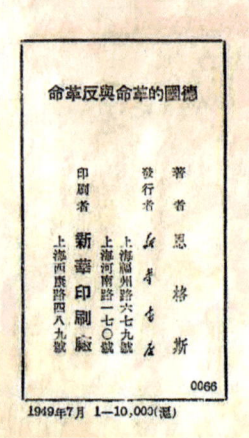

图16-8 1949年7月，解放社出版，浙江省图书馆藏。

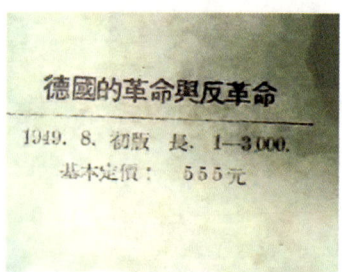

图16-9 1949年8月，东北新华书店出，黑龙江大学图书馆藏。

卡·马克思《路易·波拿巴的雾月十八日》

《路易·波拿巴的雾月十八日》是马克思为总结 1848 年欧洲革命经验和评述 1851 年 12 月 2 日路易·波拿巴政变的重要著作，是马克思定居伦敦后，继《1848 年至 1850 年的法兰西阶级斗争》，再次深入阐述无产阶级革命理论的重要著作。

马克思在该著作中运用唯物史观阐述了当时法国的社会结构和阶级斗争状况，评述了路易·波拿巴政变的原因、过程和结局，通过对历史事件的描述与精辟分析，揭示了历史运动的规律，阐述了评价历史事件和历史人物的科学方法。马克思还透彻分析了资产阶级国家的本质，阐明了马克思主义的国家学说，提出了无产阶级革命必须摧毁旧的国家机器的思想。①

1852 年 5 月，这部著作以单行本形式作为不定期刊物《革命》的第一期出版，在扉页和前言中标题误写成《路易·拿破仑的雾月十八日》。经

---

① 中央编译局编：《马克思恩格斯文集资料汇编》，人民出版社 2011 年版，第 54 页。

马克思重新审定原文后，1869 年，该著作在德国汉堡再版，书名更正为《路易·波拿巴的雾月十八日》，马克思写了第二版序言。在马克思逝世后，恩格斯对第二版作了少量修辞上的修改，并写了第三版序言，于 1885 年 6 月在汉堡出版。1889 年，波兰文单行本出版。1891 年，该著作被译成法文，分 32 节连载在 1 月 7 日至 11 月 12 日法国工人党机关报《社会主义者报》上。同年，法国里尔也出版了法文单行本出版。1894 年，俄文单行本出版。1949 年以前《路易·波拿巴的雾月十八日》的中译文版本情况如下：

一、陈仲涛译本

《路易·波拿巴的雾月十八日》首个中文全译本由陈仲涛翻译，于 1930 年 5 月 1 日由上海江南书店出版（图 17-1）。每册定价大洋 6 角半，书名译为"拿破仑第三政变记"，该版本仅印行一次，其目录为：

马克思德文第一版序言

恩格斯德文第三版序言

第一章 一八四八年二月二十三日至六月二十七日

概论——资产阶级的与无产阶级的革命的区别

第一阶段、二月革命至六月事变各阶级联合以抗无产阶级时期

第二章 一八四八年六月二十八日至一八四九年五月二十八日，

革命之第二阶段：纯资产阶级共和国主义者之专政——巴黎戒严——波拉帕特当选总统——总统与秩序党联合以抗立宪会议，立宪会议之瓦解，即纯资产阶级共和国主义者的颠覆

第三章 一八四九年五月二十九日至六月十三日

立宪共和国与立法会议：第一期、小资产阶级与资产阶级及波拉帕特之斗争

——六月十三日之示威运动

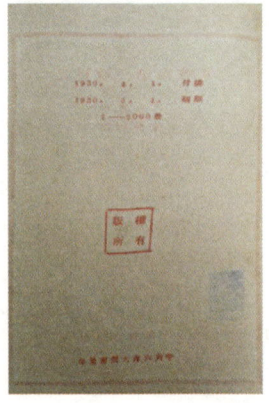

图 17-1 1930 年 5 月，上海江南书店出版，中央党史和文献研究院图书馆藏。

图 17-2 1940 年 8 月，解放社出版，中央党史和文献研究院图书馆藏。

二、柯柏年译本

《路易·波拿巴的雾月十八日》第二个中文全译本由柯柏年翻译。柯柏年译本重印次数较多，初步统计共十种。

（一）柯柏年译本第 1 种

1940 年 8 月，解放社出版（图 17-2）。该书 32 开，竖排平装本，共 171 页，封面印有"马克思丛书 11"，目录为：

译校者关于本书内容的一点说明

序文（含：第二版著者序文、德文第三版恩格斯序文）

拿破仑第三政变记（含一、二、三、四、五、六、七个小节）

附录：一八四八年至一八五二年法国大事年表

（二）柯柏年译本第 2 种

1940 年 11 月，生活书店出版、发行（图 17-3）。该书 32 开，竖排平装本，印 3000 册，版权页印有"世界名著译丛之十四"字样，注明"中华民国二十九年十一月初版"。

（三）柯柏年译本第 3 种

1947 年 9 月，生活书店出版（图 17-4）。该书 32 开，竖排平装本，印 2000 册，版权页注明"中华民国三十六年九月胜利后第一版"，封面印有"世界学术名著译丛"字样。

图 17-3 1940 年 11 月，生活书店出版，中央党史和文献研究院图书馆藏。

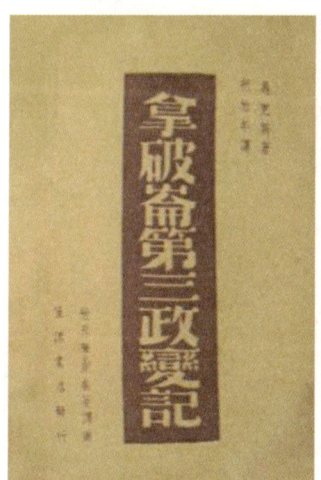

图 17-4 1947 年 9 月，生活书店出版，湖北省图书馆藏。

（四）柯柏年译本第 4 种

　　1948 年 8 月，解放社出版，华北新华书店发行（图 17-5）。该书 32 开，竖排平装本，印 2000 册，版权页注明"本书系根据延安新华书店一九四〇年八月版本翻印"。

图 17-5 1948 年 8 月，解放社华北版，上海图书馆藏。

图 17-6 1948 年 8 月，解放社出版，国家图书馆收藏。

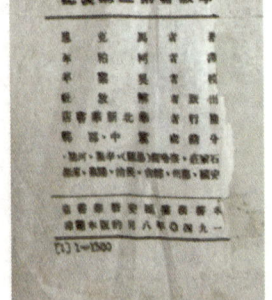

图 17-7 1949 年 1 月，解放社出版，国家图书馆藏。

（五）柯柏年译本第 5 种

1948 年 8 月，解放社出版，华北新华书店发行（图 17-6）。该书 32 开，竖排平装本，印 1500 册，版权页注明"本书系根据延安新华书店一九四〇年八月版本翻印"。

（六）柯柏年译本第 6 种

1949 年 1 月，解放社出版（图 17-7）。该书 32 开，竖排平装本，印 15000 册，版权页注明"本书系根据延安新华书店一九四〇年八月的版本翻印"。

（七）柯柏年译本第 7 种

1949 年 1 月，光华书店出版、发行（图 17-8）。该书 32 开，竖排平装本，印 5000 册。

图 17-8 1949 年 1 月，光华书店出版，大连市图书馆藏。

（八）柯柏年译本第8种

1949年3月，中原新华书店出版、发行（图17-9）。该书32开，竖排平装本，印3000册。本书未署译者，经考证为柯柏年译。

（九）柯柏年译本第9种

1949年4月，华东新华书店出版（图17-10）。该书32开，竖排平装本，印3000册，版权页注明"本书用解放社一九四八年版纸型翻印"。

（十）柯柏年译本第10种

1949年7月，解放社出版，（上海）新华书店发行，（上海）新华印刷厂印刷（图17-11）。该书32开，竖排平装本，印10000册。

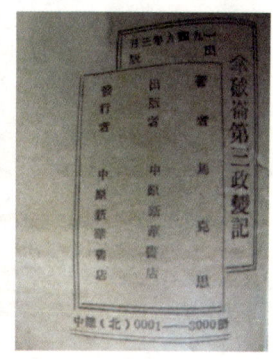

图17-9 1949年3月，中原新华书店出版，上海图书馆藏。

图17-10 1949年7月，华东新华书店出版，上海图书馆藏。

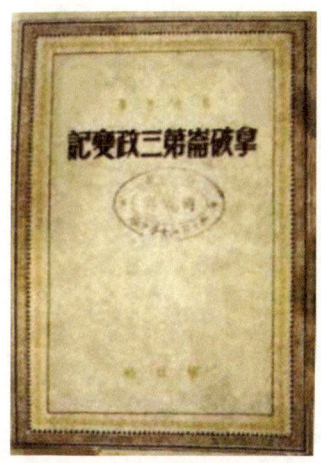

图17-11 1949年7月，解放社出版，复旦大学图书馆藏。

卡·马克思《〈政治经济学批判〉导言》

19 世纪 50、60 年代，马克思在伦敦的生活十分艰苦，但他对经济学的研究却进入近乎疯狂的状态。[①]马克思原计划撰写一部经济学的巨著，但后来他多次改变自己的写作计划。马克思从 1857 年 8 月底开始为计划的经济学巨著写作总的导言，这一导言并没有完成，并且在他生前没有出版。直到 1902年，这篇导言才在马克思的文稿中被发现，并于 1903 年在柏林由《新时代》杂志发表。导言的原稿本上标明字母"M"，并附有日期："1857 年 8 月 23日"，这是马克思开始撰写的日期，在稿本的封面上还写明了如下标题：

内容

A 导言

（1）生产一般

[①]　[英] 戴维·麦克莱伦：《马克思传》，王珍译，中国人民大学出版社 2007 年版，第 277 页。

（2）生产、分配、交换和消费之间的一般关系

（3）政治经济学的方法

（4）生产资料（力）和生产关系；生产关系和交往关系等等。[①]

这些标题和正文中相应的实际标题略有不同。比如正文中的标题"I 生产、消费、分配、交换（流通）"，在封面上的目录中是没有的，这个标题严格地说只包括导言的前两节。马克思在"生产、消费、分配、交换（流通）"前面标明的罗马数字"I"，在导言往后的正文中再也没有相应的罗马数字延续。

马克思在导言中详细论述了政治经济学的对象和方法，还说明了关于意识形态上层建筑和经济基础之间、文学艺术和物质生产之间的关系的一系列重要思想。[②]

1949 年以前《〈政治经济学批判〉导言》的中译文版本情况如下：

一、1930 年 1 月 1 日，洛扬根据畑三四郎的日译本，翻译了《艺术形成之社会的前提条件》一文，其中摘译了导言最后五个自然段，载于《萌芽月刊》第 1 卷第 1 期。

二、1930 年 2 月，李一氓译、叱叱（郭沫若的笔名）校的《马克思论文选译》第一集第 163—223 页，收入《经济批评导言》一文，即导言的中译文全文，文后附注释 28 条。

三、1930 年 3 月，刘曼译、上海乐群书店出版的《有闲阶级经济学批判》（图 18-1）载《经济学批判绪言》一文，即导言的中译文全文。该文还分别收录在 1930 年上海乐群书店以及上海棠棣书店出版的《经济学批判》一书中。

四、1930 年 7 月，《动力》第 1 卷第 1 期收入由剑青翻译的《艺术断片谈》一文，其中摘译了导言的内容。

[①]　中央编译局编：《马克思恩格斯文集资料汇编》，人民出版社 2011 年版，第 177 页。
[②]　中央编译局编：《马克思恩格斯文集资料汇编》，人民出版社 2011 年版，第 176—177 页。

五、1931 年 12 月，郭沫若译、上海神州国光社出版的《政治经济学批判》收入《政治经济学批判导论》一文，亦即导言的中译全文。

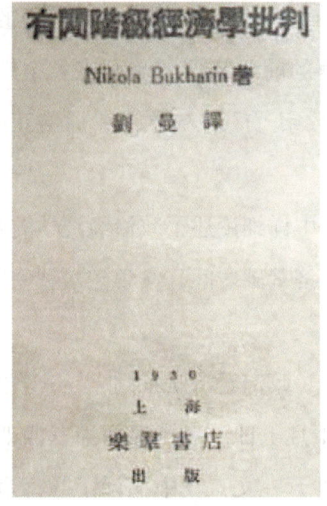

图 18-1 1930 年 3 月，上海乐群书店出版，复旦大学图书馆藏。

卡·马克思《政治经济学批判。第一分册》

1857 年 8 月至 9 月，正热衷于研究政治经济学的马克思为他计划的经济学巨著草拟了提纲的初稿，他原本计划把整个著作分成六册来写，第一册为"资本"，第二册为"土地所有制"，第三册为"雇佣劳动"，第四册为"国家"，第五册为"对外贸易"，第六册为"世界市场"。

1858 年 8 月至 1859 年 1 月，马克思在其撰写的大量经济研究的手稿的基础上，开始了其经济学著作第一分册的写作。他对原稿的"货币"一章进行了加工，写成"商品"一章，加上了《政治经济学批判》的标题，并撰写了一个序言于 1859 年 1 月 26 日寄给柏林的出版者。1859 年 6 月，《政治经济学批判。第一分册》出版。之后，马克思改变了写作计划，转到写作《资本论》的工作上来，不再准备第二册和其他分册的写作。

马克思在世时，《政治经济学批判。第一分册》没有再版，只有序言曾于 1859 年 6 月 4 日在伦敦的《人民报》上发表节选部分，其第二章中批判格雷关于劳动货币的空想主义理论的部分，曾被恩格斯作为附录列入马克思《哲学的贫困》的 1885 年和 1892 年的德文版。

1949 年以前《政治经济学批判。第一册》的中译文版本情况如下：

一、摘译

1930 年 4 月，上海亚东图书馆出版了程始仁根据马克思著作编译的《辩证法经典》一书，包括马克思的《经济学批评》即《卡尔·马克思政治经济学批判》的摘译。1930 年 4 月，上海江南书店出版了《费尔巴哈与古典哲学底终末》一书，其附录《马克思的唯物论与辩证法》即《卡尔·马克思政治经济学批判》摘译；1930 年 4 月，上海江南书店出版的《马克思、恩格斯关于唯物论的片段》含《马克思的唯物论与辩证法》一文，即《卡尔·马克思政治经济学批判》摘译；1930 年 8 月，上海山城书店出版的《社会主义底基础》包括了《政治经济学批判》等 20 多种马克思、恩格斯著作的摘译；1932 年 7 月，北平东亚书局出版的《哲学之贫乏》含《经济学批判中之摘录》一文，即《政治经济学批判》第二章摘译。

1937 年 10 月，重庆生活书店出版的《读书偶译》（图 19-1）收入《为唯物史观的解释》一文，即马克思《政治经济学批判》摘译。

二、刘曼译本

《政治经济学批判。第一分册》第一个译本是刘曼翻译的，于 1930 年 5 月由上海乐群书店出版（图 19-2）。该书 32 开，横排平装本，印 2000 册，定价 1 元，其目录为：

译者序
英文序

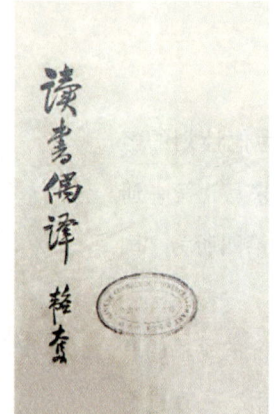

图 19-1 1937 年 10 月，重庆生活书店出版，上海图书馆藏。

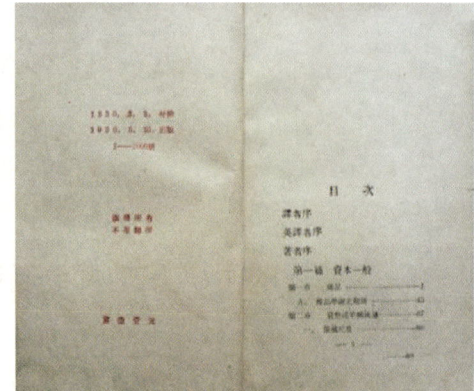

图 19-2 1930 年 5 月，上海乐群书店出版，北京杂书馆藏。

一、生产一般

二、生产对于分配交换及消费之一般的关系

三、经济学底方法

四、生产、生产手段、生产条件

三、郭沫若译本

《政治经济学批判。第一分册》第二个中文译本由郭沫若翻译，从1931年至1949年多次出版。

（一）郭沫若译本第1种

1931年12月，神州国光社出版（图19-3）。该书32开，横排平装本，定价大洋1元，其目录为：

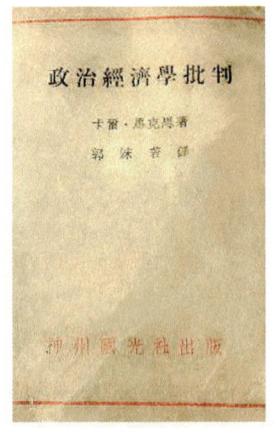

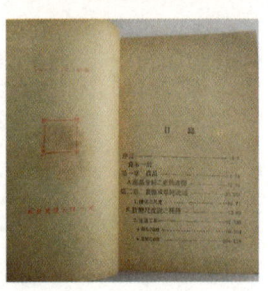

图19-3 1931年12月，神州国光社出版，中央党史和文献研究院图书馆藏。

序言

资本一般

第一章 商品

A. 商品分析之史的考释

第二章 货币或单纯流通

1. 价值的尺度

B. 货币尺度说之种种

2. 流通工具

a. 商品之蜕变

b. 货币之循环

c. 货币价值符号

3. 货币

a. 宝藏

b. 清付工具

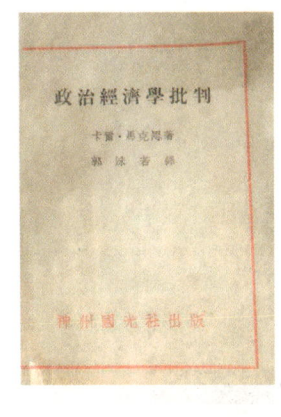

c. 世界货币

4. 贵金属

C. 关于流通工具与货币之学术史

政治经济学批判导论

生产一般——生产对于分配交换消费之一般的关

系——经济学之方法

（二）郭沫若译本第2种

　　1931年12月，神州国光社出版、发行（图19-4）。该
书32开，横排平装本，定价大洋1元。

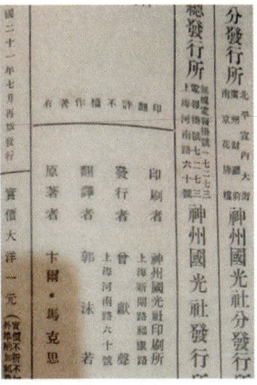

（三）郭沫若译本第3种

　　1939年5月，言行出版社出版，神州国光社经售、发行
（图19-5）。该书32开，竖排平装本。

图19-4 1932年7月，神州国光社出版，中央党史和文献研究院图书馆藏。

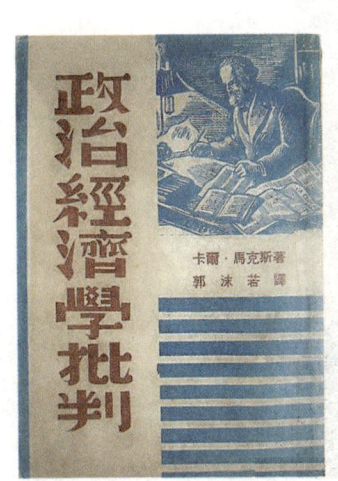

图19-5 1939年5月，言行出版社出版，国家图书馆藏。

（四）郭沫若译本第 4 种

1947 年 3 月，群益出版社出版（图 19-6）。该书为"沫若译文集之四"。该书 32 开，竖排平装本，印 1500 册。

（五）郭沫若译本第 5 种

1949 年 4 月，群益出版社出版（图 19-7）。该书 32 开，竖排平装本，定价 9 元 5 角，印 1500 册。

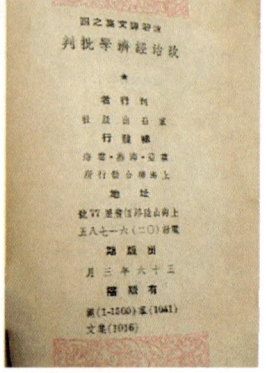

图 19-6 1947 年 3 月，群益出版社出版，国家图书馆藏。

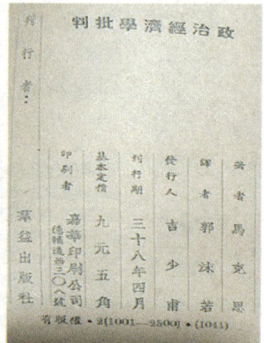

图 19-7 1949 年 4 月，群益出版社出版，中央党史和文献研究院图书馆藏。

第二十章

卡·马克思《〈政治经济学批判〉序言》

《〈政治经济学批判〉序言》是马克思写于 1858 年 8 月至 1859 年 1 月的一篇文章。他在该文中叙述了自己研究政治经济学的原因和经过，对他在 1859 年以前的研究作了总结，阐明了人类社会发展的客观规律，对唯物主义历史观的基本原理作了经典表述。[①] 1949 年以前《〈政治经济学批判〉序言》的中译文版本情况如下：

一、上海《东方杂志》1921 年 1 月 10 日第 18 卷第 1 号收入由范寿康译的《马克思的唯物史观》一文，即《〈政治经济学批判〉序言》摘译。

二、1929 年 12 月，上海南强书局出版了彭嘉生译的恩格斯著作《费尔巴哈论》，其附录的《马克思底唯物论及辩证法》一文，即《〈政治经济学批判〉序言》摘译。

三、1930 年 4 月，上海亚东图书馆出版程始仁编译的《辩证法经典》，含

[①] 见《马克思恩格斯文集资料汇编》，中央编译局译，人民出版社 2011 年 11 月，第 58 页。

《经济学研究之一般的结论》一文，即《〈政治经济学批判〉序言》摘译。

四、1932 年 5 月，上海昆仑书店出版杨东莼、宁敦伍译的《费尔巴哈论》，含《马克思的唯物论与辩证法》一文，即《〈政治经济学批判〉序言》摘译。

五、1939 年 3 月，延安解放社出版王学文、何锡麟、王石巍译的《政治经济学论丛》，含《政治经济学批判》一文，即《〈政治经济学批判〉序言》摘译。

弗·恩格斯《卡·马克思〈政治经济学批判。第一分册〉》

　　应马克思的邀请，恩格斯为《政治经济学批判。第一分册》撰写了书评《卡·马克思〈政治经济学批判。第一分册〉》。1859 年 8 月 3 日，恩格斯完成了书评的第一部分，并把他寄给在伦敦的马克思，请他修改。[①] 此后，恩格斯还完成了书评的第二、第三部分。第一、第二部分分别发表在《人民报》1959 年 8 月 6、20 日的第 14、16 期，并被多家报纸转载。第三部分因《人民报》停刊没有发表，其手稿后来也没找到。

　　《卡·马克思〈政治经济学批判。第一分册〉》曾由彭嘉生译成中文，以篇名"马克思底唯物论与辩证法"收入 1929 年上海南强书局出版的《费尔巴哈论》中。1939 年，该著作由王学文、何锡麟、王石巍翻译后，收入解放社出版的《政治经济学论丛》一书中。

[①]　中央编译局编：《马克思恩格斯文集资料汇编》，人民出版社 2011 年版，第 60 页。

第二十二章

卡·马克思《工资、价格和利润》

19 世纪 60 年代，国际工人运动再次高涨，无产阶级联合起来的愿望日益增长。1864 年 9 月 28 日，国际工人协会即第一国际，在伦敦圣马丁堂成立。[①] 马克思为国际工人协会起草了成立宣言、临时章程和其他重要文件，制定了斗争纲领、斗争策略和组织原则，是国际工人协会的灵魂和实际领袖。[②]

1865 年 5 月 2 日和 23 日，国际工人协会中央委员会委员约·韦斯顿在两次发言中企图证明货币工资的普遍提高对工人没有好处。为了驳斥这种观点，马克思于 1865 年 5 月底至 6 月 27 日写成这篇文稿，原文是英文，并在 1865 年 6 月 20 日和 27 日在总委员会会议上用英文作了报告，批驳了约·韦斯顿的错误观点。目前保存下来的手稿显示该文没有标题，开头写有"1865 年 6 月 20 日星期二向中央委员会宣读"，全文分为 14 节。该文很长时间都没有正式出版，直到 1898 年才由马克思的女儿爱琳娜以《价值、价格和利润》为题首

① 中共中央党史和文献研究院、中央广播电视台主编：《不朽的马克思》，人民出版社 2018 年版，第 95 页。
② 中央编译局编：《马克思画传》，重庆出版集团 2018 年版，第 177 页。

次在伦敦发表，并附有爱·艾威林写的序。该文的德译文由爱·伯恩施坦译出后发表在 1897—1898 年《新时代》杂志第 16 年卷第 2 册上，采用的标题是《工资、价格和利润》。①

《工资、价格和利润》是马克思论述政治经济学的一部重要著作。在这部著作中，马克思简明而通俗地阐述了《资本论》中的一些重要原理，对剩余价值的形成过程和工人工资的本质进行了说明，对工人遭受资本家剥削的秘密进行了揭示。

《工资、价格和利润》在 1949 年以前的中译文版本情况如下：

一、李季译本

《工资、价格和利润》最早的译本出现在 1922 年 10 月，由李季翻译、陶孟和校阅，商务印书馆出版。该版本是按照英文版翻译的第一个中文全译本。本书的"序言（一）"是校对者陶孟和于 1922 年 6 月撰写的，共约 2800 字。在该序言中，作者对马克思主义经济学进行了错误的批评。

（一）李季译本第 1 种

1922 年 10 月由商务印书馆出版、发行（图 22-1）。该书 32 开，竖排平装本。书名译为"价值价格及利润"，封面上印有"世界丛书"字样，书的版权页上印有该书的英文名"Value，Price and Profit"以及著者的英文名"Karl Marx"，其目录为：

序言（一）（译文校者序）
序言（二）（爱·艾威林写的序）

---

① 中央编译局编：《马克思恩格斯文集资料汇编》，人民出版社 2011 年版，第 73 页。

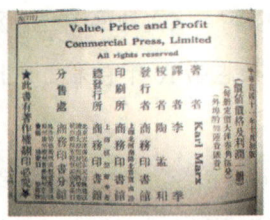

图 22-1 1922 年 10 月，商务印书馆出版，中央党史和文献研究院图书馆藏。

图 22-2 1924 年 8 月，商务印书馆出版，国家图书馆藏。

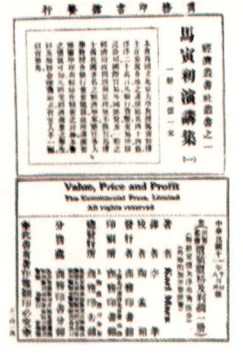

（二）李季译本第 2 种

1924 年 8 月，商务印书馆再版了 1922 年出版的李季译本（图 22-2），这一版是上一版的翻印。

二、朱应祺、朱应会译本

《工资、价格和利润》第二个中文全译本由朱应祺、朱应会翻译。该译本根据德文译本翻译过来。

（一）朱应祺、朱应会译本第 1 种

1929 年 4 月，上海泰东图书局出版、发行（图 22-3）。该书 32 开，竖排平装本，定价大洋 5 角，115 页，封面印

有"马克斯研究丛书之四"字样，其目录为：

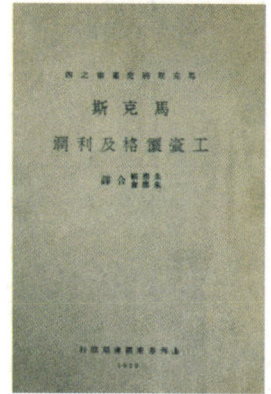

图 22-3 1929 年 4 月，上海泰东图书局出版，中央党史和文献研究院图书馆藏。

（二）朱应祺、朱应会译本第 2 种

1937 年 4 月，上海泰东书局出版（图 22-4），此版为第一版的翻印。

（三）朱应祺、朱应会译本第 3 种

1949 年 7 月，世界文化出版社出版、发行（图 22-5）。该书 32 开，定价国币 4 元，竖排平装本，封面印有

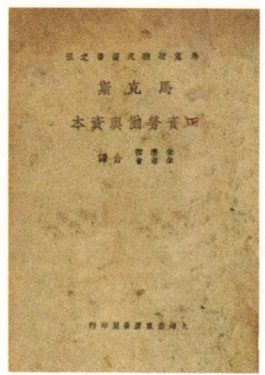

图 22-4 1937 年 4 月，上海泰东图书局再版，中央党史和文献研究院图书馆藏。

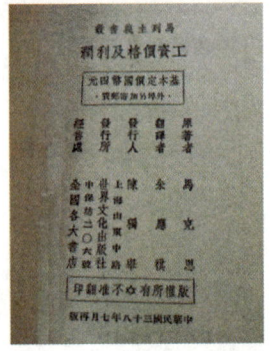

图 22-5 1949 年 7 月，上海世界文化出版社出版，武汉大学图书馆藏。

"马列主义丛书"字样。

三、濮清泉译本

《工资、价格和利润》的第三个中文译本由西流（濮清泉）翻译，于 1938 年 10 月由亚东图书馆出版（图 22-6），书的译名为"劳动价值说易解"。该书 32 开，78 页。据"译者的话"，该译本根据堺利彦日译本转译，并指出翻译此文的两个原因：一是此书中译本年久，现已绝版，不易寻觅；二是堺利彦的日译本是日本公认的通俗译本，现译介成中文，以飨中国读者。译者认为，"劳动价值说"是马克思主义理论的基础，剩余价值学说是了解资本主义社会的钥匙，而"劳动与资本的斗争，则马克思认定是走向新社会的唯一大道"。该书目录为：

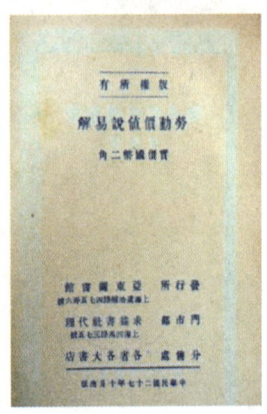

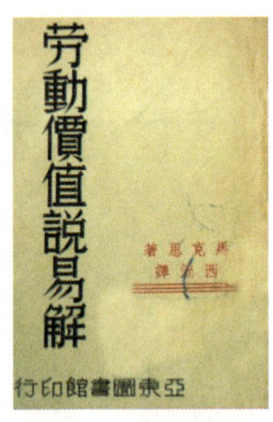

图 22-6 1938 年 10 月，上海亚东图书馆出版，复旦大学图书馆藏。

四、王学文、何锡麟、王石巍译本

《工资、价格和利润》第四个中文全译本由当时延安马列学院的教员王学文、何锡麟、王石巍合译，书名为"价值、价格与利润"。该版本以单行本的形式，多次再版。

（一）王学文、何锡麟、王石巍译本第1种

1939年3月，解放社出版了《政治经济学论丛》一书（图22-7）。《价值、价格与利润》作为其中一篇收入该书第61—134页。该书32开，竖排平装本，售价国币5角，封面印有"马恩丛书6"字样。

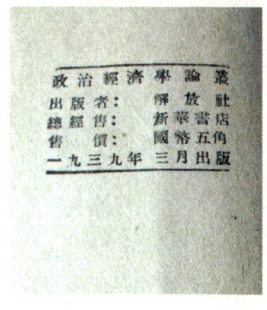

图22-7 1939年3月，解放社出版，中央党史和文献研究院图书馆藏。

（二）王学文、何锡麟、王石巍译本第2种

1946年10月，生活书店出版（图22-8）。该书32开，竖排平装本，印1000册，封面印有"世界学术名著译丛"字样。

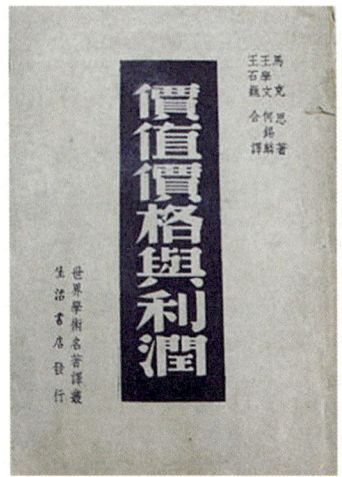

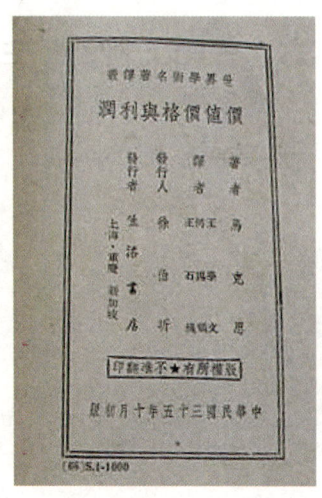

图22-8 1946年10月，生活书店出版，国家图书馆藏。

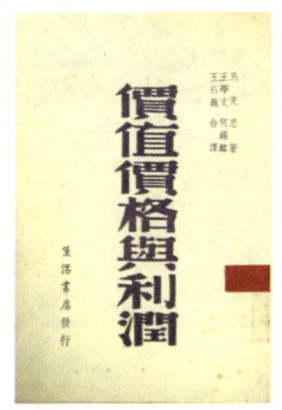

图 22-9 1947 年 1 月，生活书店出版，中央党史和文献研究院图书馆藏。

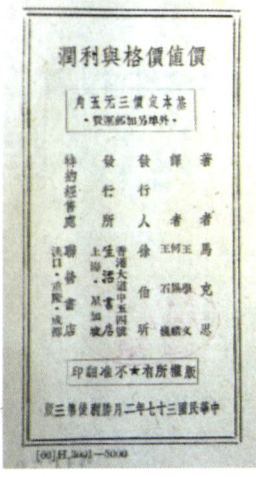

（三） 王学文、何锡麟、王石巍译本第 3 种

1947 年 1 月，生活书店出版（图 22-9）。该书 32 开，竖版平装本，印 2000 册，封面印有"世界学术名著译丛"字样。

（四） 王学文、何锡麟、王石巍译本第 4 种

1948 年 2 月，生活书店出版（图 22-10）。该书 32 开，竖版平装本，译者署名为王学文、何锡麟、王石巍。

图 22-10 1948 年 2 月，生活书店出版，湖北省图书馆藏。

（五） 王学文、何锡麟、王石巍译本第 5 种

1948 年 6 月，光华书店出版（图 22-11）。该书 32 开，竖排平装本，印 1000 册。

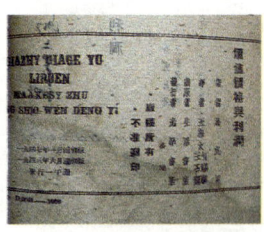

图 22-11 1948 年 6 月，光华书店出版，中央党史和文献研究院图书馆藏。

（六） 王学文、何锡麟、王石巍译本第 6 种

1948 年 8 月，生活书店出版（图 22-12）。该书 32 开，竖排平装本，印 5000 册，封面印有"马列文库"字样，注明"1947 年 1 月大连初版，1948 年 9 月哈尔滨初版"。

（七） 王学文、何锡麟、王石巍译本第 7 种

1949 年 7 月，生活书店出版（图 22-13）。该书 32 开，竖排平装本，印 5000 册。

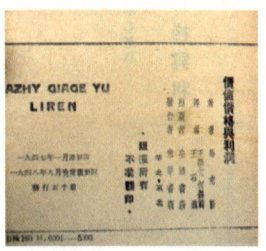

图 22-12 1948 年 8 月，生活书店出版，中央党史和文献研究院图书馆藏。

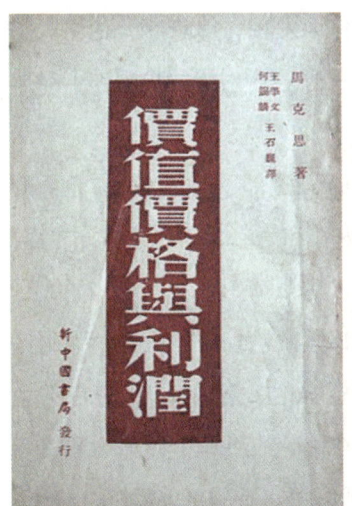

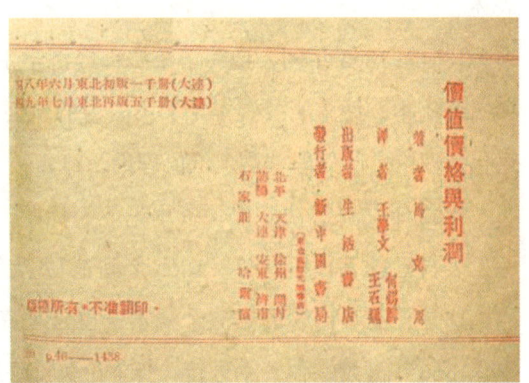

图 22-13 1949 年 7 月，生活书店出版，中央党史和文献研究院图书馆藏。

第二十三章

卡·马克思《资本论》

马克思从 19 世纪 40 年代初开始，一直孜孜不倦地从事政治经济学研究。在 50 年代和 60 年代，他将主要精力投入这项重要工作，写作巨著《资本论》。1857—1858 年间，他以《政治经济学批判》为题写了一部篇幅巨大的经济学手稿。这部手稿是《资本论》的最初稿本。他在这部手稿中完成了剩余价值理论的创立，从而实现了他一生中的第二个伟大发现。1859 年，他出版了《政治经济学批判。第一分册》，并在这部著作的序言中对唯物史观作了经典表述。

1861—1863 年间，他写了第二部经济学手稿。这部手稿是《资本论》的第二个稿本，涵盖了《资本论》第一卷的主要内容和第二、三卷的部分内容，还包括理论史部分即"剩余价值理论"部分。

1862 年马克思决定以《资本论》为标题，以《政治经济学批判》为副标题发表自己的著作。1863—1865 年间他写了《资本论》第一、二、三卷的手稿，这是《资本论》的第三个稿本，也是《资本论》的第一个详加琢磨的稿本。1866 年开始，他着手进行《资本论》第一册即第一卷的付排工作。终于，在 1867 年，《资本论》第一卷由汉堡的迈斯纳出版社出版。马克思逝世后，

《资本论》第二、三卷经恩格斯整理后，分别于 1885 年和 1894 年出版。

在《资本论》第一卷出版后，马克思对第一版的内容和篇章结构作了修订，在 1872 年 7 月至 1873 年 4 月期间以分册形式出了第二版。马克思还亲自校订并修改了 1872—1875 年期间出版的第一卷法文版。

《资本论》是马克思的一部具有划时代意义的巨著。马克思在这部著作中用唯物史观和唯物辩证法提出了资本主义社会的经济运动规律和资本主义产生、发展、灭亡的规律，阐述了劳动价值理论和剩余价值理论，揭露了资本主义剥削的秘密，根据对资本主义内在矛盾的分析论证了资本主义为共产主义取代的历史必然性，为科学社会主义奠定了牢固的理论基础。这部著作在政治经济学领域实现了革命性的变革，创立了马克思主义的政治经济学。这部著作包含着马克思主义哲学和科学社会主义的内容，以及有关政治、法律、历史、教育、道德、宗教、科学技术、文学艺术的精辟论述，是马克思主义的理论宝库，为工人阶级和劳动人民的解放事业提供了强大的思想武器。正如恩格斯所言："自地球上有资本家和工人以来，没有一本书像我面前这本书那样，对于工人具有如此重要的意义。"①

马克思为创作《资本论》付出了毕生心血。在长达数十年的辛勤工作中，他克服了常人无法想象的困难。反动当局的迫害、物质生活的窘困、各种疾病的困扰，使他在研究和写作过程中遇到重重障碍。为了无产阶级和人类解放事业，马克思以坚忍不拔的毅力迎接挑战，一方面积极承担指导工人运动的重任，一方面夜以继日地从事撰写《资本论》的工作。他在致恩格斯的信中说："我现在发狂似地通宵总结我的经济学研究""我的工作量很大，多半都工作到早晨四点钟。"②繁重的工作损害了马克思的健康，但他无暇顾及个人安危与得失，他说："我必须对党负责，不让这部著作为肝病期间出现的那种低

---

① 《马克思恩格斯全集》第 2 卷，人民出版社 1972 年版，第 269 页。
② 《马克思恩格斯文集》第 10 卷，人民出版社 2009 年版，第 140—141 页。

沉、呆板的笔调所损害。"① 他从始至终一丝不苟，精益求精，反复斟酌，一再修改，使这部巨著成为革命性和科学性完美结合的"艺术的整体"。② 马克思创作《资本论》的过程，体现了一个伟大革命家和思想家的崇高精神境界。

《资本论》出版之后，受到了广大无产阶级和其他劳动群众的喜爱。1868年9月，第一国际在布鲁塞尔召开代表大会，一致通过决议，建议所有国家的工人阶级都来学习马克思的《资本论》，并希望将它译成各种文字。一百多年来，《资本论》传遍了全世界，在欧洲、美洲、亚洲、非洲和拉丁美洲都有它的译本，被翻译成几十种文字，出版了数以百计的版本。《资本论》在中国的广泛传播，是在俄国十月革命以后，在此之前，少数追求理想的知识分子曾以少量的文字介绍过《资本论》。

一、《资本论》在中国的早期传播

中国人知晓的第一部马克思著作是《资本论》。中文报刊最早提到马克思《资本论》的中文报刊，是1899年4月，上海广学会出版的《万国公报》，其第132期刊登的《大同学》一文（蔡尔康撰文，李提摩太节译）有这样一段话："试稽近世学派，有讲求安民新学一派，为德国之马克偲，主于资本者也。"这里所说的"马克偲"，就是马克思最早的中文译名；"主于资本也"，即是说马克思著有《资本论》一书。这是至今查阅到的最早提到马克思和《资本论》的记录。

在著述中最早提及马克思及其学说的中国人，是梁启超。他在1902年《新民丛报》第18号上发表的《进化论革命者颉德之学说》一文中提到："麦喀士（日耳曼人，社会主义之泰斗也）。""麦喀士"即马克思。1903年，他在《新民丛报》第42、43号合刊上发表的《二十世纪之巨灵托拉斯》一文，其中

① 《马克思恩格斯文集》第10卷，人民出版社，2009年版，第167—168页。
② 《马克思恩格斯文集》第10卷，人民出版社，2009年版，第231页。

说："麦喀士社会主义之鼻祖，德国人，著书甚多。"1904 年，他在《新民丛报》第 46、47、48 号合刊上发表《中国之社会主义》一文中说："社会主义者，近百年来世界之特产也。包括其最要之义，不过曰土地归公，资本归公，专以劳力为百物价值之源泉。麦喀士曰：现金之经济社会，实少数人掠夺多数人之土地而组成者也。"可以看出，他明显地转述了《资本论》中的一些内容。当然，梁启超在十月革命以前，所理解的马克思主义的社会主义，就是中国古代所憧憬的大同小康之类的乌邦托，认为社会主义是"吾中国固夙有之"，"中国古代井田制度正是近世之社会主义同一立脚点"。当他真正了解马克思主义的时候，他就竭力反对马克思主义和社会主义了，表示"不惮以今日之我与昔日之我挑战"。①

1903 年 2 月，广智书局出版赵必振翻译日本人福井准造所著的《近世社会主义》，该书的第二篇《第二期之社会主义——德意志之社会主义》高度评价了马克思的《资本论》："加陆·马陆科斯之《资本论》为一代之大著述，为社会主义者发明无二之真理，为研究服庸之经典"，认为马克思"稽其资本之变迁与历史，述其起源与来历，以明经济学界之现组织，全然为资本之支配"，而"殖产社会发达之结果，依其自然之变迁，资本私有制必归全灭"，赞誉马克思"为社会主义定立确固不拔之学说，为一代伟人""马陆科斯之《资本论》，为一代之大著述，为新社会主义之根据，以攻击现社会，以反对现制度，而创立新社会主义，以唱道于天下，舍加陆·马陆科斯其人者，其谁与归？"文中所提加陆·马陆科斯即卡尔·马克思。这篇文章不仅介绍马克思的价值论、剩余价值学说，还对马克思关于资本主义必然灭亡、社会主义必将实现进行了论述。

1903 年 2 月，马君武在《译书汇编》上发表《社会主义与进化论比较》一文，文末用英文列举了马克思、恩格斯的五部重要著作，《资本论》为其中一种，这是中文书刊中首次刊列马克思的著作书目。

---

① 《癸卯新民丛报汇编》，新民丛报社 1903 年版，第 138 页。

1906 年，资产阶级革命家朱执信以蛰伸为笔名在东京出版的《民报》第2、3 号上发表《德意志社会革命家小传》一文，该文介绍了《资本论》的要点，盛赞"马尔克此论，为社会学者所共尊，至今不衰"，文中所提"马尔克此论"即马克思的剩余价值学说。

1908 年陕西籍同盟会员创办了《夏声》杂志，在该杂志第 3 号上发表了署名侠魔的文章《二十世纪之新思潮》，这篇文章也介绍了《资本论》的思想。

1911 年，天津出版的《维新人物考》在介绍马克思时，指出"其最为著名的著作为《产业》"，文中所提"产业"即马克思的《资本论》。

1912 年，中国社会党绍兴支部在上海创办的《新世界》杂志第 2 期刊载了蛰申译述、煮尘重治写的《社会主义大家马尔克之学说》一文，文中特别介绍了《资本论》有关内容，章节名为"资本论之概略"。

1912 年，上海出版的《新世界》第 2 期刊登蛰伸译的《社会主义大家马尔克》一文，用专门的章节介绍"资本论之概略"。

辛亥革命后，孙中山对马克思主义学说的推崇有增无减。1912 年 10 月 14 日至 16 日，他在上海中华大戏院演讲，称赞马克思所著的书和所发明的学说是"集几千年来人类思想的大成"。孙中山对《资本论》还进行了深入研究和了解，他在另外一篇文章中指出：马克思"苦心孤诣，研究资本问题，垂三十年之久，著为《资本论》一书，阐发真理，不遗余力，而无条理之学说，遂成为有系统之学理。研究社会主义者，咸知所本，不复迎合一般粗浅激烈之言论矣"。

十月革命前，国内对《资本论》的翻译、介绍和研究只是零碎的、片段式的，甚至有些不正确的解释，但对开拓人们的思想，使人们逐渐认识马克思及其学说仍然起到了十分有益的作用。

1917 年，陈独秀被蔡元培聘为北京大学教授，《新青年》编辑部从上海搬至北京，由陈独秀、胡适、李大钊、钱玄同等共同主编。1918 年为马克思诞辰一百周年，世界各地举行了纪念活动，还出版了《共产党宣言》多种纪念版。1919 年五四运动高涨，激起革命知识分子的热情，使他们更加向往马克思主义。这一期间，按《新青年》编辑部预先排定的顺序，轮到李大钊主编《新青年》第 6 卷第 5 号。由于《新青年》杂志出版脱期，该号实际上到这年

9 月才出版。李大钊刊发了具有重要意义的专号——《马克思号》，以追念马克思诞辰一百周年。

该专号共刊载了七篇关于马克思主义的文章：顾兆熊的《马克思学说》、凌霜的《马克思学说批判》、刘秉麟的《马克思传略》、李大钊的《我的马克思主义观》、渊泉的《马克思的奋斗生涯》和《马克思的唯物史观》，以及陈启修的《马克思的唯物史观与贞操问题》。由于当时的《新青年》还是一个容纳各种思潮的杂志，形形色色的各种观点都有机会在这里出现。在这七篇文章中，既有进步的、宣扬马克思的文章，也有反对马克思主义观点的文章。

在《马克思号》上发表的七篇文章中，李大钊、渊泉、陈启修的文章主要是褒扬马克思及其学说的，顾兆熊的文章主要是批评性的，而凌霜的文章对马克思学说的态度是毁誉参半。褒扬马克思学说的，对马克思主义的传播起了极大的推动作用。事实证明，用积极的、进步的观点传播马克思主义，不仅大大促进了马克思主义在中国早期的传播，而且也唤醒了沉睡的中国，使得一大批进步青年纷纷转向马克思主义信仰，投身于伟大的共产主义事业中来。毛泽东同志说过："马克思列宁主义思想在中国的广大传播和接受，首先也是在知识分子和青年学生中。"[1]

《我的马克思主义观》明显地表现出同时发表其他文章所不及的思想深度。在该文章中，李大钊较多地介绍了马克思的唯物史观、阶级斗争和剩余价值学说等内容。

《我的马克思主义观》一文分为上、下两篇，分别载于《新青年》第六卷第五号和第六卷第六号，其中下篇着重介绍了马克思的经济学说。李大钊把马克思的经济学说归结为两个要点："余工余值说"和"资本集中说"。李大钊在文章中较为准确地，并且较为通俗地向那些对资本主义生产有一些了解，而对马克思《资本论》近乎一无所知的中国知识分子叙述了马克思的商品价

---

[1] 《毛泽东选集》第二卷，人民出版社 1991 年版，第 641 页。

值、资本的增值、平均利润、不变资本和可变资本等概念，虽然其表述与现今有所差别，但其思想和核心部分是科学的，符合马克思主义经济学观点。其对《资本论》的译介主要体现在以下几个方面：

第一，关于商品的价值的论述。

文章认为："效用"是商品价值不可缺少的条件，但这不是唯一的，进行交换的商品，还必须"含着共同的元素"，这种共同的元素，乃"人类劳工结晶的全量"，每种商品价值的大小和分量"全依劳工的分量而异"，这种凝结在商品中的人类劳工，就是"生产这些物品有社会的必要的东西"。

第二，关于劳动力价值的论述。

文章指出："工人的工力"一经买卖，便成为了资本家掌握的资本，工人就失去了自由，任由资本家摆布，与工人自身"断绝关系"。劳动力价值的大小与其他商品一样，由"那于他的生产所必需的劳工时间数目决定"。

第三，关于剩余价值的论述。

文中提到："维持工力所必要的物品的价值，永不能与那工力的生产的价值相等。""在模范状态下的人类工力，常足以生产比他所单纯消费的物品的价值多。"在接下来的论述中，作者指出："工人所生产的价值，全部移入资本家的手中，完全归他处分。而以其一小部用工银的名目还给工人，其量仅足以支应他在生产此项物品的期间所消用食品，余则尽数归入资本家的囊中。"作者以通俗的语言和简单的例子，向那个时代的读者介绍了剩余价值产生的过程。作者还特别指出，之所以存在这种人剥削人的现象，并不是因为个别资本家的贪婪，而在于整个资本主义制度的罪恶，"这不是资本家的无情，全是资本主义的罪恶"。李大钊的关于剩余价值的论述，对于号召人民起来反抗剥削社会，创造新的制度，具有十分重要的意义和影响。

第四，关于生产价格的论述。

作者用了相当篇幅的例解、图表阐述了剩余价值到利润，剩余价值率到利润率，因各个资本有机构成不同造成的不同利润率到平均利润率的整个转化过程，最终说明了价值向生产价格转化的过程。现在商品不是按价值，而是按生产价格买卖，结果"有的得其价值以上的卖价，有的得其以下的卖价"。

第五，关于不变资本和可变资本的论述。

作者在文中指出，马克思将资本分为"不变资本"和"可变资本"，资本有两种作用，其一为"自存"，用于"自存"的资本，即不变资本，是用于购买生产资料的，这部分资本的价值在生产过程中只是改变其物质形态，而不发生量的变化；其二为"增殖"，即可变资本，是用于购买劳动力的，这部分资本在生产过程中的使用，不仅再生产出劳动力的价值，而且还生产出超过劳动力价值的剩余价值，其价值发生了量的变化。

第六，关于资本主义必然灭亡的论述。

李大钊在文章中指出，随着科技的发展，生产力的提高，封建制度的灭亡，近代国家的兴起，资本越来越为"少数资本家所垄断"，同时，工人阶级也在不停地发展与壮大。文章指出："资本主义是这样发长（展）的，也是这样灭亡的。"资本主义在创造无数财富的同时，"他的脚下伏下了狠（很）多的敌兵，有加无已，就是那无产阶级"。文章认为，无产阶级虽为资本主义的产物，但同时也是资本主义的掘墓人，"到后来灭资本主义的也就是他"。

文章还指出了资本主义发展的趋势，说，资本主义灭亡，社会主义必然实现是人类发展的规律，随着资本主义的灭亡，工人创造的财富也从"私有"变为"公有"了，"资本主义趋于自灭，也是自然之势，也是不可避免之数了。从前个人自有生产工具，所以个人生产的货品当作私有，现在生产的形式已经变为社会的，这分配的方法，也该随着改变为公有了"。

李大钊对《资本论》某些内容所作的系统介绍，对于联系中国实际，运用马克思主义的经济学剖析中国的社会现状，指导工人阶级的斗争，具有重要的现实意义。

渊泉《马克思的奋斗生涯》一文认为《资本论》是一部伟大的著作，说："马氏之著作生涯，即献身著述之生涯，而著述中以《资本论》为不朽名著。故吾介绍马氏著作《资本论》之历史。"作者对马克思在穷困潦倒之时抱病写作《资本论》的艰辛过程深为感动，说道："诸君！诸君读此一段马氏与贫病奋斗之事实，得无有所感动于中乎？虽然马氏著述《资本论》第一卷之生涯，固极惨淡。而马氏自一八六八年以后，著作二、三卷之十六年间余生，更为悲惨。吾至今读马氏传记至此，犹为之黯然也。"作者也为马克思这种坚韧不拔的毅力而深表敬意，说道："马氏前后奋斗之精神，读之能不使人肃然起敬耶？"

1919 年 6 月 2 日至 11 月 11 日，《晨报》连载了柯祖基的《马氏资本论释义》（即考茨基著的《马克思的经济学说》）；同年《建设》杂志也刊登了考茨基的《马克思资本论解说》，该书于 1920 年 9 月由商务印书馆首次出版，至 1922 年共出过四版。1919 年 9 月，社会主义研究出版社出版了李汉俊根据日文转译的《马格斯资本论入门》一书。这两部著作是当时重要的《资本论》启蒙书，对传播《资本论》发挥了重要作用。

1919 年，马克思主义传播的先驱杨匏安在《广东中华新报》发文介绍西方各流派的哲学和社会学说，其中最引人注目的一篇长文是《马克斯主义》，指出"自马克斯氏出，从来之社会主义，于理论及实际上皆顿失光辉。所著《资本论》一书劳动者奉为经典"。

1920 年，李季翻译的《社会主义史》出版，蔡元培为该书撰写了序言，他指出，西洋的社会主义二十年前才输入中国。这其中，一方面是留日学生从日本间接输入的，译有《近世社会主义》等书，一方面是留德学生从德国直接输入的，载在《新世纪》月刊上。作者还指出："俄国多数派政府成立后，介绍马克思学说的人多起来了，在日刊月刊中常常看见这一类的题目。"作者毫不含糊地指出，"唯有马克思的社会主义学说是切实可行的"。书中依次介绍了《自哲理上所见之贫困》（即《哲学的贫困》）、《共产主义宣言》（即《共产党宣言》）、《英国劳动社会之状况》（即《英国工人阶级状况》）、《经济学之评论》（即《政治经济学批判》）和《资本论》的产生过程及主要内容。在介绍《资本论》时说："加陆·马陆科斯创设社会主义之实行，与国际的劳动者同盟，以期社会之雄飞，其学理皆具于其《资本论》。"他还介绍了剩余价值学说的基本内容，并对马克思对资本主义制度内在矛盾所作的深刻分析也作了一些概要性的说明。

1920 年，李汉俊将日本人远藤无水译自米里·伊·马尔西（Marry E. Marcy）的英文著作 *Shop Talks on Economics*（《经济漫谈》）的日译本《通俗马克思资本论》以《马格斯资本论入门》为名翻译成中文，作为"社会主义研究小丛书"第二种，于 1920 年 9 月在上海社会主义研究社印刷发行，定价大洋一角。在序言中，译者指出，戴季陶翻译了考茨基的《马克斯资本论解说》，但因为一般人不容易了解，故应当先读《马格斯资本论入门》或原本，所以"将马格斯经济学说底骨子即商品、价值、价格、剩余价值，以及资本和劳动底关系用很通俗的方法说明了出来的"。

同年 9 月，陈溥贤根据日文译文翻译的《马克思经济学说》在商务印书馆出版发行，每册定价大洋九角。该书原名为"Karl Marx's Oekonomische Lehren"，作者是考茨基，日本马克思主义者高畠素之曾以《资本论解说》为书名译成日文。陈溥贤在自己的译本中指出：选译该书的原因是，它抽取《资本论》精华进行了通俗解读，有助于甚至替代《资本论》的阅读。该书目录为：

第一编 商品 货币 资本

第一章 商品

第二章 货币

第三章 货币的资本化

第二编 剩余价值

第一章 生产行程

第二章 价值生产之资本作用

第三章 劳动力的榨取率

第四章 剩余价值与利润

第五章 劳动时间

第六章 手工组合员的剩余价值与资本家的剩余价值

第七章 相对的剩余价值

第八章 协业

第九章 分业与工厂手工业

第十章 机械组织与大工业

　　较完整地译介《资本论》某部分内容的作品有如下几篇：1920 年 10 月，北京《国民》杂志第 2 卷第 3 号刊载了《马克思底资本论自叙》一文。该作由费觉天翻译，内容即《〈资本论〉第一版序言》。1922 年 3 月 15 日，北京《今日》杂志刊载由邝摩汉编译的《绝对的剩余价值研究》一文，即《资本论》第 1 卷第 3 篇摘译。同年 4 月 15 日和 5 月 15 日，该刊又先后刊印邝摩汉编译的《相对的剩余价值研究》（即《资本论》第 1 卷第 4 篇摘译）和《绝对的相对的剩余价值研究》（即《资本论》第 1 卷第 5 篇摘译）。

　　1923 年 4 月，周佛海翻译的《马克斯经济学原理》作为"新智识丛书之十八"在商务印书馆出版。译者在序言中指出："从来所有的解释马氏经济学的书，大概只就《资本论》第一卷解释的，例如共学社出版的考茨基的《马克思经济学说》就是其中的一例。该书是包括《资本论》三册内所含的马克斯经济学说体系底全体的。所以读了这本书就可知道《资本论》全三册中说的是什么。"可见，《马克斯经济学原理》是一本全面介绍《资本论》内容，引导读者学习《资本论》的普通读物。

　　1929 年 10 月，千香翻译的《社会进化的铁则》在上海启智书局出版，该书摘译了《共产党宣言》《资本论》《社会主义从空想到科学的发展》等著作部分内容。该书中关于《资本论》的内容包括："剩余劳动的热求"一节，即《资本论》第一卷第八章第二节的摘录；"原始蓄积的秘密"一节，即《资本论》第一卷第二十四章一节摘录；"无产阶级是资产阶级的掘墓人"一节，由于国民政府当时严密的审查制度，"被检去九页"，没有完整地刊出，但从内容可以推断是《资本论》的内容，如"资本主义私有财产的丧钟响了"，即《资本论》第一卷第二十四章"资本积蓄之历史地倾向"的部分内容；"自然的发达阶级"一节，即《资本论》第一卷第一版序文的摘录。

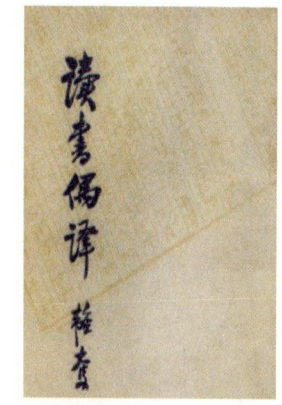

1930年2月，李一氓译的《马克思论文选择》一书由上海社会科学研究会出版。该书载有《资本积蓄的历史倾向》一文，即《资本论》第1卷第24章第7节摘译。

1937年6月，邹韬奋编译的《读书偶译》由韬奋出版社出版（图23-1）。该书收有《唯物辩证法》一文，即《资本论》第二版的跋。本书多次重印。

1938年3月，方乃宜译的《马·恩论中国》一书由中国出版社出版。该书刊载的《古代东方底特点》和《世界商业与对话政策》两篇文章，摘译了《资本论》有关内容。

《政治经济学论丛》是在抗日战争时期，由延安马列学院的教员王学文、何锡麟、王石巍等人合译的一部著作，于1939年3月由延安解放社出版。该书含《马克思底〈资本论〉》（即《卡·马克思〈资本论〉第一卷书评——为〈民主周刊〉作》）、《节录〈资本论〉第二卷序言》（即《资本论》第二卷序言摘译）、《资本主义积蓄之历史的倾向》（即《资本论》第1卷第24章第7节"资本主义积累的历史趋势"）。

图23-1 1937年6月，韬奋出版社出版，上海图书馆藏。

二、《资本论》中文摘译、全译本

1930年至1938年，是《资本论》不同译本频现的时期，在近10年的时间内，实现了从摘译、分卷翻译到三卷全译本的问世。

（一）陈启修和他翻译的《资本论》第一个中译本

《资本论》第一个中文译本是由陈启修翻译的。陈启修（1886—1960），后改名为陈豹隐，1886 年出生于四川中江县回龙镇。1900 年，陈启修在广州法国人办的丕崇学院上学，学会了法文。1905 年，陈启修自筹生活费 300 银元，赴日本留学，就读于东京第一高等预科学校。1915 年前后，中日关系错综复杂、风波迭起，留日学生投入到各种政治活动中。陈启修作为一名接受了新思想，忧国忧民的留日学生积极参加了一系列的反日活动，并与当时活跃在日本的李大钊一起进行了很多活动，深受李大钊革命思想的影响。

十月革命后，陈启修回到国内。1917 年年底，经吴玉章推荐，受蔡元培校长聘请，任北京大学法学院教授，兼任系主任[①]。在思想上，陈启修逐渐倾向于马克思主义，他开始运用马克思主义观点和立场分析、思考问题。1920 年，陈启修在北京大学开设了马克思主义经济学概论这门课，他按《资本论》的体系——价值论、剩余价值和资本、平均利润等讲授马克思的经济学说。陈启修讲授的马克思主义经济学的内容，很受学生欢迎，他讲课的教室也总是挤得满满的，教室一再由小换大，后来换到北大最大的教室讲课，仍然是座无虚席。

1919 年，陈启修在《新青年》"马克思主义专号"上发表《马克思的唯物史观与贞操问题》一文，他用马克思主义的历史唯物主义解释妇女的贞操问题，阐述了家庭、婚姻、伦理观的演变过程，加深了人们对妇女解放运动的认识。[②]

1920 年，李大钊在北京大学秘密发起成立了"马克思主义研究会"，陈启修也加入了该会，该会将会员分成若干组，深入讨论马克思主义及十月革命的相关问题。作为有一定马克思主义经济学研究背景的会员，陈启修在该会担任《资本论》研究组导师，指导会员们学习《资本论》。

1923 年，经李大钊、张国焘、邓中夏的帮助，陈启修启程赴苏联和欧洲

[①]　刘会军：《陈启修传》，吉林大学出版社 2009 年 11 版，第 28 页。

[②]　参见刘会军：《陈启修传》，吉林大学出版社 2009 年版，第 30—42 页。

进修。1923 年年末，陈启修进入莫斯科东方大学学习，在熟稔日文、英文、法文、德文的基础上，他又掌握了俄文的运用，这为他日后翻译马克思主义经典著作，开展马克思主义研究，从事马克思主义讲学奠定了坚实的基础。在 1924—1925 年间，陈启修赴德国，在德期间，结识了朱德。在德国，陈启修阅读了《共产党宣言》《社会主义从空想到科学的发展》《帝国主义是资本主义的最高阶段》等马克思主义经典著作。经由朱德介绍，陈启修在苏联加入了中国共产党。1925 年秋，陈启修回国后仍在北大执教，同时也在其他几所高校讲授马克思主义课程。1926 年，陈启修应邀赴广州，与恽代英、萧楚女等一道，为黄埔军校第四期学员讲授政治科学和马克思主义知识。

轰轰烈烈的大革命失败后，陈启修来到日本。陈启修在日本期间，正是中国革命处于低潮时期。除了在文学方面进行著述外，陈启修还撰写了大量经济学、政治学和有关社会科学方面的著作，翻译了河上肇的《经济学大纲》和马克思的《资本论》第一卷第一册。早年在北大讲授《资本论》的经历，对马克思主义经济学研究的坚持，再加上自己熟练地掌握着五种外国语言，这都使得陈启修具有比其他人更加成熟的翻译条件。

陈启修计划分十册出版《资本论》译本，但在当时艰难的条件下只出版了第一分册。陈启修翻译的《资本论》第一卷第一篇由上海昆仑书店首次出版。"译者例言"指出，该书"翻译的原本是考茨基国民版的第八版（1928 年版），由柏林 J.H.W.Dietz na hf.G.m.b.H. 发行的德文版"，除参照日本马克思主义者河上肇和宫川实翻译的日译《资本论》外，还参照了"（一）J.Molitor 的法译本（Paris，Alfred Costes 发行，1924 年版）；（二）Samuel Moor 和 E'dward Aveling 的英译本（Chicagao，Charles H.Kerr&Company 发行，1921 年版）；（三）高畠素之的日译本（东京，改造社发行，1927 年版）"。

该译本的内容分为前后两部分，前部分包括序言、论述等五个方面的内容，共 190 页；后部分为《资本论》的正文，包括商品、交换过程、货币或商品流通三个章节的内容，共 237 页，约 11.8 万字。陈启修译本的译文、译词、译法简单，部分语句有错漏的地方。译者在译文中注有 47 条注

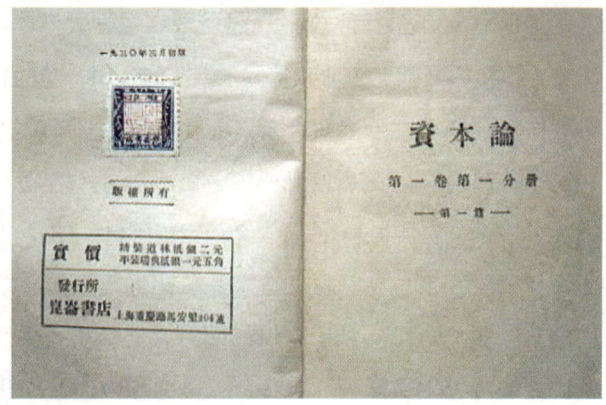

图 23-2 1930 年 3 月，上海昆仑书店出版，中央党史和文献研究院图书馆藏。

释，其中 3 条为地名注释，其余 44 条均为讨论专有术语翻译要领等问题的论述。

1. 陈启修译本第 1 种

1930 年 3 月，上海昆仑书局出版（图 23-2）。该书 236 页，大 32 开，封面黑字红底，注明"第一卷第一分册"，分精装和平装两种，定价为：精装道林纸银二元，平装瑞典纸银一元五角，目录为：

译者例言

"资本论旁释"

马克斯经济学说在思想史上的地位

"资本论"在马克斯经济学说上的地位

"资本论"第一篇在"资本论"上的地位

考茨基国民版序

原著者对于第一版的序文

原著者对于第二版的跋文

第一卷 资本的生产过程

第一篇 商品及货币

第一章 商品

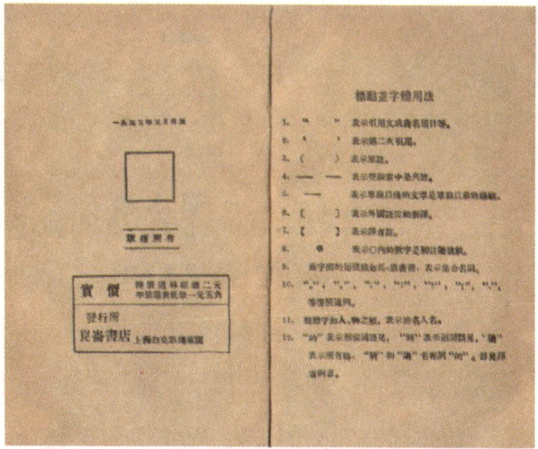

图 23-3 1935 年 3 月，上海昆仑书店出版，国家图书馆藏。

第二章 商品交换

第三章 货币或商品流通

2. 陈启修译本第 2 种

1935 年 3 月，上海昆仑书局出版（图 23-3）。该书 236 页，大 32 开，封面黑字白底，注明"第一卷第一分册"，分精装和平装两种，定价为：精装道林纸银二元，平装瑞典纸银一元五角。

3. 陈启修译本第 3 种

1935 年 3 月，上海昆仑书局出版（图 23-4）。该书 236 页，大 32 开，封面黑字红底，注明"第一卷第一分册"，分精装和平装两种，定价为：精装道林纸银二元，平装瑞典纸银一元五角。

（二）潘冬舟"接替"陈启修翻译《资本论》

《资本论》的第二个中文译本由潘冬舟翻译。潘冬舟又名潘玉华，号文育、文郁等，1906 年出生于湖北襄阳，曾以笔名冬洲、问友、闻友发表文章多篇。1922 年，16 岁的潘冬舟考入湖北省立第二师范学校，在任教老师萧楚女的启蒙之下，接触了马克思主义，并逐渐成长为湖北地区学生运动骨

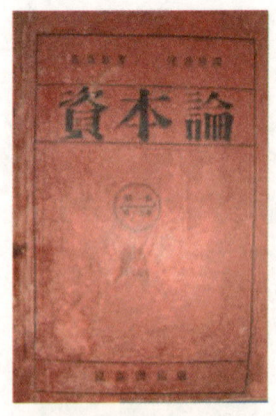

图 23-4　1935 年 3 月，上海昆仑书店出版，上海图书馆藏。

干，并加入了中国共产党。1925 年 8 月，潘冬舟远赴莫斯科中山大学学习，与王明、博古等人成为同窗。1928 年 7 月，中共六大在苏联召开，潘冬舟担任周恩来和邓颖超的翻译。

1928 年年底，潘冬舟回国后，担任中宣部秘书，主持日常工作，曾是李立三的得力助手，并担任中央机关刊物《红旗》和《布尔什维克》的副主编，《红旗》与《上海报》合并为《红旗周报》后，潘冬舟担任总编辑，他在刊物上发表了大量文章。1931 年潘冬舟被派往北平，任中共北方局（后改为中共顺直省委）宣传干事。在顺直省委遭受破坏后，潘冬舟不幸入狱。

入狱后，原中共党员、叛变革命后任东北军军法处处长、张学良秘书的黎天才（原名李渤海，曾担任过李大钊的秘书），因为要撰写《炮火下的中国国防》一书，看中了潘冬舟的才华，苦劝潘脱离共产党。潘冬舟对前途迷茫，又不甘心就此牺牲，在拒绝提供党内秘密，拒绝做危害其他革命同志的事情的条件下，登报宣布脱党。在当时的严酷斗争环境下，这一行为立即导致潘冬舟被开除出党籍。脱党后，内心的苦闷并没有改变其信仰马克思主义的初衷，仍然希望通过自己的努力，尤其是在学术和翻译方面为国家为民族做一些有益的事情。潘冬舟转而发愤翻译马克思的《资本论》，先后译出了《资本论》第一卷第二、三两册（约 40 万字）。

后来，中共北平特科调查了潘冬舟被捕后的表现，认为其是受胁迫自首，并拒绝出卖党组织。于是，北平特科负责人吴成方派特科成员周怡去做潘冬舟的思想工作，劝其继续为党效力。潘冬舟欣然了接受这一切，并于两年多后，重新加入中国共产党。潘冬舟在地下党的引荐下，来到了张学良手下工作，受到张的相当器重。在张身边工作期间，潘冬舟多次为党传送了一些至关重要的情报，为保存红军的力量做出了突出贡献。张学良十分赏识潘冬舟的渊博知识，还命其编辑《"匪情"辞通》一书，并将之随身作为了解中共的必备资料。张学良学习马列著作很认真，潘冬舟讲解得也很用心。张学良曾多次在他人面前称潘冬舟为"老师"。共产党员、苏联塔斯通讯社北平分社记者刘尊棋赶往武汉采访张学良，正遇见潘冬舟给张学良讲课，张学良当时指着身边的潘冬舟说："这是我的老师，他在教我学习《资本论》。"

后因叛徒出卖，在蒋介石密令之下，潘冬舟于1935年春在武昌徐家棚英勇就义，时年29岁。

由潘冬舟翻译的《资本论》第一卷第二分册于1932年8月首次在北平东亚书局印行（图23-5）。428页，32开，竖排本，分平装和精装本，发行2000册。其内容即《资本论》第一卷第二、三篇第4章至第9章。"译者言"指出，因陈启修先生已经翻译了《资本论》第一卷第一分册，为了不重复工作，决定从《资本论》第一卷第二册开始翻译，还指出，在本分册出版之后，"依照译者个人之计划，其余将分八册出版"，并预计"至少每三个月出版一分册，两年内出完"。可见，译者在出版该册之时，已经制订了详细的翻译计划。

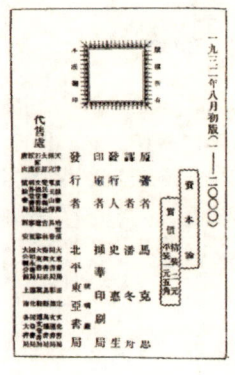

图23-5 1932年8月，北平东亚书局出版，中央党史和文献研究院图书馆藏。

1933年1月，北平东亚书局出版潘冬舟翻译的《资本论》第一卷第三分册（图23-6），其内容即《资本论》第一卷第四篇第10章至第13章。该书463页，32开，竖排本，分平装和精装本两种，发行2000册。不过，该册的出版时间已比作者的预计晚了一个月。潘冬舟治学态度严谨，在"译者言"中说明了缘由："一则由于私人生活没有完全安定，减少了真正工作的时间，再则由于印刷过程受了相当的

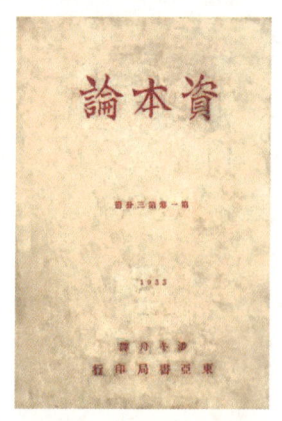

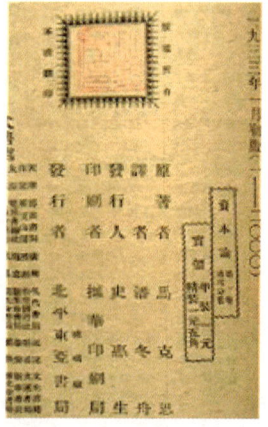

图 23-6　1933 年 1 月，北平东亚书局出版，中央党史和文献研究院图书馆藏。

延迟。"为了安抚着急看到下一个译本的读者，作者进一步指出："以后各分册的出版，再不能比这一次拖延更久的时间。"外界对《资本论》第一卷第二分册出版的好评，是译者始料未及的。在这一卷中，译者表现了良好的学术视野与寻求合作的精神。"以《资本论》这样巨大的著作"，要有"正确的绝对担保的译文"，"不仅要求各种外国文字的了解"，而且更加重要的是，"还要求着对于整个经济学说以及历史上各种学派理论的认识"，因此，"必需有赖于多数专家的合作，而同时还要有完全便利的客观条件"，这样才能"相互的比较，参照，以及取长拾短地多次修改"。译者认为，这"才是整个中国社会科学运动的利益"。

为弥补陈启修译本的缺陷，在《资本论》第一卷第三分册"译者言"中，译者指出，应广大读者来信之要求，将补译《资本论》第一卷第一分册的内容，并认为有了之前翻译的基础，这将是一件"非常容易"的事情。潘东舟翻译的《资本论》第一卷第二、三分册的目录为：

第二篇　货币之转化为资本

第四章　货币之转化为资本

一、资本之一般公式

二、一般公式中之矛盾

三、劳动力之买卖

第三篇　绝对的剩余价值之生产

第五章　劳动过程与价值增值过程

一、劳动过程与价值增殖过程

二、价值增殖过程，或剩余价值之生产

第六章　不变资本与可变资本

第七章　剩余价值率

（三）历经千难的王思华、侯外庐译本

王思华、侯外庐译本是《资本论》的第三个中文译本。

王思华，又名王慎明，1904 年出生于河北乐亭县。在家乡小学毕业后，赴北京读中学。中学毕业后，先考入南开大学，后转入北京大学经济系。在北大读书期间，受李大钊的影响和指导，阅读了一些马克思主义的唯物史观方面的书籍，开始接受了革命思想和马克思主义启蒙教育。

1926 年，王思华远赴法国里昂大学攻读经济学，后转到伦敦政治经济学院继续研究马克思的《资本论》。在法、英留学期间，王思华接触了一些进步同学，在他们的影响和帮助下，继续研究马克思主义。王思华在伦敦政治经济学院的博士论文题为《马克思主义与蒲鲁东主义》，在文中，王思华批评了当时的法国

小资产阶级空想社会主义，对马克思主义的思想予以了支持和阐述，此时，王思华已经从思想上、理论上接受了马克思主义，从而成长为一名合格的马克思主义者。在法国留学期间，王思华就已着手翻译《资本论》第一卷。

1930年冬，王思华回到国内，在党的指引和帮助下，受聘担任北京大学和中法大学政治经济学教授，同时还担任教育部督学，同年参加了地下党的外围组织——左翼教授联盟，与我党的地下工作干部李乐光同志经常保持联系。王思华一边继续翻译《资本论》第一卷，一边在中法大学和北京大学讲授《资本论》[1]。

侯外庐，原名侯兆麟，又名侯玉枢，1903年2月生于山西平遥。1923年，侯外庐同时被北京法政大学和北京师范大学录取，几经权衡，他决定同时就读两校，在法政大学读法律，在师范大学读历史。在此期间，经高君宇介绍，认识了李大钊，在李大钊的影响下，侯外庐的人生观和价值观从此发生了根本变化。"李大钊同志过去曾常常谈到《资本论》，他抱憾中国还没有一部较为完整的译本，他强调《资本论》是促进广大劳动阶级觉醒的理论武器。"[2]侯外庐以研究《资本论》为起点踏上征途，从而确立了他的马克思主义世界观和对历史发展必然规律的信念。[3]

1926年初冬，在反动军阀的搜捕行动中，侯外庐不得不迅速离京，绕道哈尔滨寻找赴法留学的机会。在等待签证的日子里，他在书摊上买到《资本论》等几种马克思主义经典作家的原著的英译本和日译本。此时，侯外庐已"把翻译《资本论》，作为赴法求学的目的"。[4] 1927年夏，他终于赴法国了，求学于巴黎大学。到达法国后，侯外庐便开始学习德文，经过一年的准备，于1928年起步试译《资本论》。1928年，经成仿吾、章伯韬两位同志的

---

[1] 王瑞平、王潼：《怀念王思华：王思华110周年诞辰（1904—2014）》，冶金工业出版社2014年版，第96页。

[2] 侯外庐：《韧的追求》，生活·读书·新知三联书店1985年版，第16页。

[3] 侯外庐：《韧的追求》，生活·读书·新知三联书店1985年版，第15页。

[4] 侯外庐：《韧的追求》，生活·读书·新知三联书店1985年版，第16页。

介绍，侯外庐在中共旅欧支部加入了中国共产党。在法期间，侯外庐曾参与主编《赤光》。《赤光》是中共旅欧支部机关报，党的杰出领导人周恩来、邓小平等都曾担任过该报主编，该报在党内有着十分重要的影响。

侯外庐的《资本论》译本，是以《资本论》德文第四版为依据，参照英文、德文和日文几种译本进行翻译的。他在《译者的话》一文中说明了选择《资本论》德文第四版为依据的理由："考茨基的平民版，虽然有些地方在校勘上实有不少的贡献，但是否有如第四版成为定本的价值，现尚未为各国所公认。故各国的最近译本，仍多根据第四版，如 Molior 的法译，Eden and Cedar Paul 的英译。现在各国译本根据考茨基版翻译的，除俄文外只有日译第一卷前十二章。复次，我们因原文须有各国文字比对的必要，所以在技术上亦不能不根据第四版。"到1928 年春，侯外庐已经翻译完了《资本论》第 1 卷前 20 章。由于对译文质量信心不足，且为了避免国民党的边境检查，侯外庐将《资本论》第一卷的部分译稿交给了在德国的成仿吾。

1930 年春，因经济、生活等方面的困难，侯外庐不得不回到国内。他受聘于哈尔滨法政大学，讲授"经济思想史"。在哈尔滨，他一面靠教书维持生活，一面决定重译《资本论》第一卷。"九一八"事变后，第一卷尚未译完，侯外庐回到北平，受聘于北平大学法学院，同时还在北京师范大学和中国大学兼课。

1932 年，经留德学长陈翰笙介绍，侯外庐与王思华相识。因同样受李大钊思想启蒙而信仰马克思主义的他们都感受到，一定要宣传马克思主义，同时，两人对马克思的经济理论，特别是对《资本论》的研究、基础和水平都比较接近，这些都为他们进一步交往创造了条件。王思华和侯外庐见面两三次后，就约定合作从头翻译《资本论》第一卷。这是侯外庐第三次从头翻译《资本论》第一卷。两位素昧平生的青年学者，因《资本论》的翻译走到了一起。侯外庐后来回忆："一九三二年我们翻译最紧张的阶段是暑假。那时，王思华还是单身汉，住在南河沿欧美同学会。这一年的整个暑假，我每天一早到南河沿王思华的住处去上班，他将欧美同学会的一间客厅开辟供我使用。就在这个暑假中，春秋书店登出预告，要发行我们的《资本论》译本，我们的工作就更紧张了。"①

为了尽快熟悉对方的翻译特点和文字风格，俩人商定，第 1—9 章翻译完后，要将译稿拿到一起切磋修正，力求信达。第 10 章开始，两人分头翻译，王思华翻译第 10、11、12、17、18、19、20、21 章，侯外庐翻译第 13、14、15、16、22、23、24、25 章。此前曾交成仿吾保管的《资本论》第一卷前 20 章译稿由地下党员李白余（即李乐光）设法从柏林找了回来。此后，两人的翻译推进速度就更快了。

为了使译本尽快与读者见面，他们决定将《资本论》第一卷分上、中、下三册分期出版。王思华则承担了所有出版工作，在李白余等人的帮助下，1932 年 9 月，以前 7 章为内容的《资本论》第一卷上册由北京国际学社出版，出版经费由王思华借来二百元垫付，承印厂是通过关系由北平新华印刷厂秘密承担，版权页上的国际学社实际上不存在，为躲避国民党的查封，署名和出版社的名称都是假的。

1932 年 12 月，侯外庐因抗日救亡讲演被捕。1933 年 9 月出狱后不久回到家乡山西。

到太原后，侯外庐修改完《资本论》第一卷译稿，开始翻译第二、三卷内容。根据陈翰笙的建议和形势的需要，侯外庐先翻译第三卷的地租部分，然后再翻译第二卷。早在 1932 年春，陈翰笙在南京遇到了王思华，当时陈翰笙正在研究中国农村经济，认为中国最广大的革命基地在农村，土地问题是中国革命的基本问题，研究这一问题必须有正确的理论指导。所以，陈翰笙认为，翻译《资本论》第三章地租部分，是革命的需要，并请王思华将这个想法转告侯外庐。王思华和侯外庐动手翻译《资本论》之初，并没有按照陈翰笙的意见进行。但是，当结束第一卷的翻译，开始第二、三卷翻译的时候，侯外庐决定先译第三卷地租部分的内容。侯外庐总共完成了第三卷地租部分 11 章内

---

① 侯外庐：《韧的追求》，生活·读书·新知三联书店 1985 年版，第 32 页。

容以及第二卷绝大部分内容的翻译。"地租部分译成，却始终未有单独出版的机会。"[1] 不过，在开始翻译第二、三卷的时候，王思华由于工作的原因，未能继续进行下去。这样，只有侯外庐一人全力以赴进行此项工作。

1936年6月，世界名著译文社出版《资本论》第一卷的中、下两册。下册内容即《资本论》第五、六、七篇的第14章至第25章。同年，世界名著译文社出版了上、中、下册的合订本组成的"《资本论》第一卷（全）"，该合订本目录为：

篇名

译者的话

第一版序

第二版序

第一卷 资本的生产过程上册

第一篇 商品及货币

第一章 商品

第二章 交换过程

第三章 货币或商品流通

第二篇 货币的资本化

第四章 货币的资本化

第三篇 绝对的剩余价值之生产

第五章 劳动过程及价值增殖过程

第六章 不变资本及可变资本

第七章 剩余价值率

第一卷 资本的生产过程中册

---

[1] 侯外庐：《韧的追求》，生活·读书·新知三联书店1985年版，第59页。

七·七事变爆发后，侯外庐再也无法潜心从事《资本论》的翻译工作了。

为了使已经翻译的稿子完整保存下来，侯外庐决定将译稿送往延安。在从汾阳撤退前，侯外庐急忙将译稿打点成箱，托付给了续范亭（山西省崞县、今原平市人，著名抗日爱国将领）和南汉宸（山西省洪洞县人，1926年加入中国共产党，曾长期在冯玉祥、杨虎城部从事秘密工作和统一战线工作）二人。但是第二卷的前十五章的译稿被忘记装入运往延安的箱中。后来，转运延安的部分译稿（占第二、三卷译稿十分之七左右的内容）全部毁于战火，而侯外庐保留在身边的第二卷前十五章译稿反而保存了下来。这部分珍贵的译稿，目前保存在国家图书馆。

到汉口后，侯外庐与生活书店签订了《资本论》第二、三卷的翻译出版合同，但形势的发展，已经不允许译者再坐下来从事长久的翻译工作了。于是，生活书店的张仲实嘱咐侯外庐，先到重庆，再从长计议。到达重庆后，由于没有合适的原著作参考，且由于之前托付给续范亭和南汉宸的译稿还不知下落何处，翻译工作并没有马上开展。此时，生活书店的柳湜告诉侯外庐，郭大力、王亚南合译的三卷本《资本论》即将出版，并询问是否继续翻译。在这种情况下，侯外庐不得放弃《资本论》第二、三卷的翻译出版工作，与《资本论》的十年机缘，从此告一段落。

在《资本论》第一卷上册"译者的话"中，译者反复指出，该书由"我们"翻译，没有具体指出谁翻译了哪个章节。而在《资本论》全第一卷中册一书中，很详细地指出了俩人合译、分译的情况。

1. 王思华、侯外庐译《资本论》第一卷上册

1932年9月，国际学社出版、发行（图23-7）。该书定价1元，32开，竖排平装本，著者署名："Karl Marx"，译者署名："王慎明、侯外庐"。

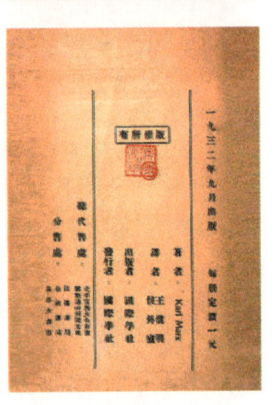

图23-7 1932年9月，北京国际学社出版，中央党史和文献研究院图书馆藏。

2. 王思华、侯外庐译《资本论》第一卷中册

1936 年 6 月，世界名著译社出版，上海生活书店、北平各大书局经售（图 23-8）。该书定价 1 元 2 角，32 开，竖排平装本，著者署名："Karl Marx"，译者署名："玉枢、右铭"。

3. 王思华、侯外庐译《资本论》第一卷（全）

1936 年 6 月，世界名著译社出版，上海生活书店、北平各大书局经售（图 23-9）。该书定价 1 元 2 角，32 开，著者署名："Karl Marx"，译者署名："玉枢、右铭"。

（四）鲜为人知的《资本论》吴半农、千家驹译本

吴半农（1905—1978 年），原名吴祖光，号曲林，安徽汀县人，1925 年秋，考入清华大学经济系，1929 年毕业，在北平社会调查所从事调研工作，1934 年，被派往美国哥伦比亚大学攻读经济学硕士学位。从 1929 年至 1934

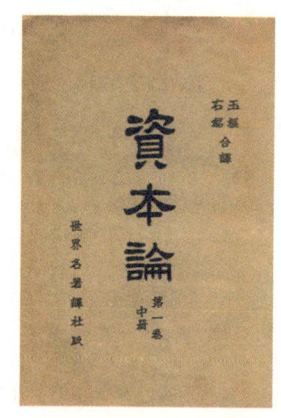

图 23-8 1936 年 5 月，世界名著译社出版，中央党史和文献研究院图书馆藏。

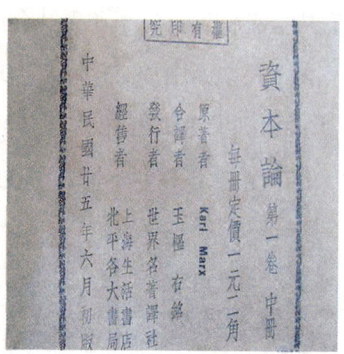

图 23-9 1936 年 6 月，世界名著译社出版，中央党史和文献研究院图书馆藏。

年，吴半农不仅创办杂志，发表经济学方面的文章，还翻译并出版了《学生底马克思》（原书 "The Student's Marx:an introduction to the study of Karl Marx's Capital"）[1] 和《资本论》第一卷第一分册[2] 两部马克思主义著作。

吴半农在《学生底马克思》一书的"译者底话"中提到，在翻译该书时，就有了翻译《资本论》的念头，当陈启修翻译的《资本论》第一卷第一分册出版后，于是打消了翻译的念头。但一年后，未见陈启修翻译更多的内容，于是，吴半农又重新燃起了翻译《资本论》的想法。当时，吴半农与同在北平社会调查所工作的千家驹和王某（真名已失）关系甚好，吴半农遂提议，三人合译《资本论》，由吴半农翻译第一卷（计划分三册出版），千家驹翻译第二卷（计划分两册出版），王某翻译第三卷（计划分三册出版）。第一卷分三册的具体安排是：第一分册包括第一、二篇，即"商品与货币"及"货币之资本话"；第二分册包括三、四两篇，即"绝对剩余价值之生产"及"相对剩余价值之生产"；第三分册包括五、六、七三篇，即"绝对剩余价值与相对剩余价值之生产""工资"及"资本之蓄积"。

译者指出，译文参考了恩格斯最后校订的《资本论》第一卷第四版的英译本、高畠素之的日译本、河上肇与宫川实的日译本等多种译本。吴半农的德文并不是很好，因而参照了其他文种进行翻译。在校订过程中，由德文基础好的千家驹先生参照了恩格斯最后审定的德文版（1922 年第 10 版）和"考茨基版"（1923 年第 7 版）进行校阅，弥补了没有参照德文原文翻译的缺陷。

在翻译出版过程中，他们还得到了北平社会调查所主任陶孟时、担任中华文化基金会主任之一的胡适以及中华文化基金会理事会编译委员会提供的出版担保，为译者注入了动力。译者还指出，著名的历史学家吴晗通过查找《清史稿》及《部院大臣年表》找出了《资本论》原文脚注中提到的"清户部侍郎

---

[1] 该书由 [英] 爱德华·艾威林（Edward Aveling）著，是《资本论》第一卷的研究著作。
[2] 即《资本论》（第一卷第一、二篇）。

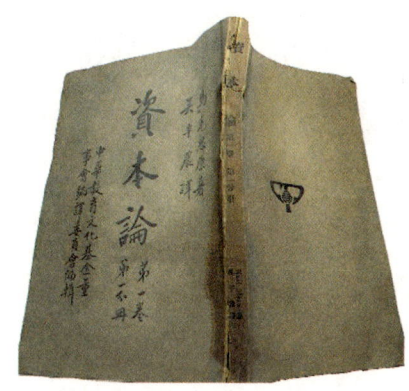
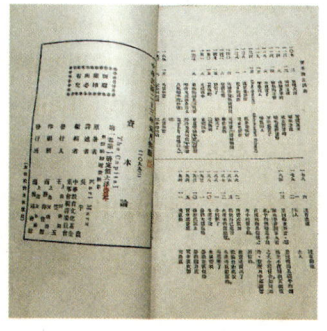

图 23-10 1934
年5月，上海商务
印书馆出版，中央
党史和文献研究院
图书馆藏。

王茂荫奏请试行的钞法的记载"，解决了译者翻译中的一大困难。难能可贵的是，吴半农的夫人朱洁女士，始终默默支持着他的翻译事业，甚至临产前，还在帮助吴半农修正字句。

吴半农翻译、千家驹校对的《资本论》第一卷第一册于 1934 年 5 月由上海商务印书馆出版（图 23-10）。该书包括"译者底话""校者底话""德文第一版原著者序""德文第二版原著者序"和《资本论》第一卷的第一篇和第二篇内容。全书 235 页，竖排，约 17 万字，目录如下：

译者底话

校者底话

德文第一版原著著序

德文第二版原著著序

第一篇　商品与货币

第一章　商品

第二章　交换

第三章　货币或商品流通

第二篇　货币之资本化

第四章　货币之资本化

第三篇　绝对剩余价值之生产

（五）郭大力、王亚南历经十年翻译《资本论》全三卷

据统计，郭大力、王亚南翻译的《资本论》出版了十多次，足见其影响之

大，社会认可程度之高。

郭大力 1923 年考入厦门大学，后随部分师生转入上海，在新创办的大夏大学（今华东师范大学）哲学系就读，并广泛涉猎社会科学著作，接触马克思主义，深入研究马克思主义经济学，为后来翻译《资本论》打下了扎实的基础。

王亚南中学毕业后考入武昌中华大学教育系（华中师范大学前身），大革命中投笔从戎，在长沙参加了北伐军，曾在军中任政治教员。1928 年，因大革命失败，离开武汉来到上海，后转赴杭州，食宿在当时已经倒塌的大佛寺内。他此行的目的是在这里仔细研读马克思的《资本论》，并译成中文。不久，郭大力来到杭州，也住在大佛寺内。两人相遇、相识、相知后，便促膝长谈合译《资本论》之事宜，两位志同道合的青年为了共同的理想，开始了长达十多年的合作。

郭大力在翻译《资本论》第一卷时，了解到马克思在著作中常谈及亚当·斯密以及大卫·李嘉图等古典经济学的一些代表人物，于是和王亚南首先合作翻译了李嘉图的《政治经济学及赋税原理》。随后，郭大力独自翻译出版了马尔萨斯的《人口论》、约翰·穆勒的《经济学原理》、耶方斯的《经济学原理》、伊利的《经济学大纲》和洛贝尔图的《生产过剩与恐慌》等著作。与此同时，又与王亚南合作译出了《欧洲经济史》，还与李石岑合译了《朗格唯物论史》。短短时间内，在翻译领域取得的长足进步，使得他们对西方古典经济学和近代欧洲经济发展的历史以及对资本主义经济社会制度的批判有了全新而深刻的认识，在此次基础上，他们对马克思《资本论》的理解超出了同时期其他人的水平，为推进《资本论》的翻译积累了丰富的经验。

1934 年，郭大力与王亚南再次聚议，认为翻译《资本论》的时机已经成熟，于是他们将中断了一段时间的翻译工作重新开始。

1937 年初，读书生活出版社的负责人艾思奇、黄洛峰、郑易里经人介绍，了解到了郭大力、王亚南翻译《资本论》的情况。在读书生活出版社的资助下，郭大力、王亚南放下其他工作，全力以赴，专心致志地加快《资本论》的翻译。

当日寇侵入上海时，《资本论》第一卷的翻译工作已经完成，郭大力将译稿交给了郑易里，并偕家人回赣南老家。在老家，郭大力继续翻译《资本论》的第二、三卷，并不停地将译稿寄往重庆，再由重庆的王亚南将稿子转寄往上海。《资本论》第二卷的全部和第三卷的大部分译稿，就是在这样动荡的环境下完成的。郭大力、王亚南的翻译工作曾几度中辍，尽管困难重重，他们历经十年的磨难，终于在 1938 年将《资本论》三卷全部翻译并出版。

《资本论》的三卷并不在同时出版，出版时间分别为 1938 年 8 月 31 日、9 月 15 日和 9 月 30 日，每卷册前后相差 15 天，分平装和精装两种，全三卷的目录如下：

第一篇 商品与货币

第一章 商品

Ⅰ 商品的二因素——使用价值与价值（价值实体与价值量）

Ⅱ 在商品中表现的劳动的二重性

Ⅲ 价值形态或交换价值

A 单纯的，单一的，或偶然的价值形态

B 总体的或扩大的价值形态

C 一般的价值形态

D 货币形态

Ⅳ 商品的拜物教性质及其秘密

第二章 交换过程

第三章 货币或商品流通

Ⅰ 价值尺度

Ⅱ 流通手段

A 商品的形态变化

B 货币的通流

C 铸币：价值记号

1. 郭大力、王亚南《资本论》译本第 1 种

1938 年 9 月，读书生活出版社出版《资本论》三卷本精装版（图 23-11）。第一卷定价 3 元 3 角，第二卷定价 2 元 4 角，第三卷定价 4 元 3 角，出版时间分别为：1938 年 8 月 31 日、9 月 15 日、9 月 10 日。

2. 郭大力、王亚南《资本论》译本第 2 种

与精装版同一时间，读书生活出版社还出版了《资本论》三卷本的平装版（图 23-12）。第一卷上下两册，定价 2 元 6 角；第二卷一册，定价 1 元 8 角；第三卷上下两册，定价 3 元 6 角。

3. 郭大力、王亚南《资本论》译本第 3 种

1947 年 4 月 1 日，读书出版再次出版了《资本论》三卷本的精装版（图 23-13）。全部三册定价 130 元。

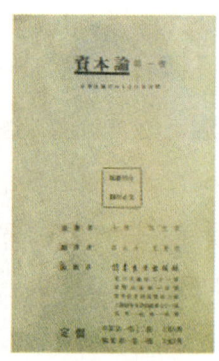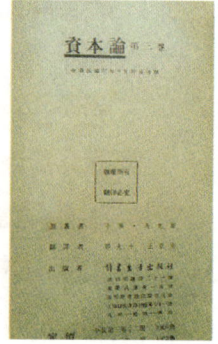

图 23-11 1938 年 8 月至 9 月，读书生活出版社出版，中央党史和文献研究院图书馆藏。

图 23-12 1938 年 9 月，读书生活出版社出版，中央党史和文献研究院图书馆藏。

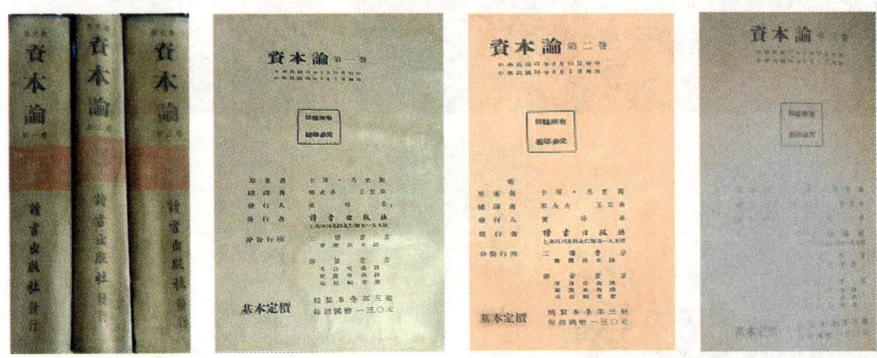

图 23-13 1947 年 4 月，读书出版社出版，中央党史和文献研究院图书馆藏。

4. 郭大力、王亚南《资本论》译本第 4 种

1948 年 8 月至 1949 年 5 月，读书出版社又连续出版了《资本论》三卷本的精装版（图 23-14）。每卷各印 3000 册。

三、《资本论》辅助读物的出版

（一）郭大力译《〈资本论〉通信集》

1938 年 9 月，郭大力在处理完《资本论》的出版工作后，离开上海，返回赣南。在家乡，郭大力着手翻译《〈资本论〉通信集》。他在通信集的"译者序"中指出："这里译出的这些通信和论文，有些只曾在杂志上发表过，有些是从来未曾发表过。但把它们选集在一处的，是苏联最新出版的《资本论》德文本。我们前此译印的《资本论》就是以这个版本做根据的。"

这部通信集是 1851 年至 1895 年期间，马克思在创作《资本论》时与恩格斯的通信，以及恩格斯编辑《资本论》第二和第三卷期间与他人的通信，共收录独立成篇的书信 25 封。在这些书信中，既有马克思、恩格斯对经济理论问题的探讨，也有对《资本论》某些篇章的说明，更不乏对当时社会经济现象

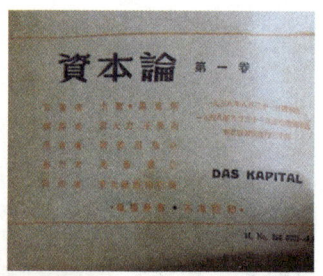

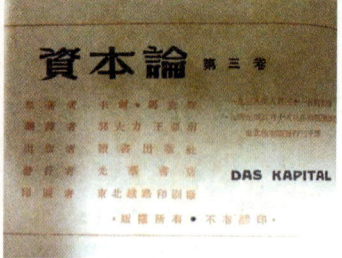

图 23-14 1948 年至 1949 年，读书出版社出版，中央党史和文献研究院图书馆藏。

的分析。此外这部著作还包括了马克思的《评阿·瓦格纳的〈政治经济学教科书〉》、恩格斯的《〈资本论〉评述》以及《〈资本论〉第三卷增补》三篇文章。在苏联出版的德文本《资本论》中，这些书信和论文是作为附录分别按其内容附在各卷正文后面，本应与《资本论》中译本同时译出并出版。但1938年出版《资本论》中文全译本时，因时间过于紧迫，为了不贻误《资本论》出版的时机，这些通信和论文只好暂时放下。郭大力在处理完《资本论》全译本的出版事宜后，马上赶译了这部《〈资本论〉通信集》。1939年4月，这部著作由读书生活出版社出版（图23-15）。在"译者序"中，郭大力写道："因为出版（指三卷《资本论》的出版——引者注）期限的关系，我们没有能够立即把它们译印出来。这部单行本的编印，总算把这个缺陷填补了……通信的次序，没有按照年代编辑，因为必须如此，我们方才可以窥见《资本论》内几种主要思想，是怎样发展的。当然，喜欢研究《资本论》的人，还能由此见到一些不能在《资本论》上见到的补充的说明。"后来，《〈资本论〉通信集》又多次重印。1953年《资本论》再版时，这些通信和论文又作为附录分别附在各卷后面。《〈资本论〉通信集》是《资本论》全译本的重要补充，它的出版，对广大读者深入学习和研究《资本论》发挥了极大作用。

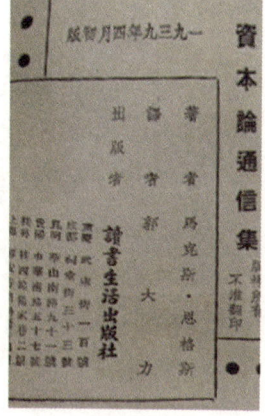

图23-15 1939年4月，上海读书生活出版社出版，上海图书馆藏。

《〈资本论〉通信集》25篇通信分别为：1867年6月22日马克思给恩格斯的信、1867年6月26日马克思给恩格斯的信、1867年6月27日马克思给恩格斯的信、1867年8月16日马克思给恩格斯的信、1867年8月23日马克思给恩格斯的信、1867年8月24日马克思给恩格斯的信、1867年11月30日马克思给库格曼的信、1868年3月17日马克思给库格曼的信、1868年4月30日马克思给恩格斯的信、1868 年 7 月 11 日马克思给库格曼的信、1863 年 7 月 6 日马克思给恩格斯的信、1867 年 8 月 24 日马克思给恩格斯的信、1867 年 8 月 27 日恩格斯给马克思的信、1879 年 4 月 10 日马克思给丹尼尔逊的信、1885 年 11 月 13 日恩格斯给丹尼尔逊的信、1851 年 1 月 7 日马克思给恩格斯的信、1851 年 1 月 29 日恩格斯给马克思的信、1862 年 8 月 2 日马克思给恩格斯的信、1862 年 8 月 9 日马克思给恩格斯的信、1866 年 2 月 13 日马克思给恩格斯的信、1868 年 4 月 22 日马克思给恩格斯的信、1885 年 4 月 23 日恩格斯给丹尼尔逊的信、1885 年 6 月 2 日恩格斯给丹尼尔逊的信、恩格斯给丹尼尔逊的信（日期不详）、1895 年 3 月 16 日恩格斯给阿德勒的信。

在上述 25 封信件的原文中，第一至第十封信，附在《资本论》第一卷卷末，第十一至第十五封信，附在第二卷卷末，第十六至第二十五封信，附在第三卷卷末；三篇附录中，第一、第二篇附录附在第一卷卷末，第三篇附在第三卷编者序后。《〈资本论〉通信集》的目录为：

译者序

通信二十五篇

一、马给恩（一八六七年六月廿二日）

二、恩给马（一八六七年六月廿六日）

三、马给恩（一八六七年六月廿七日）

四、马给恩（一八六七年八月十六日）

五、恩给马（一八六七年八月廿三日）

六、马给恩（一八六七年八月廿四日）

七、马给库格曼（一八六七年十一月三十日）

八、马给库格曼（一八六八年三月十七日）

九、马给恩（一八六八年四月三十日）

十、马给库格曼（一八六八年七月十一日）

十一、马给恩（一八六三年七月六日）

十二、马给恩（一八六七年八月廿四日）

　　《资本论》三卷全译本和《〈资本论〉通信集》成功出版后，郭大力便开始对《资本论》译文进行全面而仔细的校订工作。全译本问世时正值上海沦陷，为争取短期内出齐，书稿的翻译、审订、排印、校对几项工作齐头并进。由于人手紧缺，时间紧迫，错译、误排较多。对此，郭大力认为其负有不可推卸的责任："这个译文，自 1938 年出版以来，将近两年了。它的大量需要，证明了中国社会正需要这样一个著作的翻译。可是这种殷切的需要，反而增加了译者的内疚。翻译上不当的字句甚至错误，没有能够完全免除。印刷时间的迫不及待，更使全书若干部分的修理工作，留下了疏忽的痕迹。（郑）易里夫妇的细心校勘，虽使全书排成以后，得到一个宝贵的帮助，但在排印方面，尤其是数字、标点、外国原名等，还是有很多错误。这些，都使译者觉得，不把全书对照原本逐字校正一遍，决不能停下来。"

此后，郭大力用了将近一年的时间，对照原文，把《资本论》三卷的译文从头至尾全校订了一遍。考虑到当时国内政治、经济形势，《资本论》中译本在短期内不可能再版，于是，郭大力根据校订的结果，择其主要，编制了一个长达33页、包括1700余处更正的详细勘误表。勘误表的内容主要是更正排印上的错误，包括丢字、错字、标点符号、数字以及外文字母上的误差，同时也包括对原译文不够妥帖或不甚准确及错误之处的校订。

郭大力在1940年5月将这个勘误表寄给了读书出版社。出版社随即将它与彭迪先译的《〈资本论〉第一卷补遗》（即马克思手稿：《直接生产过程的结果》最后一部分——引者注）编在一起，以《〈资本论〉补遗勘误》为书名，随《资本论》一同发行（图23-16）。勘误表的编制工作烦琐而细致，但唯此才能弥补译文的不足。郭大力后来回忆："自大战发生以来，我国国民经济上发生的激变，可以说是我国历史上空前的。为求物力的节省，我们不能在这时，把全书重排。我们只有用次一步的办法，做成这个极简单的勘误表。当然，这是极简单的，因为有许多应该改正的地方，还是不能列举出来……（郑）易里、（黄）洛峰要译者续译《剩余价值学说史》的计划，使我们目下又忙着进行一种同样重要的工作。这样，这个译本的更完全的形态，要到后一部书出版以后才可以见到了。"勘误表的编制印行，再次体现了马克思主义经典著作翻译家严肃认真的治学态度。

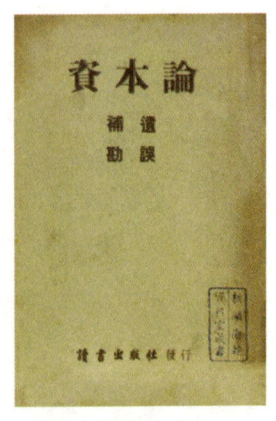

图23-16 1940年上海读书出版社出版，中央党史和文献研究院图书馆藏。

（二）章汉夫、许涤新译《恩格斯论〈资本论〉》

与此同时，《资本论》的其他辅助读物，也在不断出现。1939 年 1 月，章汉夫、许涤新根据莫斯科外国工人出版社1936 年的俄文版《恩格斯论〈资本论〉》译成中文，由读书生活出版社印行（图 23-17）。章汉夫与许涤新两人在编译过程中，分工明确，其中，许涤新翻译了"编者的话"至"第一章第三节"的内容，章汉夫翻译了剩下的内容，翻译完成后，由许涤新校阅全文。这是一部收集了恩格斯专论《资本论》的著作，内容包括：《载再〈民主周刊〉中底〈资本论〉评述》[1]《为〈两周评论〉而作的〈资本论〉评述》[2]《〈资本论〉第二卷序言拔萃》[3]《〈资本论〉第一卷提纲》[4]《〈资本论〉第三卷补》[5]《对〈资本论〉第三卷第二十七章的增补》[6]。

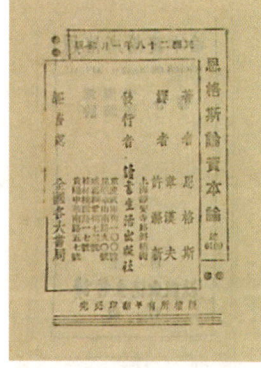

该书俄文编者指出，书中的第一篇述评根据《民主周刊》初版的原文译出；第二篇根据保存在莫斯科马恩列学院的恩格斯首次刊行原稿译出；《〈资本论〉第一卷的提纲》译自马恩列学院的恩格斯手稿；《〈资本论〉第三卷的增补》

图 23-17 1939 年 1 月，读书生活出版社出版，中央党史和文献研究院图书馆藏。

---

[1]　即《卡·马克思〈资本论〉第一卷书评——为〈民主周刊〉作》，见《马克思恩格斯全集》第 16 卷，人民出版社 1964 年版，第 263—271 页。

[2]　即《卡·马克思〈资本论〉第一卷书评——为〈民主周刊〉作》，见《马克思恩格斯全集》第 16 卷，人民出版社 1964 年版，第 326—350 页。

[3]　即《资本论》第二卷序言摘译，见《马克思恩格斯全集》第 24 卷，人民出版社 1972 年，第 20—25 页。

[4]　即《卡·马克思〈资本论〉第一卷提纲》，见《马克思恩格斯全集》第 16 卷，人民出版社 1964 年版，第 273—325 页。

[5]　即《〈资本论〉第三卷增补》，见《马克思恩格斯全集》第 25 卷下，人民出版社 1972 年版，第 1003—1030 页。

[6]　即《资本论》第三卷第五篇第二十七章，见《马克思恩格斯全集》第 25 卷上，人民出版社 1974 年版，第 494—495 页。

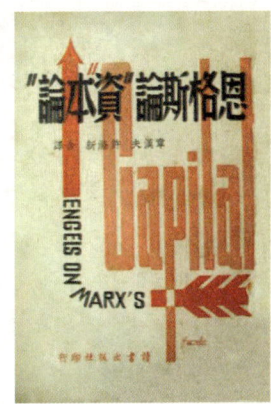

译自德文原本。此书后来多次重印，读书出版社分别在1940年2月、1947年3月、1948年7月出版了不同封面的版本（图23-18、图23-19、图23-20）。

该书目录为：

编者的话

引言

《资本论》述评

载在《民主周刊》中的述评

为《两周评论》而作的述评

《资本论》第二卷序言拔萃

《资本论》第一卷提纲

第一章　商品与货币

一、商品

二、商品交换过程

三、货币，或商品的流通

第二章　货币转形为资本

一、资本的总公式

二、总公式中的矛盾

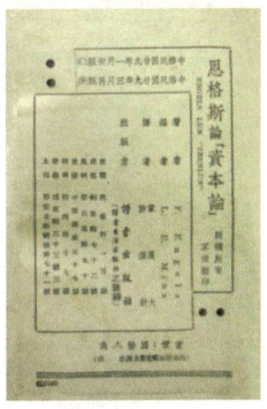

图23-18 1940年2月读书出版社出版，中央党史和文献研究院图书馆藏。

图23-19 1947年3月，读书出版社出版，中央党史和文献研究院图书馆藏。

图 23-20 1948 年 7 月，读书出版社出版，中央党史和文献研究院图书馆藏。

（三）何锡麟译《〈资本论〉提纲》

此外，还有一种《资本论》辅助读物由何锡麟译自俄文的《〈资本论〉提纲》，1939 年 11 月由解放社出版（图 23-21）。该书封面印有"马恩丛书 9"字样，含《关于〈资本论〉的评论》《论〈资本论〉（为〈双周评论〉作）》《〈资本论〉第二卷序言》《〈资本论〉提纲》《〈资本论〉第三卷补遗》《〈资本论〉第三卷第二十七章补》。该书在解放战争时期多次重印（图 23-22、图 23-23、图 23-24、图 23-25）。

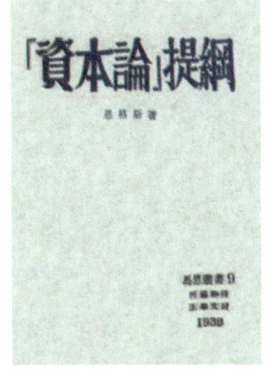

图 23-21 1939 年解放社出版，中央党史和文献研究院图书馆藏。

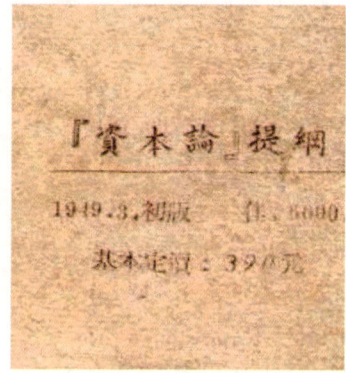

图 23-22 1949 年 3 月，东北书店出版，中央党史和文献研究院图书馆藏。

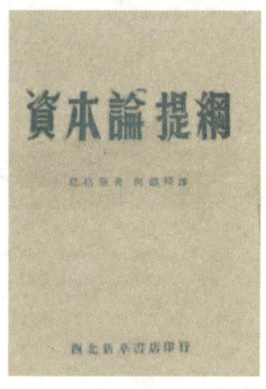

图 23-23 西北新华书店出版，重庆
市图书馆藏。

图 23-24 1949 年 9 月，西北新华书店出版，中央党史和文献研究院图书馆藏。

该书目录为：

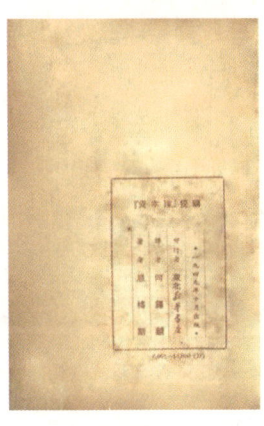

图 23-25 1949 年 10 月，东北新华书店出版，中央党史和文献研究院图书馆藏。

（四）王思华译《大众资本论》

1937 年王思华到达延安后，为广大党员和干部、八路军指战员和投奔抗日战争前线的革命知识分子，频繁讲解《资本论》和《政治经济学》。为使读者更好地学习和理解《资本论》的要义，王思华把《资本论》第一卷内容按章节通俗化，编写成《大众资本论》，于 1938 年 7 月由生活书店出版（图 23-26）。

1948 年王思华将《大众资本论》更名为《资本论解说》，首次在东北解放区（哈尔滨）出版发行。此后，多次在哈尔滨、吉林、沈阳和北京再版发行。《资本论解说》以"资本论的中心内容""资本论的方法""读资本论时应注意的几个问题"几个方面的内容为主体，高度而通俗地概括了《资本论》的主要内容。在"资本论的中心内容"一章中，作者简要介绍了《资本论》三卷各篇的主要内容。

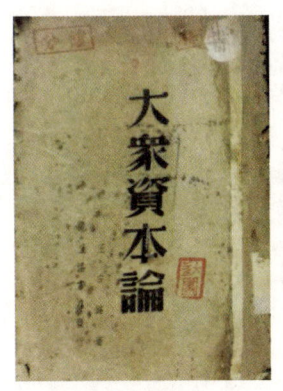

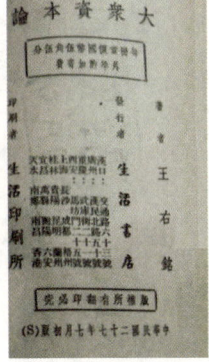

（五）其他

此外，在 1940 年 5 月，读书生活出

图 23-26 1938 年 7 月，生活书店出版，国家图书馆藏。

图 23-27 1940 年 5 月，读书生活
出版社出版，国家图书馆藏。

版社还出版了 J. 亚尔帕里著，许涤新译的《怎样研究〈资本论〉》一书（图 23-27），其目录为：

第二十四章

《卡·马克思〈资本论〉第一卷书评——为〈民主周报〉作》

《资本论》出版后的一开始，并没有获得它后来所享有的成功，但它在马克思的小圈子中被接受了，甚至他的老朋友费尔巴哈和卢格都发表了赞扬性的评论。[①] 恩格斯则不遗余力地撰写评论，并使每一篇文章符合每份报纸的风格。

《卡·马克思〈资本论〉第一卷书评——为〈民主周报〉作》一文以通俗易懂的方式阐述了马克思经济学说的基本原理，特别是剩余价值理论。该文由恩格斯写于 1868 年 3 月 2 日至 13 日，首次发表在 1868 年 3 月 21 日、28 日《民主周报》第 12、13 号，没有署名，原文是德文。1949 年以前《卡·马克思〈资本论〉第一卷书评——为〈民主周报〉作》的中译文版本情况如下：

一、由章汉夫、许涤新合译，载 1939 年 1 月出版的《恩格斯论〈资本论〉》一书中（图 24-1）。

[①]　[英] 戴维·麦克莱伦：《马克思传》，王珍译，中国人民大学出版社 2008 年版，第 325 页。

二、由王学文、何锡麟、王石巍合译，载 1939 年 4 月出版的《政治经济学论丛》一书第 135—144 页。

三、由郭大力译，载 1939 年 4 月出版的《〈资本论〉通信集》一书第 83—95 页，篇名为《〈资本论〉述评》，又载 1948 年 8 月出版的《资本论》第一卷第 700—706 页。

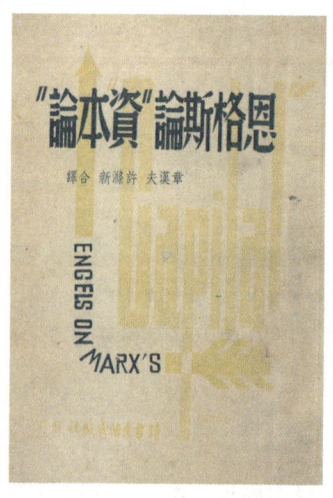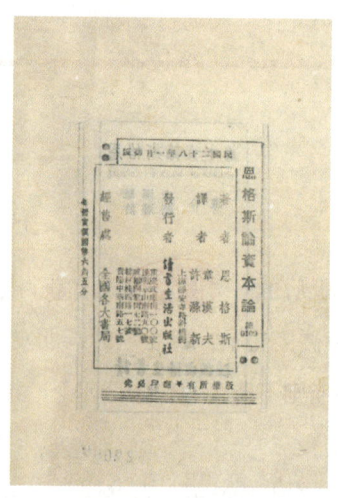

图 24-1 1939 年 1 月，读书生活出版社出版，国家图书馆藏。

卡·马克思《法兰西内战》

　　巴黎公社宣布成立后，马克思就开始精心收集和研究来自法国、英国、德国等有关公社的各种报刊资料和书信等材料。1871 年 4 月 18 日，国际工人协会总委员会召开会议，马克思在会议上建议就法国"斗争的总趋向"发表一篇告全体委员的宣言。总委员会把起草宣言的工作委托给了马克思。此后，马克思着手这项工作，一直到 5 月底。他先写了初稿和第二稿，之后开始定稿工作。1871 年 5 月 28 日，巴黎公社的最后一个街垒陷落，此后即 1871 年 5 月 30 日，国际工人协会总委员会一致批准了马克思宣读的《法兰西内战》的定稿文本。随后，马克思对这一宣言的第四部分的某些段落作了补充和加工，直至定稿。①

　　《法兰西内战》是科学社会主义的重要文献。马克思在这部著作中全面总结了巴黎公社的战斗历程和历史经验，阐发了马克思主义关于阶级斗争、国

---

① 北京图书馆马列著作研究室编：《马克思恩格斯著作中译文综录》，书目文献出版社 1983 年版，第 102 页。

家、无产阶级革命和无产阶级专政的学说。[①]

《法兰西内战》原文是英文，最初于 1871 年 6 月 13 日左右在伦敦印成 35 页的小册子，发行 1000 册；不久又出版了英文第二版，发行 2000 册，这一版，改动了几处正文，增补了第 2 篇文件；同年 8 月，英文第三版出版。在 1871 年和 1872 年两年内，《法兰西内战》几乎在欧美各主要大国都有了踪影，先后被译成德文、法文、俄文、意大利文、西班牙文、荷兰文、弗拉芒文、塞尔维亚—克罗地亚文、丹麦文和波兰文，在期刊上发表，并同时出版了单行本。[②]

《法兰西内战》德文版是由恩格斯翻译，刊载于 1871 年 6 月至 7 月的《人民国家报》上，并在莱比锡出版了单行本。1876 年，为纪念巴黎公社 5 周年，《法兰西内战》再版了德文版。1891 年，为纪念巴黎公社 20 周年，恩格斯重新校订了德文版，并由《前进报》出版社出版。同时，恩格斯还为该版本写了导言，在这一版本还收入了马克思写的国际工人协会总委员会关于普法战争的第一篇和第二篇宣言。[③]1949 年以前《法兰西内战》的中译文版本情况如下：

一、摘译

1919 年 12 月，《建设》期刊第 1 卷第 5 号刊载了胡汉民的《唯物史观批评之批评》，该文认为《法兰西内战》包含了马克思的唯物史观，并翻译了其中的两段："人的感情、想象、思索及人生观，都在财产所有权之形态，社会的生活状态上有其根据，就是此等心理皆从社会物质的组织及伴此而生之社会的关系起的，各个人为或种行为的时候，诸说及教育的结果，必不能免其社会

---

① 中央编译局编：《马克思恩格斯文集资料汇编》，人民出版社 2011 年版，第 77 页。
② 中央编译局编：《马克思恩格斯文集资料汇编》，人民出版社 2011 年版，第 78 页。
③ 中央编译局编：《马克思恩格斯文集资料汇编》，人民出版社 2011 年版，第 78—79 页。

事情之影响。""人类能造成他自己的历史，但不能依他自己所想象或所选择的条件做成，必要依于当时一定条件之下做去。"

1921年6月，《新青年》第9卷第2号《从科学的社会主义到行动的社会主义》一文提到："马克思在一千八百七十一年著过《法国内乱》（*Civil War in France*）一书，那书上说，'劳动阶级单靠掌握现成的国家机构要达到自己的目的是不能的。'"在该期《马克思派社会主义》一文中再次提到："马克思在他所著的《法国内乱》一书上曾经说：'劳动阶级要想达到自己阶级的目的，单靠掌握现行的国家是不济事的。'"上文引用的马克思原话今译为："工人阶级不能简单地掌握现成的国家机器，并运用它来达到自己的目的。"1921年8月14日，《新青年》第9卷第4号刊载的施存统《马克思底共产主义》一文再次引述了该语："《法兰西内乱》上说：'劳动阶级要想达到自己阶级的目的，单靠掌握现行的国家是不济事的。'"在该文中，作者指出，此语为马克思思想的精髓，因为一种经济组织一定要有一种政治组织与之相适应，因而经济组织的改变也需改变政治组织。1922年7月1日，《新青年》第9卷第6号发表的《马克思学说》一文再译《法兰西内战》中一句话："劳动阶级要想达到自己阶级之目的，单靠掌握现存的国家是不成功的。"

二、吴黎平、刘云译本

《法兰西内战》首个中文全译本出现于1938年11月，由吴黎平（即吴亮平）、刘云（即张闻天）翻译。这一《法兰西内战》译本曾多次重印。

（一）吴黎平、刘云译本第1种

1938年11月，解放社出版（图25-1）。该书32开，横排平装本，定价国币3角，共118页，封面印本书的德文名"BÜRGERKRIEG IN FRANKREIGH"，注明"马恩丛书5"。该书目录为：

恩格斯的引言
国际工人联合会总委员会为普法战争告欧美各分会全体会员第一书

图 25-1 1938 年 11 月，解放社出版，中央党史和文献研究院图书馆藏。

国际工人联合会总委员会为普法战争告欧美各分会全体会员第二书

国际工人联合会总委员会为法兰西内战告欧美各分会全体会员书

马克思致顾格曼论巴黎公社的信

列宁在《马克思致顾格曼信集》俄译本序文中论巴黎公社

该书的六个部分中，"恩格斯的引言"为《法兰西内战》德文第三版的序言，即恩格斯写的《卡·马克思〈法兰西内战〉》一书导言；"国际工人联合会总委员会为普法战争告欧美各分会全体会员第一书"即马克思撰写的《国际工人协会总委员会关于普法战争的第一篇宣言》；"国际工人联合会总委员会为普法战争告欧美各分会全体会员第二书"即马克思撰写的《国际工人协会总委员会关于普法战争的第二篇宣言》；"国际工人联合会总委员会为法兰西内战告欧美各分会全体会员书"即巴黎公社失败后的 1871 年 5 月 30 日，马克思向国际工人协会总委员会宣读的《法兰西内战》；"马克思致顾格曼论巴黎公社的信"，即马克思在 1871 年 4 月 17 日写给路·顾格曼的信；"列宁在《马克思致顾格曼信集》俄译本序文中论巴黎公社"，即列宁专门为俄文版《马克思致库格曼书信集》撰写的序言。书中还有编辑部和译者加的注。

（二）吴黎平、刘云译本第 2 种

1939 年 2 月，解放社出版（图 25-2），由中共共产党在重庆的公开出版机构新华日报印刷、发行。该书 32 开，横排平装本，共 118 页，署名页印有"马恩丛书第五种"字样，封

面印有一幅精美的木刻版画。

（三）吴黎平、刘云译本第 3 种

1939 年 3 月，中国出版社出版、印刷、发行（图 25-3）。该书 32 开，横排平装本，118 页，书名页印有"马克思·恩格斯丛书第五种"字样。

（四）吴黎平、刘云译本第 4 种

1946 年 5 月，生活书店出版（图 25-4）。该书 32 开，竖排平装本，154 页，封面印有"世界学术名著译丛"字样，版权页注明"中华民国三十五年五月初版"

（五）吴黎平、刘云译本第 5 种

1948 年 8 月，解放社出版（图 25-5）。该书 32 开，竖排平装本，154 页，版权页注明"本书根据延安新华书店一九三八年十一月的版本翻印"。

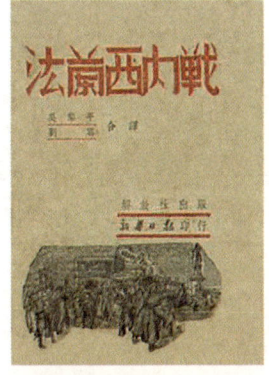

图 25-2 1939 年 2 月，解放社出版，中央党史和文献研究院图书馆藏。

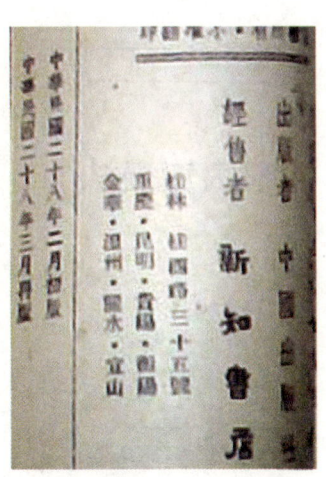

图 25-3 1939 年 3 月，中国出版社出版，中央党史和文献研究院图书馆藏。

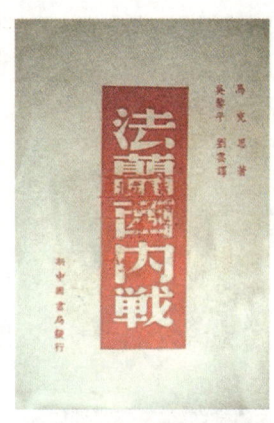

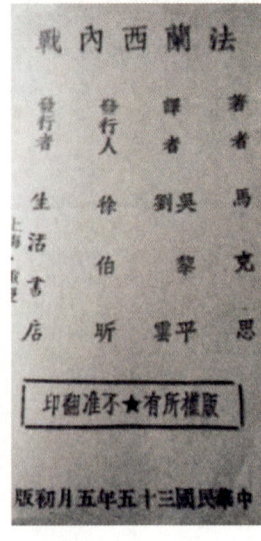

图 25-4 1946 年 5 月，生活书店出版，华东师范大学图书馆藏。

（六）吴黎平、刘云译本第 6 种

1949 年 1 月，中原新华书店出版、印刷、发行（图 25-6）。该书 32 开，竖排平装本，94 页，印 4000 册。

（七）吴黎平、刘云译本第 7 种

1949 年 3 月，生活书店出版（图 25-7），新中国书局（东北军区光华书店）发行。该书 32 开，竖排平装本，154 页，版权页注明"一九四九年三月东北初版三千册（大连）。"

（八）吴黎平、刘云译本第 8 种

1949 年 5 月，华东新华书店出版（图 25-8）该书 32 开，竖排平装本，120 页。

（九）吴黎平、刘云译本第 9 种

1949 年 7 月，华解放社出版（图 25-9），上海新华书店发行，新华印书厂印刷。该书 32 开，竖排平装本，116

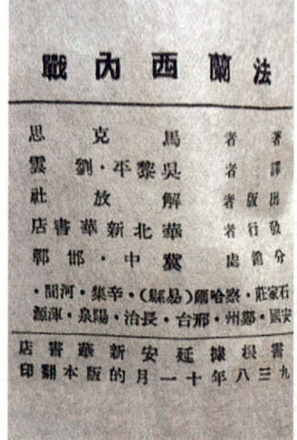

图 25-5 1948 年 8 月，解放社出版，上海图书馆藏。

 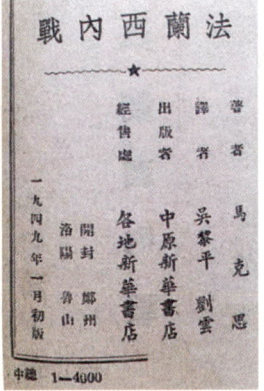

图 25-6 1949 年 1 月，中原新华书店出版，郑州大学图书馆藏。

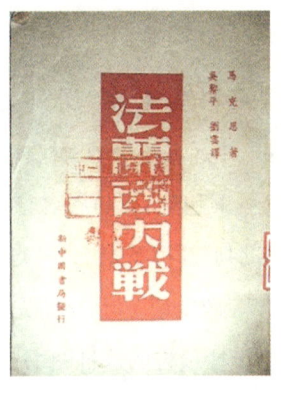 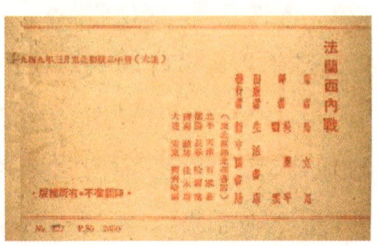

图 25-8 1949 年 5 月，华东新华书店出版，国家图书馆藏。

图 25-7 1949 年 3 月，生活书店出版，上海图书馆藏。

页，印 10000 册。

（十）吴黎平、刘云译本第 10 种

　　1949 年 7 月，新华书店出版、发行（图 25-10）。该书 32 开，竖排平装本，119 页，印 5000 册，书前有马克思像一幅。

（十一）吴黎平、刘云译本第 11 种

　　还有一个版本出版日期不详，中国出版社出版（图 25-11）。该书 32 开，横

图 25-9 1949 年 7 月，解放社出版，国家图书馆藏。

排平装本，共 118 页，定价国币 5 角。

三、郭和译本

《法兰西内战》第二个中文全译本由郭和翻译，"译后记"中指出，本书参考日译本翻译，由王凡西按照英译本和俄译本校对，并增加由梁赞诺夫撰写的序言和公社的宣言，附录中的注释由陶伯根据俄文翻译。

（一）郭和译本第 1 种

1939 年 4 月，海潮社出版，金星书店发行（图 25-12）。该书 32 开，竖排平装本，共 242 页。在本书的版权页上，刊有"马克思名著译丛预告"，丛书包括："马恩名论选""给顾格尔曼的信""政治经济学批判""神圣家庭""英国工人状况""哲学之贫困""拿破仑第三政变记""伏格特先生""马恩通信集"。不过，由海潮出版社预告的这批图书，未曾出版。该书目录为：

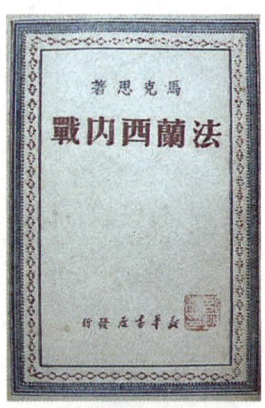

图 25-10 1949 年 7 月，新华书店出版，湖北省图书馆藏。

俄译本序（梁尚诺夫）

恩格斯在德文版上第三版的序言

国际工人协会总务委员会关于战争的宣言

总务委员会关于普法战争的第一次宣言

一八七〇九月九日第二次宣言

国际工人协会总务委员会宣言（法兰西内战）

附注

巴黎公社宣言

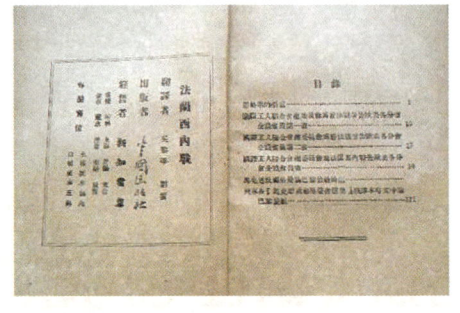
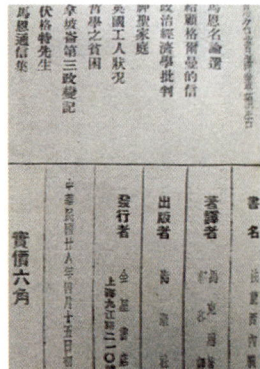

图 25-11 中国出版社出版，上海图书馆藏。

图 25-12 1939 年 4 月，海潮社出版，中央党史和文献研究院图书馆藏。

马克思致顾格尔曼的信（二封）

俄译本注释

译后记

（二）郭和译本第 2 种

1940 年 11 月，海潮社出版、金星书店发行了《巴黎公社》一书（图 25-13），其中第 59—172 页收录郭和译的《法兰西内战》，《马克思致顾格尔曼的信（二封）》未收入该书中，该书 32 开，横排平装本，定价 1 元。

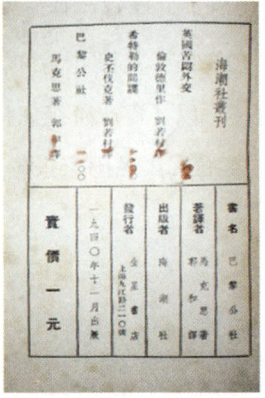

图 25-13 1940 年 11 月，海潮社出版，北京杂书馆藏。

第二十六章

弗·恩格斯《论住宅问题》

　　1870 年 9 月 20 日，恩格斯从曼彻斯特移居伦敦，其住所在离马克思家步行仅 15 分钟远的瑞琴特公园路 122 号，俩人从此朝夕相处。[①] 他们十分重视提高德国工人运动的理论水平，恩格斯在德国社会民主工党机关报《人民国家报》发表的《论住宅问题》，批判了蒲鲁东主义和资产阶级改良主义者提出的种种"救世计划"，阐发了科学社会主义的基本原理。[②]

　　《论住宅问题》含恩格斯撰写三篇文章，原文为德文。第一篇文章于 1872 年 5 月 22 日写成，以《蒲鲁东怎样解决住宅问题》为标题首次发表在 1872 年 6 月 26 日、29 日和 7 月 3 日《人民国家报》第 51、51 和 53 号上。第二篇文章于 1872 年 10 日写成，以《资产阶级怎样解决住宅问题》为标题首次发表在 1872 年 12 月 25、28 日《人民国家报》第 103、104 号和 1873 年

[①] [德]海因里希·格姆科夫等：《恩格斯传》，易庭镇、侯焕良译，生活·读书·新知三联书店 1978 年版，第 330 页。

[②] 中央编译局编：《恩格斯画传》，重庆出版集团 2012 年版，第 153 页。

1月4、8日《人民国家报》第2、3号上。1873年1月，恩格斯从事第三篇的写作，以《再论蒲鲁东和住宅问题》为标题首次发表在1873年2月8、12、19、22日《人民国家报》第12、13、15、16号上。第二篇曾转载在1873年1月的《人民意志报》第3～9期上。1872年，《人民国家报》出版社在莱比锡出版了前两篇文章的单行本，第一册书名为《论住宅问题》。第二册书名为《论住宅问题。第二册：资产阶级怎样解决住宅问题》，第三册于1873年在莱比锡出版，书名为《论住宅问题。第三册：在论蒲鲁东和住宅问题》。1887年，在霍廷根－苏黎世该著作出版校订第2版，恩格斯写了一些修改和补充，并于1887年1月10日写了一篇序言，序言首次发表在1887年1月15、22日《社会民主党人报》第3、4号上。

《论住宅问题》的中译本最早是由周建人翻译的，他摘译其中的第一篇和第二篇的部分段落，以《居住问题》为篇名，收录在1948年8月出版的《新哲学手册》一书第117—125页。在文中，恩格斯被译为"恩格尔斯"，该文章分为两个部分，第一部分题名为"普鲁东如何解决居住问题"，第二部分题名为"资产阶级如何解决居住问题"。《新哲学手册》此后多此再版（图26-1）。

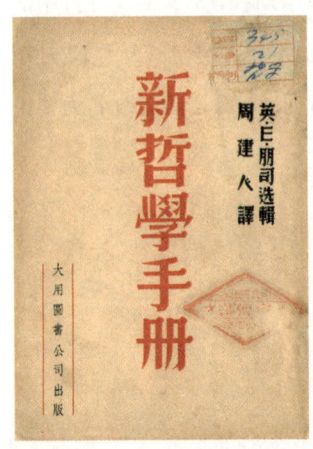

图26-1 1949年4月，大用图书公司出版，国家图书馆藏。

第二十七章

弗·恩格斯《论权威》

巴黎公社失败后，巴枯宁的无政府主义国家观在意大利，尤其是知识分子中影响很大。① 清除巴枯宁的无政府主义成为当时意大利工人运动的迫切任务。1872 年 7 月，意大利《人民报》编辑恩·比尼亚米向恩格斯提出，请他写文章批判巴枯宁的无政府主义观。恩格斯写完后于 1872 年 11 月将文章寄给了比尼亚米，但由于此时比尼亚米被捕，文章弄丢了。他释放后，再次请求恩格斯将文章的副本寄过去，或再写一篇。于是，恩格斯在 1873 年 3 月将用法文写好的《论权威》寄给比尼亚米，此文被译成意大利文后于 1873 年 12 月在意大利《共和国年鉴》1874 年卷上发表。1894 年 6 月 14 日，该文改名为《论权威原则》用意大利文在《战斗》第 15 号上发表。②

① 中央编译局编：《马克思恩格斯文集资料汇编》，人民出版社 2011 年版，第 85 页。
② 中央编译局编，《马克思恩格斯文集资料汇编》，人民出版社 2011 年版，第 86 页。

1949 年前，《论权威》的中译文以《权力的原理》为篇名，刊载于 1923 年 12 月在巴黎出版的《少年》第 13 期，译者署名"抱兮"。

第二十八章

卡·马克思《政治冷淡主义》

如恩格斯的《论权威》一样，马克思的《政治冷淡主义》也是应意大利《人民报》编辑恩·比尼亚米之邀，为批判巴枯宁的无政府主义思想而写。文章还驳斥了蒲鲁东及其追随者反对工人运动的种种论说，阐明了工人阶级参加政治斗争的意义。①

该文由马克思用法文写于1872年12月底至1873年1月初，被比尼亚米译成意大利文后发表在意大利《共和国年鉴》1874年卷上。该作的中文译本首次出现是在1923年7月，巴黎出版的《少年》第10期以《离开政治的性质》为篇名刊载此文，译者署名为抱兮。②

---

① 中央编译局编：《马克思恩格斯文集资料汇编》，人民出版社2011年版，第86页。
② 中央编译局编：《马克思恩格斯文集资料汇编》，人民出版社2011年版，第85—86页。

弗·恩格斯《流亡者文献》

《流亡者文献》是恩格斯在 19 世纪 70 年代中期关注欧洲民主运动、工人运动和俄国问题发表的一组文章，内容涉及波兰、法国、俄国流亡者对本国革命的认识，同时还批判了布朗基主义、巴枯宁主义及其他小资产阶级社会主义关于革命的的错误观点，分析论述了革命的前景和无产阶级进行革命斗争的策略。①

这组文章共五篇，其中第一篇、第二篇和第五篇收入《〈人民国家报〉国际问题论文集（1871—1875）》，并加有标题。② 第三篇和第四篇发表在《人民国家报》上，没有标题。第三篇是恩格斯针对《前进！》杂志发表的彼·拉甫罗夫的文章而写；第四篇是恩格斯对彼·尼·特卡乔夫的诽谤性小册子《给弗里德里希·恩格斯先生的公开信》的答复。③

---

① 中央编译局编：《马克思恩格斯文集资料汇编》，人民出版社 2011 年版，第 87 页。
② 中央编译局编：《马克思恩格斯文集资料汇编》，人民出版社 2011 年版，第 87 页。
③ 中央编译局编：《马克思恩格斯文集资料汇编》，人民出版社 2011 年版，第 87 页。

上述五篇文章仅《俄国社会状况 》收录在 1939 年 6 月解放社出版的，由柯柏年、艾思奇、景林翻译的《马恩通信选集》中（图 29-1）。

图 29-1 1939 年 6 月，解放社出版，中央党史和文献研究院图书馆藏。

第三十章

卡·马克思《哥达纲领批判》

马克思在生命的最后十年，虽然受多种疾病的困扰，但他仍然以惊人的毅力投身于理论创作和革命斗争，倾注大量心血指导欧美国家建立无产阶级政党。[①]

1875 年 2 月，奥古斯特·倍倍尔、威廉·白拉克、威廉·李卜克内西等创立的德国社会民主工党（爱森纳赫派）和拉萨尔等创建的全德工人联合会（拉萨尔派）在哥达召开了合并预备会议，并拟定了纲领草案《德国工人党纲领》。马克思告诫爱森纳赫派在同拉萨尔派合并时不要拿原则作交易，并抱病写了《德国工人党纲领批判》（即《哥达纲领批判》）。[②]

《哥达纲领批判》由马克思写于 1875 年 4 月至 5 月初，是科学社会主义的重要文献，包括马克思的《德国工人党纲领批注》和他在 1875 年 5 月 5 日

[①] 中央编译局编：《马克思画传》，重庆出版集团 2018 年版，第 233 页。
[②] 中央编译局编：《马克思画传》，重庆出版集团 2018 年版，第 239 页。

写给威·白拉克（即爱森纳赫派的领导）的信。[1] 马克思在这部著作中逐条批判了纲领草案中的拉萨尔主义观点，阐述了科学社会主义的基本原理，丰富和发展了科学社会主义理论。

《哥达纲领批判》在马克思生前没有公开发表。1891年，恩格斯将这一著作作了某些删节后，首次发表在1891年《新时代》杂志第1卷第18期，并写了序言。

1949年以前《哥达纲领批判》的中译文版本情况如下：

一、摘译

1921年6月1日，《新青年》第9卷第2号刊载李达的《马克思派社会主义》一文，其中译载了《哥达纲领批判》的一段："由资本主义社会移到社会主义社会的中间，有一个政治的过度时期。这政治的过渡时期，就是劳动专政。"

1921年7月1日，陈独秀在《新青年》第9卷第3号发表《社会主义批评（在广州公立法政学校讲演）》一文，在谈到"无产阶级专政"时，引用《哥达纲领批评》中的一句话："在资本主义的社会和共产主义的社会底中间，有一个由这面推移到那面的革命的变形的时期。而这个时期，政治上的过渡时代就为必要。"

1921年8月14日，施存统在《新青年》第9卷第4号发表《马克思底共产主义》的一文，也译载了《哥达纲领批判》相关内容："从资本主义社会推移到社会主义底中间，必须经过一个革命的变形时期。同这个革命的变形时期相适应的，有一个政治上的过渡期。""我们这里要处置的东西，并不是在那个固有基础上发展的共产主义社会，实在是那个刚从资本

---

① 中央编译局编：《马克思恩格斯文集资料汇编》，人民出版社2011年11月，第94—95页。

主义社会产出之后那些时候的共产主义社会。在这时期无论在经济上，在道德上，在精神上，在其余一切关系上，都还没有脱除那个生他的母胎旧社会底遗风。在这种社会里每个生产者，都向社会正确地取回自己所给社会的东西（扣除为社会全体所必要的费用之后）。他给予社会的东西，就是他个人的劳动量……他向社会领受了一种证券，这种证券上写明'供给这些分量的劳动'（扣除了他为共同机关所行的劳动）；拿了这个证券，向消费物底社会仓库，取出与这个所费的劳动相等的东西。这就是：他把他在这一个形式上所给予社会的东西，在别一个形式上取回。换句话说，就是同量的劳动互相交换""在这个地方，明明白白被同'那个规定的商品交换（只要他是在同一价值内交换）的原则'相同的原质支配者。不过在这变化过的事情下面，因为（一）无论是谁，都不能提供他的劳动以外的东西；和（二）除了个人的消费物以外，无论什么东西，都不能归个人所有；所以内容和形式，都发生了变化。但是个个生产者之间的消费品分配，是被同'商品同价量交换'一样的原则支配着的；即是这个形式同量的劳动，同别个形式同量的劳动交换"。

1922 年 1 月 15 日，《先驱》创刊号刊载重远（即邓中夏）的《共产主义与无政府主义》一文，该文对《哥达纲领批评》的部分内容进行了简要介绍。

1922 年 7 月 1 日《新青年》第 9 卷第 6 号刊载贝尔著，赭选翻译的《马克思学说之两节》一文，其中包含《哥达纲领批判》的内容，"权利是不能超出社会的经济构造与为经济构造所定限的文化发展以上的"，"所以一个出产者那时所能收回的正是他所予于社会的，扣减去为政府、教育、以及别的社会所负担所用之数……平等乃在统通，对于所有一切一人，都用劳动作度量标注"。

二、熊得山译本

《哥达纲领批判》第一个中文全译本由熊得山翻译，载于 1922 年（北京）《今日》月刊第 1 卷第 4 号"马克思号"第 9—35 页，文前有"译者附记"。北京马克思主义研究会于 1923 年 5 月 5 日出版了这一译本的单行本。该书 32

开，竖排平装本，40页，书前有译者写的"小引"。

三、李达译本

《哥达纲领批判》第二个中文全译本由李达翻译，以"德国劳动党纲领栏外批评"为题名，于1923年4月10日刊载在湖南自修大学出版的《新时代》第1卷第1号第1—28页。

四、彭学霈译本

《哥达纲领批判》第三个中文全译本由彭学霈翻译，以"德意志劳动党纲领批评"为题名，于1925年5月发表在上海《学灯》第7卷第5册第9、12—15号。该译本参照1922年的德文和法文本翻译，文前有译者写于1924年12月15日的序言，本书内容包括："恩格斯序言""马克思给白拉克的信""德国社会主义工人党纲领（哥达通过）"。

五、柯柏年译本

《哥达纲领批判》第四个中文全译本由李春蕃（柯柏年）翻译，1925年8月由解放丛书社出版、发行、印刷（图30-1）。该书64开，竖排平装本，共52页，封面印有"解放丛书第一种"字样，版权页著有作者的英文名："Karl Marx"。该书内容包括："恩格斯的序言""马克思给威·白拉克的信"以及"对德国工人党纲领的几点意见"，书后附注12条。1926年1月，解放丛书社再版了此书。

六、李一氓译本

《哥达纲领批判》第五个中文全译本由李一氓翻译，载于1930年2月上海

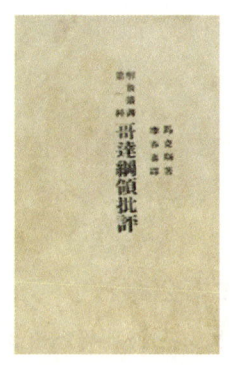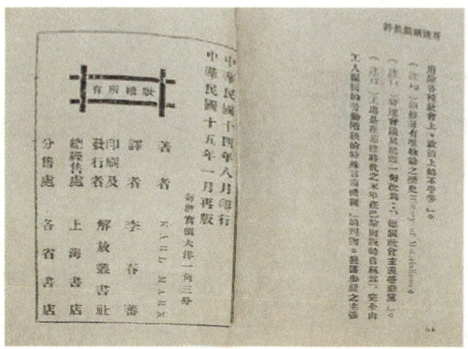

图 30-1 1926 年 1 月，解放丛书社出版，北京杂书馆藏。

社会科学研究会出版的《马克思论文选择》，内容包括："恩格斯序言""马克思给威·白拉克的信"以及"对德国工人党纲领的几点意见"，文后有注释 13 条。

七、何思敬、徐冰译本

《哥达纲领批判》第六个中文全译本由延安马列学院的教员何思敬、徐冰合译。该版本的译文特点是，它吸取了前几种版本的优长，语言更加流畅，较为符合当时的阅读习惯。该译本还收录了恩格斯 1875 年 3 月给奥·倍倍尔的信，该信批判了拉萨尔主义的错误观点。

（一）何思敬、徐冰译本第 1 种

1939 年 12 月，延安解放社出版（图 30-2）。该书 32 开，横排平装本，139 页，定价国币 8 角，封面印有"马恩丛书 10"字样，其目录为：

《哥达纲领》批判

马克思、恩格斯关于《哥达纲领》的通讯

    恩格斯给倍倍尔的信

    恩格斯给白拉克的信

    恩格斯给白拉克的信

    恩格斯给倍倍尔的信

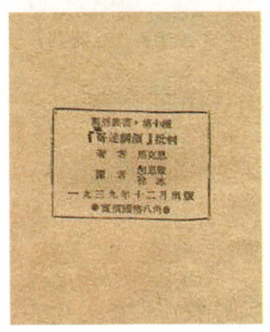

图 30-2 1939 年 12 月，解放社出版，国家图书馆藏。

恩格斯《〈哥达纲领〉批判》序言
列宁论《哥达纲领》
《马克思主义论国家》中的摘录
《国家与革命》中的摘录

（二）何思敬、徐冰译本第 2 种

1949 年 5 月，东北书店出版、发行（图 30-3）。版权页注明"1949.5.初版 长."，即长春初版。该书 32 开，印 5000 册，封面印有"马恩丛书之十"字样。

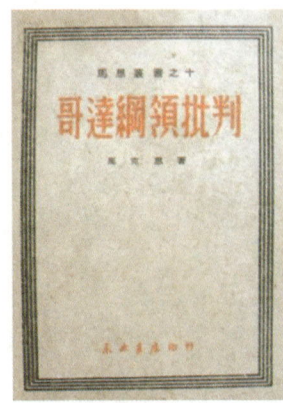

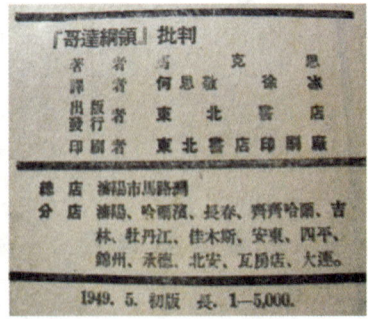

图 30-3 1949 年 5 月，东北书店出版，中央党史和文献研究院图书馆藏。

第三十一章

弗·恩格斯《卡尔·马克思》

《卡尔·马克思》是恩格斯于 1877 年 6 月中旬，应《人民历史》丛刊主编威·白拉克的请求而撰写的马克思传略。恩格斯在该作中概述了马克思的一生是在创立马克思主义理论和争取工人解放运动而进行的伟大理论创作和实践活动中度过的，阐释了马克思发现的两大理论——唯物史观和剩余价值理论，指出这两大发现为社会主义从空想变为科学提供了科学依据，在人类历史具有划时代意义。[①] 该作首次发表在 1878 年不伦瑞克发行的《人民历史》丛刊，原文是德文。后来出现的诸多介绍马克思生平事业的文章，如保·拉法格的《回忆卡尔·马克思》以及列宁的《一个工人对卡尔·马克思的回忆》等都吸收了恩格斯《卡尔·马克思》一文的内容和思想。[②]

《卡尔·马克思》在 1949 年以前的中译文版本情况如下：

[①] 中央编译局编：《马克思恩格斯文集资料汇编》，人民出版社 2011 年版，第 95 页。
[②] 《马克思恩格斯著作中译文综录》，书目文献出版社 1983 年版，第 223 页。

图 31-1 1927 年 1 月，上海光华书局出版，国家图书馆藏。

一、摘译

《卡尔·马克思》最早的中译文见于 1927 年 1 月光华书局出版的《欧洲社会思想史》一书（图 31-1）。该书"马克思小传"中的部分内容译自《卡尔·马克思》，编译者为黄新民，标有"一九二七年一月初版"。该书 32 开，竖排平装本。

二、吴黎平、石巍译本

《卡尔·马克思》第一个中文全译本由吴黎平、石巍合译，载 1939 年 3 月中国共产党的机关刊物《解放》第 66 期，篇名为《马克思小传》，文后附译者注。

三、何封译本

《卡尔·马克思》第二个中文全译本由何封翻译，收录于 1940 年 8 月上海读书出版社出版的《卡尔·马克思—人·思想家·革命家》的第 1—15 页。该版本多次重印。

（一）何封译本第 1 种

1940 年 8 月，读书出版社出版、发行。该书 32 开，竖排平装本，版权页注明"原著者 Engles 等"，封面印有马克思的老照片。1947 年 5 月和 11 月，读书出版社两次重印（图 31-2、图 31-3）。

（二）何封译本第 2 种

1948 年 5 月，读书出版社出版。光华书店印刷、发

图 31-2 1947 年 5 月，读书出版社出版，国家图书馆藏。

图 31-3 1947 年 11 月，读书出版社出版，中央党史和文献研究院图书馆藏。

行（图 31-4）。该书 32 开，竖排平装本，印 3000 册。版权页注明"在大连印造""恩格斯等著"，标有"KAR. MAAKESHY ENGLES DENG ZHU HO FENG DENG YI"字样。

（三）何封译本第 3 种

1949 年 4 月，读书出版社出版，新中国书局印刷、发行（图 31-5）。该书 32 开，竖排平装本，印 10000 册。版权页注明"长春四版"。

图 31-4 1948 年 5 月，读书出版社出版，中央党史和文献研究院图书馆藏。

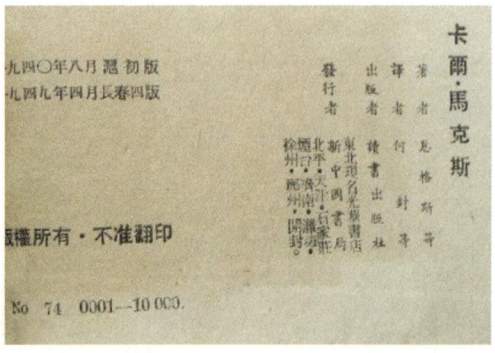

图 31-5 1949 年 4 月，读书出版社出版，中央党史和文献研究院图书馆收藏。

图 31-6 1949 年 6 月，新华书店出版，中央党史和文献研究院图书馆藏。

（四）何封译本第 4 种

1949 年 6 月，苏南新华书店出版（图 31-6），各地新华书店发行。该书 32 开，竖排平装本印，10000 册。

四、其他

《卡尔·马克思》第三个中文全译本以《马克思小传》为名，载 1941 年 5 月 5 日解放社出版的《论马恩列斯》。该版本译者不详。

卡·马克思《给〈祖国纪事〉杂志编辑部的信》

　　马克思晚年十分关心俄国和东方经济文化相对落后国家的发展道路。马克思同俄国的革命者和学者保持着密切的通信联系，同他们探讨农奴制改革后俄国的发展方向和革命前景等问题。①

　　《给〈祖国纪事〉杂志编辑部的信》就是马克思论述俄国社会发展道路和社会历史研究的科学方法方面的著作，写于 1877 年 11 月左右。1949 年，该信由林超真翻译成中文后，以《马克思致祖国杂志主笔》为名收录在上海东亚图书馆出版的《马克思恩格斯书信集》中。

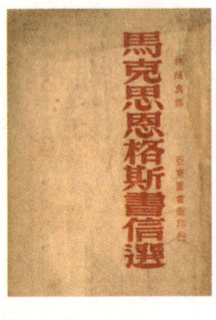

图 32-1 1949 年 9 月，亚东图书馆出版，中央党史和文献研究院图书馆藏。

---

① 中央编译局编：《马克思画传》，重庆出版集团 2018 年版，第 248 页。

第三十三章

弗·恩格斯《反杜林论》

19世纪70年代中期，德国小资产阶级社会主义者代表人物欧根·杜林在德国社会主义工人党内广泛散播其在哲学、经济学及社会主义领域的错误观点，给社会主义运动带来了严重危害。[①]马克思和恩格斯认为必须肃清杜林思想的影响。

恩格斯在1876年5月底写信给马克思时说将批判杜林的著作："你说得倒好。你可以躺在暖和的床上，研究具体的俄国土地关系和一般的地租，没有什么事情打扰你。我却不得不坐硬板凳……突然把一切搁下来，去收拾无聊的杜林。"[②]马克思对恩格斯的态度和行动表示坚决支持。从1876年5月底开始到1878年7月初止，恩格斯用了两年时间写成《欧根·杜林先生在科学中实行的变革》（简称《反杜林论》）。马克思帮助收集了大量资料，并亲自撰写

[①] 中央编译局编：《马克思恩格斯文集资料汇编》，人民出版2011年版，第190页。
[②] ［德］海因里希·格姆科夫等：《恩格斯传》，易庭镇、侯焕良译，生活·读书·新知三联书店1978年版，第379页。

了第二编第十章"《批判史》论述"的初稿《评杜林〈国民经济学批判史〉》。在该著作中，恩格斯揭露和批判了杜林在马克思主义的三个组成部分——哲学、政治经济学和科学社会主义理论方面的错误观点，阐述了马克思主义哲学、政治经济学、科学社会主义的基本原理。

该书的第一编基本上完成于 1876 年 9 月至 1877 年 1 月，以《欧根·杜林先生在哲学中实行的变革》为题，通过论文的形式陆续发表在 1877 年 1 月至 5 月的《前进报》。该编还包括本书首次出版单行本时单独作为整个三编的独立的总的引论的第一、二两章。该书的第二编基本完成于 1877 年 6 月至 8 月，以《欧根·杜林先生在政治经济学中实行的变革》为题发表在 1877 年 7 月—12 月《前进报》学术附刊。该编尾章即论述政治经济学史的第十章是马克思撰写的（这一章的第一部分写于 1877 年 3 月以前，而分析魁奈的《经济表》的第二部分，则写于 8 月以前）。该书的第三编基本上写于 1877 年 8 月至 1878 年 4 月，以《欧根·杜林先生在社会主义中实行的变革》为题发表在 1878 年 5 月—7 月的《前进报》附刊。

1877 年 7 月，这本书的第一编以《欧根·杜林先生在科学中实行的变革。一、哲学》为题在莱比锡出版了单行本。1878 年 7 月，第二和第三篇以《欧根·杜林先生在科学中实行的变革。二、政治经济学。社会主义》为题在莱比锡出版了单行本。在 1878 年 7 月 8 日前后，全书由恩格斯写了序言，在莱比锡出版了第一版，标题为：弗·恩格斯《欧根·杜林先生在科学中实行的变革。哲学。政治经济。社会主义》。在以后的德文各版中，该书都是以上述标题出版的，只是没有副标题——《哲学。政治经济学。社会主义》。1886 年该书第二版在苏黎世出版。经过修订的第三版于 1894 年在斯图加特出版，这是恩格斯生前出的最后一版《反杜林论》。

1880 年，恩格斯应保·拉法格的要求，把《反杜林论》的三章（《引论》的第一章以及第三编的第一章和第二章）改写成一本独立的通俗小册子，首先以《空想社会主义和科学社会主义》为题，后来以《社会主义从空想到科学的发展》为题出版。这本小册子在材料的安排上与《反杜林论》的有关章节有所不同，并对《反杜林论》的文本作了一些补充和改动。

恩格斯后来在《社会主义从空想到科学的发展》的德文第一版（1882 年）和德文增订第四版（1891 年）中对《反杜林论》正文进行了补充和修改，但他本人并没有把这些补充内容收入他生前所出的各版《反杜林论》。《反杜林论》在 1949 年以前的中译文版本情况如下：

一、摘译

《反杜林论》的有关内容在中国最早出现，是 1920 年 12 月《建设》第 3 卷第 1 号刊载的一篇题为《科学的社会主义与唯物史观》的译文，即《反杜林论》第三篇"社会主义编"的部分内容。

1930 年 4 月，亚东图书馆出版了《辩证法经典》一书（图 33-1）。该书第 135—158 页刊载了程始仁编译的《反杜林论》"概论"部分，标题为《唯物辩证法与马克思主义》。

1930 年 6 月，叶作丹摘译《反杜林论》"哲学编"第七节"自然哲学。有机界"中的达尔文学说部分的内容，载上海平民书局出版的《马克思学体系》第三册《史地唯物论》第 39—41 页，题为《达尔文说之基础的要素》。

1932 年 8 月，杜畏之摘译《反杜林论》第二版序言和"概论"第一至六自然段，该文载于 1932 年 8 月出版的《自然辩证法》第 159—168、557—560 页，题目分别为《现代自然科学中之辩证法》和《反杜林论别序》。

1940 年 12 月，曹汀翻译、何思敬校的《新德意志帝国建设之际的暴力与经济》一文载 1940 年 12 月出版的《八路军军政杂志社》，该文附有《反杜林论》中"暴力论"的摘译内容。

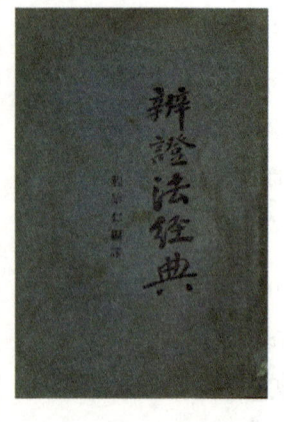

图 33-1 1930 年 4 月上海亚东图书馆出版，中央党史和文献研究院图书馆藏。

1941 年 2 月 10 日，张申府翻译的《论辩证法》载重庆《中国教育》第 1 卷第 7 期，其内容即《〈反杜林论〉旧序。论辩证法》。

1948 年 8 月，周建人摘译《反杜林论》第一编第三、六、十、十一、十二、十三节，第二编第二、四节，第三编第二、五节的部分章节和段落，载《哲学新手册》第 24—84 页，标题为《杜林君在科学中的革命》。

1930 年 12 月，由钱铁如翻译的《反杜林格论》（上册）在昆仑书店出版（图 33-2）。该书 32 开，竖排平装本，包括"三版序言""绪论""第一编哲学"等内容，书前有译者写于 1930 年 8 月 30 日的话。

图 33-2 1930 年 12 月，上海昆仑书店出版，中央党史和文献研究院图书馆藏。

二、吴黎平译本

《反杜林论》第一个中文全译本由吴黎平翻译，译者在其译本序言中指出，该译本"根据德文原本参照俄日两种译本而译成"。1931 年 1 月 15 日，中国社会科学家联盟创办的《书报评论》在其创刊号的"新书介绍"上，对吴黎平译的《反杜林论》作了介绍，之后的第 5 期又刊载了《读〈反杜林论〉第一编》等文章，进一步推介该书。抗日战争全面爆发后，生活书店在重庆、上海等地先后重印该版本。

（一）吴黎平译本第 1 种

1930 年 11 月，上海江南书店出版（图 33-3）。该书 32 开，横排精装本，共印 1000 册。其目录为：

译者序言
三版序言

图 33-3 1930 年 11 月，上海江南书店出版，上海图书馆藏。

（二）吴黎平译本第 2 种

1931 年 8 月，上海江南书店出版（图 33-4）。该书 32 开，横排平装本，印 2500 册。

（三）吴黎平译本第 3 种

1932 年 7 月，李达主持的笔耕堂重印了《反杜林论》吴黎平译本（图 33-5）。该书 32 开，竖排平装本，印数 2000 册，定价 1 元 5 角。本译本的译者署名改为"吴理屏"。

图 33-4 1931 年 8 月，上海江南书店出版，国家博物馆藏。

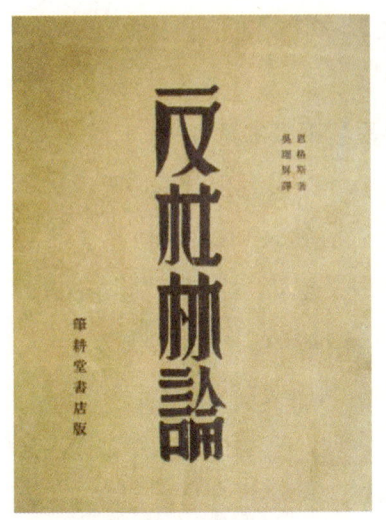

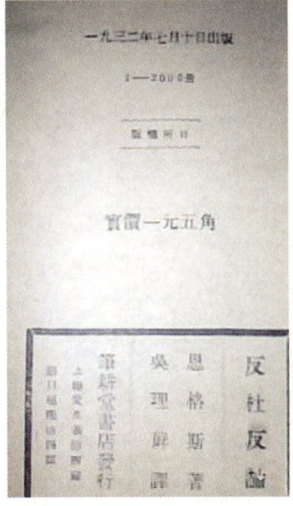

图 33-5 1932 年 7 月，上海笔耕堂书店出版，中央党史和文献研究院图书馆藏。

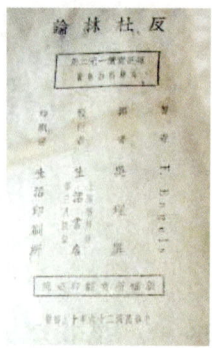

图 33-6 1937 年 10 月，上海生活书店出版，中央党史和文献研究院图书馆藏。

（四）吴黎平译本第 4 种

1937 年 10 月，生活书店出版、发行（图 33-6）。该书 32 开，竖排平装本，定价 1 元 2 角，正文前收入了张仲实译的《〈反杜林论〉出版六十周年纪念》一文。版权页印有"中华民国二十六年十月初版"字样，并标明"著者 F.Engles"，"译者吴理屏"。

（五）吴黎平译本第 5 种

1938 年 3 月，生活书店以两种不同颜色的封面重印了吴亮平译本，封面书名"反杜林论"分别为红底白字和黑底白字（图 33-7）。该书 32 开，竖排平装本，定价 1 元 2 角。版权页印有"中华民国二十七年三月再版"字样，并标明"著者 F·Engels"，"译者吴理屏"。

（六）吴黎平译本第 6 种

1938 年 9 月，生活书店再次出版 3 月出版的版本（图 33-8）。该书 32 开，竖排平装本，封面有"世界名著译丛"，版权页印有"中华民国二十六年八月初版 中华民国二十七年九月三版"字样，注明"著者 F·Engels"、"译者吴理屏"。

图 33-7 1938 年 3 月，上海生活书店发行，上海图书馆藏。

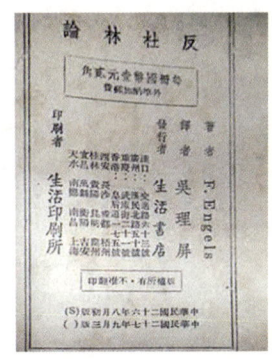

图 33-8 1938 年 9 月，上海生活书店出版，中央党史和文献研究院图书馆藏。

（七）吴黎平译本第 7 种

1939 年 5 月，生活书店将《反杜林论》作为"世界名著译丛之三"出版（图 33-9）。该书 32 开，竖排平装本，版权页印有"中华民国二十六年八月初版，中华民国二十八年五月四版"字样，注明"著者 F·Engels"，"译者吴理屏"。

（八）吴黎平译本第 8 种

1939 年，吴黎平在毛泽东的鼓励下，将《反杜林论》的译文根据苏联马克思列宁主义研究院 1938 年订正的新俄译本以及德文原本和英文译本重新审校一遍，更正了许多初译时由于地下工作条件恶劣而导致的译文错误。此校订本于 1940 年 8 月由抗战书店出版（图 33-10）。该书 32 开，竖排平装本。正文前加上了吴黎平根据苏联哲学家尤金①的文章编译的《〈反杜林论〉内容大要》以及吴黎平于 1940 年 7 月 7 日写的《〈反杜林论〉中译本出版十年小序》。此

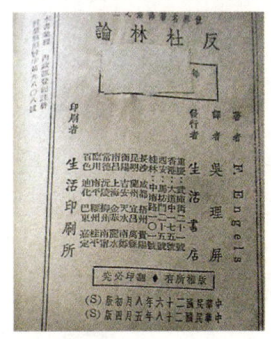

图 33-9 1939 年 5 月，生活书店出版，中央党史和文献研究院图书馆藏。

---

① 在该校译本中，吴黎平译为"尤琴"。

外，正文中还附有注释。版权页标有"报纸本1元8角，通廉纸本1元5角"，并注明"著者：恩格斯，译者：吴理屏，出版：抗战书店"。

（九）吴黎平译本第9种

1947年1月，生活书店出版（图33-11）。该书32开，竖排平装本。封面印有"世界学术名著译丛"的字样。版权页标明"中华民国三十六年一"，"著者恩格斯"，"译者吴理屏"。

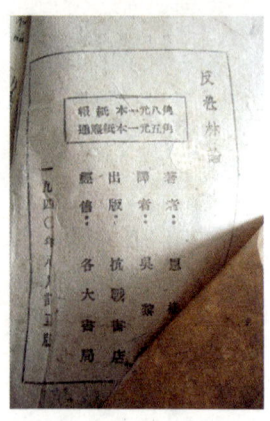

图33-10 1940年8月，抗战书店出版，中央党史和文献研究院图书馆藏。

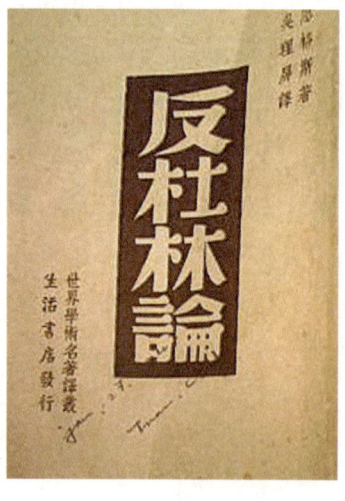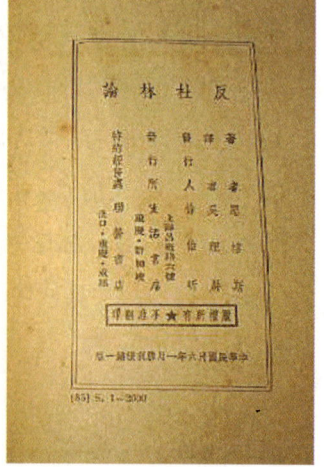

图33-11 1947年1月，上海生活书店出版，国家图书馆藏。

卡·马克思和弗·恩格斯《给奥·倍倍尔、威·李卜克内西、威·白拉克等人的通告信》

1878 年 10 月，俾斯麦政府颁布反社会党人非常法。德国社会主义工人党被宣布为非法，党内出现了以卡尔·赫西伯格、卡尔·奥古斯特·施拉姆、爱德华·伯恩施坦为代表的右倾机会主义倾向。马克思和恩格斯给德国的领导人写了一封通告信，批评了赫西伯格等人企图把德国党变成改良主义政党的错误主张，重申无产阶级和资产阶级之间的阶级斗争是"历史的直接动力"和"现代社会变革的巨大杠杆"。

该作第一次发表是在 1931 年 6 月 15 日的《共产国际》杂志第 12 年卷第 23 期上。1939 年，柯柏年、艾思奇、景林将其翻译成中文，收入解放社出版的《马恩通信选集》中。

第三十五章

弗·恩格斯《社会主义从空想到科学的发展》

　　《社会主义从空想到科学的发展》是在《反杜林论》发表两周年后问世的。19 世纪年 70 年代末，欧美各国工人运动高涨起来，为了帮助法国工人党从思想上同无政府主义、小资产阶级社会主义和堕落为宗派主义的空想社会主义划清界限，使其成为政治上成熟的马克思主义政党，恩格斯于 1880 年应法国著名工人活动家保尔·拉法格的请求，将《反杜林论》一书中的"引论"第一章以及第三篇的第一章和第二章改写成为一篇独立的通俗著作。该文由保尔·拉法格译成法文，经恩格斯本人校阅后，于 1880 年以《空想社会主义和科学社会主义》为题分期刊登在法国社会主义杂志《社会主义评论》第 3—5 期上。同年，《空想社会主义和科学社会主义》又以单行本的形式出版，后来被译成欧洲多种文字，1883 年的德文版书名改为《社会主义从空想到科学的发展》（扉页上的出版时间是 1882 年）。该书的第四版，也就是恩格斯生前的最后一版德文版，于 1891 年在柏林出版。

　　1880 年 5 月 4—5 日，马克思用法文为《社会主义从空想到科学的发展》法文版撰写了导言，但其署名是拉法格。马克思写给拉法格的一封信中说，"导言是他和恩格斯商量后写的，请拉法格在词句上加以修饰，但是不要修改内容"。

《社会主义从空想到科学的发展》的两个德文版的序言由恩格斯分别于1882 年 9 月 21 日和 1891 年 5 月 12 日所写。《社会主义从空想到科学的发展》英文版导言是恩格斯在 1892 年 4 月 2 日所写。1892 年 6 月恩格斯将这篇导言译成德文后，于 7 月寄给《新时代》杂志，该文以摘要的形式发表在《新时代》1892 年至 1893 年第 1 卷第 1 期和第 2 期，标题为《论历史唯物主义》。导言的个别部分曾以《资产阶级对封建主义的三次会战》和《工人政党》为标题，用法文发表在 1892 年 12 月 4 日、11 日和 25 日以及 1893 年 1 月 1 日和9 日《社会主义者报》第 115、116、118、119、120 号。导言还曾以保加利亚文作了摘要，发表在 1892 年《社会民主党人》杂志第 3 期。

这部著作在工人中得到广泛的传播，为宣传和普及马克思主义发挥了巨大作用。1949 年以前《社会主义从空想到科学的发展》的中译文版本情况如下：

一、摘译

清末民初，《社会主义从空想到科学的发展》的书名及部分内容开始传入中国。1903 年我国出版了《社会主义神髓》一书，这部著作分为七章，阐述了科学社会主义的主要观点，其内容基本依据的是《共产党宣言》和《社会主义从空想到科学的发展》这两部著作。尽管该书有些论据不够充分，但仍不失为中国早期传播马克思主义的一部重要读物。在 20 世纪初，该著作在中国相当流行，多次重印出版。

1907 年 9 月 1 日，《天义报》第 6 期刊载刘师培（署名申叔）的《欧洲社会主义与无政府主义异同考》一文，再次提及恩格斯的《社会主义从空想到科学的发展》及其有关内容："有以科学为根据者，则始于犹太人，一为马尔克斯，一为拉萨尔。彼以海克尔之说涉于空漠，乃从事于实际之经验，以倾向物质主义（马尔克斯所著书有《由空想到科学的社会主义之发达》，而拉撒尔刊行之著作亦有《劳动与科学》一篇，此以科学为根据者）。"不过，该文错认为《社会主义从空想到科学的发展》乃马克思之作品。

1912 年 5 月 19 日、6 月 16 日、7 月 14 日，上海《新世界》半月刊连载施仁荣翻译的《理想社会主义与实行社会主义》一文，即《社会主义从空想到科学的发展》第一、二章和第三章的一部分。这是中文书刊第一次较完整地将《社会主义从空想到科学的发展》介绍给国内。

1920 年 8 月 20 日，群益书社出版了郑次川译、王岫庐校的《科学社会主义》，该书摘译《社会主义从空想到科学的发展》第三章内容。该译本共八章，每章都有小标题。名封面印有"公民丛书第二种"字样，著者恩格斯译为"恩格尔"。书前有"编辑公民丛书旨趣"一文和译者写于民国 9 年 7 月的"序"，书后附"恩格尔传目录"。该书 1921 年 7 月由上海公民书局再版，封面印有"公民丛书社会类第三种"字样，著者译为"恩给尔"，其目录为：

第一章 唯物史观之出发点与近世社会主义之根据

第二章 胚胎于资本家的生产法之社会制度

第三章 社会生产与个人领有相矛盾之结果

第四章 贫富之消长

第五章 资本主义生产之示弱与生产力之示威

第六章 资本主义之绝顶即其自灭点

第七章 因于生产发展而阶级制度之废灭

第八章 平民运动之理论——科学的社会主义

附恩格尔传目录：

第一章 莱因地方与黑格尔哲学

第二章 最初之社会主义的著述

第三章 一八四八年之革命前后

第四章 与马克思共入于软化之境

第五章 著书解释资本论之难解者

第六章 恩格尔与马克思共同之大功绩

第七章 居留伦敦之两先觉

1920 年 12 月 1 日，上海《建设》杂志第 3 卷第 1 号刊载徐苏中翻译的《科学的社会主义与唯物史观》一文。该文译自日文，作者译为"阴格尔"，文章开头部分为日文译者河上肇著述的短序："唯物史观要领"，序言指出本文翻译蓝本，是从马克思亲友阴格尔所著《丢林科学底变革》第三篇"社会主义"第二章"社会主义底理论"和他所著《由空想向科学发展底社会主义》底第三章翻译来的"。这些内容即《社会主义从空想到科学的发展》第三章。

1921 年 8 月 14 日，《新青年》第 9 卷第 4 号刊载的施存统《马克思底共产主义》一文，其中的"革命的过渡期"一节摘译了《社会主义从空想到科学的发展》的部分内容："劳动阶级掌握政权，先把生产机关收归国有。从此之后，把无产阶级自身也一同废止，一切阶级区别，阶级对抗，都一概废止，就是做'国家'的国家，也随着废止……无产阶级握取政权，用这个权力，把离开有产阶级底手的'社会生产机关'完全移归到公共机关所有。"

1929 年 10 月，启智书局出版的"社会科学丛书"第七编——《社会进化的铁则》一书中的"资本主义制度的各种矛盾""向自由王国的飞跃""发达的过程"和"从空想的到科学的"这些章节内容皆摘自《社会主义从空想到科学的发展》。

1929 年 12 月，南强书局出版彭嘉生翻译的《费尔巴哈论》一书，该书的附录《史的唯物论》，即"《社会主义从空想到科学的发展》英文版导言"摘译。1930 年 4 月，上海江南书店出版向省吾翻译的《费尔巴哈与古典哲学底终末》一书，该书附录《唯物史观论》，即《〈社会主义从空想到科学的发展〉英文版导言》摘译。

1930 年 7 月，春秋书店出版塞姆柯甫士基编、刘沁仪翻译的《社会主义的必然》（图 35-1）。该书下册第二章"空想的与科学的社会主义"，即《社会主义从空想到科学的发展》第一、二章摘译。

1930 年 10 月，春秋书店出版刘济闿翻译的《社会进化的原理》一书（图 35-2）。该书含《从空想到科学》一节，即《社会主义从空想到科学的发展》第一、二章摘译。

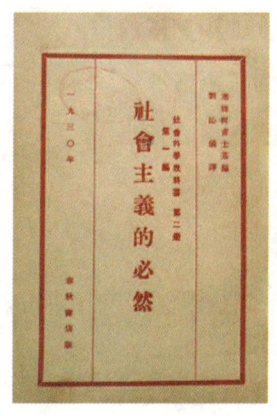
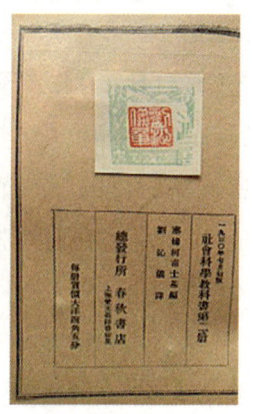

图 35-1 1930 年 7 月，春秋书店出版，中央党史和文献研究院图书馆藏。

1932 年 5 月，昆仑书店出版杨东莼、宁敦伍翻译的《机械论的唯物论批判》（即《费尔巴哈论》）一书，该书包括《史的唯物论》，即《〈社会主义从空想到科学的发展〉英文版导言》摘译。1938 年 5 月，新汉出版社出版《史的唯物论》（图 35-3）。该书译者不详，含恩格斯的《〈社会主义从空想到科学的发展〉英文版导言》。

二、柯柏年译本

《社会主义从空想到科学的发展》第一个中文全译本由"丽英女士"（即柯柏年的笔名）译，连载于上海《民国日报》副刊《觉悟》1925 年 2 月 19—21 日，24 日、26—27 日，3 月 3 日，5—7 日、10 日、12—13 日，篇名为《空想的及科学的社会主义》，著者译为"昂格斯"（即恩格斯）。施存统对《空想的及科学的社会主义》作了简要的说明。

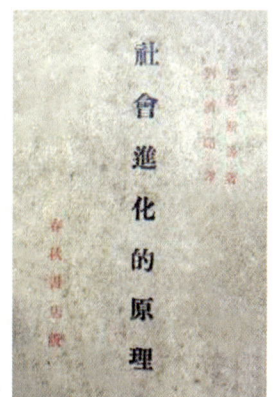

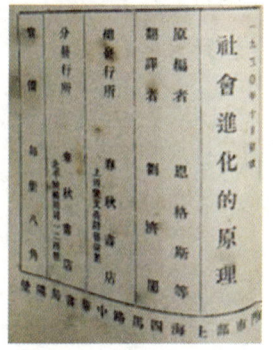

图 35-2 1930 年 10 月，春秋书店出版，国家图书馆藏。

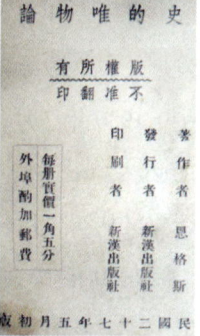

图 35-3 1938 年 5 月新汉出版社出版，国家图书馆藏。

三、朱镜我译本

《社会主义从空想到科学的发展》第二个中文全译本由朱镜我翻译，于 1928 年 3 月由上海创造社出版，书名译为《社会主义的发展》（图 35-4）。该书 32 开，横排平装本，93 页，共印 2000 册。版权页注明本书出版日期为"1925.5.30"，但书中收录的"译者序"写于"1928 年 3 月"，根据考证，本书出版日期实为 1928 年 5 月。译者在序言中指出，"现在正经验着这个狂风暴雨的时期，未死的而且要想努力于新社会的建设的青年，在踏进实践的行动的时候，应该把自己的思想及中国的现状来仔细地思量一番"，"希望本书能唤醒青年的觉悟，以本书提出的革命理论，将理想变为现实"。该书目录为：

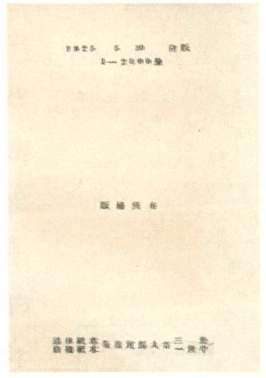

图 35-4 1928 年 3 月，上海制造社出版，中央党史和文献研究院图书馆藏。

I. 空想的社会主义

  法兰西大革命的意义

  近世普罗列搭利亚的先驱

  三大空想家的出现

  革命后的新社会的失望

  未熟的情况与未熟的思想

  圣西门

  傅里叶

  倭文

  折衷的社会主义的混成物

II. 辩证法的唯物论

  辩证法与形而上学

  形而上学的思考方法

  辩证法的思考方法

四、黄思越译本

　　《社会主义从空想到科学的发展》第三个中文全译本由黄思越根据日文本翻译。1928 年 8 月上海泰东图书局出版（图 35-5）。该书 32 开，竖排平装本，共 91 页，书名为《社会主义发展史纲》，著者名字根据日本堺利彦的日译本翻译为"因倪斯"。全书分为三章，每章有标题，章下分节，每节的标题是日文译者加上的。书前有日文译者的序言，书后有中文译者的跋。本书的中文译者对日译本的传播概况作了简要介绍，并对中译文的目的有所阐发，

1929 年 4 月，上海泰东图书局再版了这一版本。该书目
录为：

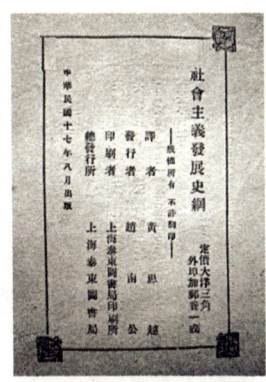

图 35-5 1928 年 4 月，上海泰东读
书局出版，中央党史和文献研究院图
书馆藏。

五、郑超麟译本

　　《社会主义从空想到科学的发展》第四个中文全译本由郑超麟（译者署名为"林超真"）翻译，载于 1929 年 10 月上海沪滨书局出版的《宗教、哲学、社会主义》一书（图 35-6）的第 47—140 页，附有英文版导言和法拉格于 1880 年写的序言。《宗教、哲学、社会主义》印 2000 册，价格为每册大洋六角半，收入恩格斯的三部著作：《论原始基督教史》《社会主义从空想到科学的发展》和《费尔巴哈与德国古典哲学总结》，书前有译者写的序言，该书目录为：

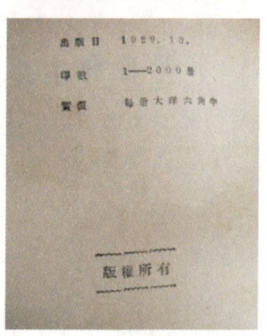

图 35-6 1929 年 4 月，上海沪滨书局出版，中央党史和文献研究院图书馆藏。

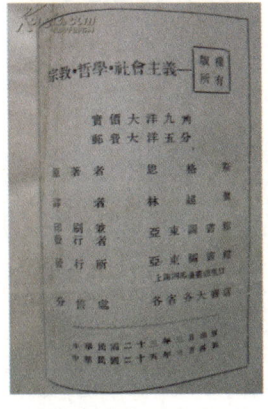

　　这一版《社会主义从空想到科学的发展》中的"导论"即《〈社会主义从空想到科学的发展〉英文版导言》。

　　这一译本在 1934 年 3 月再版时，增加了两个德文版序言以及作为附录收入的恩格斯的《马儿克》一文。1936 年 3 月和 1949 年 7 月亚东图书馆又分别再版了此书（图 35-7），其目录为：

图 35-7 1936 年 3 月，亚东图书馆出版，国家图书馆藏。

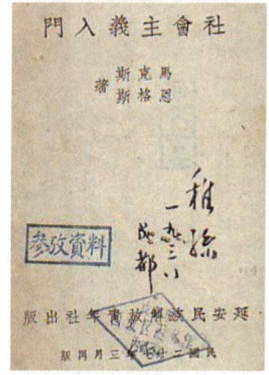

图 35-8 1938 年 3 月，延安民族解放青年社出版，中央党史和文献研究院图书馆藏。

六、延安民族解放青年社版（译者不详）

1938 年 3 月，延安民族解放青年社出版《社会主义入门》一书（图 35-8）。该书包括四部分内容："引论""历史""理论"以及"恩格斯：从空想到科学的社会主义之发展"（即《社会主义从空想到科学的发展》），该版本译者不详。

七、新汉出版社版（译者不详）

1938 年 4 月，新汉出版社出版《从空想的社会主义到科学的社会主义》一书（图 35-9）。该书 32 开，竖排平装本，54 页，全书与《社会主义从空想到科学的发展》实际内容略有不同，该版本译者不详。

八、吴黎平译本

1938 年以前出版的《社会主义从空想到科学的发展》各译本，发行量少，传播范围不广，影响有限。广泛传播的第一个译本是吴黎平翻译的。

吴黎平译本版本较多，从 1938 年 6 月至 1949 年 6 月，各个出版机构出版十余次。

（一）吴黎平译本第 1 种

1938 年 6 月，解放社出版（图 35-10）。封面黑字白

图 35-9 1938 年 4 月，新汉出版社出版，北京杂书馆藏。

底，印有"马恩丛书第三种"字样。该书 32 开，横排平装本，103 页，定价二角。

该译本有译者于 1938 年 5 月 20 日写的"关于中文译本的几句话"，指出，本书根据莫斯科马克思、恩格斯、列宁学院的《马克思、恩格斯选集》的俄文标准本翻译，并参考英文本。书中有著者注、俄文编者注和译者注共 41 处，书后附正误表，其目录为：

关于中文译本的几句话
恩格斯序（一）
恩格斯序（二）
恩格斯序（三）
社会主义从空想到科学的发展
I
II
III
附：正误表

图 35-10 1938 年 6 月，解放社出版，北京杂书馆藏。

文中的"恩格斯序（一）"即德文初版序言，"恩格斯序（二）"即德文第四版序言，"恩格斯序（三）"即英文版序言。"正误表"指出了文中 37 处翻译的错误。

（二）吴黎平译本第 2 种

1938 年 6 月，解放社出版（图 35-11）。封面周边有紫红色花纹，印有"马恩丛书 3"字样。该书 32 开，横排平装本，103 页，实价二角，为第一种的重印本。

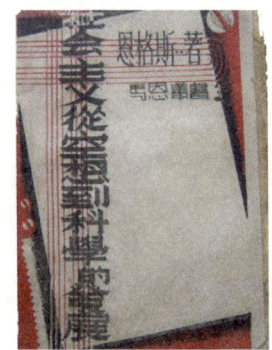

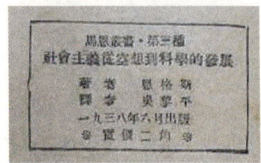

图 35-11 1938 年 6 月，解放社出版，中央党史和文献研究院图书馆藏。

（三）吴黎平译本第 3 种

1938 年 11 月，中国出版社出版（图 35-12）。该书 32 开，横排平装本，121 页。封面印有木刻画。

（四）吴黎平译本第 4 种

1939 年解放社出版（图 35-13）。该书 32 开，84 页，横排平装本。

（五）吴黎平译本第 5 种

1939 年 4 月，生活书店出版（图 35-14）。该书 32 开，竖排平装本，124 页，封面印有"世界名著译丛之六"的字样。

（六）吴黎平译本第 6 种

1946 年 10 月，生活书店出版（图 35-15）。这是抗日战争胜利后的第一版，该书 32 开，竖排平装本，127 页，封面印有"世界学术名著译丛"的字样。

图 35-12 1938 年 11 月出版，上海图书馆藏。

图 35-13 1939 年出版，北京红展收藏。

图 35-14 1939 年 4 月，生活书店出版，北京杂书馆藏。

（七）吴黎平译本第 7 种

1946 年 10 月，生活书店出版（图 35-16）。这是同月出版的第二版，该书 32 开，竖排平装本，128 页，封面印有"世界学术名著译丛"的字样。

（八）吴黎平译本第 8 种

1947 年 7 月，生活书店出版（图 35-17）。 该书 32 开，竖排平装本，97 页，封面印有"世界学术名著译丛"的字样。

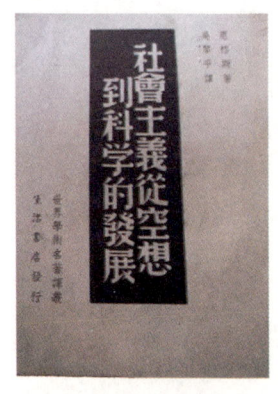

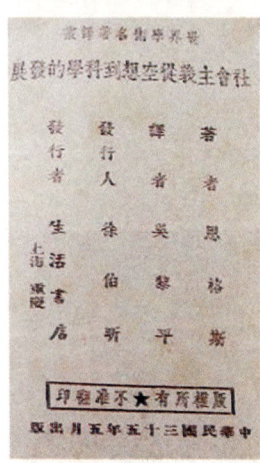

图 35-15 1946 年 10 月，生活书店出版，湖北省图书馆藏。

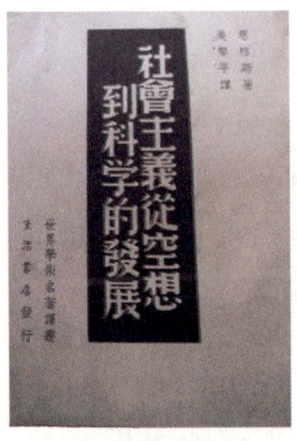
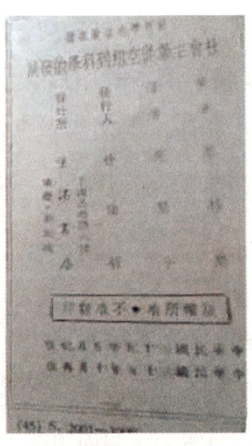

图 35-16 1946 年 10 月，生活书店出版，中央党史和文献研究院图书馆藏。

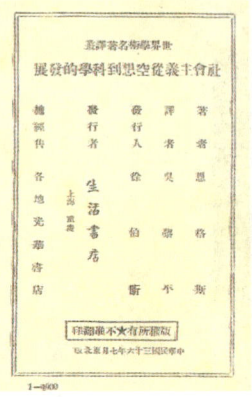

图 35-17 1947 年 7 月，生活书店出版，国家图书馆藏。

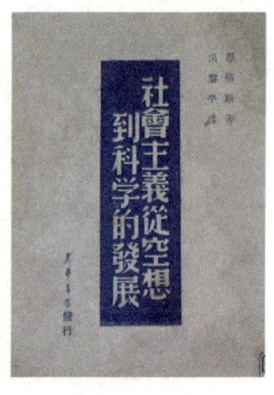

图 35-18 1948 年 6 月出版，湖北省图书馆藏。

（九）吴黎平译本第 9 种

1948 年 6 月，生活书店出版，光华书店印行（图 35-18）。该书 32 开，竖排平装本，119 页，封面印有"马列文库之四"字样。

（十）吴黎平译本第 10 种

1949 年 4 月，新中国书局出版（图 35-19）。该书 32 开，竖排平装本，100 页，封面印"干部学习丛书第一种"字样，书中有著者注、俄文版编者注和中文译者注。

（十一）吴黎平译本第 10 种

1949 年 5 月，冀东新华书店出版（图 35-20）。该书 32 开，竖排平装本，100 页，封面印有"世界学术名著译丛"字样。

（十二）吴黎平译本第 11 种

1949 年 6 月，新中国书局出版（图 35-21）。该书 32 开，竖排平装本，128 页，封面印有"马列主义理论丛书"字样。

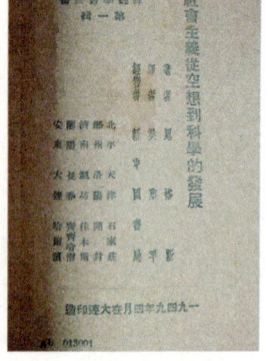

图 35-19 1949 年 4 月，新中国书局出版，国家图书馆藏。

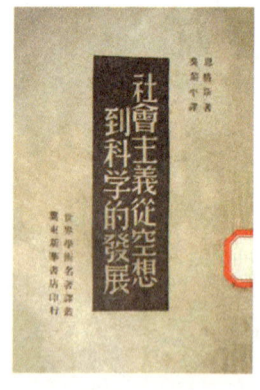

图 35-20 1949 年 5 月，冀东新华书店出版，国家图书馆藏。

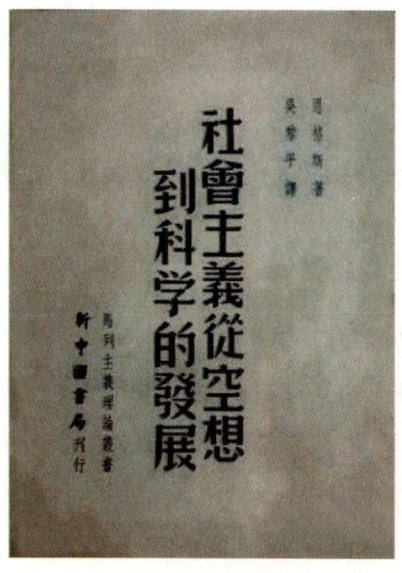

图 35-21 1949 年 6 月，新中国书局出版，中央党史和文献研究院图书馆藏。

九、博古译本

《社会主义从空想到科学的发展》出版次数最多的版本即博古译本，出版近 30 次，仅次于《共产党宣言》博古译本，是新中国成立前出版次数居第二位的马克思主义经典文献版本。

博古译本出版后，即被指定为中共中央指定的学习用书。整风运动中后期，党中央就正式规定了《社会主义从空想到科学的发展》为党内干部必须要学习的书籍。1943 年，中共中央决定，一年时间内党的高级干部学习课本为《共产党宣言》《社会主义从空想到科学的发展》等六种书籍。自 1943 年 10 月延安整风运动进入第三阶段，《社会主义从空想到科学的发展》都被列在各种学习用书的清单上，在毛泽东指定的六本书中，《共产党宣言》《社会主义从空想到科学的发展》《联共（布）党史简明教程》均由博古翻译。1945 年，毛主席在党的七大的政治报告《论联合政府》中讲到，学习理论，至少要读五本书，这五本书是《共产党宣言》《社会主义从空想到科学的发展》《社会民主党在民主革命中的两个策略》《共产主义运动中的"左派"幼稚病》以及《联共

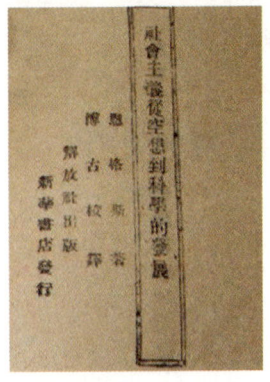

图35-22 1943年11月，解放社出版，国家图书馆藏。

图35-23 1946年1月，华中新华书店出版，北京杂书馆藏。

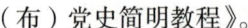（布）党史简明教程》。

解放战争时期，《社会主义从空想到科学的发展》多次被各解放区作为党员干部必读的马列主义经典著作。党中央对马克思主义理论学习的重视，直接推动了《社会主义从空想到科学的发展》的广泛传播。

（一）博古译本第1种

1943年11月，解放社出版，新华书店发行（图35-22）。该书32开，竖排平装本，128页，封面注明为"校正本"，书中有著者注、俄文版编者注和中文译者注，目录为：

序言

德文版第一版序

德文本第四版序

英文本序

社会主义从空想到科学的发展

一

二

三

（二）博古译本第2种

1946年1月，华中新华书店出版、发行（图35-23）。该书32开，竖排平装本，印5000册，定价七元五角，封面印有"干部学习丛书之二"字样，书中有著者注、俄文版编者注和中文译者注。

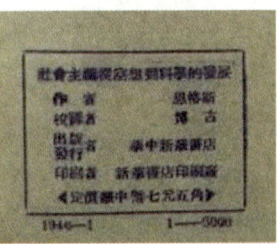

（三）博古译本第3种

1946年5月，太岳新华书店出版、发行（图35-24）。该书32开，竖排平装本，108页，封面注明为"校正本"，书中有著者注、俄文版编者注和中文译者注。

（四）博古译本第4种

1946年12月，东北书店出版（图35-25）。该书32开，竖排平装本，91页，书中有著者注、俄文版编者注和中文译者注。

（五）博古译本第5种

1948年2月，山东新华书店出版（图35-26）。该书32开，竖排平装本，78页，封面印有恩格斯的木刻画像，书中有著者注、俄文版编者注和中文译者注。

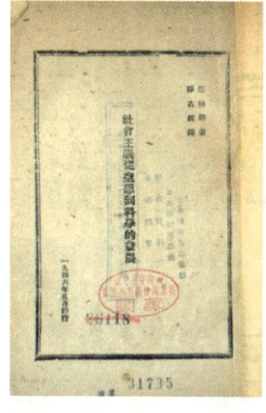

图35-24 1946年5月，太岳新华书店出版，中央党史和文献研究院图书馆藏。

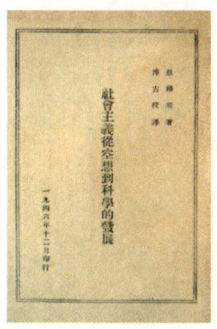

图35-25 1946年12月，东北书店出版，中央党史和文献研究院图书馆藏。

图35-26 1948年2月，山东新华书店出版，中央党史和文献研究院图书馆藏。

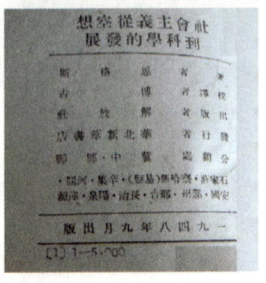

图 35-27 1948 年 9 月，解放社出版，国家图书馆藏。

图 35-28 1948 年 12 月，解放社出版，中央党史和文献研究院图书馆藏。

（六）博古译本第 6 种

1948 年 9 月，解放社出版，华北新华书店发行（图 35-27）。该书 32 开，竖排平装本，92 页，书中有著者注、俄文版编者注和中文译者注。

（七）博古译本第 7 种

1948 年 12 月，解放社出版，华北新华书店发行（图 35-28）。该书 32 开，竖排平装本，92 页，书中有著者注、俄文版编者注和中文译者注。

（八）博古译本第 8 种

1949 年 1 月，福建新华书店出版、发行（图 35-29）。该书 32 开，竖排平装本，92 页，印 3000 册，书中有著者注、俄文版编者注和中文译者注。

图 35-29 1949 年 1 月，福建新华书店出版，中央党史和文献研究院图书馆藏。

（九）博古译本第 9 种

1949 年 1 月，中原新华书店出版（图 35-30）。该书 32 开，竖排平装本，107 页，印 4000 册，封面印有恩格斯木刻像，书中有著者注、俄文版编者注和中文译者注。

（十）博古译本第 10 种

1949 年 2 月，华东新华书店出版（图 35-31）。该书 32 开，竖排平装本，98 页，印 10000 册，封面印有恩格斯木刻像，书中有著者注、俄文版编者注和中文译者注。

（十一）博古译本第 11 种

1949 年 2 月，华中新华书店出版（图 35-32）。该书 32 开，竖排平装本，73 页，印 8000 册，封面为浅蓝色并印有恩格斯、列宁木刻像，书中有著者注、俄文版编者注和中文译者注。

图 35-30 1949 年 1 月，中原新华书店出版，中央党史和文献研究院图书馆藏。

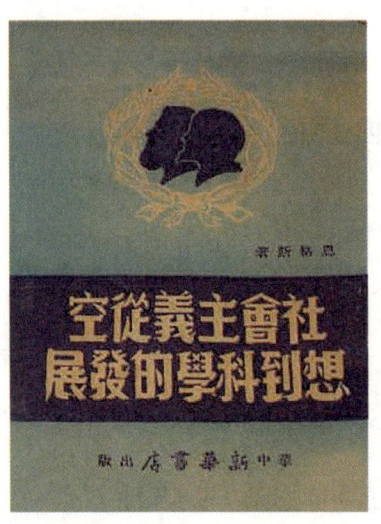

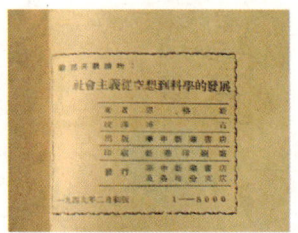

图 35-31 1949 年 2 月，新华书店出版，中央党史和文献研究院图书馆藏。

图 35-32 1949 年 2 月，华中新华书店出版，中央党史和文献研究院图书馆藏。

图 35-33 1949 年 2 月华中新华书店出版，中央党史和文献研究院图书馆藏。

图 35-34 1949 年 3 月，太岳新华书店出版，中央党史和文献研究院图书馆藏。

（十二）博古译本第 12 种

1949 年 2 月，华中新华书店出版（图 35-33）。该书 32 开，竖排平装本，73 页，印 8000 册，封面为浅黄色印有恩格斯、列宁木刻像，书中有著者注、俄文版编者注和中文译者注。

（十三）博古译本第 13 种

1949 年 3 月，太岳新华书店出版（图 35-34）。该书 32 开，竖排平装本，114 页，印 5000 册，书中有著者注、俄文版编者注和中文译者注。

（十四）博古译本第 14 种

1949 年 3 月，冀鲁豫新华书店出版（图 35-35）。该书 32 开，竖排平装本，100 页，封面印"干部学习丛书"字样，书中有著者注、俄文版编者注和中文译者注。

（十五）博古译本第 15 种

1949 年 4 月，东北书店出版、发

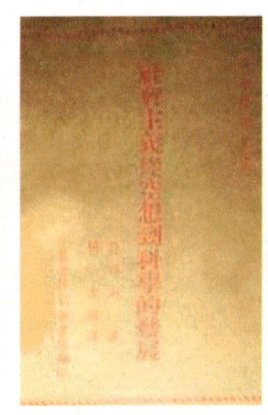

图 35-35 1949 年 3 月，冀鲁豫新华书店重印版，河北省图书馆藏。

卡·马克思和弗·恩格斯著作在中国的传播 1899—1949

行（图 35-36）。该书 32 开，竖排平装本，印 10000 册，87 页，书中有著者注、俄文版编者注和中文译者注。

（十六）博古译本第 16 种

1949 年 5 月，解放社出版（图 35-37）。该书 32 开，竖排平装本，印 10000 册，书中有著者注、俄文版编者注和中文译者注。

（十七）博古译本第 17 种

1949 年 6 月，解放社出版《干部必读》（图 35-38），收入了《社会主义从空想到科学的发展》。该书 24 开，竖排精装本，印 35000 册。

（十八）博古译本第 18 种

1949 年 6 月，苏南新华书店出版（图 35-39），各地新华书店发行。该书 32 开，竖排平装本，73 页，印 6000 册。

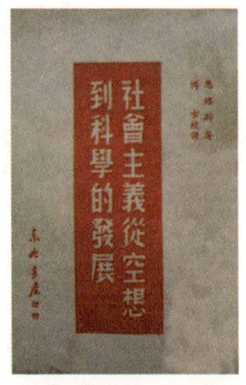

图 35-36 1949 年 4 月，东北书店出版，国家图书馆藏。

图 35-37 1949 年 5 月，解放社出版，四川大学图书馆藏。

图 35-38 1949 年 6 月，解放社出版，中央党史和文献研究院图书馆藏。

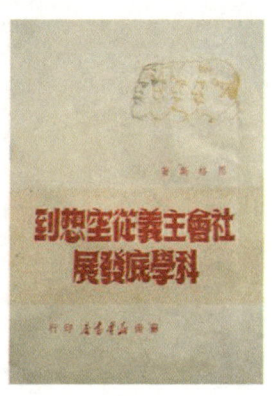

图 35-39 1949 年 6 月，苏南新华书店出版，中央党史和文献研究院图书馆藏。

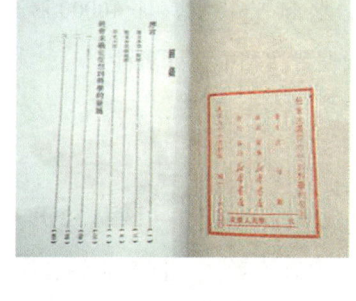

（十九）博古译本第 19 种

1949 年 6 月，浙江新华书店出版（图 35-40），各地新华书店发行。该书 32 开，竖排平装本，100 页，印 6000 册。封面为浅绿色注明"校订本"并印有恩格斯木刻像。

（二十）博古译本第 20 种

1949 年 6 月，皖北华书店出版（图 35-41），各地新华书店发行。该书 32 开，竖排平装本，印 3000 册。

（二十一）博古译本第 21 种

1949 年 7 月，解放社出版（图 35-42），新华印刷厂印刷。该书 32 开，竖排平装本，98 页，印 15000 册。正文前附有一幅恩格斯像。

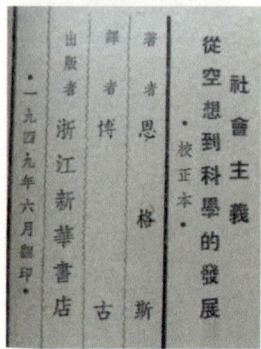

图 35-40 1949 年 6 月，浙江新华书店出版，浙江省图书馆藏。

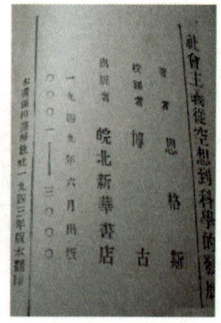

图 35-41 1949 年 6 月，皖北新华书店出版，河南省图书馆藏。

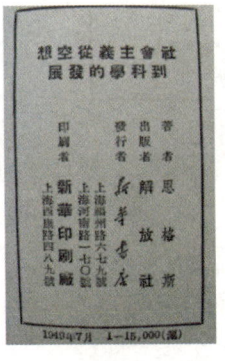

图 35-42 1949 年 7 月，解放社出版，重庆图书馆藏。　图 35-43 1949 年 7 月，新华书店出版，重庆图书馆藏。

（二十二）博古译本第 22 种

1947 年 7 月，新华书店出版（图 35-43）。该书 32 开，竖排平装本，印 15000 册，正文前附有一副恩格斯像。

（二十三）博古译本第 23 种

1949 年 7 月，华北大学出版（图 35-44）。该书 32 开，竖排平装本，印 6000 册，版权页注明："根据解放社一九四八年九月版本翻印"。

（二十四）博古译本第 24 种

1949 年 8 月，解放社出版《干部必读》，收入《社会主义从空想到科学的发展》（图 35-45）。该书 24 开，竖排平装本，印 2000 册，版权页注明"湖北版"。

（二十五）博古译本第 25 种

1949 年 8 月，西北新华书店出版（图 35-46）。该书 32 开，竖排平装本，93 页，印 10000 册，封面注明"校正本"。

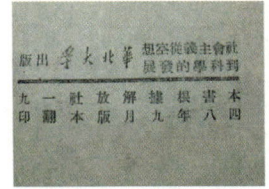

图 35-44 1949 年 7 月，华北大学北京重印版，中央党史和文献研究院图书馆藏。

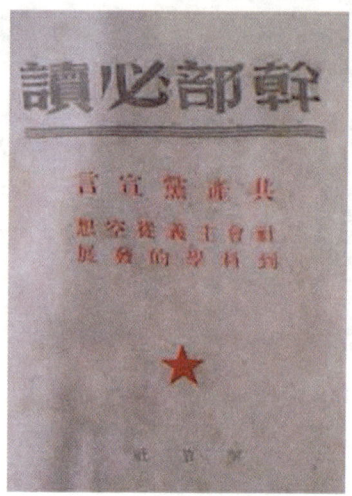
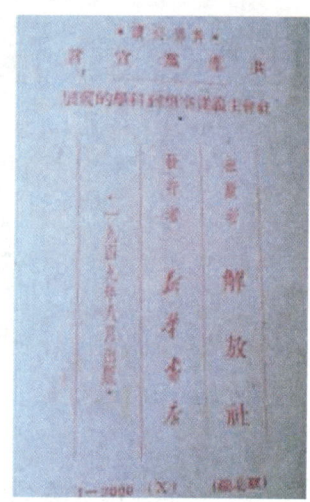

图 35-45 1949 年 8 月，解放社出版，中央党史和文献研究院图书馆藏。

（二十六）博古译本第 26 种

1949 年 9 月，解放社出版，新华书店发行（图 35-47）。该书 24 开，竖排平装本，93 页，印 20000 册，封面印"干部必读"字样。

图 35-46 1949 年 8 月，西北新华书店出版，国家图书馆藏。

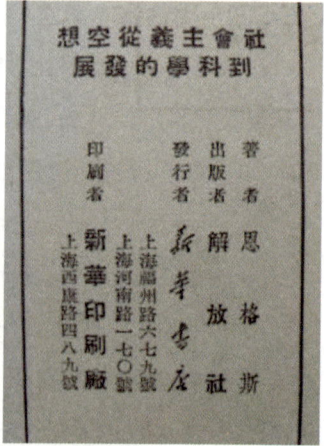

图 35-47 1949 年 8 月，解放社出版，中央党史和文献研究院图书馆藏。

（二十七）博古译本第 27 种

1949 年 9 月，解放社出版（图 35-48）。该书 32 开，竖排平装本，92 页，印 5000 册。

（二十八）博古译本第 28 种

1949 年 9 月，东北新华书店出版（图 35-49）。该书 32 开，竖排平装本，印 3000 册，封面印恩格斯头像，

（二十九）博古译本第 29 种

1949 年，华北军区政治部出版（图 35-50）。该书 32 开，竖排平装本。

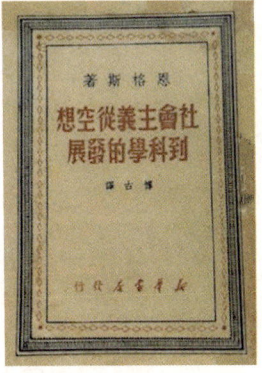

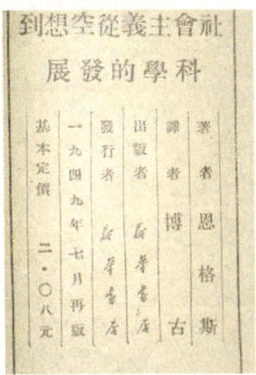

图 35-48 1949 年 9 月，解放社出版，北京杂书馆藏。

图 35-49 1949 年 9 月，东北新华书店出版，北京大学图书馆藏。

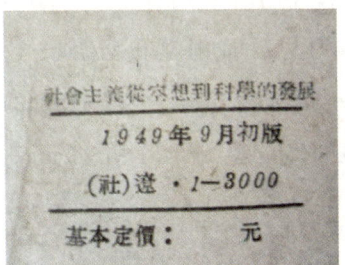

图 35-50 1949 年，华北军区政治部出版，中央党史和文献研究院图书馆藏。

第三十六章

弗·恩格斯《自然辩证法》（含《劳动在从猿到人的转变中的作用》）

《自然辩证法》是恩格斯于 1873 年至 1882 年末写作完成的一部手稿，1885 年至 1886 年作了个别补充，原文是德文。这部著作是恩格斯研究自然界和自然科学的辩证法的重要著作，由论文、札记和片断组成。在这部著作中，恩格斯为马克思主义哲学的自然辩证法学科奠定了理论基础。他用辩证唯物主义的观点和方法对 19 世纪中叶自然科学的最重要成就作了哲学概括，批判了自然科学中的形而上学和唯心主义观点；论述了自然科学和哲学的必然性和科学性，指出各门自然科学的发展证明辩证唯物主义自然观产生的必然性和科学性，唯物辩证法为自然科学提供了科学的方法，自然科学家应当自觉地学习和掌握唯物辩证法；揭示了各门自然科学的辩证内容和唯物辩证法的基本规律；阐明了辩证唯物主义的物质观和运动观、物质基本运动形式之间的区别和联系，批判了把一切运动形式归结为机械运动的机械论观点；论述了自然研究中的认识论和辩证逻辑问题，阐明了概念的辩证性质、批判的辩证分类、归纳和演绎的辩证关系等，批判了自然研究中的不可知论。①

为批判庸俗唯物主义者路·毕希纳，恩格斯曾计划写作一部论战性著作，并于 1873 年 1 月前后写出了提纲。恩格斯后来改变计划，转而写作《自然辩证法》。1873 年 5 月 30 日，恩格斯写下了关于自然辩证法全面构思的两个文献——《自然科学的辩证法》札记和给马克思的信。恩格斯在信中叙述了撰写《自然辩证法》的宏大计划。从 1873 年至 1886 年，恩格斯写成了有关《自然辩证法》的材料，共有大致完成的十篇论文以及一百七十多个札记和片断，但原定计划未能完成。

从时间阶段上分，写作《自然辩证法》的过程可分为两个主要时期：第一个时期是 1873 年 5 月至 1876 年 5 月，即从计划写这一著作到开始写《反杜林论》；第二个时期是 1878 年 7 月至 1883 年 3 月，即从《反杜林论》写完后到马克思逝世。第一个时期的计划主要是收集材料，写完片断的大部分和《导言》；第二个时期拟订了未来著作的具体计划，写完了相当数量的片断和几乎所有的论文。恩格斯后来自己在回顾这一创作过程时说："马克思和我，可以说是从德国唯心主义哲学中拯救了自觉的辩证法并且把它转为唯物主义的自然观和历史观的唯一的人。可是要确立辩证法的同时又是唯物主义的自然观，需要具备数学和自然科学的知识。马克思是精通数学的，可是对于自然科学，我们只能做零星的、时断时续的、片断的研究。因此，当我退出商界并移居伦敦，从而获得了研究时间的时候，我尽可能地使自己在数学和自然方面来一个彻底的……'脱毛'，八年当中，我把大部分时间用在这上面。"② 这里恩格斯指的是"1873 年至 1876 年以及 1878 年至 1883 年这两段时间"。③ 马克思逝世后，恩格斯把全部精力和时间都用来整理出版马克思遗留的经济学手稿并将《资本论》付诸出版，并且履行自己为国际工人运动担任顾问而愈益加重的责

① 中央编译局编：《马克思恩格斯文集资料汇编》，人民出版社 2011 年版，第 195 页。
② 《马克思恩格斯全集》第 20 卷，人民出版社 1971 年版，第 13 页。
③ [德]海因里希·格姆科夫等：《恩格斯传》，生活·读书·新知三联书店 1975 年版，第 395 页。

任。他不得不停止写作著作，《自然辩证法》也未能完成。

恩格斯逝世前不久将《自然辩证法》所有的论文和札记都分列为四部分，并冠以标题：《辩证法和自然科学》《自然研究和辩证法》《自然辩证法》《数学和自然科学。各种札记》。恩格斯为其中的第二和第三部分内容编了目录，列出每部分所包括的材料。这四部分手稿中还包括恩格斯原定计划以外的一些手稿：《〈反杜林论〉旧序》、《反杜林论》的注释（《关于现实世界中数学上的无垠之原型》)、《关于"机械的"的自然观》、《〈费尔巴哈〉的删略部分》、《劳动在从猿到人的转变中的作用》、《神灵世界中的自然研究》以及几篇短小的札记材料。《自然辩证法》就是在这样的一个范围内，由十篇论文、一百六十九段札记和片断、两个计划草案——总共一百八十一个部分组成。

在恩格斯生前，《自然辩证法》的材料都没有发表。在他逝世以后发表了他列入《自然辩证法》的两篇论文：《劳动在从猿到人转变过程中的作用》（1896 年首次发表在《新时代》杂志第 14 期第 2 卷第 545—554 页）和《神灵世界中的自然科学》（首次发表在社会民主党的《1898 年世界新历画报》年鉴 1898 年汉堡版第 56—59 页）。1925 年，《自然辩证法》首次用德文和俄文译文对照的形式全文发表在莫斯科出版的《马克思恩格斯文库》第 2 卷。在中国，《自然辩证法》的有关内容多次出版。

一、以《自然辩证法》为书名出版

（一）摘译

1935 年 3 月，柳若水译《自然辩证法》的片断，以"关于黑格尔"为篇名载《黑格尔哲学批判》一书第 141—169 页。1941 年 2 月 10 日，张申府译注的《论辩证法》（即《反杜林》旧序）载重庆的《中国教育》杂志第 1 卷第 7 期（1941 年 2 月 10 日）第 1—8 页。

（二）杜畏之译本

《自然辩证法》第一个中文全译本由杜畏之翻译，并首次将恩格斯的照片作为插图放入书中。

1. 杜畏之译本第 1 种

1932 年 8 月，神州国光社出版（图 36-1）。该书 32 开，竖排平装本，657 页，书前有译者写于 1931 年 6 月 30 日的序言，指出本书的参考译本为德俄对照本，交代了该书的翻译背景及有关材料的选取，并按照该书逻辑顺序进行编排。书后的附录二是译者撰写的"辩证法与相对论"一文。正文收录"卡尔·绍美尔传"，即《卡尔·肖莱马传》。该书目录为：

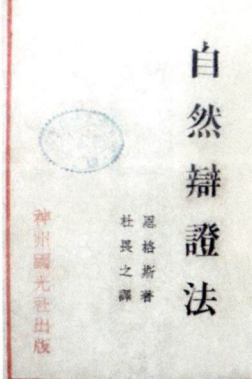

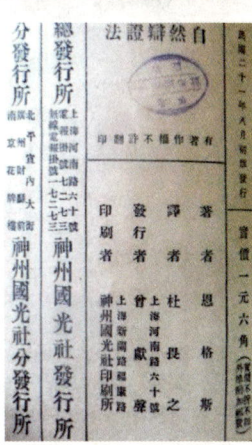

图 36-1 1932 年 8 月，神州国光社出版，国家图书馆藏。

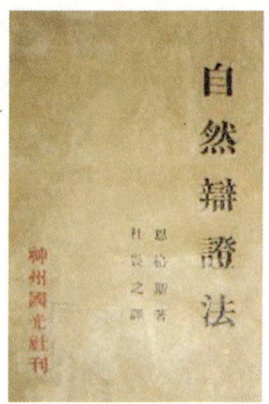

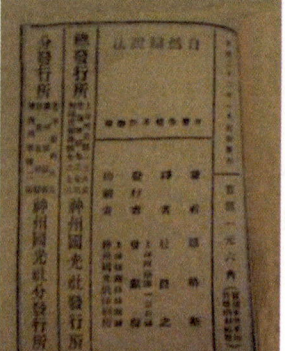

图36-2 1933年1月，上海神州国光社出版，中央党史和文献研究院图书馆藏。

2. 杜畏之译本第2种

1933年1月，神州国光社出版（图36-2）。该书32开，竖排平装本，657页。

3. 杜畏之译本第3种

1940年4月，言行社出版、发行（图36-3）。该书32开，竖排平装本，659页。原来的"译者特序"改为"黄特序"，在序言中，黄特从历史唯物主义立场出发，对中国人民的抗日战争进行辩证分析，指出抗日战争胜利是历史的必然，认为"中国的抗战建国是现实的，是客观地存在的"，以此鼓舞中国人民的抗日战争。

4. 杜畏之译本第4种

1946年12月，神州国光社出版、发行（图36-4）。该书32开，竖排平装本，659页。

5. 杜畏之译本第5种

1949年1月，神州国光社出版、发行（图36-5）。版权

图36-3 1940年4月，言行社出版，上海图书馆藏。

图36-4 1946年12月，神州国光社出版，上海图书馆藏。

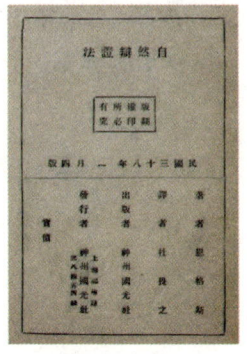

图 36-5 1949 年 1 月，神州国光社
出版，浙江大学图书馆藏。

页注明为"四版"。该书 32 开，竖排平装本，659 页。

6. 杜畏之译本第 6 种

1949 年 6 月，上海神州国光社出版、发行（图 36-6）。
版权页注明为"五版"。该书 32 开，竖排平装本，659 页。

二、《劳动在从猿到人转变过程中的作用》作为独立内容出版

《劳动在从猿到人转变过程中的作用》一文是《自然辩证法》一书中的十篇论文之一。恩格斯在该文中论述了劳动在人类起源中的决定性作用，阐明了人与动物在对待自然界方面的本质区别在于人能够按自己的目的来利用和支配自然界，强调人们必须处理好人与自然界的关系。

《劳动在从猿到人转变过程中的作用》于 1925 年随《自然辩证法》用德文和俄译文对照的形式首次全文发表于莫斯科出版的《马克思恩格斯文库》第 2 卷中。20 世纪 50 年代，前民主德国曾几次出版《劳动在从猿到人转变过程中的作用》单行本。

在中国，《劳动在从猿到人转变过程中的作用》有较多的版本。1926 年，蔡和森在《社会进化史》一书中（图 36-

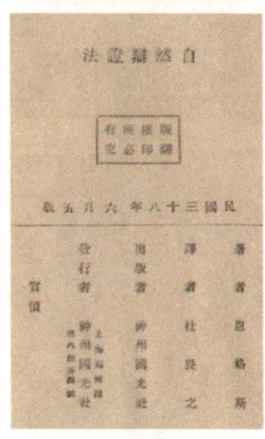

图 36-6 1949 年 6 月，神州国光社
出版，上海图书馆藏。

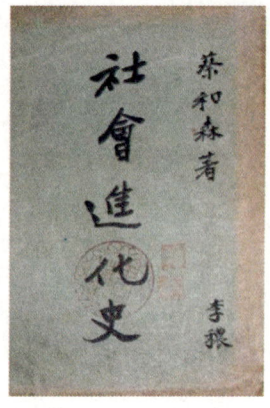

图 36-7 1926年，民智书局出版，国家图书馆藏。

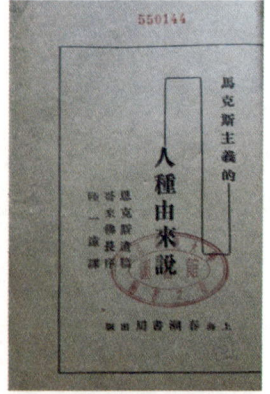

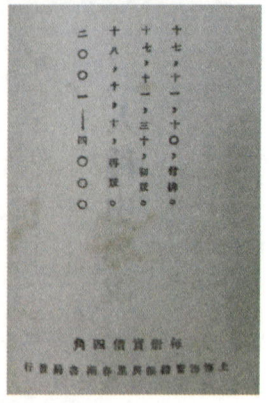

图 36-8 1929年11月，上海春潮书局出版，中央党史和文献研究院图书馆藏。

7），对《劳动在从猿到人转变过程中的作用》中的唯物史观进行了通俗化阐释。

（一）陆一远译本

1. 陆一远译本第1种

《劳动在从猿到人转变过程中的作用》全文最早由陆一远翻译，载 1928 年 11 月上海春潮书局出版的《马克斯主义的人种由来说》一书（图 36-8），篇名为《劳动是猿到人类进化过程中的产物》。该书 32 开，竖排平装本，86 页，每册定价四角。该书目录为：

一、达尔文主义与马克思主义

（一）恩格斯是达尔文主义者

（二）达尔文主义的真谛

（三）自然的技术

（四）人是社会的动物

（五）两个发展的形式

（六）人与动物的根本区别在哪？

（七）劳动在人类进化中的作用

（八）从达尔文主义到马克思主义

（九）劳动是有机体进化的要素

（十）结论

二、劳动是猿到人类进化过程中的产物

三、人类进化的过程

2. 陆一远译本第2种

《劳动在从猿到人转变过程中的作用》第二个全译本出现在 1929 年 10 月上海泰东图书局出版的《从猿到人》一书

中。该书 32 开，竖排平装本，86 页，印 2000 册，每册定价四角。译者在序言中指出，"劳动在由猿进化到人的过程中的作用"和"人类进化的过程"是恩格斯本人关于"人类社会进化的程序"的一篇"言短意长"的论文，是"研究唯物哲学的人一部必需的参考书"。该书目录为：

一、序言
二、马克思主义观点的达尔文主义
三、劳动在由猿进化到人的过程中的作用
四、人类进化的过程

（二）成嵩译本

《劳动在从猿到人转变过程中的作用》第二个中文全译本由成嵩翻译，收入 1930 年 9 月上海泰东书局出版的《从猿到人》一书中。

（三）于光远译本

《劳动在从猿到人转变过程中的作用》第三个中文全译本于光远译，刊载在抗战时期出版《中国青年》上，译者在前言中指出："恩格斯这两篇论文，是根据一九三五年莫斯科外国工人出版社出版的德文本《马克思恩格斯全集》译出来的，译时并会参考过俄文译本。《劳动在从猿到人过程中的作用》是恩格斯《自然辩证法》一书中的一篇未发表的草稿。"

1. 于光远译本第 1 种

《中国青年》1940 年 11 月第 3 卷第 1 期收入这篇文章，其名为"从猿到人过程中劳动底作用"。

2. 于光远译本第 2 种

1943 年 11 月，解放社出版的《社会发展史略》第 1—24 页刊载该文。

（四）于光远、曹葆华译本

于光远和曹葆华两人在对该文进行重新校订的基础上，以《从猿到人》为书名出版了单行本，这一版本出版达 14 次之多。

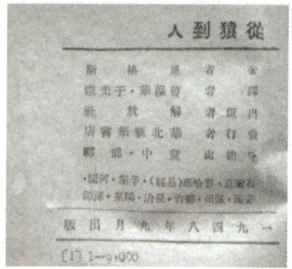

图 36-9 1948 年 9 月，解放社出版，国家图书馆藏。

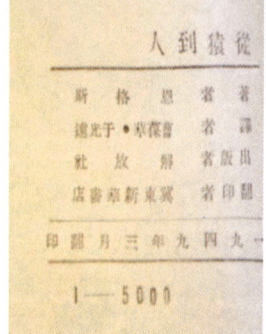

图 36-10 1949 年 3 月，解放社出版，中央党史和文献研究院图书馆藏。

1. 于光远、曹葆华译本第 1 种

　　1948 年 9 月，解放社出版，华北新华书店发行（图 36-9）。该书 32 开，横排平装本，印 9000 册。

2. 于光远、曹葆华译本第 2 种

　　1949 年 3 月，解放社出版，冀东新华书店翻印（图 36-10）。该书 32 开，横排平装本，印 5000 册。

3. 于光远、曹葆华译本第 3 种

　　1949 年 3 月，华东新华书店出版（图 36-11）。 该书

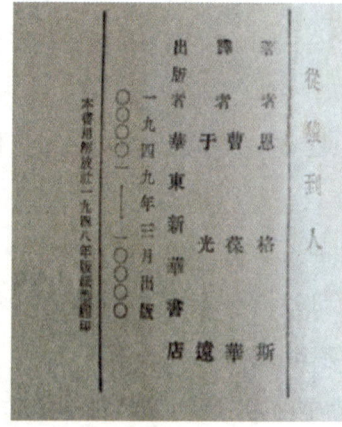

图 36-11 1949 年 3 月，华东新华书店出版，中央党史和文献研究院图书馆藏。

32 开，竖排平装本，印 10000 册。版权页注明"本书用解放社一九四八年版纸型翻印"。

4. 于光远、曹葆华译本第 4 种

1949 年 4 月，华东新华书店出版（图 36-12）。该书32 开，竖排平装本。书名译为"从猿到人过程中劳动的作用"。

5. 于光远、曹葆华译本第 5 种

1949 年 4 月，华北军政大学政治部出版（图 36-13）。该书 32 开，横排平装本。书名译为"从猿到人"。

6. 于光远、曹葆华译本第 6 种

1949 年 5 月，解放社出版，新华书店发行（图 36-14）。该书 32 开，竖排平装本，印 10000 册。书名译为"从猿到人"。

7. 于光远、曹葆华译本第 7 种

1949 年 5 月，皖北新华书店出版（图 36-15）。该书 32

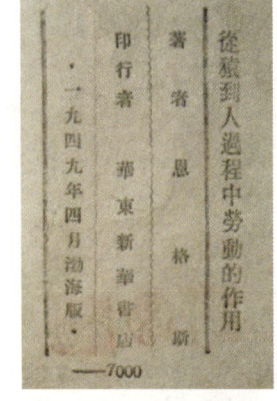

图 36-12 1949 年 4 月，华东新华书店出版，国家图书馆藏。

图 36-13 1949 年 4月，华北军政大学政治部出版，国家图书馆藏。

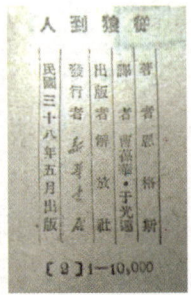

图 36-14 1949 年 5月，解放社出版，上海图书馆藏。

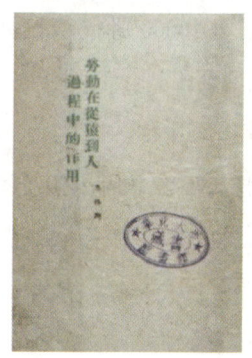
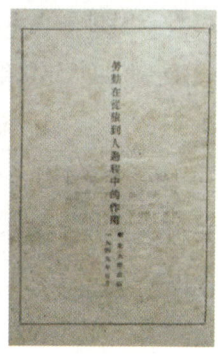

图 36-15 1949 年 5 月，皖北新华书店出版，国家图书馆藏。　　　图 36-6 1949 年 5 月，华北大学出版，国家图书馆藏。

开，竖排平装本，印 2000 册。书名译为"从猿到人"。

8. 于光远、曹葆华译本第 8 种

1949 年 5 月，华北大学出版社出版（图 36-16）。该书 32 开，竖排平装本。书名译为"劳动在从猿到人过程中的作用"。

9. 于光远、曹葆华译本第 9 种

1949 年 6 月，解放社出版，新华书店发行（图 36-17）。该书 32 开，竖排平装本，印 20000 册。书名译为"从猿

图 36-17 1949 年 6 月，解放社出版，上海图书馆藏。

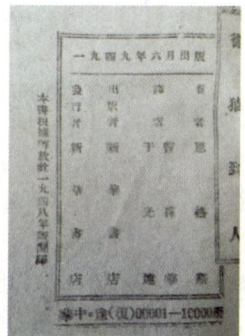

图 36-18 1949 年 6 月，中原新华书店出版，中央党史和文献研究院图书馆藏。

到人"。

10. 于光远、曹葆华译本第 10 种

1949 年 6 月，中原新华书店出版、发行（图 36-18）。该书 32 开，竖排平装本，印 10000 册。书名译为"从猿到人"。

11. 于光远、曹葆华译本第 11 种

1949 年 7 月，西北新华书店出版（图 36-19）。该书 32 开，横排平装本，印 6000 册。书名译为"从猿到人"。

12. 于光远、曹葆华译本第 14 种

1949 年 8 月，东北新华书店出版（图 36-20）。该书 32 开，横排平装本，印 10000 册。书名译为"从猿到人"。

13. 于光远、曹葆华译本第 13 种

1949 年 8 月，苏北新华书店出版（图 36-21）。该书 32 开，竖排平装本，印 6000 册。书名译为"从猿到人"。

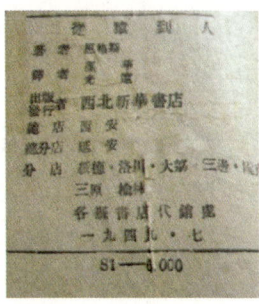

图 36-19 1949 年 7 月，西北新华书店出版，中央党史和文献研究院图书馆藏。

图 36-21 1949 年 8 月，苏北新华书店出版，中央党史和文献研究院图书馆藏。

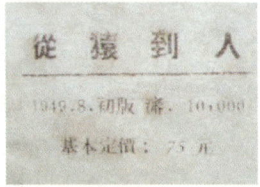

图 36-20 1949 年 8 月，东北新华书店出版，大连图书馆藏。

第三十七章

弗·恩格斯《马尔克》

　　《马尔克》是恩格斯在论述古代日耳曼人农村公社土地制度的历史和当时德国农民状况的著作，写于 1882 年 9 月中旬至 12 月上旬，其首次发表是作为附录收入德文版的《社会主义从空想到科学的发展》（1882 年出版）一书。

　　《马尔克》中译文最早出现于 1930 年 4 月上海泰东书局出版的《马克斯国家发展过程》（图 37-1）中，译者为朱应祺、朱应会，篇名为《地狱团体》。

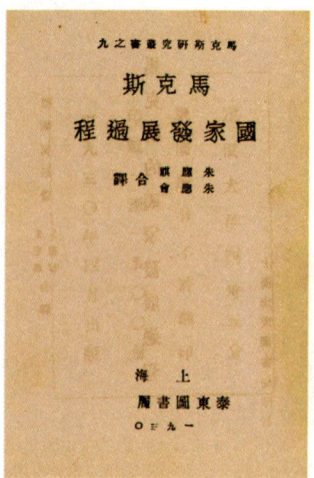 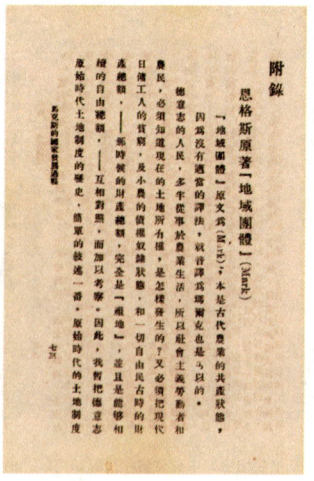

图 37-1 1930 年 4 月，上海泰东书局出版，中央党史和文献研究院图书馆藏。

《马尔克》的第二个中译文见于 1934 年 3 月出版的《宗教·哲学·社会主义》一书（图 37-2），由林超真译，篇名为《马克》。

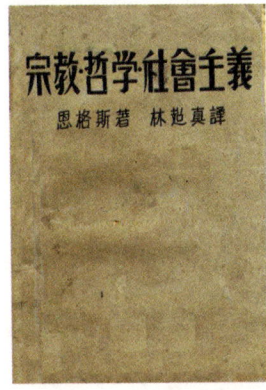

图 37-2 1934 年 3 月，亚东图书馆出版，国家图书馆藏。

第三十八章

弗·恩格斯《在马克思墓前的讲话》

　　《在马克思墓前的讲话》是恩格斯概述马克思一生的理论贡献和革命活动的重要讲话。在 1883 年 3 月 17 日伦敦海格特公墓安葬马克思时，恩格斯拟采用他用英文起草的讲话稿，但在马克思墓前并没有完全按照稿子宣读。马克思安葬后的第二天，即 3 月 18 日，恩格斯应伯恩施坦的请求，用德文撰写了题为《卡尔·马克思的葬仪》一文，复述了他在马克思墓前讲话的内容，并发表在《社会民主党人报》上。后来出版的《在马克思墓前的讲话》的德文本以及法文本与最早的英文草稿不尽相同。《卡尔·马克思的葬仪》一文发表后，欧洲和北美的多家刊物曾予以转载。

　　恩格斯的《在马克思墓前的讲话》的中文译本最早刊载在 1928 年 10 月 20 日出版的《出路》第 1 期，译者署名"厉"，篇名为《恩格斯在马克思墓前的演辞》，即《卡尔·马克思的葬仪》的中译本。

　　1930 年 3 月 1 日，上海《萌芽》月刊第 1 卷第 3 期（三月纪念号）刊载了署名"致平"翻译的《在马克斯葬仪上的演说》一文。

　　1933 年 5 月 11 日，天津《大公报》副刊《世界思潮》第 36 期刊载了署名"林风"翻译的《恩格斯在马克思下葬时的演说》一文。

1939 年 3 月 8 日,《解放》周刊第 66 期刊载吴黎平和石巍翻译的《马克思墓前演说》一文。

1941 年 5 月 5 日,解放社出版《论马恩列斯》一书,收录《马克思墓前演说》一文,即《卡尔·马克思的葬仪》。

1949 年 4 月,何封等译的《卡尔·马克思——人、思想家、革命者》一书由上海读书出版社出版(图 38-1)。该书收录《马克思安葬演说词》一文,即《卡尔·马克思的葬仪》。1949 年 6 月,苏南新华书店出版的《卡尔·马克思》一书,即由何封等翻译的这本著作的重印本。

图 38-1 1949 年 4 月,读书出版社出版,国家图书馆藏。

第三十九章

弗·恩格斯《马克思和〈新莱茵报〉（1848—1849 年）》

　　《马克思和〈新莱茵报〉（1848—1849）》由恩格斯写于 1884 年 2 月中至 3 月初，首次发表在 1884 年 3 月 13 日《社会民主党人报》第 11 号，原文是德文。该著作在 1949 年以前的中译文有一种，是由景林译，徐冰校，作为附录载于《德国的革命与反革命》（1939 年 4 月出版）一书中。

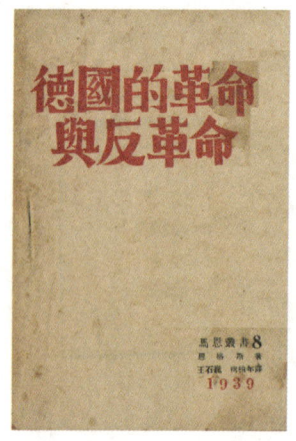 

图 39-1 1934 年 4 月，解放社出版，中央党史和文献研究院藏。

弗·恩格斯《家庭、私有制和国家的起源》

　　《家庭、私有制和国家的起源》一书写于 1884 年 3 月至 5 月，并于该年 10 月首次在苏黎世出版，恩格斯为首版写了序言。此后，1886 年和 1889 年，斯图加特分别出版了未作任何修改的该书第二版和第三版。该书的第一批外文译本，包括波兰文译本、罗马尼亚文译本和意大利文译本出版于 1885 年，其中意大利文译本由恩格斯亲自审定。此后，恩格斯还审定了 1888 年出版的丹麦文译本。第一版塞尔维亚文也于 19 世纪 80 年代末出版。

　　为修订新的版本，恩格斯开始积累有关原始社会史的新材料，对包括俄国科学家马·柯瓦列夫斯基的著作在内的几乎所有材料进行了研究，并对原文作了许多修改和订正，特别是还利用考古学和民族学的最新成就对"家庭"这一章作了重要补充。经过恩格斯修改与补充，《家庭、私有制和国家的起源》的第四版于 1891 年底在斯图加特出版，这也是作者对原文所作的最后一次修改。此外，恩格斯还为第四版写了一篇新的序言。该序言在正式出版前，以《关于原始家庭的历史（巴霍芬、麦克伦南、摩尔根）》为题发表在 1891 年《新时代》杂志第 41 期。

　　在恩格斯生前，这部著作还分别出版了德文第五版（1892 年），由劳拉·拉法格校订并经恩格斯审阅的法文版（1893 年）、保加利亚文版（1893 年）、西班牙文版（1894 年）、俄文版（1894 年）和德文第六版（1895 年）。此后，陆续出现了英文版、日文版等。1949 年以前《家庭、私有制和国家的起源》的中译文版本情况如下：

一、摘译

中文书刊中最早提到《家庭、私有制和国家的起源》相关内容的是《新世纪》杂志。《新世纪》是李石曾、张静江创办的无政府主义刊物，该刊的主要宗旨是鼓吹无政府主义，反对宗教主义、家族主义、私有主义、祖国主义、军备主义等"五大主义"，以建立"无政府共产主义"为目标。1908 年 4 月 25 日《新世纪》第 44 期刊登了《国粹之处分》一文，其中写道："社会党烟改而士论家族、私产、国家三者，待社会革命之后此种种者，当置诸博物馆，与古之纺车、青铜斧并陈之。"文中的"烟改而士"即恩格斯。

1908 年出版的《天义报》第 16 卷至第 19 卷合刊，发表《女子问题研究》一文，作者署名"志达"，其中的章节"因格尔斯学说"介绍了恩格斯著述的相关内容，文中"因格尔斯"即恩格斯。文章开头的一段按语："因格尔斯（Friedrich Engles）所著，书名《家族私有财产及国家之起源》（Origin of the Family Private Property and the State）。其推论家族之起源，援引历史，以为此等之制，均由视妇女为财产。其中复有论财婚一节，约谓今之结婚均由金钱。试摘译其意如左。"据此可知，此文通过介绍恩格斯的著作《家庭、私有制和国家的起源》，借此证明家庭的起源建立在所谓"视妇女为财产"的基础之上。文章选取恩格斯著作"论财婚"一节（即《家庭、私有制和国家的起源》第二章"家庭"中论述资产阶级缔结婚姻的数段内容），佐证"今之结婚均由金钱"之说。按语之后，即摘译《家庭、私有制和国家的起源》部分内容的中译文，全文约 2100 字。虽译文不甚通顺，但其用意明确，即借"恩格尔斯"之学说，来证明现代婚姻关系实际上是附属于财产关系，揭露资产阶级的男女婚姻关系，在法律形式上的自由与平等背后，实质上是受不平等的经济利益关系的驱使和支配。

1920 年 10 月 10 日和 25 日，上海出版的《东方杂志》第 17 卷第 19 号和第 20 号上分别发表由恽代英翻译的《家庭、私有制和国家的起源》德文第四版序言以及第一章和第二章的某些段落，约六千字，译文题为《英哲尔士论家庭的起源》，"英哲尔士"即恩格斯。

1923 年，熊得山将《家庭、私有制和国家的起源》第一章、第五章、第六章、第九章译成中文后，以"历史以前底文化阶段""国家的起源""未开与文明"为名发表在 1923 年 8 月 26 日出版的《今日》月刊第 3 卷第 2 号上。

1930 年，齐苏摘译《家庭、私有制和国家的起源》第一版序和第九章中的部分内容，载 1930 年 6 月出版的《马克思学体系》第四册，标题分别为《从血族的纽带到阶级社会》《国家的本质》。①

1948 年周建人摘译《家庭、私有制和国家的起源》第二章后半部和第九章，载 1948 年 8 月出版的《新哲学手册》一书，恩格斯的名字被译成"恩格尔斯"。

二、杨贤江译本

《家庭、私有制和国家的起源》第一个中文全译本由李膺扬（即杨贤江）翻译、周佛海校。书前有陶希圣于 1929 年 6 月 14 日撰写的序言，以及 1928 年 9 月 25 日的译者序言。序言对本书内容作概要性的说明，同时对本书参照的译本进行了介绍，指出本书以英译本为底本，并参照日本人西雅雄及田中九一根据德文版翻译的两种日译本。

目前发现的这一译本版本有四种。前三种的封面、书名页及版权页的字体及大小一致，竖排平装，但封面及封面四周框边的颜色有较大差异。第四

---

① 参见《马克思恩格斯全集》第 21 卷，人民出版社 1965 年版，第 29—30、194—198 页。

图40-1 1929年6月，新生命书局出版，国家图书馆藏。

种的封面图案、字体及大小，横排平装，与前三种有较大差异。

（一）杨贤江译本第1种

1929年6月，新生命书局出版（图40-1）。该书32开，竖排平装本，302页。封面印有"社会科学名著译丛"以及本书的英文名"The Origin of the Family，Private Property and the State"，著者译为"恩格儿"。封面为粉色，中文书名，英文书名，作者名的字体为黑色。其目录为：

著者序言
一、为第一版（一八八四年）
二、为第四版（一八九一年）
第一章 先史时期
第二章 家族
第三章 易洛魁人的氏族
第四章 希腊人的氏族
第五章 雅典国家底发生
第六章 在罗马的氏族和国家
第七章 在克勒特人及日耳曼人的氏族
第八章 在日耳曼人间国家底形成
第九章 野蛮与文明

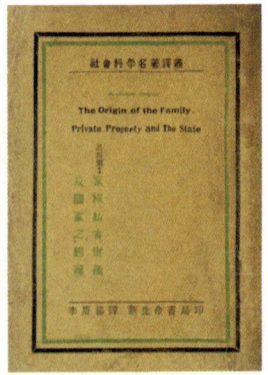

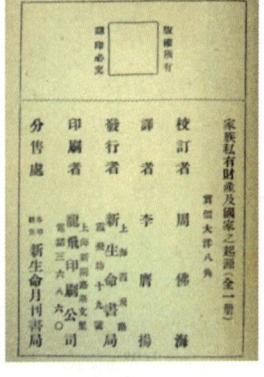

图40-2 1929年6月，新生命书局出版，中央党史和文献研究院图书馆藏。

（二）杨贤江译本第2种

1929年6月，新生命书局出版（图40-2）。该书封面、版权项及开本、页码与第1种完全吻合。封面深黄色，中

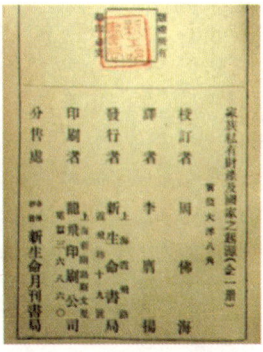

图 40-3 1929 年 6 月，新生命书局出版，上海图书馆藏。

图 40-4 1929 年 6 月，新生命书局出版，中央党史和文献研究院图书馆藏。

文书名、作者名的字体为绿色，英文书名字体为黑色。

（三）杨贤江译本第 3 种

1929 年 6 月，新生命书局出版（图 40-3）。该书封面、版权项及开本、页码与第 1 种完全吻合，封面为浅黄色，中文书名，作者名的字体为红色，英文书名字体为黑色。

（四）杨贤江译本第 4 种

1929 年 6 月，新生命书局出版（图 40-4）。该书封面、版权项及开本、页码与第 1 种完全吻合，封面为黑字白底，顶端印有木刻图案。

图 40-5 1930 年 3 月，新生命书局出版，上海图书馆藏。

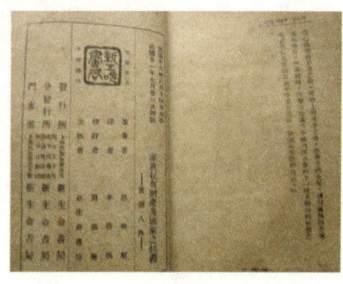

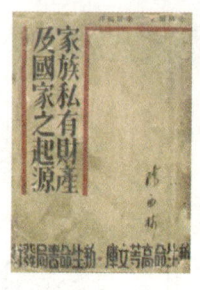

图 40-6 1932 年 7 月，上海新生命书局出版，上海图书馆藏。

图 40-7 1934 年 3 月 10 日上海新生命书局出版，上海图书馆藏。

（五）杨贤江译本第 5 种

1930 年 3 月，新生命书局出版（图 40-5）。该书 32 开，竖排平装本，302 页。版权页标注"中华民国二十九年三月三十日再版"等字样。

（六）杨贤江译本第 6 种

1931 年 4 月，新生命书局出版。该书 32 开，竖排平装本，302 页。

（七）杨贤江译本第 7 种

1932 年 7 月，新生命书局出版（图 40-6）。该书 32 开，竖排平装本，303 页。

（八）杨贤江译本第 8 种

1934 年 3 月，新生命书局出版（图 40-7）。该书 32 开，竖排平装本，303 页。封面印有"新生命高等文库"字样。

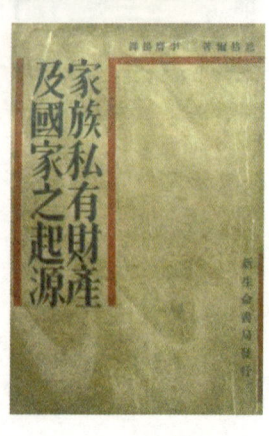

图 40-8 1936 年 2 月，上海新生命书局出版，上海图书馆藏。

（九）杨贤江译本第 9 种和第 10 种

1936 年 2 月，新生命书局出版（图 40-8）。该书 32 开，竖排平装本，303 页。

（十）杨贤江译本第 10 种

1937 年 5 月，上海新生命书局出版。该书封面、版权页及开本、页码与上一种一样，但是将著者译名改为了"恩格斯"。

（十一）杨贤江译本第 11 种

1938 年 6 月，明华出版社出版（图 40-9）。这一版本未署译者、校者，并删除了陶希圣的序言和译者序言。

（十二）杨贤江译本第 12 种

在中央党史和文献研究院图书馆发现名为《家庭，私产及国家的起源》一书，未署译者、校者、出版者、出版时间，该书大 32 开，横排平装本，157 页，内容包括正文及德文第一版序言和第四版序言。封底有购书者写的购书时间，为"1930"年。经考证，该版本为杨贤江译本的缩减版。

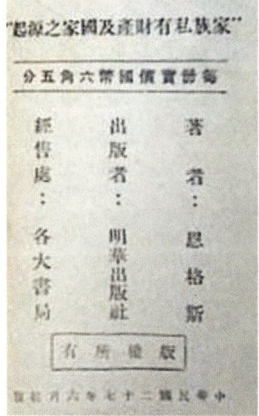

图 40-9 1938 年 6 月，明华出版社出版，国家图书馆藏。

三、张仲实译本

《家庭、私有制和国家的起源》第二个中文全译本由张仲实翻译。

（一）张仲实译本第 1 种

1941 年 2 月，学术出版社出版（图 40-10）。该书 32 开，竖排平装本，202 页。书名为《家庭私有财产及国家之起源》，封面印有"古典名著译丛"字样，书前有译者写的序言，书中带有编者注释。译者在序言

图 40-10 1941 年 2 月，学术出版社出版，上海图书馆藏。

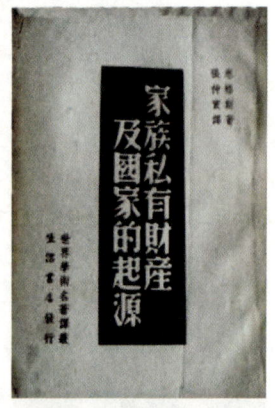

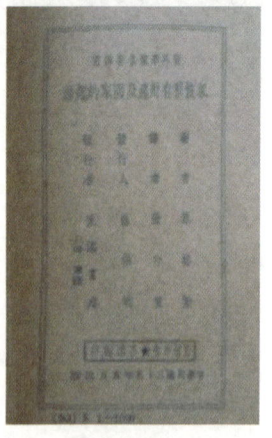

图 40-11 1946 年 5 月，生活书店
出版，上海图书馆藏。

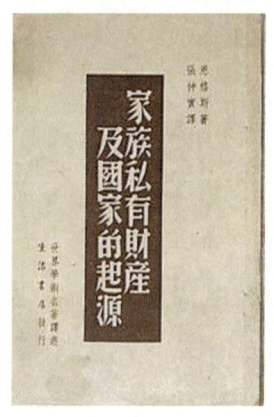

图 40-12 1947 年 1 月，生活书店
出版，上海图书馆藏。

中，简要介绍了书的内容，对新翻译收入的附录进行了要旨说明，指出本译本"根据莫斯科马列学院院长亚多拉茨基重新校阅及编辑注释的俄文标准译本译出来的"。该书目录为：

（二）张仲实译本第 2 种

　　1946 年 5 月，生活书店出版（图 40-11）。这一版的书名改为"家庭私有财产及国家的起源"，封面印有"世界学术名著译丛"字样，书前有译者写的序言，书中带有编者注释。

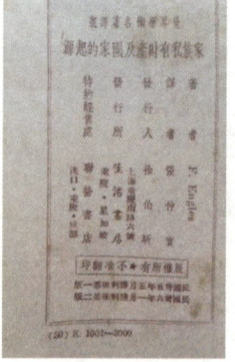

（三）张仲实译本第 3 种

　　1947 年 1 月，生活书店出版（图 40-12）。这一版书名改为"家庭私有财产及国家的起源"，封面印有"世界学术名著译丛"字样，书前有译者写的

序言，书中带有编者注释。

（四）张仲实译本第 4 种

1948 年 11 月，生活书店出版（图 40-13）。该书 32 开，竖排平装本，205 页，印 1000 册，封面印有"世界学术名著译丛"字样。

（五）张仲实译本第 5 种

1949 年 4 月，新中国书局出版（图 40-14）。该书 32 开，竖排平装本，205 页，印 10000 册，封面印有"世界学术名著译丛"字样。

（六）张仲实译本第 6 种

1949 年 7 月，大连新华书店出版、发行（图 40-15）。该书 32 开，竖排平装本，201 页，印 2000 册，

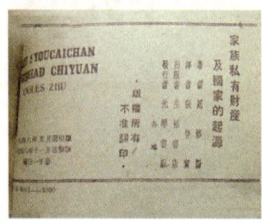

图 40-13 1948 年 11 月，生活书店出版，武汉图书馆藏。

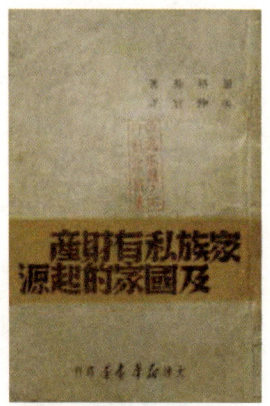
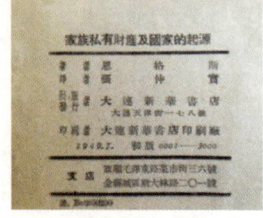

图 40-15 1949 年 7 月，大连新华书店重印版，国家图书馆藏。

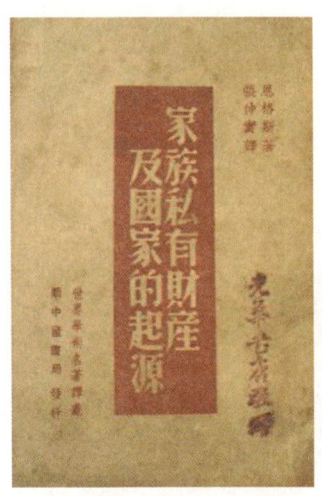
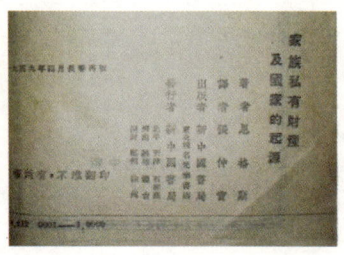

图 40-14 1949 年 4 月，新中国书局出版，国家图书馆藏。

第四十一章

弗·恩格斯《关于共产主义者同盟的历史》

《关于共产主义者同盟的历史》是恩格斯为 1885 年 11 月在霍廷根 – 苏黎世出版的《揭露科隆共产党人案件》一书写的引言。这部作品回顾了世界上第一个无产阶级政党——共产主义者同盟的历史。1939 年，延安的解放社出版了由王石巍、柯柏年等翻译的《德国的革命和反革命》一书（图 41-1），其中收录了由景林翻译、徐冰校订的这篇文章。

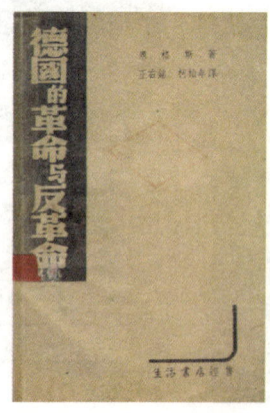

图 41-1 1939 年 3 月，生活书店出版，国家图书馆藏。

弗·恩格斯《路德维希·费尔巴哈和德国古典哲学的终结》

    《路德维希·费尔巴哈和德国古典哲学的终结》由恩格斯写于 1886 年初，原文是德文，首次发表在 1886 年《新时代》杂志第 4 期和第 5 期，并于 1888 年在斯图加特出版单行本，作者于 1888 年 2 月 21 日为单行本写了序言。1889 年彼得堡的《北方通报》第 3 期和第 4 期曾以《德国古典唯心主义哲学的危机》为题刊登了这部著作的俄文译本，但是没有指明作者，1892 年《劳动解放社》在日内瓦用单行本出版了由格·瓦·普列汉诺夫翻译的俄文译本，同年又出版了保加利亚文译本。1894 年，巴黎的杂志《新纪元》第 4 期和第 5 期上登载了劳拉·拉法格翻译并经恩格斯审阅过的法文译本。这部著作在 1949 年以前的中译文版本情况如下：

一、摘译

    柳若水摘译《路德维希·费尔巴哈和德国古典哲学的终结》第一节，载《黑格尔哲学批判》（1935 年 3 月出版）第 172—189 页，篇名为《从黑格尔到费尔巴哈》。

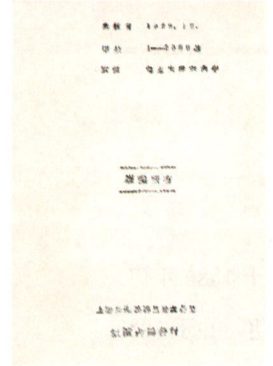

韩奋摘译《路德维希·费尔巴哈和德国古典哲学的终结》第四章的脚注，载《读书偶译》（1937年6月出版）第205—206页，篇名为《恩格斯的自白》。

周建人摘译《路德维希·费尔巴哈和德国古典哲学的终结》第二章前半部分和第四章前半部分，载《新哲学手册》第6—19页，篇名为《鲁德维息·费尔巴哈》。

二、林超真译本

1929年10月，上海沪滨书局出版《宗教·哲学·社会主义》一书（图42-1），收入了林超真译的《路德维希·费尔巴哈和德国古典哲学的终结》一文。1934年至1936年，亚东图书馆两次出版该著作（图42-2）。

三、彭嘉生译本

1929年12月，上海南强书局出版彭嘉生译的《费尔巴哈论》（图42-3）。该书32开，横排平装本，发行2000册，其目录为：

图42-1 1929年10月，上海沪滨书局出版，上海图书馆藏。

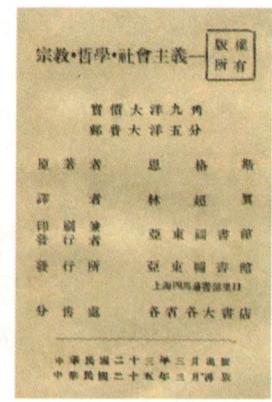

图42-2 1936年3月，亚东书局出版，上海图书馆藏。

图42-3 1929年12月，上海南强书局出版，中央党史和文献研究院图书馆藏。

I 本文

序言

1. 从黑格尔到费尔巴哈

2. 观念论与唯物论

3. 费尔巴哈底宗教哲学及伦理学

4. 辩证法的唯物论

II 附录

1. 费尔巴哈论纲

2. "费尔巴哈论"补遗

3. 史的唯物论

4. 法兰西唯物史论

5. 马克思底唯物论及辩证法

译者后记

　　该书正文前有1927年12月写的编者序言，正文后有五篇附录：《费尔巴哈论纲》（即《关于费尔巴哈的提纲》）、《费尔巴哈论补遗》（即《费尔巴哈的删略部分》）、《史的唯物论》（即《社会主义从空想到科学的发展》英文版导言）、《法兰西唯物论史》（即《神圣家族》中的"对法国唯物主义批判

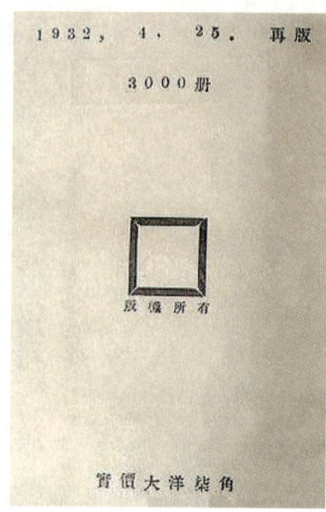

图 42-4 1932 年 4 月，上海南强书局再版，中央党史和文献研究院图书馆藏。

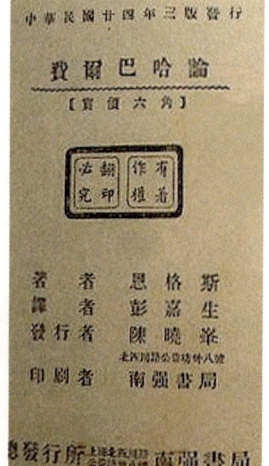

图 42-5 1935 年 1 月，上海南强书局出版，国家图书馆藏。

的战斗"）、《马克思的唯物论及辩证法》（即《政治经济学批判》）。附录后附有写于 1929 年 12 月的译者后记。本书根据法国赫尔曼·董克耳编的德文译本翻译，并参照英译本和日译本。

1932 年 4 月和 1935 年 1 月，上海南强书局两次再版该著作（图 42-4、图 42-5）。

四、向省吾译本

1930 年 4 月，上海江南书店出版了向省吾译的《费尔巴哈与古典哲学的终末》（图 42-6）。该书 64 开，横排平装本。书前有译者序（写于 1929 年 9 月）和编者序（赫尔曼、唐克尔写于 1927 年 12 月）。该书根据德文版《马克思主义文库》第 3 卷译出，并参照了日译文。同时，还收入马克思、恩格斯合著的《马克思恩格斯关于唯物论的断片》，标题为《费尔巴哈论》。

五、杨东专、宁敦伍译本

1932 年 5 月，昆仑书店出版了杨东专、宁敦伍译的《机械论的唯物论批判》（图 42-7）。该书 32 开，横排平装本，正文即《路德维希·费尔巴哈和德国古典哲学的终结》，其目录为：

发行者序言

路德维希费尔巴哈与古典哲学之终结

序

一、从黑智尔到费尔巴哈

二、观念论与唯物论

三、费尔巴哈的宗教哲学与伦理学

四、辩证法的唯物论

附录：

一、费尔巴哈论纲

二、费尔巴哈论补遗

三、史的唯物论

四、法兰西唯物史论

五、马克思的唯物论与辩证法

六、费尔巴哈论纲原稿译文

七、观念论的见解与唯物论的见解之对立

八、蒲列哈诺夫对费尔巴哈的序文和评注

（一）"费尔巴哈"俄译第一版序文

（二）"费尔巴哈"俄译第二版序文

（三）评注

该书附有普列汉诺夫写的注释，正文后附录收入：《费

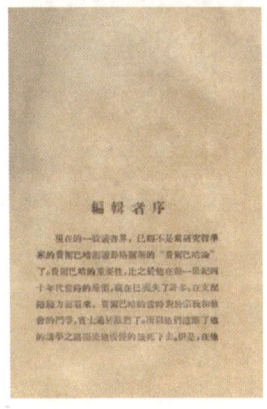

图 42-6 1930 年 4 月，上海江南书店出版，上海图书馆藏。

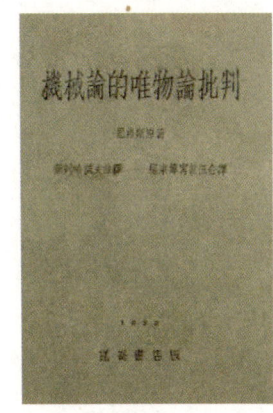

图 42-7 1932 年 5 月，昆仑书店出版，上海图书馆藏。

图 42-8 1932 年 11 月，社会主义研究社出版，国家图书馆藏。

尔巴哈论纲》《费尔巴哈论补遗》《史的唯物论》《法兰西唯物论史》《马克思的唯物论与辩证法》《费尔巴哈论纲原稿译文》《观念论的见解与唯物论的见解之对立》。

六、青骊译本

1932 年 11 月，社会主义研究社出版青骊译的《费尔巴哈论》（图 42-8）。该书 32 开，横排平装本，书名为英汉对照，正文部分即《路德维希·费尔巴哈和德国古典哲学的终结》，正文后的附录收了马克思的《费尔巴哈论纲》，书前还有中译者序言（写于 1932 年 11 月 20 日）、英译者导言以及《社会主义名著译丛总序》。该书根据黎威奥斯丁的英文本转译。

七、张仲实译本

图 42-9 1937 年 12 月生活书店出版，国家图书馆藏。

张仲实译本 1937 年 12 月由生活书店首次出版，书名为《费尔巴哈论》。译者在序言中指出，本书是"新兴哲学的经典"。除译者序言外，本书还载入了西特科夫斯基的《伟大的哲学家》和米丁的《费而巴哈与新兴哲学》。另外，书末还附录有马克思的《费尔巴哈论纲》（即《关于费尔巴哈的提纲》）。

（一）张仲实译本第 1 种

1937 年 12 月，生活书店出版（图 42-9）。该书 32 开，竖排平装本，112 页，封面印有"世界著名译丛"，版权页印有"世界著名译丛之二"字样；其目录为：

（二）张仲实译本第 2 种

1938 年 2 月，生活书店出版（图 42-10）。该书 32 开，封面印有"世界名著译<u>丛</u>"版权页印有"世界名著译<u>丛</u>之二"字样。

图 42-10 1938 年 2 月，生活书店出版，上海图书馆收藏。

（三）张仲实译本第 3 种

1938 年 4 月，生活书店出版（图 42-11）。定价每册两角五分，封面标有"世界名著译<u>丛</u>"字样，译者署名张仲实。

（四）张仲实译本第 4 种

1949 年 9 月，解放社出

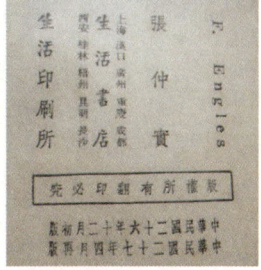

图 42-11 1938 年 4 月上，生活书店出版，国家图书馆藏。

版《费尔巴哈与德国古典哲学的终结》（图42-12）。该书32开，封面标有"世界名著译丛"字样。

八、曹真译本

1949年10月，上海文源出版社出版曹真译的《费尔巴哈》。该书32开，竖排平装本，65页，正文后附有马克思的《费尔巴哈论纲要》（即《关于费尔巴哈的提纲》）。

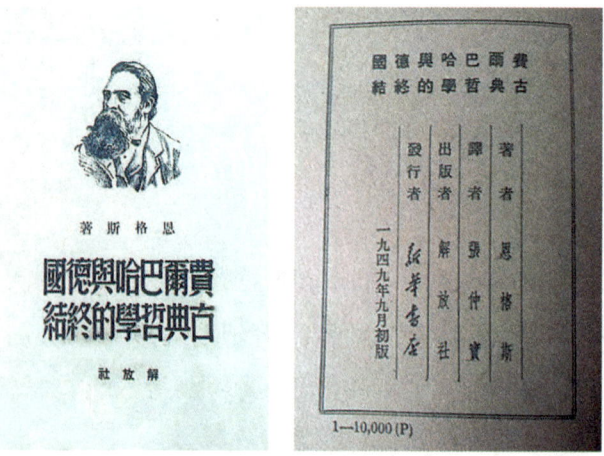

图42-12 1949年11月，解放社（上海）出版，浙江省图书馆藏。

弗·恩格斯《波克罕〈纪念一八〇六至一八〇七年德意志极端爱国主义者〉一书引言》

《波克罕〈纪念一八〇六至一八〇七年德意志极端爱国主义者〉一书引言》是恩格斯于 1887 年 12 月 15 日所写，后成为波克罕的这本书的引言。当时这部著作按照恩格斯的倡议作为"社会民主主义丛书"第 24 分册出版。恩格斯写的引言的后半部分是早在该书出版以前，就以《欧洲面临什么》为标题发表于 1888 年 1 月 15 日的《社会民主党人报》。引言的原文是英文。

1949 年以前，这篇文章的中译文有一种，由曹汀译，作为附录收入 1941 年出版的《普法战争》，标题是《节录自恩格斯对于泽即斯特蒙·波尔克海姆斯著〈对于一八〇六至一八〇七年德意志铁血爱国者的回忆〉一书的序文》。

弗·恩格斯《论原始基督教的历史》

　　《论原始基督教的历史》是恩格斯于 1894 年 6 月至 7 月间为《新时代》杂志而写的，发表于《新时代》杂志第 1 卷第 1 期和第 2 期上。这篇文章是恩格斯用历史唯物主义观点研究和阐述宗教问题的重要作品，是科学无神论的基本作品之一。1949 年以前，该作的中文译本以《原始基督教史论》为名收录在 1929 年上海沪滨书局出版的由林超真翻译的《宗教·哲学·社会主义》一书中（图 44-1）。

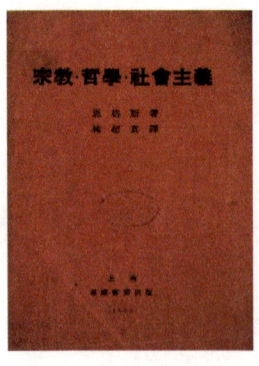
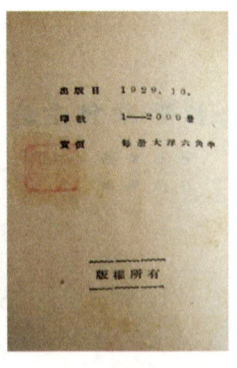

图 44-1 1929 年 10 月，沪滨书局出版，中央党史和文献研究院图书馆藏。

弗·恩格斯《法德农民问题》

《法德农民问题》是恩格斯晚年论述农民问题、土地问题的一部重要著作，写于 1894 年 11 月。该作批判了法国和德国工人阶级政党内部关于农民问题、土地问题上的错误言论，阐明了农民作为工人的同盟军对无产阶级革命事业的重要影响，指明了无产阶级革命政党制定夺取政权后要争取农民站在革命一边和在革命胜利后要引导农民走社会主义道路。

该文最早发表在 1894—1895 年《新时代》杂志第 1 卷第 10 期。1894 年波兰《黎明》杂志第 12 期曾以《农民问题》为题名转载该文。

1949 年以前，该文最早的译本由陆一远翻译，收录于在 1928 年上海远东图书公司出版的《农民问题》一书中（图 45-1）。

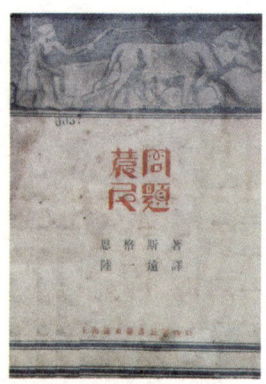

图 45-1 1928 年 5 月，上海远东图书公司出版，国家图书馆藏。

第四十六章

弗·恩格斯的军事著作

延安时期，我党出版了一批恩格斯的军事著作，一部分刊载于《八路军军政》杂志，包括：（一）《军队论》（即《军队》），焦敏之译，载 1939 年第 3—6 期；（二）《新德意志帝国建设之际的暴力与经济》（即《暴力在历史中的作用》），曹汀译，何思敬校，载 1940 年第 12 期；（三）《冲锋》（即摘译了《攻击》部分内容），焦敏之译，载 1939 年第 2 期；（四）《1870 年—1871 年普法战争》，曹汀译，何思敬校，载 1941 年第 9 期（收有《战争短评》《从军事观点看法国的局势》《布尔巴基德覆灭》《俄国状况》《波克罕〈纪念一八〇六至一八〇七年德意志极端爱国主义者〉一书引言》《恩格斯致·魏德迈》六篇文章）。另一部分收录于八路军抗日战争研究会编辑会编，焦敏之译，曾涌泉校的《恩格斯军事论文选集》（图 46-1），1939 年 12 月由八路军军政杂志社出版，包括：《军队论》（即《军队》）、《步兵》、《骑兵》、《欧洲军队论》（即摘译了《欧洲军队》部分内容）。

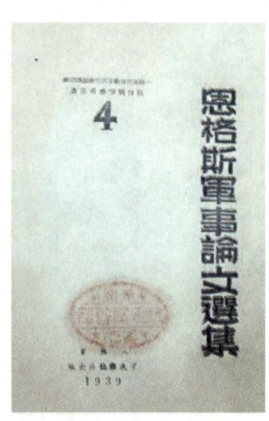

图 46-1 1939 年 12 月，八路军军政杂志社出版，中央党史和文献研究院图书馆藏。

卡·马克思和弗·恩格斯的书信

保留下来的马克思与恩格斯的书信非常多，仅在《马克思恩格斯全集》中文第一版就收录了两人来往的 4000 多封书信，以及马克思、恩格斯家人及朋友写给他们的 500 多封书信。1949 年以前，马克思、恩格斯的书信的中文译本不多，主要如下：

《马克思对于蒲鲁东的批评》，即《论蒲鲁东给约·巴·施韦泽的信》[①]，载于杜竹君译，1929 年 7 月上海水沫书店出版的《哲学之贫困》一书。此后《哲学的贫困》多个版本中，都刊有此文。

1930 年，亚东图书馆出版程始仁编译的《辩证法经典》一书，书中载《给各盖尔曼的信（1868 年 7 月 11 日）》一文，即《马克思致路德维希·库格曼（1868 年 7 月 31 日）》的摘译。同年 7 月 15 日，上海《动力》月刊第 1 卷第 1 期刊载寒光翻译的马克思从 1862 年至 1867 年写给库格曼的 10 封书信。

[①] 参见《马克思恩格斯全集》第 16 卷，人民出版社 1982 年版，第 28—35 页。

1933 年 6 月 8 日，张申府翻译的《马克思的情书》，即《马克思致恩格斯（1867 年 8 月 16 日）》①，载天津《大公报》副刊《世界思潮》1933 年 6 月 8 日第 41 期。

　　1933 年 6 月 20 日，上海《读书杂志》第 3 卷第 6 期刊载陆侃如翻译的"恩格斯未发表的两封信"，即《恩格斯致玛格丽特·哈克奈斯（1888 年 4 月初）》②和《恩格斯致格尔桑·特利尔（1889 年 12 月 18 日）》③。

　　1934 年 12 月，上海《译文月刊》第 1 卷第 4 期载胡风翻译的《与敏娜·考茨基论倾向文学》，即《恩格斯致敏娜·考茨基（1885 年 11 月 26 日）》④。

　　1937 年 1 月，日本东京质文社出版陈北欧翻译的《作家论》一书（图 47-1），其中收入的《易卜生论》即《恩格斯致保尔·恩斯特（1890 年 6 月 5 日）》⑤。

　　1937 年 3 月，亚东图书馆出版《恩格斯等论文学》一书（图 47-2），收入《恩格斯致巴尔扎克》一文，包括了《恩格斯致玛格丽特·哈克奈斯（1888 年 4 月初）》⑥和《论文学》，即《恩格斯敏娜·考茨基（1885 年 11 月 26 日）》⑦。

　　1938 年 11 月，解放社出版吴黎平、刘云翻译的《法兰西内战》，收入《马克思致顾格曼论巴黎公社的信》，即《马克思致库格曼（1871 年 4 月 12 日）》和《马克思致库格曼（1971 年 4 月 17 日）》。

图 47-1 1937 年 1 月，东京质文社出版，上海图书馆藏。

①　参见《马克思恩格斯全集》第 31 卷，人民出版社 1972 年版，第 328—329 页。
②　参见《马克思恩格斯全集》第 37 卷，人民出版社 1971 年版，第 40—42 页。
③　参见《马克思恩格斯全集》第 37 卷，人民出版社 1971 年，第 321—324 页。
④　参见《马克思恩格斯全集》第 36 卷，人民出版社 1974 年版，第 382—386 页。
⑤　参见《马克思恩格斯全集》第 37 卷，人民出版社 1971 年版，第 409—412 页。
⑥　参见《马克思恩格斯全集》第 37 卷，人民出版社 1971 年版，第 40—42 页。
⑦　参见《马克思恩格斯全集》第 36 卷，人民出版社 1974 年版，第 342—385 页。

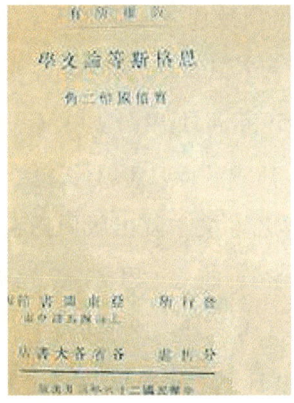

图47-2 1937年3月，亚东图书馆出版，中央党史和文献研究院图书馆藏。

1939年4月15日，上海海潮社出版的郭和翻译的《法兰西内战》，包括《马克思致顾格尔曼的信（二封）》，即《马克思致库格曼（1971年4月12日）》和《马克思致库格曼（1971年4月17日）》。

1939年4月，读书生活出版社出版的《资本论通信集》收入了马克思和恩格斯的通信及其他书信25封。

1939年6月，解放社出版的柯柏年、艾思奇、景林等翻译的《马恩通信选集》（图47-3），收入《为无产阶级政党而斗争的书信》17封，以及《马克思恩格斯关于唯物史观的书信》《论爱尔兰问题》《恩格斯致考茨基的信》《马恩论俄国》《马克思致左尔格》《俄国社会状况》等内容。

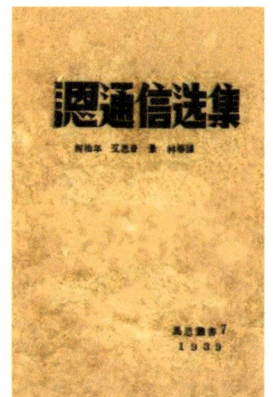

1939年11月，读书生活出版社出版欧阳凡海编翻译的《马恩科学的文学论》，收入《恩格斯底巴尔扎克论》（即《恩格斯致玛格丽特·哈克奈斯（1888年4月初）》[1]）、《恩

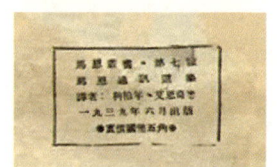

图47-3 1939年6月，解放社初版，国家图书馆藏。

---

[1] 参见《马克思恩格斯全集》第37卷，人民出版社，1971年，第40—42。

格斯底易卜生论》（即《恩格斯致保尔·恩斯特（1890 年 6 月 5 日）》）、《恩格斯致保尔·恩斯特（1890 年 6 月 5 日）》、《马克斯给拉萨尔的信》（即《马克思致裴迪南·拉萨尔（1859 年 4 月 19 日）》）、《恩格斯给拉萨尔的信》（即《恩格斯致裴迪南·拉萨尔（1859 年 5 月 18 日）》）。

1940 年 6 月，延安鲁迅艺术文学院出版周扬编校，曹葆华、天蓝翻译的《马克思恩格斯列宁论艺术》，收入《恩格斯致玛格丽特·哈克奈斯（1888 年 4 月初）》《恩格斯致敏娜·考茨基（1885 年 11 月 26 日）》《马克思致裴迪南·拉萨尔（1859 年 4 月 19 日）》《恩格斯致裴迪南·拉萨尔（1859 年 5 月 18 日）》。

1940 年 8 月，读书出版社出版何封等翻译的《卡尔·马克思——人、思想家、革命者》一书，其中收入了《关于马克思之死致索尔格的信》（即《恩格斯致左尔格（1883 年 3 月 15 日）》[1]）。

1941 年 4 月 30 日，《群众》第 6 卷第 3、4 期合刊载《恩格斯致约瑟夫·布洛赫（1890 年 9 月 21 日）》[2]。

1947 年 5 月，亚东图书馆出版林超真译《马克思致顾格曼的信》，收有 1862—1874 年马克思写给库格曼的 69 封信。1948 年 4 月，该书改名为《致顾格曼博士书信集》，在东北书店牡丹江分店出版。

1949 年 5 月，马克思列宁学院刊印的《关于学习〈拿破仑第三政变记〉的参考材料》收入《恩格斯给布洛赫的信》（即《劳动在从猿到人转变过程中的作用》[3]）、《恩格斯给梅林的信》（即《恩格斯致弗兰茨·梅林（1893 年 7 月 14 日）》）、《恩格斯给施他尔根堡的信》（即《恩格斯致瓦·博尔吉乌斯（1894 年 1 月 25 日）》[4]）、《关于马克思之死致索尔格的信》（即《恩格斯致左尔格

---

[1] 参见《马克思恩格斯全集》第 35 卷，人民出版社 1971 年版，第 458—460 页。
[2] 参见《马克思恩格斯全集》第 37 卷，人民出版社 1971 年版，第 460—462 页。
[3] 参见《马克思恩格斯全集》第 20 卷，人民出版社 1964 年版，第 509—522 页。
[4] 参见《马克思恩格斯全集》第 39 卷，人民出版社 1974 年版，第 198—201 页。

（1883 年 3 月 15 日）》^①）。

    1949 年 9 月，亚东图书馆出版林超真翻译的《马克思恩格斯书信选集》，收入马克思与恩格斯 1846—1895 年期间的通信 98 封。

---

①   参见《马克思恩格斯全集》第 35 卷，人民出版社 1971 年版，第 458—460 页。

卡 · 马克思和弗 · 恩格斯论中国

马克思和恩格斯在长期的理论研究和革命实践中十分关注并深入研究中国问题，留下了大量重要著述。在《马克思恩格斯全集》中文第 1 版所收录的著作中，直接论及中国的内容就有 800 余处，这还不包括新发现的马克思和恩格斯的遗著以及他们在论述东方问题的文章、笔记和书信中间接提到中国的那些内容。具体包括以下这些方面：

一、19 世纪 40 年代至 60 年代著述中关于中国的论述

19 世纪 40 年代马克思恩格斯在创立唯物史观的过程中就开始研究中国问题，他们对中国社会情况的整体把握和深入思考，生动地反映在《德意志意识形态》《共产主义原理》《共产党宣言》等重要著作中。1848 年欧洲革命爆发后，马克思和恩格斯创办了《新莱茵报》，向普鲁士专制制度发起猛烈攻击。马克思和恩格斯于 1850 年 1 月底至 2 月底合著的《时评。1850 年 1—2 月》，发表在《新莱茵报》上。该文根据著名的德国传教士郭士立带回的文献资料中关于中国的"新鲜奇闻"，介绍了第一次鸦片战

争后，英国人的侵略，引发声势浩大的革命运动①。同年，马克思和恩格斯再次合作，分别于 3 月中旬至 4 月 18 日和 10 月至 11 月 1 日，共同撰写了《时评。1850 年 3—4 月》和《时评。1850 年 5—10 月》，都发表在《新莱茵报》上，对当时西方殖民国家波及包括中国在内的全球贸易及新航线开辟的影响，进行了评述。1851 年 8 月初，马克思担任美国《纽约每日论坛报》编辑部报驻伦敦的通讯员。从 1853 年 5 月至 1862 年 7 月，当中国爆发太平天国运动和第二次鸦片战争之际，马克思撰写的 18 篇有关中国的文章中有 17 篇就发表在《纽约每日论坛报》上，另外一篇即马克思的《中国记事》，发表于奥地利维也纳出版的《新闻报》上。在这些文章中，他不仅揭露了西方列强侵华的罪行，热情支持中国人民的正义斗争，还运用唯物史观精辟地阐明了近代中国面临危机和走向衰落的内部原因。

此处，马克思在《政局展望。——商业繁荣。——饿死人事件》《东印度公司，它的历史语结果》《政治动态。——欧洲缺粮》《战争。——罢工。——缺粮》《繁荣。——工人问题》《英国工商业的危机》等文章中，对当时英国同中国贸易带来的破坏性影响进行了较为深入的分析和论述，马克思还在《政治经济学批判。第一分册》中多处提及中国古代以白银为价格尺度的商品交易。恩格斯还在自己的独立著作中，如《德国农民战争》《军队》《炮兵》，对中国古代发明的火药、印刷术进行了高度评价，他认为，"法国和欧洲其他各国从西班牙的阿拉伯人那里得知火药的制造和使用，阿拉伯人则是从他们东面的各国学来的，后者又是从最初的发明者中国人那里学到的"②。

二、19 世纪 60 年代至 90 年代著述中有关中国的论述

关于中国的论述多见于恩格斯致友人包括致马克思的书信中，以及恩格斯

---

① 中央编译局编：《马克思恩格斯论中国》，人民出版社 2015 年版，第 134 页。
② 中央编译局编：《马克思恩格斯论中国》，人民出版社 2015 年版，第 136—153 页。

的部分专著中。恩格斯在 1868 年 12 月 11 日、1869 年 12 月 9 日致马克思的书信中，对中国市场销售的纺织品进行了概述。在恩格斯与李卜克内西、倍倍尔、伯恩施坦、丹尼尔逊、拉法格、考茨基等人的书信中，对白银在中国商品流通的地位与作用、中国社会结构的解体、俄国人在亚洲的侵略活动等进行了论述。恩格斯直到去世前，还致信美国的佐尔格，对刚爆发的中日甲午战争及时地作出分析和评论，指出："在中国进行的战争给古老的中国以致命的打击。闭关自守已经不可能了；即使是为了军事防御的目的，也必须敷设铁路，使用蒸汽机和电力以及创办大工业。"

三、《资本论》中有关中国的论述

马克思在《资本论》及其手稿中有近百处提到了中国。他把中英鸦片贸易，以及由此引起的两次鸦片战争作为世界市场形成的重要材料。如，马克思通过对 1849 年到 1856 年间中国对英国贸易顺差的扩大，指出白银向亚洲特别是向中国的大量外流是引起欧洲金融危机的主要原因。《资本论》中提及的唯一一位中国人是清朝户部右侍郎王茂荫。王茂荫上疏反对铸造大钱，请求将已发行的不兑换钞币改为可兑换的钞币，并规定最高的发行额，以有利于商业的发展和经济之运行，结果却被咸丰皇帝斥责为受商人指使，不关心国事。马克思从 1858 年柏林出版的《帝俄驻北京公使馆关于中国的著述》中获知王茂荫的主张，遂将之视作货币理论和历史的"新材料"，在《资本论》第一卷脚注中进行了论述："清朝户部右侍郎王茂荫向天子 [咸丰] 上了一个奏折，主张暗将官票宝钞改为可兑现的钞票。在 1854 年 4 月的大臣审议报告中，他受到严厉申斥。他是否因此受到笞刑，不得而知。审议报告最后说：'臣等详阅所奏……所论专利商而不便于国。'"

四、刊载马克思、恩格斯论中国的中文书刊

在所有马克思、恩格斯专论中国的文章中，《中国革命和欧洲革命》是传

播和影响最为广泛的著作。该文未署名，于 1853 年 6 月 14 日以《纽约每日论坛报》的社论发表，原文是英文，近 3000 字，译成中文约 5000 字。从 1924 年开始，该文的有关内容相继刊载在 1924 年的《向导》周报第 124 期、1926 年 5 月的《政治生活》期刊、1929 年出版的《马克思主义的民族革命论》、1930 年 2 月出版的各版本《马克思论文选择》、1930 年 3 月出版的《民族革命理论》（图 48-1）、1934 年 7 月 21 日的《斗争》第 68 期，以及 1937 年开始出版的《马克思恩格斯论中国》的各种版本中。《马克思恩格斯论中国》初版由莫斯科外文书籍出版局出版，共收录马克思和恩格斯论中国的篇文章 14 篇。1938 年 3 月 21 日，汉口的中国出版社将其引进至国内，书名为《马·恩论中国》（扉页为《马克思·恩格斯论中国》）。1938 年 5 月，解放社再版此书，书名改为《马克斯·恩格斯论中国》（扉页为《马克思与恩格斯论中国》）。

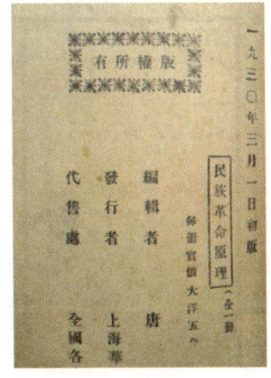

图 48-1 1930 年 3 月，上海华兴书局出版，国家图书馆藏。

1938 年 4 月 12 日，汉口的火炬出版社出版了李铁冰编译的《马克思·列宁·斯大林论民族革命问题》一书，其中收录了马克思唯一的一篇文章，即《中国及欧洲革命》。为纪念马克思诞辰 120 周年和《共产党宣言》发表 90 周年，凯丰在 1938 年 5 月 1 日出版的《解放周刊》上发表《马克思与中国》的一文引用了《中国及欧洲革命》中的论述，该文还先后在 1938 年 5 月 5 日的《新华日报》及 1938 年 5 月的《群众》杂志转载。1938 年 11 月，由杨克斋编译的《中国问题评论集》在上海珠林出版社出版，该书共收录含《中国革命和欧洲革命》在内的 12 篇马克思和恩格斯论中国的文章。

（一）《中国革命和欧洲革命》

《中国革命和欧洲革命》一文曾载于 1924 年的《向导》

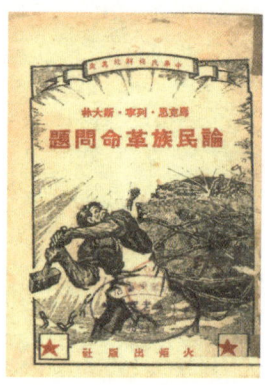

图48-2 1938年4月,火炬出版社出版,国家图书馆收藏。

周报第124期、1926年5月《政治生活》(红色五月特刊)、1929年5月上海新青年出版社出版的《马克思主义的民族革命论》、1930年3月上海华兴书局出版的《民族革命原理》、1930年2月上海社会科学研究会出版的《马克思论文选择》、1934年7月的《斗争》第68期、1938年4月火炬出版社出版的《马克思列宁斯大林论民族革命问题》(图48-2)等书刊中。

(二)《马克思恩格斯论中国》

1937年莫斯科外国文书籍出版局出版了方乃宜翻译的《马克思恩格斯论中国》一书(图48-3)。该书内容包括:《中国的和欧洲的革命》(即马克思的《中国革命和欧洲革命》)、《对华贸易》(即马克思的《俄国对华贸易》)、《英人在华的残暴行动》、《鸦片贸易(第一篇)》(即马克思的《鸦片贸易史》)、《鸦片贸易(第二篇)》(即马克思的《鸦片贸易史》)、《中英条约(第一篇)》(即马克思的《英中条约》)、《中央条约(第二篇)》(即马克思的《中国和英国的

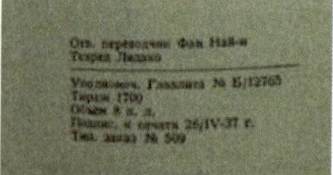

图48-3 1937年,莫斯科外文书籍出版局出版,北京杂书馆藏。

条约》)、《新的对华战争（第一至第四篇）》、《对华贸易》、
《国会关于对华军事行动的讨论》（即马克思的《议会关于
对华军事行动的辩论》）、《英人对华的新侵略》（即恩格斯
的《英人对华的新远征》）、《中国事情》（即马克思的《中
国记事》）、《波斯与中国》（即恩格斯的《波斯和中国》）、
《俄国在远东之成功》（即恩格斯的《俄国在远东的成功》）
等文章。该书后来由中国出版社、解放社等机构多次再版
（图48-4、图48-5、图48-6）。

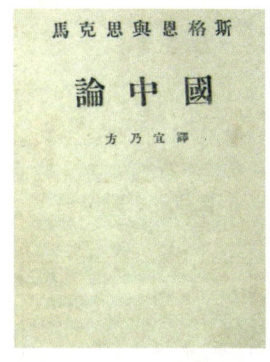

图48-4 1938年3月，中国出版
社出版，中央党史和文献研究院图
书馆藏。

（三）《中国问题评论集》

1938年11月，珠林书店出版《中国问题译论集》一书

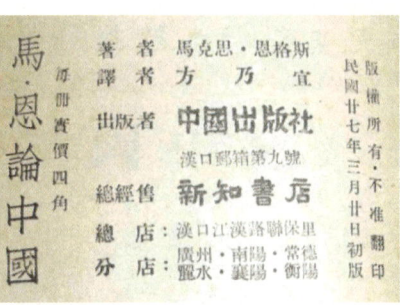

图48-5 1938年3月，中国出版社出版，
中央党史和文献研究院图书馆藏。

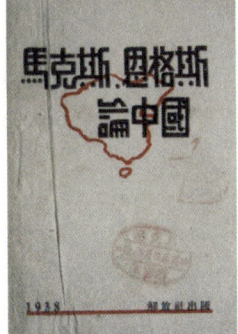

图48-6 1938年5月，解放社出版，
中央党史和文献研究院图书馆藏。

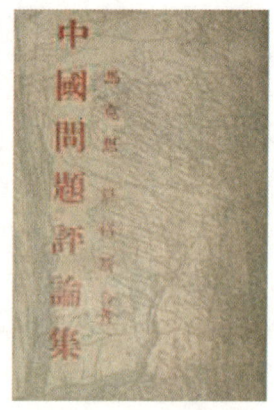

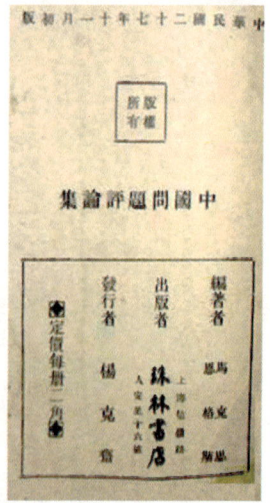

图 48-7 1938 年 11 月，珠林书店出版，国家图书馆藏。

（图 48-7）。该书收录《中国和欧洲革命》（即《中国革命和欧洲革命》）、《对华贸易》（即马克思的《俄国对华贸易》）、《英人在华的残暴行动》、《鸦片贸易（第一篇）》（即马克思的《鸦片贸易史》）、《鸦片贸易（第二篇）》（即马克思的《鸦片贸易史》）、《中英条约（第一篇）》（即马克思的《英中条约》）、《中英条约（第二篇）》（即马克思的《中国和英国的条约》）、《新的对华战争（第一至第四篇）》、《国会关于对华军事行动的讨论》（即马克思的《议会关于对华军事行动的辩论》）、《英人对华的新侵略》（即恩格斯的《英人对华的新远征》）、《波斯与中国》（即恩格斯的《波斯和中国》）、《俄国在远东之成功》（即恩格斯的《俄国在远东的成功》）12 篇研究中国的文章。

卡·马克思和弗·恩格斯论印度

印度 19 世纪中期的革命斗争和民族解放运动，引起了马克思的密切关注，他在《纽约每日论坛报》上发表了《不列颠在印度的统治》《不列颠在印度统治的未来结果》等文章，深刻揭露了英国殖民者给印度人民带来巨大灾难，并联系无产阶级革命来考察民族殖民地问题。

1940 年 5 月，上海北社出版了宗思泽翻译的《论弱小民族》一书（图 49-1）。其中第 1—9 页载《论英国统治印度》（即《不列颠在印度的统治》），第 9—15 页，载《论英国统治印度的将来》（即《不列颠在印度统治的未来结果》）。

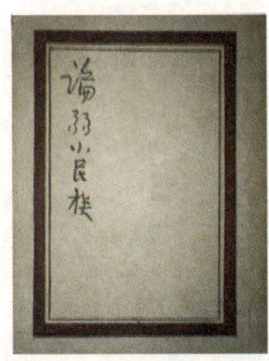

图 49-1 1940 年 5 月，上海北社出版，北京杂书馆藏。

卡·马克思和弗·恩格斯著作在中国传播的历程

1899—1949

下篇

第五十章

早期译介的马克思、恩格斯著作

1840 年，英国发动侵略中国的鸦片战争，用坚船利炮轰开了中国的大门。这一事件，开启了中国近代史的历程，从此以后的半个多世纪里，西方列强通过一次次对华侵略战争，把中国一步步推向半殖民地半封建的深渊。中国人民为谋求国家的独立、富强和民主，同外国侵略者和中国的封建势力进行了长期的、不屈不挠的斗争。

1851 年至 1864 年，中国爆发了太平天国运动。这场被认为是中国封建社会农民起义最高峰的运动给了外国侵略者和中国封建统治势力以沉重的打击。但农民并不代表最先进的生产方式，提不出科学的有远见的斗争纲领，不可能战胜强大的敌人，因此还是以失败而告终。19 世纪 60 年代开始，清政府统治内部发起了以"自强"和"求富"为目标的洋务运动，这场革新运动在一定程度上刺激了中国近代资本主义的产生和发展。然而洋务派的"中体西用"无法挽救腐朽的封建制度，最终在甲午战争中，中国的惨败宣告洋务运动破产。1898 年，以康有为、梁启超为代表的资产阶级改良派发起了维新变法运动，这场变法由于措施的空想，以及旧势力的过于强大，最终被封建顽固派所扼杀。这表明，在近代中国，资产阶级改良主义的道路是根本行不通的。

在各种运动相继失败和各种思想无力解决中国问题的历史背景下，19 世纪末 20 世纪初，一批先进的中国知识分子在学习西方思想文化的同时，开始关注流行于欧美、日本的社会主义思想和马克思主义学说并将它们译介到中国。他们成为最早一批传播马克思主义学说的中国人。

1899 年，马克思的名字第一次出现在中文书刊上。此后，资产阶级维新派人士、留日的知识分子、追随孙中山从事革命活动的资产阶级革命派，在大量著述、译介西方学说的同时，也将马克思学说译介到了中国。十月革命的一声炮响将马克思主义带入中国，经过五四运动的洗礼，无产阶级开始登上历史舞台，一批先进的中国知识分子在风云激荡的历史风潮中，坚定地选择了马克思主义作为自己信仰，从此，马克思主义的著作和重要思想开始在中华大地广泛而深入地传播开来。

马克思学说在中国的出现，并非偶然，是先进的中国人探索救国救民道路的必然结果。马克思学说的传入，经历了从浅入深、从片断式介绍到完整内容译介的过程。随着中国先进分子对马克思主义的认识不断深入，马克思学说的传播载体大量涌现，马克思主义学说逐渐从思想理论层面向实践层面深化，被运用到解决中国社会现实问题的革命运动当中。

第一节　最早较系统接触马克思主义的中国人 —— 孙中山

研究马克思主义在中国早期传播，孙中山是一位绕不开的人物。1895 年广州起义失败后，孙中山流亡欧美，考察了欧美资本主义国家的社会经济政治状况。1896 年留居伦敦期间，他在大英博物馆接触了包括《共产党宣言》和《资本论》在内的马克思、恩格斯著作，开始深受马克思主义的影响，是最早较系统接触马克思主义的中国人。宋庆龄在著述中谈到孙中山对马克思主义、社会主义的了解程度，"他知道马克思和恩格斯，他也听到了关于列宁和俄国革命活动的消息。早在那个时候，社会主义就对他发生了吸引力。他敦促留

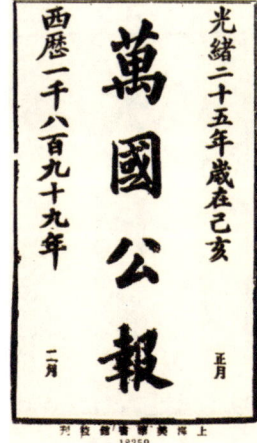

图 50-1《民报》发刊词。

学生研究马克思的《资本论》和《共产党宣言》，并阅读当时的社会主义书刊"。孙中山曾提出："民生主义就是社会主义，又名共产主义，即是大同主义。"这些表明，孙中山的伦敦之行，使他的思想发生了重大变化，这正是受到马克思主义、社会主义思想的影响。

　　辛亥革命后，以孙中山为代表的资产阶级革命派坚持以革命方式解决社会问题，热心地介绍并宣传马克思主义。孙中山一再高度评价马克思主义，称马克思是"社会党的圣人"，认为马克思所著的"书和所发明的学说，是集几千年来人类思想之大成"。

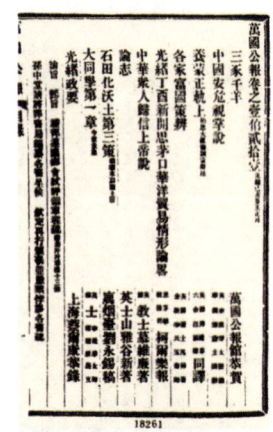

第二节　马克思、恩格斯的名字第一次 出现的中文书刊

　　《大同学》是第一次出现马克思、恩格斯名字的中文书刊。提到《大同学》，必然要讲到英国人李提摩太（Timothy Richard，1845—1919）。他是一位英国基督教新教浸利会传教士，1870 年来到中国传教。1899 年 2 月，《万

图 50-2 1899 年 2 月，《万国公报》第 121 期。

图 50-3 1899 年,《大同学》上海广学会校刊。

国公报》①第 121 期(图 50-2)发表李提摩太节译、蔡尔康撰文的《大同学》第一章《今世景象》一文。该文译自英国哲学家基德(Benjamin Kidd,1858—1916)所著《社会进化》(*Social Evolution*)一书的前三章。文曰:"其以百工领袖著名者,英人马克思也。马克思之言:纠股办事之人,其权笼罩五洲,突过于君相之范围一国。吾侪若不早为之所,任其蔓延日广,诚恐遍地球之财币,必将尽入其手。然万一到此时势,当即系富家权尽之时。何也?……"可见马克思在中国的最早译名就是"马克思",只是在后来,不断出现了如"麦克司""咖尔吗克司""麦克斯""马克斯""马鲁克斯"等译名。而文中关于"马克思之言曰"的内容,则是对《共产党宣言》中的"资产者与无产者"一节内容的意译,这句话今译为"资产阶级,由于开拓了世界市场,使一切国家的生产和消费都成了世界性的了"。②

1899 年 4 月,《万国公报》第 123 期刊载《大同学》第三章《相争相近之理》,文中讲道:"试稽近代学派,有讲求安民新学之一家。如德国之马克偲,主于资本者也。""马克偲"即马克思。"主于资本者也"意为:《资本论》一书的作者。该文向中国读者介绍了马克思的经济学代表作

---

① 《万国公报》原名《教会新报》(*CHURCH NEWS*),1868 年 9 月 5 日在上海创刊,早期为周刊,主办人是美国监理会传教士林乐知,以林华书院的名义出版,由上海美华书馆负责印刷。起初为宗教性质刊物。1874 年 9 月 5 日,《教会新报》出至 301 期时改名为《万国公报》,仍为周刊,1883 年出至 750 期时因经济原因停刊。报刊内容开始演变为非宗教性质。1889 年 2 月《万国公报》复刊,成为广学会的机关报,同时改为月刊,仍由林乐知主编,李提摩太和丁韪良等外籍传教士也参与过编撰工作。售量约为四千份。1907 年 5 月 30 日林乐知在上海病逝后,《万国公报》也在 7 月终刊。

② [德] 马克思、恩格斯:《共产党宣言》,人民出版社 2018 年版,第 31 页。

《资本论》。在《大同学》的第八章《今世养民策》中，又提到的马克思、恩格斯的名字，文中讲道："德国讲求养民学者。有名人焉。一曰马克思。一曰恩格思。"同是《大同学》第八章中，在论及解决贫富矛盾时，又言及："恩格思有言。贫民联合以制富人。是人之能自别于禽兽。而不任人簸弄也。且从今以后。使富家不得不以人类待之也。民之贫者。富家不得再制其死命也。"

第三节　早期译介马克思、恩格斯著作的代表人物及其成果

一、留日学生是早期译介马克思主义文献的主力

在早期传播马克思主义的群体中，留日学生贡献最为突出。甲午中日战争后，他们东渡扶桑，走上了曲折的救国救民之路。在日本，他们开办报馆，举行讲习会等，宣传革命进步思想。其中，《译书汇编》是留日学生最早创办的刊物，是译介马克思主义文献的重要阵地。《译书汇编》于1900年创办，主要译载欧洲、美国、日本等国家的政治、经济、法律、社会新思潮等方面的著作，受到中国进步青年和学生的青睐。

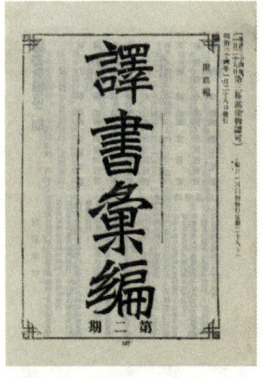

图50-4《译书汇编》第二期封面。

1901年1月28日，《译书汇编》第2期（图50-4）刊载的译自日本人有贺长雄的《近世政治史》一文（图50-5）对马克思创办的《新莱茵报》及创立的第一国际进行了介绍，将西方反对资本主义压制、倡导贫富均衡的学说称为"社会主义"。

文章多次论及马克思的革命事业及德国党在议会取得席位的情况。"麦克司与拉沙来均以一千八百四十八年来倡自由之说，而两党之势以炽。然而主义各不相同。"文中

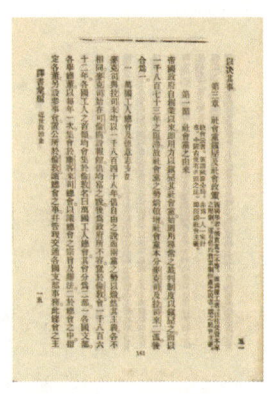

图50-5　1901年1月28日，《译书汇编》刊载的《近世政治史》。

图50-6 1902年10月16日，《新民丛报》刊载的《进化论革命者颉德之学说》。

图50-7 1902年7月，《万国历史》，作新社出版。

所说"麦克司"即马克思，"拉沙来"即拉萨尔①。文章这样介绍了马克思在科隆创办的《新莱茵报》时："麦克司始在可伦开设报馆，倡均贫富之说，后为政府所不容，窜与伦敦。"对于马克思领导创立的第一国际，文章这样论述"一千八百六十六年，开总会于赛涅维，议定总会规约，麦克司自为参事会长，总理全会。"当然，该书的多种论述，存在错误和不妥之处。

二、梁启超是最早在著述中论及马克思的中国人

1902年10月16日，梁启超在《新民丛报》第18号发表的《进化论革命者颉德之学说》一文（图50-6）对马克思作了简要介绍，称赞马克思为"社会主义之泰斗"。"麦喀士（日耳曼人，社会主义之泰斗也）。""麦喀士"即马克思的译名。这是中国人在自己的著述中最早论及马克思。

三、马克思被认为是革新社会的"善良者"

1902年7月，作新社出版的《万国历史》一书（图50-7），称赞马克思为革新社会的"善良者"。书中提到马克思领导的社会党拯救了贫民，写道："社会之善良者，亦高旷之思想，如法兰西之散西门、德国之咖尔吗克司之赖塞尔是也。此辈皆思拯贫民之急……""散西门"即圣西门的译

---

① 拉萨尔（1825—1864），德国早期工人运动活动家，全德工人联合会创始人，联合会主席。参见《辞海》，上海辞海出版社2009年版，第55页。

名，"咖尔吗克司"即卡尔·马克思的译名，"赖塞尔"即拉萨尔的又一译名。

四、马克思《国际工人协会共同章程》的最早译文

1902年12月至1903年1月，《翻译世界》第一至第二期，刊载了日本人村井知至撰，侯士绾翻译的《社会主义》一文。1903年4月，上海的广智书局出版了罗大维翻译的《社会主义》（扉页印作"光绪壬寅三月初版"，似为"癸卯"之误）。1903年6月，文明书局再度出版《社会主义》一书。译介了《资本论》《国际工人协会共同章程》的部分内容。

书中关于马克思学说的内容包括：

（一）该书第二章"社会主义之定义"与第三章"社会主义之本领"多处论及《资本论》的相关概念。"劳力者艰难辛苦之余，所生殖之大利，已悉为资本家所占有，已惟有沾溉余沥，藉糊其口，养身家且不足，况望其它乎？是加路·孟古斯所谓剩余价格者也。""加路·孟古斯"即卡尔·马克思的又一译名，其大意为：劳动者所生产的价值大部分都为资本家占有，剩余的仅供工人阶级养活自己，甚至连养家糊口都不够，难道还指望资本家有其他施舍吗？根据《资本论》，很明显，这就是马克思论述剩余价值的内容。

（二）该书第八章"社会主义与劳动组合"论及马克思创立第一国际的过程，以及马克思撰写的《国际工人协会共同章程》中的部分内容。"然空言未足取信，吾请征之实事。如一千八百六十四年，万国劳动那个同盟会首次开于伦敦，所议之纲领，抄录如左：'吾党思为劳工者，欲脱资本家之羁绊，必先自为战备。且吾党以欲得自由而战，决非欲与资本家俱分阶级制度之特权，实欲全废此阶级制度，使人人均享其权利，而各负其义务。''吾党知为劳工者，以资本家专有生产机关，可为生命之源，因而降心相从，奴隶之唯命，牛马之唯命，所以致社会之困穷，精神之疲败也。''吾党知为劳工者，解目前经济界上之束缚，最为此会之旨趣。他日无论政府如何处置，皆以准此旨趣而行。"

文中提到的"万国劳工同盟会"即国际工人协会，上述引文的大意是：

"工人阶级的解放应该由工人阶级自己去争取；工人阶级的解放斗争不是要争取阶级特权和垄断权，而是要争取平等的权利和义务，并消灭任何阶级统治。""劳动者在经济上受劳动资料即生活源泉的垄断者的支配，是一切形式的奴役即一切社会贫困、精神屈辱和政治依附的基础。""因而工人阶级的经济解放是一切政治运动都应该作为手段服从于它的伟大目标。"①

五、对社会主义、共产主义学说的论述

1903 年 1 月，作新社出版的《最新经济学》一书（图50-8）对社会主义、共产主义学说的部分内容进行了论述。书中写道："社会主义者，指共产主义以外之社会主义也。共产主义，乃社会主义之一种，而主张共有财产之制而已。社会主义仅言土地及资本可为共有，其他享财产皆许其为私有者也。"

六、第一本系统介绍马克思主义的译著

1903 年 2 月，上海的广智书局出版日本福井准造著、赵必振翻译的《近世社会主义》一书（图50-9），介绍了马克思的生平、著作、学说以及欧美诸国工人阶级政党的

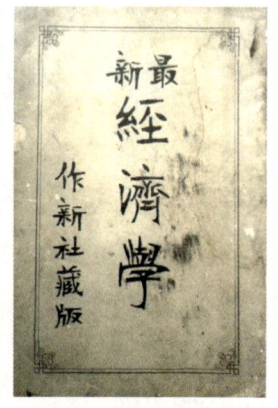

图 50-8 《最新经济学》1903 年 1 月，作新社出版。

---

① 《马克思恩格斯文集》第 3 卷，人民出版社 2009 年版，第 226 页。

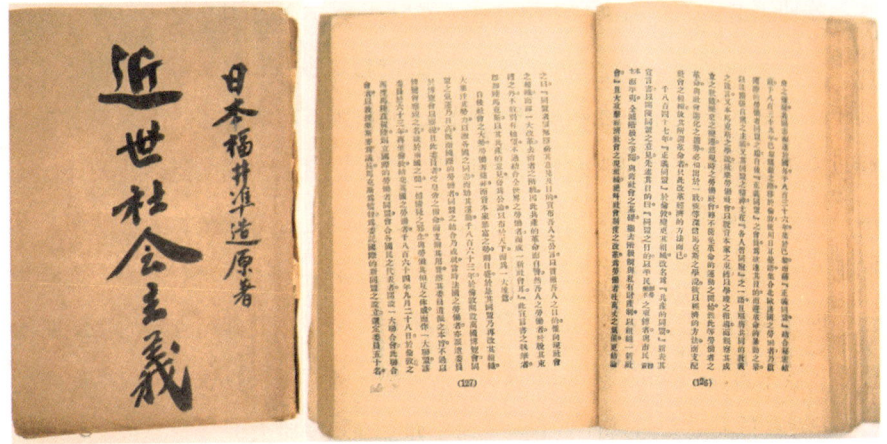

图50-9　1903年2月，广智书局出版。

现状，称《共产党宣言》为"一大雄篇"，译介了《莱茵报》《哲学的贫困》《自由贸易论》《英国工人阶级状况》《共产党宣言》《资本论》中的部分内容，是第一本较系统介绍马克思主义的中文图书。该书第二篇第一章"加陆马陆科斯及其主义"，以大量的文字介绍了马克思的生平及其学说。

（一）关于马克思生平的介绍

《近世社会主义》介绍了马克思的出生地、家庭背景、父亲的职业、学业，创办《莱茵报》，研究经济学，移居巴黎，与恩格斯首次会面，发表《哲学的贫困》和《自由贸易论》，参加共产主义者同盟，写作《共产党宣言》，以及恩格斯发表的《英国工人阶级状况》，创办《新莱茵报》，参加1848年革命，定居伦敦，创立第一国际，写作《资本论》等革命事业，这是中文书刊最早关于马克思生平的专门论述。

书中指明马克思是社会主义运动的发起者，撰写了无出其右、享誉世界的经典著作："德意志社会主义之创立者，为列陆兹拿度拉沙列及加陆马陆科斯。前者为社会主义运动之发起者，其名最显；后者则确立其议论之根底，出无二之经典，以闻于世"；"加陆马陆科斯"即卡尔·马克思的另一译名，"拉沙列"即拉萨尔的另一译名。

此外，书中还介绍了马克思的家人及其生活，"马陆科斯之于家庭，常保和乐，其幸福颇胜于人。闲居伦敦时，营静稳之生活，以从事于著作，或寄书于纽育之《托利卑》之新闻纸，或以论说出版，而响同志之士，曾娶普鲁西政府大臣列鸣野托列亚列之女，生二男二女。其女名路契野者，及译《资本论》者拉列陆契，同有时名。二人皆嫁法兰西之社会党员，一男幼卒，妻亦千八百八十一年，先彼一年而死"。书中提到的"纽育之《托利卑》之新闻纸"即《纽约每日论坛报》的译名，"列鸣野托列亚列"即马克思的岳父路德维希·冯·威斯特华伦。"生二男二女"系错误表述，马克思与夫人燕妮实生7个子女，长大成人的只有3个女儿，小儿子在八岁时夭折。这是中文书刊中首次详细介绍马克思的家人。

（二）关于马克思担任《莱茵报》主笔时的介绍

马克思以《莱茵报》为阵地，化笔为剑，大肆批判普鲁士的专制制度，维护广大劳苦大众的利益，宣传革命思想。书中写道："列意希野额西特新闻之主笔记者，大振笔锋，以攻击政府，且非难当时之社会制度，以倡导革命煽动之说。"文中提到的《列意希野额西特新闻》即《莱茵报》的译名。

（三）关于《哲学的贫困》的介绍

马克思为批评蒲鲁东的《贫困的哲学》，撰写了《哲学的贫困》一书。马克思"批评布露度'关于贫困之哲理'，发刊于世，题为《自哲理上所见之贫困》"。"布露度"即"蒲鲁东"的译名，"关于贫困之哲理"即蒲鲁东的《贫困的哲学》一书的译名，《自哲理上所见之贫困》即马克思的《哲学的贫困》一书的译名。

（四）关于《自由贸易论》的介绍

在论述《哲学的贫困》一书后，书中还介绍了马克思撰写的关于贸易政策方面的文章"又论贸易上之政策"，即马克思《自由贸易论》一文。

（五）关于《英国工人阶级状况》的介绍

书中在论及恩格斯的《英国工人阶级状况》一书时，指出："马陆科斯既得野契陆斯为有力之同志者，各等之运动，借其帮助者不少。野契陆斯亦与马陆科斯相亲善，终始同其难苦。千八百四十五年，又著一书，题为《英国劳动社会之状况》，以扩张马陆科斯派之意见。"书中提到的"野契陆斯"即恩格斯的译名，《英国劳动社会之状况》即恩格斯所著《英国工人阶级状况》一书。

（六）关于《资本论》的介绍

书中指出，马克思倾注数年心血，完成了《资本论》的创作，赞誉《资本论》为"为一代之大著述，为新社会主义者发明无二之真理，未研究服膺之经典"。对《资本论》的有关内容，如手工劳动者、资产阶级与劳动者的关系、土地、资本、剩余价值、价格、价值、使用价值与交换价值及两者的辩证关系、劳动与劳动力、资本主义制度、生产要素等方面，本书都进行了较为详细的论述。尤其重要的是，书中还提到了消灭资本主义私有制，写道："则社会之趋势，与社会主义，终不能达其目的，故欲反抗资本万能主义之潮流，以保劳动者之味方，则虽主张反对资本的生产制度而不辞。"

（七）关于《共产党宣言》的介绍

该书认为《共产党宣言》是"国际的劳动者结合同盟之端绪"。在介绍马克思和恩格斯为共产主义者同盟起草的"宣言书"（即《共产党宣言》）时，该书引述了《共产党宣言》的最后一句话："同盟者望无隐蔽其意见及目的，宣布吾人之公言，以贯彻吾人之目的，惟向现社会之组织，而加一大改革，去治者之阶级，因此共产的革命而自警。然吾人之劳动者，于脱其束缚之外，不敢别有他望，不过结合全世界之劳动者，而成一新社会耳。"该段今译为："共产党人不屑于隐瞒自己的观点和意图，他们公开宣布：他们的目的只有用暴力推翻全部现存的社会制度才能达到。让统治阶级在共产主义革命面前发抖吧，无产阶级在这个革命中失去的只是锁链，他们获得的将是整个世界。全世界无产者，联合起来！"①对比古今译文，译词表达的意义相差甚大，如最新译词用"暴力推翻"，而早先译词用"改革"一词。

（八）关于产主义者同盟、第一国际及其章程的介绍

书中详细介绍了马克思、恩格斯创建的无产阶级第一个政党——共产主义者同盟以及马克思创建的国际工人协会（即第一国际）的过程。

《近世社会主义》第二章"国际的劳动者同盟"，对马克思参加、组织和创建的国际组织进行了较为详细的介绍。

书中指出，共产主义者同盟发源于 1836 年巴黎成立的秘密结社"正义同盟"（今译为正义者同盟）。"正义同盟"的口号是"各人皆同胞"（今译为"人人皆兄弟"）。1847 年，"正义同盟"改组为"共产的同盟"（今译为共产主义者同盟），新的同盟发表了"宣言书"（即《共产党宣言》），"宣言书"阐述了无产阶级肩负的历史使命：废除一切私有制和一切阶级的差别。

书中提出，1864 年 9 月 28 日，马克思创立的"国际的劳动者同盟"（即第一国际）在伦敦圣马丁堂召开大会，马克思任"监督"；1866 年 9 月，在日内瓦召开第一次代表大会，批准了"宣言书"即马克思起草的《国际工人协会共同章程》。部分译文如下：

"我党以解除劳动者之束缚，须自劳动者自身之运动。劳动者为解除其束缚，所以有奋斗之举，以谋分与其特权及专有权，与万人共负担平等之权利与义务，以全灭阶级之组织。我党专有之生产机关，为生命之源泉。而劳动者隶属于资本主之一事，是即屈从之所由生，即社会之贫困所由生，是为招精神上之耻辱，致政治上之服从之原因。"

"以故解除劳动者之经济的束缚，为我党毕生之目的。其余政治的运动，只为附属此目的，不过为运动补助之一切。"

---

① [德]马克思：《共产党宣言》，人民出版社 2018 年版，第 65—66 页。

"然至今日为企图运动此目的，以致招致失败之不幸，以各国之劳动者，乏巩固之团体。且万国之劳动社会，不足以相提携，而欠乏同胞的亲情之缘因。夫劳动解放者之一问题，绝非一地方一国民之问题。关于近世之社会的组织之成立与成（存）在，必先于此种之问题而解释之，与开明进步之诸邦国，与实行的及学理的互相合同，而谋扩张其基础。"

"故我党尽其忠告，搅破欧洲劳动者之昏睡，向未来之好望而运动，协力同心，以鉴前车。"

"以上之理由，敢告第一回国际的劳动者同盟。凡属于此同盟之团队及个人，此同盟会员者，比以正理公道及德义为标准，必遵守之。不以国民信仰及人种之异，而差异于其间。义务者权利之随伴，尽义务者必保其权利，保权利者必尽其义务。"

该文现在对应的内容为：

"鉴于：

工人阶级的解放应该由工人阶级自己去争取；工人阶级的解放斗争不是要争取阶级特权和垄断权，而是要争取平等的权利和义务，并消灭任何阶级统治。

劳动者在经济上受劳动资料即生活源泉的垄断者的支配，是一切形式的奴役即一切社会贫困、精神屈辱和政治依附的基础。

因而工人阶级的经济解放是一切政治运动都应该作为手段服从于它的伟大目标；为达到这个伟大目标所做的一切努力至今没有收到效果，是由于每个国家里各个不同劳动部门的工人彼此间不够团结，由于各国工人阶级彼此间缺乏亲密的联合。

劳动的解放既不是一个地方的问题，也不是一个民族的问题，而是涉及存在有现代社会的一切国家的社会问题，它的解决有赖于最先进各国在实践上和理论上的合作。

目前欧洲各个最发达的工业国工人阶级运动的新高涨，在鼓起新的希望的同时，也郑重地警告不要重犯过去的错误，要求立刻把各个仍然分散的运动联合起来。

鉴于上述理由，创立了国际工人协会。

协会宣布：

加入协会的一切团体和个人，承认真理、正义和道德是他们彼此间和对一切人的关系的基础，而不分肤色、信仰或民族。

协会认为：没有无义务的权利，也没有无权利的义务。"

七、关于达尔文与马克思的对比研究

1903 年 2 月，《译书汇编》第 2 号第 12 期发表了该刊社员撰写的《俄罗斯之国会》。文章谈到了马克思通过出版活动传播自己的学说，并提倡该传播方式。文中写道："但此等教授，而使更变社会之状态，与欲绍介新学说于学生，则不可得。故绍介此学说于学生者，不于教授，而于新闻杂志之记者，如达而文及加路鲁·玛罗科斯之说。"文中提到的"达而文"即达尔文、"加路鲁·玛罗科斯"即卡尔·马克思的译名。

八、马君武译介马克思主义的贡献

1903 年，中国近代学者、教育家、政治活动家、广西大学创建人马君武，在《译书汇编》第 2 卷第 12 期上发表《社会主义与进化论比较》一文，译介马克思主义，并在文章最后列举包括《共产党宣言》和《资本论》等在内的多部马克思主义著作。这是中文报刊上第一次出现马克思著作书目。主要内容包括：

（一）中文书刊中首次提及马克思姓名的英文译名

文章曰："社会主义者 Socialism，发源于法兰西人圣西门 Saint-Simon，佛礼儿 Fourier，中兴于法兰西人鲁伯龙 Louis Blanc、布鲁东 Proudhon，极盛于德意志人拉沙勒 Ferdinand Lassalle、马克司 Karl Marx。"其大意为：社会主义发源于法国人圣西门、傅立叶，并得到路易·勃朗、蒲鲁东的进一步发展，而在德国人拉萨尔、马克思时期达到鼎盛。马克思的英文名字"Karl Marx"在中文书刊首次出现。

（二）首次提及马克思著作的译名

文末以英、法、德文列举了上述六位"社会党巨子"所著的多部书目，其中，马克思的著作列举了五部，分别是"The Condition of the Working Class in England（1845）""Misere de la Philosophie（1847）""Manifesto of the Communist Party（1847）""Zur Kritik der Politischen Oekonomie（1859）"和"Das Kapital（1867）"。不过，这些著作的信息多处错误，比如，"The Condition of the Working Class in England（1845）"，即《英国工人阶级状况》，作者应为恩格斯；"Manifesto of the Communist Party（1847）"，即《共产党宣言》，是马克思和恩格斯的合著作品，出版于 1848 年 2 月。

九、《中国之社会主义》对《资本论》的译介

1904 年 2 月 14 日，《新民丛报》第 26 号发表梁启超的《中国之社会主义》一文，简要介绍了《资本论》的有关内容。"社会主义者，近百年来世界之特产物也。隐括其最要之义，不过曰：土地归公，资本归公，专以劳力为百物价值之源泉。麦喀士曰：现今之经济社会，实少数人掠夺多数人之土地而组成之者也。"可以看出，这是一篇论及马克思经济学的文献，转述了《资本论》中的一些内容，将"土地归公，资本归公""劳力"等概括为社会主义的"最要之义"。当然，梁启超在早期不懂得马克思主义、社会主义为何物，他所理解的马克思主义、社会主义，就是中国古代所憧憬的大同、小康之类的乌邦托。

十、《近世社会主义评论》介绍海牙代表大会

1903 年 2 月 27 日至 4 月 27 日，《新世界学报》癸卯第二期至第六期，刊载了日本人久松义典著、杜士珍翻译的《近世社会主义评论》一文，对社会

主义流派及代表人物，如圣西门、傅立叶、马克思以及 1872 年召开的国际工人协会海牙大会进行了介绍。"抑社会主义者，十九世纪之新产物也。溯其起源，法国之卢骚……厥后有法国革命之破裂，有新社会党鲁意·蒲郎、考鲁·玛培斯之变动；终则于一千八百七十二年开万国联大会于海牙府，社会党，其宗旨与无政府党判然分为两途，实今日社会民政主义之纯团体所由生也。"文中提到的"考鲁·玛培斯"即卡尔·马克思的又一译名。

十一、马克思、恩格斯与李卜克内西的友谊介绍

1903 年 3 月，广智书局出版了日本人西川光次郎著、周子高翻译的《社会党》一书，对马克思、恩格斯与李卜克内西的交往进行了介绍。在本书"德意志之社会党"章节中提到，德国人反对中央集权制度始于黑格尔，而至洛贝尔图斯、马克思时代，反对声音更为强烈。书中写道："德意志不行中央集权之制如英、法，故个人主义发达至于极端，而反对者之起亦最烈……及罗特海得司与马克出，其思想益扩充。""罗特海得司"即洛贝尔图斯，"马克"即马克思的又一译名。另外，文章还对李卜克内西与马克思、恩格斯等人的交往进行了介绍。

十二、《世界之大问题》对马克思和《资本论》的介绍

1903 年 3 月，上海通社出版日本人岛田三郎所著《世界之大问题》一书，书介绍了马克思的生平、第一国际和《资本论》的相关内容。根据 1903 年 3 月 18 日、11 月 15 日以及 1904 年 6 月 25 日《中外日报》所载的通社图书出版广告以及"通社丛书"的附录"续刊目次"的介绍，《世界之大问题》当时为"通社丛书"中的一种，出版时间大概在 1903 年 3 月。该书刊载马克思学说的内容如下：

第一，作者认为，社会主义从理想变为现实，社会党从弱小日臻强大，功归于马克思和拉萨尔。"社会主义之由理想而进于施行者，不得不归功于德国

社会党之那沙路立及马露可司二人……那沙路立因而倡万国共通主义于德国。兼之马露可因尤能发挥科学精深之理论，以达其主义。自经此二人提倡后，社会党之势力渐臻强大。""那沙路立"即拉萨尔的另一译名，"马露可司"即马克思的另一译名。

第二，对马克思的生平、马克思的学说、早年从事的革命活动、创立的第一国际等进行了介绍，认为马克思"为万国劳动协会工事员。其后此会之总部，自英移至美彼遂舍实地之运动"。

第三，对《资本论》进行了简单介绍，称《资本论》是马克思的"生平最切实者"，指出该书被美国报纸评为19世纪十大名著之一，"数年前美国报章募十九世纪名家大著十种，此即其一也"。

十三、对俄国无政府主义者的介绍

1903年6月5日，《大陆》报第1卷第7号刊载《俄国虚无党三杰传》一文，介绍了马克思与巴枯宁的交往，重点对巴枯宁的活动进行了介绍。

"俄国虚无党三杰"是指：赫尔岑、车尔尼雪夫斯基和巴枯宁。此文对三人的生平进行了介绍，重点对巴枯宁的生平及其与马克思的关系进行了评述。

文章认为，巴枯宁平素行为"过激"，是名"极端无政府主义者"。1864年，他加入第一国际后，鼓吹无政府主义，反对马克思主义，每日"运动于国际党中，尤与麦克斯之势力相反抗，而又鼓舞其无政府论，从之者甚众"。"麦克斯"即马克思的另一译名。文章还论述了巴枯宁对马克思的评判，他一方面肯定马克思关于经济基础决定上层建筑的理论，另一方面却诋毁马克思为"破坏之战士"，认为其"学问不深""遗人以笑柄"。文章写道：巴枯宁"评麦尔克斯曰：彼据古昔人类社会之历史，而明言富之理，先立于政治法制之中，是为麦尔克斯莫大之功。彼自为破坏之战士，而又执寂灭之主义者也，理想之富，视普尔顿益进，真理之至奇者矣，彼学问不深，往往遗人以笑柄，如称穆勒约翰为唯心论者，亦其无识之代表也"。"麦尔克斯"即马克思的另一译名，"普尔顿"即蒲鲁东的译名。

十四、《社会主义概评》对马克思生平的介绍

1903 年 8 月，上海作新社出版了日本人岛田三郎著的《社会主义概评》一书，对第一国际、马克思的生平进行了论述。

文中指出，社会主义从理想变为现实，成为超越国界的全世界共同的"主义"，离不开德国社会党领袖马克思和拉萨尔的功劳。"社会主义，超国土之范围，脱个人之计划，而为万国共通之性质者也。自著述家之理想，一进而为实行之势力，则有德意志社会党非路寄南独拉沙路列及卡尔麻娄克司之力。"其中的"非路寄南独拉沙路列"即斐迪南·拉萨尔的译名，"卡尔麻娄克司"即卡尔·马克思另一译名。

该书还介绍了马克思的生平，指出马克思有"科学精深之学说，发现于世"，对他早年求学、办报、宣传革命思想、研究经济学、成立国际工人协会，以及马克思学说尤其是马克思关于经济学方面的论述在欧美的传播等情况进行了介绍。

十五、首次同时译介《共产党宣言》《资本论》《社会主义从空想到科学的发展》相关内容

1903 年 9 月，《浙江潮》编辑所出版了日本人幸德秋水著，中国达识译社翻译的《社会主义神髓》一书，重点对《共产党宣言》《资本论》《社会主义从空想到科学的发展》的相关内容进行了译介。

《社会主义神髓》是幸德秋水在研读《共产党宣言》和《资本论》第一卷以及《社会主义从空想到科学的发展》等著作的过程中，为阐发、宣传马克思主义而写。该书在日本有着广泛的传播，从 1903 年 7 月第一版，到同年 11 月已出至第六版，1905 年又出版了第七版。它不仅是幸德秋水的代表著作，也是当时研究社会主义的重要著作，被视为"奠定了日本社会主义理论基础"

的代表性著作之一。该书在中国有多个译本：1903 年 10 月，中国达识译社翻译，《浙江潮》编辑所出版的初版；1906 年 12 月，蜀魂翻译、中国留学生会馆社会主义研究社再次出版；1907 年 3 月，创生翻译、东京奎文馆书局第三次出版；1923 年 12 月和 1924 年 10 月，高劳翻译，商务印书馆又两次出版了该书；此后，《东方杂志》社将这本书作为"东方文库"第 26 种出版。这是目前所知的该书早期出版的六个汉译本。

（一）关于《共产党宣言》的译介

书中指出马克思是社会主义的鼻祖，引用了恩格斯撰写的《共产党宣言》1888 年英版序言中的一段内容："有史以来，不问何处何时，一切社会之所以组织者，必以经济的生产及交换之方法为根底。即如其时代之政治及历史，要亦不能外此而得解释。"这段话现在译为："每一历史时代主要的经济生产方式和交换方式以及必然由此产生的社会机构，是该时代政治的精神的历史所赖以确立的基础，并且只有从这一基础出发，这一历史才能得到说明。"①

（二）关于《社会主义从空想到科学的发展》的译介

书中用了较大篇幅介绍了恩格斯的《社会主义从空想到科学的发展》，指出："一切社会变化，政治革命，其究竟之原因，勿谓出于人间之恶感情，勿谓出于一定不变之正义，最真理之判断，夫唯察生产交换方法之态度；毋求之于哲学，但见之各时代之经济而已。若夫现在社会组织，一无定衡，昨日为是，今日非焉；亦其生产交换之方法，默就迁移，适应于当初社会之组织，不堪其用可知也。"经考证，此段译文出自《社会主义从空想到科学发展》中关于唯物主义历史观的论述，今译为："一切社会变迁和政治变革的终极原因，不应当在人们的头脑中，在人们对永恒的真理和正义的日益增进的认识中去寻

---

① ［德］马克思：《共产党宣言》，人民出版社 2018 年版，第 12 页。

找，而应当在生产方式和交换方式的变更中去寻找；不应当在有关的时代的哲学中去寻找，而应当在有关的时代的经济学中去寻找。对现存社会制度的不合理和不公平、对理性化为无稽，幸福变成苦痛的日益清醒的认识，只是一种征象，表示在生产方式和交换形式中已经静悄悄地发生了变化，适应于早先的经济条件的社会制度已经不再和这些变化相适应了。"①

该书还翻译了《社会主义从空想到科学的发展》第三部分的一段内容："社会者，掌握生产机关也。商品之生产，即使绝迹，而产者仍不为生产物所制御，一扫社会的生产之无政府者。以规律统一之组织而代之，消灭个人的生产竞争，如人初脱禽兽之域，而得成完全有道义有智识之人类。"这段话今译为："一旦社会占有了生产资料，商品生产就将被消除，而产品对生产者的统治也将随之消除。社会生产内部的无政府状态将为有计划的自觉的组织所代替。生存斗争停止了。于是，人才在一定意义上最终地脱离动物界，从动物的生存条件进入真正人的生存条件。"②

另外，该书谈到《社会主义从空想到科学的发展》中"社会化生产和资本主义占有的不相容性"这一生产方式矛盾、"集中于资本家手中的生产资料和除了自己的劳动力以外一无所有的生产者彻底分裂了"的矛盾、"资本主义社会的无计划生产向行将到来的社会主义社会的计划生产"的矛盾等内容。

（三）关于《资本论》的译介

该书对马克思的剩余价值理论进行了重点论述。"马儿盖斯盖谓：交换之时，绝不生价格；价格之创造，绝非在市场。而资本家运转其资本之间，得自高下其额者，彼实具有创造价格之能力，以购买商品也。今夫商品者，人间之劳动力是也。惟劳动者为急图生活，不暇待用力相当之价格，而低廉以沽之。计其一日之力，虽以易不相当之价格，尚足一日衣食，有远超于赁金

---

① 《马克思恩格斯全集》第3卷，人民出版社1972年版，第425页。
② 《马克思恩格斯选集》第3卷，人民出版社1972年版，第441页。

者，然其所以利资本家者大。例如，以日克创造六志价格之劳动力者，日以三志购买之，其三志之差额，名曰'剩余价格'。彼等资本家谋所以厚其资本者，唯从劳动者掠夺此剩余价格。然则此劳动力之'剩余价格'也，有不全为大盗积者乎？"此处旨在说明剩余价值的生产过程，以及剩余价值是资本家进行生产的根本目的，同时对资本家剥削工人的手段进行揭示，文中提到的"马儿盖斯""价格""剩余价格""志"即现在通行的译名"马克思""价值""剩余价值""先令"。很显然，这是引自《资本论》第一卷的结论。

十六、《新社会之理论》对共产主义运动发展的介绍

1903 年 10 月和 11 月，《浙江潮》第 8、9 期连载笔名为"大我"所著的《新社会之理论》一文，介绍了共产主义运动的发展简史。共产主义"创于法人罢勃，其后劲则犹太人埋蛤司也。今之万国劳动党，其见象也"。"法人罢勃"即法国人巴贝夫，"埋蛤司"即马克思的另一译名，"万国劳动党"即第一国际。

十七、《二十世纪之巨灵托辣斯》称马克思为社会主义鼻祖

1903 年，《新民丛报》发表梁启超的《二十世纪之巨灵托辣斯》一文，称马克思为社会主义鼻祖，指出其学说实质即将私有财产变成公有财产。"而观夫近今社会党之生计学者，其论托辣斯也，不惟无贬辞，且以其有合于麦喀士（社会主义之鼻祖，德国人，著书甚多）之学理，实为变私有财产以作公财之一阶梯而颂扬之。"

十八、德国社会民主党在议会取得胜利的介绍

1903 年 12 月 3 日，《政义通报》癸卯第 21 号刊载《德国之社会民主党》一文，对马克思主义的社会影响进行了论述。作者对当年 6 月德国国会的选举

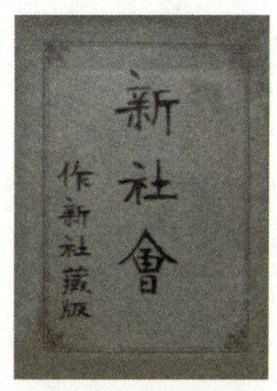

图 50-10 1903 年，上海作新社出版。

结果深表震惊，德国社会民主党议会席位从 56 人跃至 81 人，认为这是该党坚持马克思主义的结果。"该民主党向奉马枯士之革命的共产主义为圭臬，激烈过度。""马枯士"即马克思的另一译名。

十九、《新社会》对马克思关于资本主义社会财富论述的介绍

1903 年，上海作新社翻译、出版了日本人矢野文雄所著《新社会》一书（图 50-10），论述了马克思关于资本主义社会财富的观点。该书指出，马克思认为在研究"资产家"财富时，不必"精心研核""罗德毕邱斯及麻路葛斯之理"。"罗德毕邱斯"似指洛贝尔图斯，"麻路葛斯"即马克思的另一译名。

二十、《社会问题》将"科学社会主义"首次译介到中国

1903 年，闽学会出版由日本人大原祥一著、高种翻译的《社会问题》一书，该书对马克思的生平和《资本论》进行了概述。

书中指出，18 世纪以前的社会主义，皆为失败而告终的空想社会主义，现流行马克思倡导的科学社会主义。"今之谓社会主义者，为科学的社会主义。当前世纪有大进步，实为经济之空想。此主义当十九世纪半，麻克士倡之。""麻克士"即马克思的另一译名。文中提到的"科学社会主义"这一专有术语，为中文书刊首次出现。

该书还简要介绍了马克思的早期教育、大学期间对哲

学的研究、办报活动、与拉萨尔的关系、成立国际工人协会、多次被驱逐等生平活动。"麻克士生于德国脱勒卜斯，死于法国巴黎。自千八百十八年，至千八百八十三年，为其一生之活历史。初入本大学，研究哲学。后为新闻记者，持倡社会主义。结婴额鲁、拉沙尔。或为革命党，或为英国共产党后援，或立万国社会党同盟会。因此主义，常有粉骨碎身者。出没欧洲各国，各国政府苦之，麻克士被逐于德国，转居英国，复遗往巴黎客舍。""德国脱勒卜斯"即德国普鲁士；马克思于 1883 年 3 月 18 日在英国伦敦的家中去世，本文"死于法国巴黎"系错误说法；"万国社会党同盟会"即国际工人协会（即第一国际）。

书中认为，《资本论》主要是"言社会主义者也"的一部著作。马克思著"《搭士哈皮达鲁》"一书，未竟，死。其书主脑，即言社会主义者也"。"《搭士哈皮达鲁》"即《资本论》的译名。书中对《资本论》的"残余价格"（即剩余价值）、"劳动价值论"（即剩余价值论）、"价格"（即价值）、必要劳动时间等进行了较为详细的论述。

二十一、《告保皇会》赞马克思为"社会党巨子"

1904 年 1 月 13 日，《俄事警闻》报刊以征文的形式发表《告保皇会》一文，称赞马克思为"社会党巨子"。《俄事警闻》是蔡元培等人 1903 年在上海创办的一份日报，宣传介绍俄国的情况，具有有一定的革命性。《告保皇会》是一篇讨伐康有为、梁启超等人在海外成立"保救大清皇帝会"的檄文，文中提到马克思时，称他为"社会党巨子"，提倡中国人应仿马克思改革旧社会百折不挠的精神。

二十二、《德意志社会革命家列传》论述马克思、恩格斯生平活动

1906 年 1 月和 4 月，《民报》第 2、3 号上连载了资产阶级革命派代表人

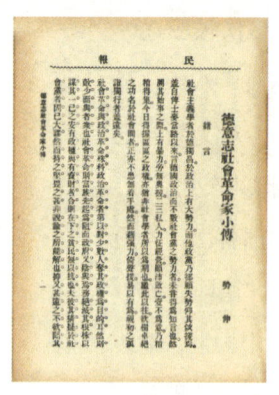

图 50-11 刊载在《民报》第 2、3 号上的《德意志社会革命家列传》。

物朱执信以"哲申"为笔名的文章《德意志社会革命家列传》（图 50-11）。该文由"绪言""马尔克（Marx）""拉萨尔"三个部分组成，其中较详细地介绍了马克思、恩格斯的生平、思想和学说，译介了《莱茵报》《德法年鉴》《共产党宣言》的相关内容：

（一）关于马克思生平的介绍

文章指出，马克思生于"德利儿"（即特里尔），父亲是一名"辩护士"（即律师），信奉宗教；大学时，马克思主修历史和哲学，毕业后原打算任"大学祭酒"（即大学讲师），由于受到排挤，遂从事"日报之业"。文章还对马克思创办《莱茵报》、与卢格合办《德法年鉴》、与恩格斯结为终身挚友、参加共产主义者同盟、起草《共产党宣言》、创作《资本论》等进行了介绍。

（二）关于《莱茵报》的介绍

文章写道："马尔克既为主笔，始读社会主义之书而悦之。其所为文，奇肆酣畅，风动一时，当世人士以不知马尔克之名为耻。而马尔克日搜讨社会问题而加以研究，学乃益进。既二年，其日报之组织稍稍备矣，而以论法兰西社会党触政府忌，无已噤嘿而止。"文意为：马克思任《莱茵报》主笔后，在该报发表了一系列维护劳苦大众利益的文章，受到群众的拥护，但触犯了反动当局的利益，《莱茵报》在创刊后的第二年被查封。

（三）关于《德法年鉴》的介绍

文章写道："亚那尔·卢叙者，巴黎之名士，马尔克抵巴黎遇之，倾盖心醉，遂定交焉，相与组织一德法年报。

于是马尔克始研究国家经济学，而探社会主义之奥窍，深好笃信之，于《德法年报》大昌厥词。""亚那尔·卢叙"即阿尔诺德·卢格的译名，"《德法年报》"即《德法年鉴》。文章意旨：在巴黎，马克思与"巴黎名士"卢格（实为德国人）相遇，相谈甚欢，于是相约合办《德法年鉴》。从此，马克思开始研究经济学，并探究社会主义原理。

（四）关于《前进报》的介绍

文章指出，《德法年鉴》停刊后不久，马克思又创办《前进报》，抨击普鲁士专制政府，不久，遭到法国政府的驱逐。"既而德法年报中辍，乃别发行一杂志，命之曰《进步》，痛揩击普鲁西政府。纪助者，法之名政治家也，素亲普，时相法，不欲以是恶之，乃逐马尔克。"这里的"《进步》"即《前进报》，"纪助"即基佐，时任法国首相。

（五）关于马克思、恩格斯巴黎会晤及恩格斯生平的介绍

文章概述了马克思和恩格斯在巴黎的会晤及两人的终身友谊，并且对恩格斯的生平进行了简介："初马尔克在巴黎，与非力特力·嫣及尔相友善。嫣及尔者，父业商，少有事焉，习知其利苦，乃发愤欲有以济之，以是深研有得。既交马尔克，学益进。马尔克既去法，嫣及尔亦从之北游，因相与播其学说与比律悉之日报间，言共产主义者群宗之。"这段话的意思是：恩格斯少时随父经商，深解民众疾苦，受马克思启发，投入到为无产阶级创建革命理论的事业中；在马克思离开法国前往比利时后不久，恩格斯也来到了比利时，传播共产主义思想。这是中文书刊首次对恩格斯生平进行的介绍。"非力特力·嫣及尔"即弗里德里希·恩格斯的译名，"比律悉"即比利时。

（六）关于《新莱茵报》的介绍

文章写道："马尔克寻归柏林，创报名新来因日报，声振一时。且斥普王之无道，而赞议会之租税据否，益逢政府之怒。一八四九年五月，复禁其发刊而放其主笔，其明年，复大索社会党，悉放因之。"这里的"新来因日

报"即《新莱茵报》。其意为：1848 年革命爆发后，马克思重返德国，创办
《新莱茵报》，影响巨大。《新莱茵报》站在革命、进步的立场，谴责普鲁士专
制政权，又对议会的租税方案进行谴责，引起当权者的不满。在此情况下，
1849 年 5 月，普鲁士政府将马克思驱逐出境，《新莱茵报》随之停刊。

（七）关于《共产党宣言》的介绍

文章对《共产党宣言》的创作及出版情况进行了介绍。"万国共产同盟会
遂推使草檄，布诸世，是为《共产主义宣言》。马尔克之事功，此役为最，以
压制之甚也。间关而出版于伦敦，时为法国二月革命之前十四日。"文中提到
的"万国共产同盟会"即共产主义者同盟，"《共产主义宣言》"即《共产党宣
言》。其意为：共产主义者同盟委托马克思和恩格斯起草同盟纲领，即《共产
党宣言》；《共产党宣言》的发表是马克思毕生最大的贡献，出版时间为 1848
年 2 月，正值法国二月革命前夕。

这篇文章对《共产党宣言》中的许多经典语句进行了翻译，如将"至今一
切社会的历史都是阶级斗争的历史"翻译成"自草昧混沌而降，至于吾今有
生，所谓史者，何一非阶级斗之陈迹乎"，将《共产党宣言》最后一句话"全
世界无产者，联合起来"翻译成"各地之平民，其安可以不奋也"。

（八）关于《资本论》的介绍

文中数次提到马克思的《资本论》，介绍了《资本论》中的劳动价值论、
剩余价值学说等内容，认为马克思的理论"为世所宗者"。

二十三、《万国社会党大会略史》介绍第一国际和第二国际的历史

1906 年 6 月，宋教仁翻译的《万国社会党大会略史》发表在《民报》第 5
号上。该文译介了《共产党宣言》的部分内容，简单介绍了第一国际的历史以
及第一国际解散后第二国际历次代表大会的情况。文章号召，当财产被掠夺、

权利被践踏、人格被侮辱时，无产阶级应联合起来反抗。为阐述无产阶级的力量，译者有意引述《共产党宣言》的最后一段话："吾人之目的，一依赖颠覆现时一切之社会组织而达者，须使权力阶级战栗恐惧于共产的革命之前，盖平民所决者，惟铁锁耳，而所得者，则全世界也。"此段今译为："他们的目的只有用暴力推翻全部现存的社会制度才能到达。让统治阶级在共产主义革命面前发抖吧。无产者在这个革命中失去的只是锁链。他们获得的将是整个世界。"①

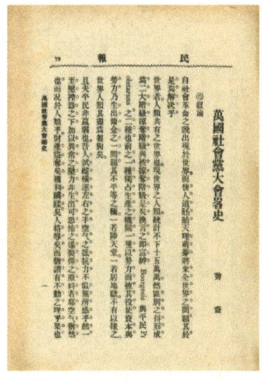

二十四、《天义报》对《共产党宣言》《资本论》《家庭、私有制和国家的起源》的译介

《天义报》共刊载 10 多篇有关马克思主义的文献，尤其是其译介的《共产党宣言》《资本论》《家庭、私有财产及国家的起源》等内容，广受关注，影响深远。尽管《天义报》以无政府主义的立场对马克思主义进行介绍，但客观上扩大了马克思主义在中国的影响。

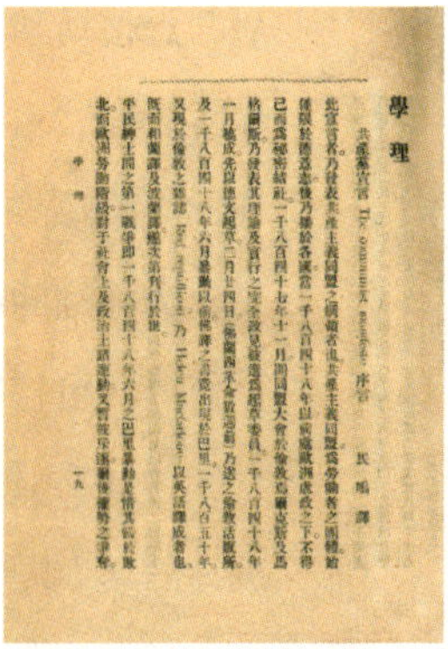

图 50-12 1908 年 1 月，《天义报》刊出的《〈共产党宣言〉(The Communist Manifesto) 序言》。

（一）对《共产党宣言》的译介

1908 年 1 月，《天义报》刊出《〈共产党宣言〉(The Communist Manifesto) 序言》一文（图 50-12），即 1888 年恩格斯为《共产党宣言》英文版所作序言的全文，这是马克思主义文献在中文出版物上第一次完整呈现。1908 年 3 月，《天义报》刊出《共产党宣言（Manifesto of the Communist）》一文（图 50-13），全文 7200 多字，即《共产党宣言》第一

图 50-13 1908 年 3 月春《天义报》刊出的《共产党宣言（Manifesto of the Communist）》一文。

①　《马克思恩格斯选集》第 1 卷，人民出版社 2012 年版，第 435 页。

章全部译文。

相较于《译书汇编》《近世社会主义》《社会主义神髓》《民报》《新民丛报》以较少内容对《共产党宣言》的译介，《天义报》首次译载了《共产党宣言》的完整章节，内容更加丰富。

《共产党宣言》自 1848 年出版后，被译成多种文字广泛传播，它越洋过海，深深影响了全世界的革命家和无产阶级，让他们看到了解放自身及全人类的希望。马克思、恩格斯曾共同对其中一些版本做过修改、校订并撰写序言，包括他们合写的 1872 年德文版序言和 1882 年俄文版序言。马克思逝世后，恩格斯独自写了 1883 年德文版序言、1888 年英文版序言、1890 年德文版序言、1892 年波兰文版序言和 1893 年意大利文版序言。在这些序言中，只有1888 年的英文版序言对《共产党宣言》产生的历史背景、影响及传播范围作了较为详细的阐述，为读者全方面、系统了解《共产党宣言》的传播情况提供更充分、更权威的资料。

1908 年 1 月，《天义报》第 15 卷"学理"栏目刊登"民鸣"（即朱执信）翻译的《〈共产党宣言〉（*The Communist Manifesto*）序言》一文，即恩格斯所著《共产党宣言》1888 年英文版序言的中译全文，约 2800 字，这是马克思主义文献第一次以完整的形式译入中国。通过此译文，读者可以详细了解《共产党宣言》起草的起因、背景、意义、传播及其影响。

在此之前，中文书刊未曾出现马克思、恩格斯完整的著作。因此，马克思主义在中国传播的历程中，这篇文章具有承前启后的意义，标志着中国人由片断式、零碎的摘译阶段，转入较为完整地翻译马克思主义著作的阶段，《天义报》还是中文书刊中最早记载《共产党宣言》中文全译本问世的文献。《天义报》第 15 卷除全文刊载朱执信翻译的《共产党宣言》1888 年英文版序言外，还两次提及朱执信已将《共产党宣言》全文翻译成中文但不知为何，未刊载出来。

《天义报》还刊载了中国人为《共产党宣言》撰写的第一篇序言。该文刊载在 1908 年 3 月《天义报》第 16—19 卷合刊中，由刘师培撰写，全文约 600字。该序言引用了恩格斯所著《共产党宣言》1888 年英文版序言中的部分内容，简单介绍了《共产党宣言》产生的背景和早期传播概况，以无政府主义者的立场评述了马克思、恩格斯创立的学说，指出《共产党宣言》的历史地位和对人类的巨大贡献，并将《共产党宣言》与《国际工人协会成立宣言》进行了比较。作者站在进步的立场，认为《共产党宣言》关于"至今一切社会的历史都是阶级斗争的历史"的论断是"史学发明"的"圭臬"。

（二）对《资本论》的译介

马克思、恩格斯主张用"暴力推翻全部现存的社会制度"，《天义报》首次将马克思的暴力革命思想传入中国。1908 年《天义报》第 16—19 合卷刊载了哈因秃曼（Hyndman，今译为海德门）著，"齐民社"同人译介的《社会主义经济论（*The Economics of Socialist*）首章》（今译为《社会主义经济学》）一文。该文论述了进化与革命的关系，并引述了马克思《资本论》中的一句话：

"昔马尔克斯喻之曰：'强力者，进步主义之产婆，彼孕于旧社会间之新社会，乃凭此以取出者也。'""强力"即"暴力"。据考证，此语出自《资本论》第 1 卷第 7 篇第 24 章"所谓原始积累"，其意为"暴力是每一个孕育着新社会的旧社会的助产婆"。

《社会主义经济论（*The Economics of Socialist*）首章》一文摘译了《社会主义经济学》首章前两节内容，第一节论述了"共产制之由来"；第二节是"上古之共产制"的内容，其中关于原始土地公有制、财产私有制、资本主义制度，以及资本主义制度向共产主义制度发展等方面的阐释，传达了马克思《资本论》中的若干观点。译者的按语体现了先进的中国知识分子对马克思主义经济学的懵懂认识："近世言社会主义者，必拥阐历史事实，研究经济界之变迁，以证资本制度所从生。自马尔克斯，以为古今各社会，均援产业制度而迁，凡一切历史之事实，均因经营组织而殊，惟阶级斗争，则古今一轨。自此谊发明，然后言社会主义者，始得所根据。因各尔斯以马氏发见此等历史，与达尔文发见生物学，其功不殊，诚不诬也。当今之世，其确守马氏、因氏之学派者，有英文哈因秃曼，乃社会民主同盟之首领也。当数载以前，彼于中央会堂（即社会民主同盟之总会所）演说生产方法之变迁，嗣作社会主义经济论，将讲演之词，悉行列入。观其所述，大抵于古今制度，讲述其变迁之由并援引事实，互相证明，谓之经济变迁实一切历史之枢纽。凡观察一切历史，不得不采用哈氏之说也。兹将哈氏此书第一章，亦为汉文，用备学者之观览。"

按语意在说明，近代以来，社会主义者要考察资本主义制度产生的原因，就必须研究社会发展规律。马克思在经济学理论方面的贡献巨大，其发现的人类历史发展规律，如达尔文发现有机界的规律一样，"其功不殊，诚不诬也"。而要"观察一切历史"，必须采用马克思恩格斯思想的传人——海德门的经济学说。

（三）对《家庭、私有制和国家的起源》的译介

恩格斯在《家庭、私有制和国家的起源》一书中，研究了史前家庭的起源、演变和发展，论述了人类史前各阶段文化的特征、早期的婚姻和从原始状态中发展出来的几种家庭形式，指出一夫一妻制家庭的产生和最后胜利乃是文明时代开始的标志之一。由于该文涉及妇女解放等内容，受到国内早期女权主义者的追捧。

1908年3月，《天义报》16—19卷合刊刊载的署名为"志达"的《女子问题研究》一文，对《家庭、私有制和国家的起源》部分内容进行了译介。在按语中，译者对《家庭、私有制和国家的起源》进行了介绍："因格尔斯（Friederick Engels）所著，书名《家庭私有财产及国家之起源》（*Origin of the Family Private Property and the State*）。其推论家族之起源，援引历史，以为此等之制，均由视妇女为财产。其中复有论财婚一节，约谓今之结婚均由金钱。"

文中提到的"因格尔斯"即恩格斯的另一译名。所述"论财婚一节"的内容实为《家庭、私有制和国家的起源》一书"家庭"中关于资产阶级缔结婚姻的内容。按语指出，本文将通过介绍恩格斯的《家庭、私有制和国家的起源》的内容，来论说家庭的起源以及社会等级制度的产生是建立在"视妇女为财产"基础之上，来证明"今之结婚均由金钱"。

《女子问题研究》并没有逐字逐句翻译《家庭、私有制和国家的起源》中的

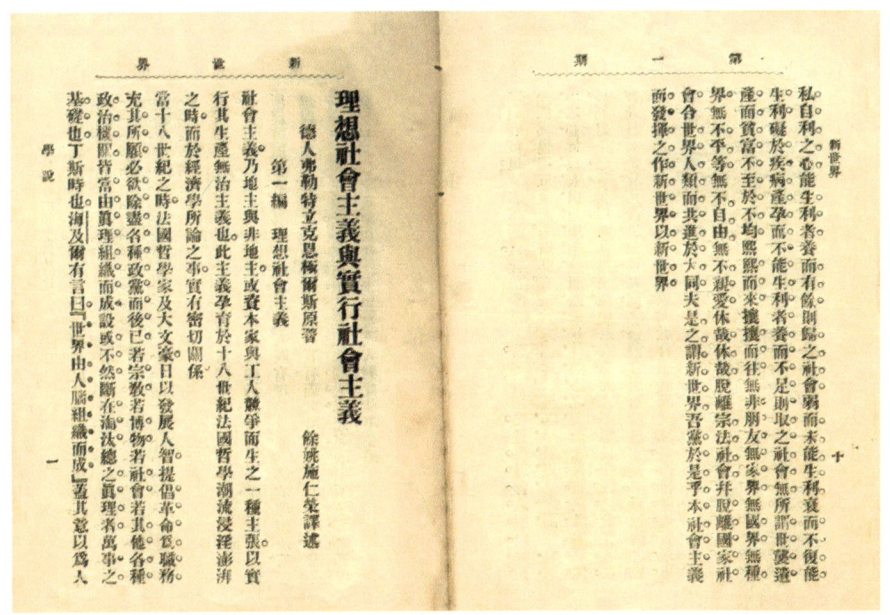

图 50-14 1912 年，《新世界》刊载的《理想社会主义与实行社会主义》。

相关内容，只"摘译"了部分字句。表达了妇女要谋求解放，摆脱资本主义社会家庭对女性的束缚，首先摆脱财产的束缚，实现经济上的独立的思想。

二十五、第一次较完整地呈现恩格斯著作

1912 年，《新世界》连载李石曾译的《理想社会主义与实行社会主义》，即恩格斯的《社会主义从空想到科学的发展》（图 50-14），这是恩格斯的著作在中国第一次较为完整地译介。

二十六、《新青年》的"马克思研究专号"

1919 上半年，李大钊主编《新青年》第 6 卷第 5 号，为纪念马克思诞辰一百周年，他刊发了具有重要意义的专号——"马克思研究专号"。该专号共刊载了七篇关于马克思主义的文章：顾兆熊的《马克思学说》、凌霜的

《马克思学说批判》、刘秉麟的《马克思传略》、李大钊的《我的马克思主义观（上）》、渊泉的《马克思的奋斗生涯》和《马克思的唯物史观》，以及陈启修的《马克思的唯物史观和贞操问题》。

这七篇文章中，李大钊、渊泉、陈启修的文章主要是褒扬马克思及其学说的。李大钊的《我的马克思主义观》明显地表现出与同时发表的其他文章所不及的思想深度。在该文章中，李大钊较多地介绍了马克思的唯物史观、阶级斗争和剩余价值学说等内容。剩余价值学说是《资本论》的核心内容，是了解资本主义的钥匙，也是作者在该文中重点论述的内容。

《我的马克思主义观》一文分为上、下两篇，其中下篇着重介绍了马克思的经济学说。他把马克思的经济学说归结为两个要点："余工余值说"和"资本集中说"。李大钊在文章中较为准确、通俗地向那些对资本主义生产有一些了解，而对马克思《资本论》近乎一无所知的中国知识分子介绍了马克思的商品价值、资本的增值，平均利润、不变资本和可变资本等概念。不过，李大钊的一些认识虽然与现今有所差别，但其思想和要义的核心是科学的，符合马克思主义经济学观点。

渊泉在《马克思的奋斗生涯》中认为，《资本论》是一部伟大的著作，"马氏之著作生涯，即献身著述之生涯，而著述中以《资本论》为不朽名著。故吾介绍马氏著作《资本论》之历史。"作者对马克思在穷困潦倒之时抱病写作《资本论》的艰辛过程深为感动："诸君！诸君读此一段马氏与贫病奋斗之事实，得无有所感动于中乎？虽然马氏著述《资本论》第一卷之生涯，固极惨淡。而马氏自一八六八年以后，著作二、三卷之十六年间余生，更为悲惨。吾至今读马氏传记至此，犹为之黯然也。"作者对马克思这种坚韧不拔的毅力表达了深厚的敬意："马氏前后奋斗之精神，读之能不使人肃然起敬耶？"

二十七、蔡元培的《社会主义史序》

1920 年，李季翻译的《社会主义史》出版，蔡元培为该书撰写了序言《社会主义史序》，并在《新青年》第 8 卷第 1 号等刊上发表。文章对马克思主义在中国的早期传播进行了简要说明："西洋的社会主义，二十年前，才输入中国。一方面是留日学生从日本间接输入的，译有《近世社会主义》等书，一方面是留德学生从德国直接输入的，载在《新世纪》月刊上。原来有《民声》周刊，简单地介绍一点。俄国多数派政府成立后，介绍马克思学说的人多起来了，在日刊月刊中常常看见这一类的题目。"

二十八、《晨报》副刊刊载的《雇佣劳动与资本》

1919 年 2 月，北京《晨报》副刊进行改组，增加了介绍新知识、新思想的"自由论坛"和"译丛"两栏。李大钊应邀参加《晨报》副刊的编辑工作。从同年 5 月起，李大钊主持开辟了"马克思研究"专栏。自此，《晨报》副刊的"马克思研究"专栏刊登了大量马克思的原著译文，并发表有关宣传马克思主义的译著和马克思生平简介的文章。5 月 5 日，为纪念马克思诞辰 101 周年，"马克思研究"专栏刊载了渊泉译、日本学者河上肇著的《马克思的唯物史观》一文。5 月 9 日起至 6 月 1 日，"马克思研究"专栏又连载食力从日文转译马克思的《雇佣劳动与资本》，标题译为《劳动与资本》。从 6 月至 11 月近半年的时间里，《晨报》还连续译载柯祖基的《马氏资本论释义》（即考茨基的《马克思的经济学说》），这是一部介绍《资本论》的通俗性著作。此外，《晨报》还发表了马克思、恩格斯、列宁、李卜克内西、倍倍尔等人的生平传记以及其他有关社会主义的文章。《晨报》是当时发行量较大的报纸，为促进马克思主义在中国的广泛传播发挥了巨大作用。

二十九、《国民》杂志刊载的《共产党宣言》第一章

经过五四运动的洗礼，在李大钊这位杰出导师的指引下，北京大学学生创办《国民》杂志，开始传播马克思主义。1919 年 11 月，《国民》杂志第 2 卷第 1 号刊载北京大学学生李泽彰翻译的《共产党宣言》第一章，文章名为《马克斯和昂格斯共产党宣言》。1920 年 10 月，《国民》杂志 10 月号发表了费觉

天翻译的题为《马克思底资本论自叙》的文章，即马克思的《〈资本论〉第一版序言》的全文，以及常乃悳的《马克司历史的唯物主义》。

当然，从 1899 年至 1920 年，为马克思主义在中国传播发挥重要作用的文献还远不止这些，随着研究的深入，越来越多的早期的珍贵史料将呈现在我们的视野里。

第四节　马克思的形象首次传入中国

1907 年，在巴黎世界社出版的《近世界六十名人》一书（图 50-15）让中国人第一次见到了马克思的形象。至此，马克思的名字、学说和形象都传入了中国。在这本书刊登的马克思像的下方，是他的生平介绍："马格斯德国社会学家及法学家也。生千八百十八年，卒千八百八十三年。法国千八百四十八年革命，马氏与闻其事，后之伦敦，从事著述。千八百六十四年，立'万国工人会'。其最著之著作，则为《产业》。今各国主张国家社会主义，以运动选举为作用，纯然立于一政党地位者，马氏即为其元祖。如英法德等议会，皆有社会党，皆宗马学者也。"这段对马克思的生平的简要介绍，指出《资本论》（本文译为《产业》）是他最重要的作品，认为马克思是社会主义的"元祖"，英、法、德各国的社会党皆以马克思主义为宗学。

图 50-15 1907 年，《近世界六十名人》一书刊载的马克思肖像。

第五十一章

马克思主义在中国的广泛传播

新文化运动时期，中国思想界的碰撞异常激烈，在十月革命和五四运动的影响下，马克思主义在中国得到广泛传播。一批初步具有共产主义思想的知识分子，在学习和宣传马克思主义和深入工人群众的过程中，成长为马克思主义者，投入到创建中国共产党早期组织的行动中去。

第一次世界大战所引起的一系列灾难性后果，促进了各国人民群众觉醒，推动了各国革命运动迅速高涨。1917 年 11 月 7 日，俄国爆发了震惊世界的十月革命，列宁领导的布尔什维克党推翻了资产阶级统治，建立了工农苏维埃政权。俄国十月革命给陷于彷徨、苦闷的中国人昭示了新的理想目标和发展道路，这就是走俄国人的路，搞社会主义。

十月革命后，陈独秀的思想发生了急剧的变化。由于陈独秀在知识阶层的声望，他的一言一行给社会民众特别是青年知识分子带来了不可低估的影响。十月革命后，李大钊是另一位向大众宣传马克思主义、带领青年学子探索马克思主义真理的引路人。

十月革命启示了中国人，经济文化落后的国家通过马克思主义的指引，能够走向民族解放之路。十月革命后，诞生的社会主义新俄国号召

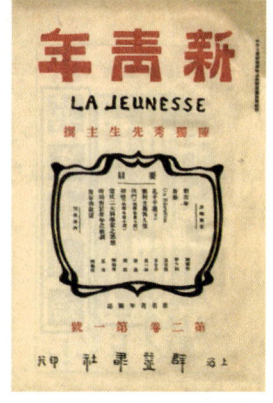

图51-1《青年杂志》第1卷第1号和《新青年》第1卷第2号。

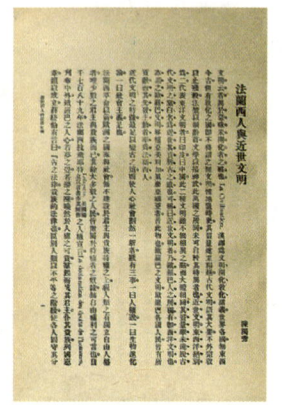

图51-2 陈独秀的《法兰西人与近世文明》一文。

全世界反对帝国主义，并以新的平等态度对待中国，赢得了中国人的好感，推动社会主义思想在中国进一步传播。1919年7月，苏维埃俄国政府公开发表第一次对华宣言，宣布废除"沙皇政府从中国攫取的满洲和其他地区的利益""废弃（俄国人在中国境内的）一切特权"等。该宣言于次年冲破中国反动当局的新闻封锁，在《新青年》《民国日报》等刊物上发表出来。长期饱受资本主义列强欺凌的中国人民在得知宣言的内容之后，感到"无任欢喜"。青年毛泽东就曾兴奋地指出，"俄式系诸路皆走不通了新发明的一条路，只此方法较之别的改造方法所含可能的性质为多"。

1919年爆发的五四运动促使一批具有共产主义思想的进步青年迅速成长、成熟。陈独秀在五四运动的推动下，逐渐否定过去信仰的资产阶级民主主义，开始转向科学社会主义，并深入实践，组织、领导工人运动。毛泽东、周恩来、邓小平等人，逐渐转变为马克思主义者。

第一节　陈独秀与马克思主义的传播

陈独秀（1879—1942），字仲甫，安徽怀宁（今安庆市）人，中国共产党的创始人和早期领导人。1915年，他在上海创办《青年杂志》（一年后更名为《新青年》），对中国旧思想、旧文化、旧礼教发起了猛烈批判。《新青年》的出版标志新文化运动的兴起，使20世纪初的中国开始经历一场深刻的思想革命。

陈独秀是新文化运动的主将。1915年，《新青年》第1卷第1号刊载陈独秀的《法兰西人与近世文明》一文（图51-2），谈道："使人心社会焕然一新者，厥有三事，一曰

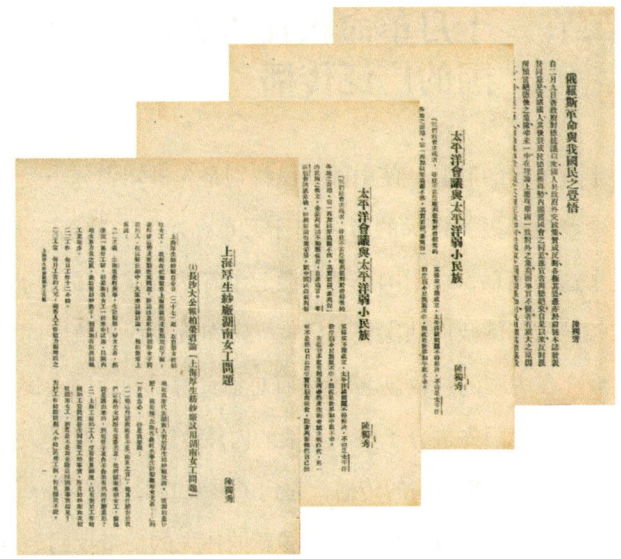

图 51-3 十月革命后，陈独秀在《新青年》发表的文章。

人权说，一曰生物进化论，一曰社会主义是也。"这表明，陈独秀从一开始，就关注西方的进步思想。

陈独秀对俄国革命的关注始自 1917 年俄国"二月革命"发生后。1917 年 4 月 1 日，他曾在《新青年》3 卷 2 号发表论及俄国革命的文章《俄罗斯革命与我国民之觉悟》，认为"俄罗斯之革命，非徒革俄国皇族之命，乃以革世界君主主义、侵略主义之命也"，希望俄国革命取得成功。十月革命后，陈独秀在 1919 年 2 月 9 日发表于《每周评论》的随感《公理何在？》中，对被称为过激派的布尔什维克高度关注；同年 4 月 20 日发表于《每周评论》的随感《二十世纪俄罗斯的革命》里，他认为十月革命胜利后的布尔什维克政府若得英美两国承认，必将大大影响世界格局。

五四运动后他在《新青年》发表了大量马克思主义文章，促进了马克思主义在中国广泛传播。

1920 年 9 月《新青年》第 8 卷第 1 号刊载陈独秀的《谈政治》一文，他宣称："抛弃先前崇仰的西方民主共和政治，拥护马克思主义的无产阶级革命和无产阶级专政。"他的这一言行给青年知识分子带来了巨大的影响，推动了马克思主义在中国的传播。

第二节 十月革命和五四运动加速马克思主义在中国的广泛传播

十月革命的胜利，使中国人民特别是先进知识分子受到了巨大鼓舞，对中国革命产生了极为深远的影响。十月革命后胜利的第三天，上海《民国日报》报道了这条消息，在中国思想界激起了轩然大波。1919 年 7 月和 1920 年 9 月，列宁领导的苏俄政府两次发表宣言，宣布废除沙皇政府同中国签订的不平等条约，放弃在中国的特权。苏俄政府对华宣言受到中国人民的热烈欢迎，而且也吸引更多的中国先进分子关注苏俄的内外政策。这对扩大十月革命在中国的影响和马克思主义在中国的传播，起到了重要的促进作用。

五四运动的爆发，标志着一场新的伟大的反帝反封建斗争的开始，特别是对促进马克思主义同中国工人运动的结合，有着重要的影响。

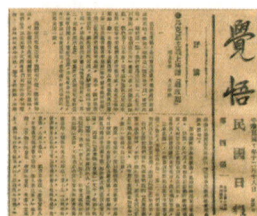

图 51-4 《觉悟》发表的《马克思主义上所谓"过渡期"》。

图 51-5 1919 年 4 月，陈缚贤（渊泉）在《晨报》副刊发表《近世社会主义鼻祖马克思之奋斗生涯》，介绍马克思及其生平。

图 51-6 1919 年 5 月，顾兆熊在《新青年》第 6 卷第 5 号发表《马克思学说》一文，对马克思的生平进行较为详细的介绍。

图 51-7 1919 年 8 月 19 日至 21 日，张闻天在《南京学生联合会日刊》发表《社会问题》一文，文末节录《共产党宣言》第二章中的十条纲领，作为马克思主义认识社会和分析社会问题的主导。

馬克斯和昂格斯共產黨宣言

李澤彰譯

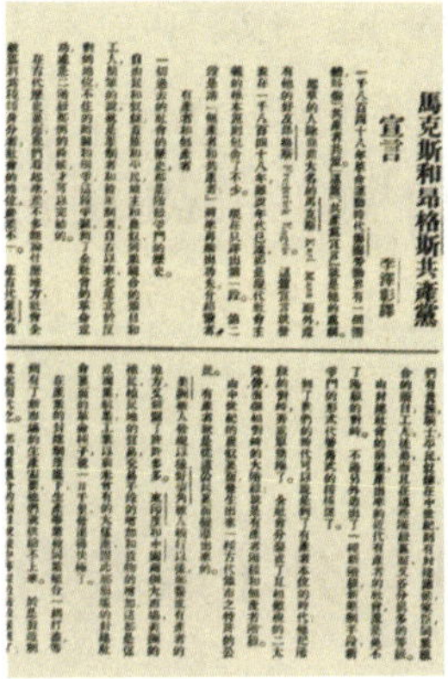

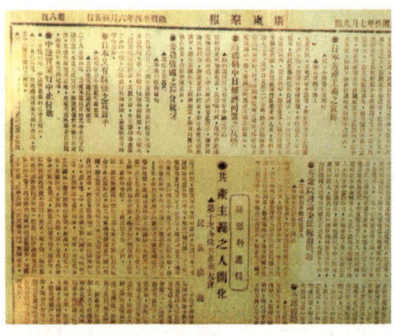

图 51-8 1919 年 11 月，《国民》杂志刊登的由李泽彰翻译的《共产党宣言》第一章。

廣東羣報

共產主義之人間化

图 51-9 1918 年 9 月，《广东群报》刊载的《共产主义之人间化 第十次全俄共产主义大会 民族问题》。

五四运动前后，《每周评论》、《民国日报》副刊、《觉悟》、《新社会》等刊物是报道五四运动和宣传马克思主义的主要载体。这些刊物上发表的一大批有影响的马克思主义文章给人耳目一新的感觉，极大地促进了马克思主义在中国社会的深入影响。据统计，五四时期发表的介绍马克思主义的文章多达 200 多篇，其中很多都是马克思和恩格斯著作的译文。

第三节　李大钊与马克思主义的传播

十月革命后，李大钊密切关注俄国革命的发展。1918 年 11 月，他在《言治》发表《法俄革命之比较观》一文，号召人们研究十月革命经验，迎接新世界的曙光。

1918 年 11 月，李大钊在《新青年》第 5 卷第 5 号发表的《Bolshevism 的胜利》一文指出，十月革命“是世界革命的新纪元，是人类觉醒的新纪元”。其发表的《庶民的胜利》一文，进一步歌颂十月革命的胜利，指出马克思主义必将在全世界取得胜利。1919 年 9 月，李大钊在《新青年》第 6 卷第 5 号发表《我的马克思主义观》一文，极大地推动了马克思主义在中国的研究与传播。1919 年 4 月 6 日，李大钊和陈独秀创办的《每周评论》第 16 号刊登成舍我摘译的《共产党宣言》第二章“无产者与共产党人”的最后部分。1919 年 5 月 5 日至 11 月 11 日，李大钊在《晨报》副刊开辟“马克思研究”专栏，5 月

5 日专栏刊还刊登了渊泉翻译的《马克思的唯物史观（一）》一文。1919 年 5 月 9 日，《晨报》副刊"马克思研究"专栏刊登食力翻译的《劳动与资本》（即马克思的《雇佣劳动与资本》）。1919 年 6 月 6 日，《晨报》副刊"马克思研究"专栏刊登渊泉译注的《马氏资本论释议》，解读了《资本论》中的部分内容。不得不说，李大钊不断地将马克思主义传播引向深入。

第四节　具有初步共产主义思想的知识分子成长为马克思主义者

五四时期，毛泽东、周恩来、董必武、林伯渠、吴玉章、李达、邓中夏、蔡和森、杨匏安、高君宇、恽代英、瞿秋白、赵世炎、陈潭秋、何叔衡、俞秀松、向警予、何孟雄、李汉俊、张太雷、王尽美、邓恩铭、张闻天、罗亦农等一大批先进分子，走上无产阶级革命道路。而指引他们走向革命道路的正是马克思主义。

毛泽东曾回忆说："有三本书特别深刻地铭记在我的心中，建立起我对马克思主义的信仰。我接受马克思主义，认为它是对历史的正确解释以后，就一直没有动摇过。"这三本书是：陈望道译的《共产党宣言》，考茨基著的《阶级斗争》，以及柯卡普著的《社会主义史》。1919 年 7 月 14 日，他主编的湖南学生联合会会刊《湘江评论》在长沙创刊。《湘江评论》别开生面，成为反帝反封建阵地之一，促进了马克思主义在中国的早期传播。1919 年 7 月 21 日，毛泽东在《湘江评论》第 2 号发表《民众的大联合》一文，介绍俄国十月革命的经验，指出改造中国社会的根本办法在于民众的大联合。

五四运动爆发后，周恩来在天津积极投入爱国运动，他谈到，"我认的主义一定是不变了，并且很坚决地要为他宣传奔走"。1919 年 9 月，天津进步青年学生成立觉悟社。周恩来负责起草的觉悟社宣言，刊登在《觉悟》第一期。由周恩来主编的《天津学生联合会报》于 1919 年 9 月 13 刊登中国向日本割让山东的有关消息。1920 年 1 月，周恩来等在反帝爱国运动中被北洋政府天津警察厅拘捕。在被拘捕期间，他五次向难友们作了介绍马克思学说的讲演，包括马克思传记、唯物史观、剩余价值学说、阶级斗争史等内容。

参加辛亥革命的董必武、林伯渠、吴玉章等一批先进分子在五四时期也成为了马克思主义者。

中国先进分子深入到工厂、农村进行社会调查，了解民众的疾苦，并用通俗易懂的语言向工人宣传马克思主义，推动了马克思主义与工人运动的结合。1920 年 5 月 1 日，北京大学学生和劳动群众共同庆祝劳动节，散发《五月一日北京劳工宣言》并发表讲演。这是中国首次纪念"五一"国际劳动节的活动，是马克思主义同中国工人运动结合的一次较大规模的尝试。赴海外勤工俭学学生直接投身到资本主义工厂从事生产活动，初步认识到资产阶级的剥削和进行阶级斗争的必要性，从而逐渐接受了马克思主义学说。

第五节　马克思主义传入中国的三条主要渠道

马克思主义在中国早期传播过程中，日本、西欧和苏俄是三个主要的来源渠道。中国早期的马克思主义者在深入学习西方先进思想的经历中，目睹了西方资本主义社会的剥削与压迫，深刻认识到马克思主义的理论与实践价值，他们源源不断地将马克思主义真理传入中国。

一、日本渠道

五四运动后，在中国传播马克思主义的知识分子大多从日本留学归来。当时，比较系统传播马克思主义的有李大钊、陈独秀、李汉俊、李达、陈望道、杨匏安、施存统等。

1919—1920 年，李达在日本留学期间翻译了《唯物史观解说》《社会问题总览》等著作，对马克思主义唯物史观等进行介绍。

1919 年 11 月至 12 月，杨匏安发表在《广东新中华报》上发表《马克斯主义》一文（图 51-10）。该文对马克思主义三个组成部分作了比较全面的阐述。

李汉俊早年留学日本，他根据日本社会主义者远藤无水的《通俗马克思资

图 51- 10 《广东中华新报》于 1919 年 11 月 11 日和 12 月 4 日连载杨匏安的《马克斯主义》一文。

本论》译成《马格斯资本论入门》，对马克思主义经济学做了普及性的论述。1922 年 6 月，李汉俊在《民国日报》副刊《觉悟》上发表的《研究马克思学说的必要及我们现在入手的方法》一文。

二、西欧渠道

五四时期，大批进步青年以勤工俭学方式赴西欧寻求真理。在他们中产生了许多杰出的马克思主义者，如周恩来、赵世炎、蔡和森、蔡畅、向警予、徐特立、陈毅、邓小平、李立三、王若飞等，西欧成为马克思主义传入中国的又一重要渠道。

当时，有 1600 名青年学生相继到法国勤工俭学。1919 年 3 月 17 日，第一批留法勤工俭学学生从上海启程。在 15 日寰球中国学生会举行的欢送会中，吴玉章勉励学生："此次世界大战而后，政治社会革新之声遍于全球。我们国人亦知顺此潮流，研究改革。"他们创办了《少年》杂志，宣传马克思主义、共产主义，报道国内革命消息。

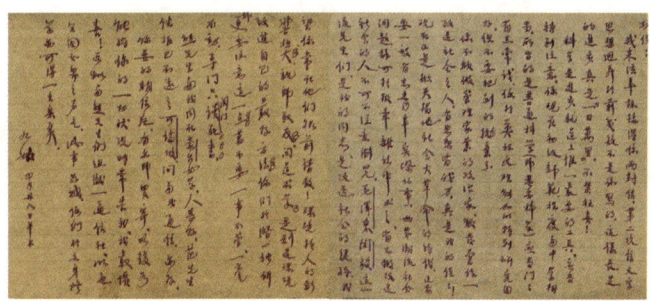

图 51-11 向警予自法国致侄儿的亲笔信。

  《少年》是旅欧中国少年共产党和中共旅欧支部的机关刊物，1922 年 8 月 1 日创刊，赵世炎、陈延年、陈乔年、周恩来、李富春、邓小平、傅钟、李大章等先后参与了编辑、刻印、发行等工作。该刊曾摘译马克思、恩格斯、列宁的文章，发表了周恩来的《共产主义与中国》《宗教精神与共产主义》《告工友》《十月革命》等文章。此后，《少年》改名为《赤光》。

  《少年》第 9 号封面曾摘译《共产党宣言》最后一段话："总之共产党人应该在各地援助所有反抗社会和政治现状底革命运动，在所有这些运动中，他们总以财产问题当先，为运动底根本问题。他们更应努力做各地民主党底联合和同盟，他们不苟且的隐藏他们的意见和计划，他们明白的宣告，他们的目的只有猛烈的推翻所有遗传的社会秩序才能达到，只有支配阶级恐怖一个共产主义革命底思想，无产者在这里所失的不过是锁链，所得的就是一个世界。"该期还刊登了《马克思——共产主义创造者》一文（图 51-12），文章开始部分如下：

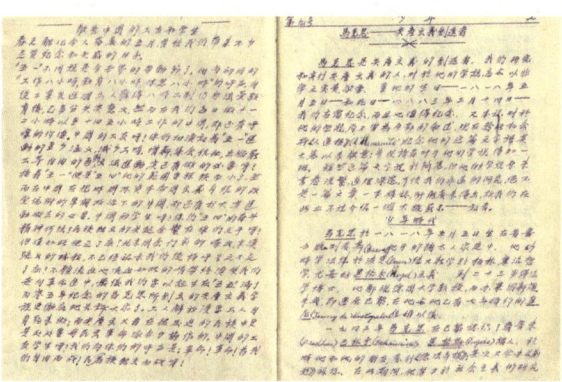

图 51-12 《少年》第 9 号刊载的《马克思——共产主义创造者》一文。

"马克思是共产主义的创造者，我们研究和实行共产主义的人，对于他的学说，应予以非常之宝贵敬重，至他的生日——一八一八年五月五日——和死日——一八八三年三月十四日——我们应当纪念，而且也值得纪念，又本志对于他的学说，尚不曾为全部的叙述，现在趁好机会将《人道报》纪念他的这篇文字，译其大略以表敬意，并使读者对于他的学说得知一斑。虽然这篇文字过于简略，但他的学说原本书卷浩繁，道理深邃，可供我们永远的研究，绝不是一篇文章、一本杂志，所能够表得出，故我们在此只不过介绍一个大概罢了。"

　　《赤光》是中国共产党旅欧支部和中国共产主义青年团旅欧总支部的机关刊物，为 16 开本的油印半月刊，前身为《少年》月刊，1924 年 2 月创刊。周恩来任主编，邓小平、李富春等参加刻印工作。周恩来是《赤光》的主要撰稿人，在第 1 至第 10 期上，发表《革命救国论》等署名文章 30 多篇。邓小平也以"希贤"或其他化名发表《请看反革命的青年党之大肆捏造》《请看国际帝国主义之阴谋》《请看〈先声周报〉之第四批造谣的新闻》等文。

三、苏俄渠道

　　十月革命和五四运动后，苏俄成为马克思列宁主义传入中国的重要途径，被称为"东方路线"。

　　1917 年《民国日报》刊载《最近俄国内部纷扰之传闻》一文，关注最近俄国的革命，提到："尼哥拉斯烈银一派，极端反对战争""烈银一派回国，偶然惹起社会党内讧，延而至此发生纷扰。""烈银"即列宁早期译名，这是目前考证的列宁的名字第一次译介到中国。

　　十月革命后，一批先进的知识分子赴俄实地调查、学习，包括刘少奇、任弼时在内共计 30 多名学员在东方大学经过一段时间的学习成为了坚定的马克思主义者，并积极推动马克思主义在中国的传播。

　　瞿秋白是中国共产党早期领导人，1920 年 8 月，他作为《晨报》的记者出访苏俄，受到苏维埃政府热情招待，多次见到列宁。1921 年秋，东方大学开办中国班，作为当时莫斯科仅有的中国翻译，瞿秋白进入该校任翻译和助教，讲授俄文、唯物辩证法等课程。瞿秋白翻译了一批共产党国际文献、列宁著作，撰写了大量关于苏联政治、经济、文化、军事等方面著作，对年幼的中国共产党了解苏俄发挥了巨大作用。

第六节　马克思主义与非马克思主义的论争

五四运动后，随着新文化运动的深入发展和马克思主义的广泛传播，新文化运动的阵营逐渐发生分化，出现了要不要马克思主义、以什么主义改造中国社会的激烈论争。①

1919 年 7 月，胡适在《每周评论》发表《多研究些问题，少谈些"主义"！》（图 51-13），引起了"问题与主义"之争。针对胡适的观点，李大钊在《每周评论》发表《再论问题与主义》一文（图 51-14）进行批驳。"这场"问题"与'主义'之争，实际上是一次中国需要不需要马克思主义、需要不需要革命的论争。"② 这对扩大马克思主义的影响，推动人们进一步探索如何改造中国社会起了积极作用

1920 年至 1921 年，中国基尔特社会主义者张东荪等人在《解放与改造》上发表文章，反对在中国建设劳动阶级国家，由此引发了一场社会主义论战。陈独秀、李大钊、李达等早期马克思主义者在《新青年》《共产党》等刊物上发表文章进行反驳。这场论争持续了一年多的时间。从本质上讲，"这是一次关于中国走社会主义道路还是走资本主义道路、实行社会革命还是实行社会改良和需要不需要建立无产阶级政党的论争"③。

无政府主义者黄凌霜、区声白等人认为"国家是万恶之源"，公开宣称

①　中央党史研究室：《中国共产党历史（第一卷）》上册，中共党史出版社 2011 年版，第 51 页。
②　中央党史研究室：《中国共产党历史（第一卷）》上册，中共党史出版社 2011 年版，第 53 页。
③　中央党史研究室：《中国共产党历史（第一卷）》上册，中共党史出版社 2011 年版，第 54 页。

图 51-13 胡适在《每周评论》发表的《多研究些问题，少谈些"主义"！》。

图 51-14 李大钊在《每周评论》发表的《再论问题与主义》。

"反对布尔什维主义""反对马克思主义"。早期马克思主义者阐述了马克思主义国家学说，指出不应以否定一切的态度否定一切强权，主张实行共产主义。

在这场论争中，早期马克思主义者勇敢地拿起马克思主义思想的武器，以鲜明的革命立场，批驳了当时的种种错误思潮，认清了科学社会主义与资产阶级改良主义、无政府主义的本质区别，认识到只有马克思主义才能救中国，并投入到进一步宣传马克思主义，与工人群众相结合和创建中国共产党早期组织的行动中去。①

---

① 中央党史研究室：《中国共产党历史（第一卷）》上册，中共党史出版社 2011 年版，第 56 页。

第五十二章

建党初期马克思主义传播的崭新局面

五四运动后，马克思主义在中国广泛传播并且日益同工人运动相结合的过程，也就是从酝酿、准备到建立中国共产党的过程。中国共产党第一次全国代表大会宣告中国共产党正式成立。从此，在古老落后的中国出现了完全新式的，以马克思列宁主义为行动指南的，以实现社会主义和共产主义为奋斗目标的统一的无产阶级政党。这是中国历史上开天辟地的大事变。

第一节　党的早期组织的建立与马克思主义宣传活动

最早酝酿在中国建立共产党的是陈独秀和李大钊。各地共产党早期组织建立后，积极开展各项工作，进一步促进了马克思主义同中国工人运动的结合。革命的知识分子努力学习马克思主义，深入工人群众，参加实际斗争，在思想感情上发生深刻的变化，逐步锻炼成为无产阶级的先锋战士。

一、上海的共产党早期组织的成立与马克思主义宣传活动

1919 年，在五四运动中散发反对北洋军阀政府传单的陈独秀被捕，出狱后，他决定离开北京，前往上海同汪精卫和章士钊商谈共同办学事宜。之后，他又受邀前往武汉等地讲演，呼吁消灭私有财产，改造社会。国内报纸对陈独秀"大逆不道"的言论进行了刊登，点燃了知识分子的热情，但受到军阀的敌视。在遭受湖北政府驱赶后，陈独秀离鄂返京，等待他的依然是北洋政府的迫害。

看到报纸上陈独秀讲演的消息，北洋政府才知道陈独秀已经秘密回京，于是，警察们紧急出动，蹲守在陈独秀北京的寓所附近，准备再一次逮捕这个"反动"的文人。

李大钊等人得到北洋政府要秘密逮捕陈独秀的消息后，抢在北洋警察发觉之前秘密接回了陈独秀，并准备将陈独秀护送南下，在途中，两人商议在中国建立共产党组织。

1920 年 4 月，陈独秀在上海法租界环龙路老渔阳里 2 号（今南昌路 100 弄 2 号）住下来。陈独秀常与一批具有共产主义思想的知识分子们进行讨论，宣讲马克思主义，并创办了"马克思主义研究会"。研究会的主要发起者是陈独秀、李达、李汉俊、陈望道等，而陈独秀等也加快了建党的步伐。1920 年 6 月，陈独秀、李汉俊、俞秀松、施存统、陈公培等在老渔阳里 2 号开会，决定成立党组织，选举陈独秀为临时书记，组织初步命名为"社会共产党"。此后不久，围绕着是用"社会党"还是用"共产党"命名的问题，陈独秀征求李大钊的意见。李大钊主张定名为"共产党"，陈独秀表示完全同意。

1920 年 8 月，在上海法租界老渔阳里 2 号的《新青年》编辑部，成立了上海共产主义小组，这是中国的第一个共产党组织，其主要成员是马克思主义研究会的骨干，陈独秀为书记。先后加入上海的共产党早期组织的有：陈独秀、俞秀松、李汉俊、陈公培、陈望道、沈玄庐、杨明斋、施存统（后改名施复亮）、李达、邵力子、沈雁冰、林祖涵、李启汉、袁振英、李中、沈泽民、周佛海等。11 月，上海的共产党早期组织起草了《中国共产党宣言》，着重阐

明无产阶级要建立一个没有经济剥削、没有政治压迫、没有阶级的共产主义社会，阐明中国共产主义者的目的是按照上述理想，"创造一个新的社会"，集中阐述阶级斗争必然导致无产阶级专政及无产阶级国际主义的原则，提出"要用革命的办法造出许多共产主义的建设法"。

上海的共产党组织出版了多部传播马克思主义的著作，包括陈望道翻译的《共产党宣言》、李汉俊翻译的《马格斯资本论入门》、李季翻译的《社会主义史》（图52-1）等。上海共产党组织在1920年8月还创立了社会主义青年团，俞秀松被指派担任团书记，又在9月开办了外国语学社，以掩护上海社会主义青年团的活动，培养和输送革命青年到俄国深造学习。

图52-1 1920年出版的由李季翻译的《社会主义史》。

建党之后，改版的《新青年》成为党组织宣传共产主义的正式刊物。另外，为启发工人们的觉悟，陈独秀、李汉俊等发起人另外创立了《劳动界》（图52-2）和《上海伙友》。1920年11月，上海的共产党早期组织还创办了《共产党》月刊，鲜明提出"用阶级战争的手段，打倒一切资本主义"的号召。

图52-2 1920年8月15日的《劳动界》创刊号。

二、北京的共产党早期组织的成立与马克思主义宣传活动

北京的共产党早期组织是在李大钊的直接指导和筹划下成立的。李大钊早年留学日本时，就接触了马克思主义思想。1918年，他与北大教授高一涵等人组织了马克思主义研究团体，给团体定名为"马尔格斯学说研究会"，以研究人口论为名从事研究和宣讲马克思主义的活动。

1920年3月，李大钊与邓中夏、高君宇等人组建了北

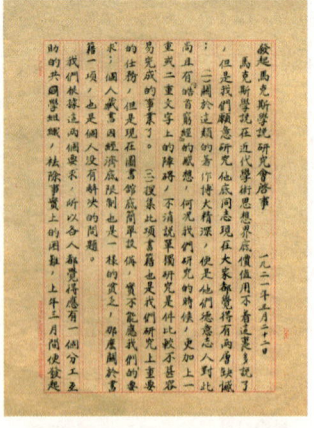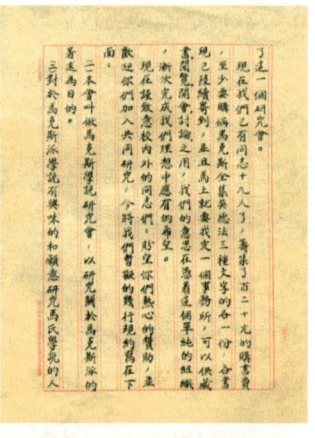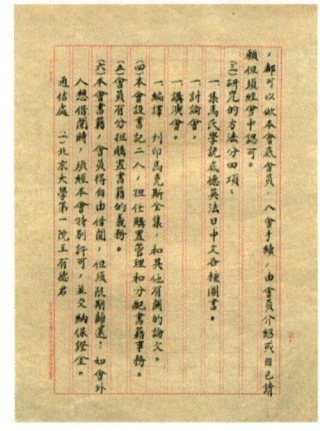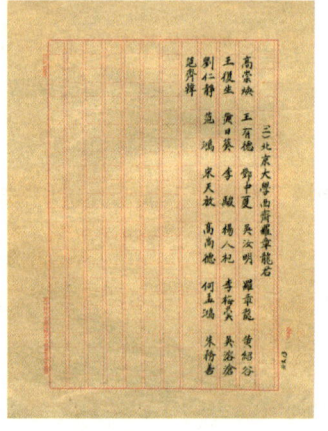

图 52-3 《发起马克斯学说研究会启事》（手抄本）。

京大学的"马克斯学说研究会"（图 52-3），研究会的活动场所只有一间办公室，一间图书室，他们为图书室取名为"亢慕义斋"，意为"共产主义小屋"。研究会以集会的形式对马克思主义、列宁主义和十月革命进行研究，秘密进行一些组织工人运动的实践，并收集了一批宣传马克思主义的书籍（图 52-4）。

1920 年 10 月，北京的共产党早期组织在北京大学图书馆李大钊的办公室正式成立，最初成员有李大钊、张申府和张国焘三人。1920 年底，北京共产党组织召开会议，正式成立了"共产党北京支部"，李大钊任书记，张国焘负责组织工作，罗章龙负责宣传工作。

北京的共产党早期组织建立之后，集中精力开展对马克思主义的研究和宣

图 52-4 "亢慕义斋" 收集的马克思列宁主义书籍。

传活动。当时资料匮乏，初期的马克思主义者们边宣传边学习，他们先后组织翻译了《社会主义从空想到科学的发展》《哲学的贫困》等著作。

李大钊则直接走上讲台，讲授《女权运动史》《社会主义与社会运动》等课程，介绍苏俄和世界工人运动的情况以及马克思的唯物史观等。1920 年 12 月，李大钊又组织了社会主义研究会，与成员们一起研究马克思主义和社会主义，并与各种反马克思主义的思潮辩论。在学习研讨和争辩中，马克思主义得到进一步传播，一大批初步具有共产主义思想的青年成为坚定的马克思主义者。

此外，北京的共产早期组织创办了《劳动音》周刊和《工人周刊》，揭露资本家的残酷剥削，呼吁工人阶级组织起来，维护自己的权益。

三、各地共产党早期组织与马克思主义的传播活动

武汉的共产党早期组织是在上海的共产党早期组织直接指导下成立的。1920 年夏，李汉俊从上海写信给董必武和张国恩，后又亲自到武汉面见董必武，商议在当地建立共产党组织的问题。同时，刘伯垂受陈独秀委托，抄录了一份党纲回到武汉，与包惠僧、董必武等人秘密联系。1920 年 8 月，武汉的共产党早期组织在武昌抚院街董必武寓所正式成立，当时取名为"共产党武汉支部"，参加会议的除主持人刘伯垂外，还有董必武、张国恩、陈潭秋、郑凯卿、包惠僧、赵梓健等。刘伯垂在会上介绍了上海共产党早期组织成立的有关情况，与会者传阅了上海党组织起草的党纲草案，研究武汉党组织日后的工作安排。会议推选包惠僧任书记。武汉的共产党早期组织成立后，成立了马克思主义研究会，还创办了《武汉星期评论》，接连发表《妇女运动》《五一略史》等短评，积极研究、传播马克思主义，继续发展党员。

长沙的共产党早期组织是在毛泽东的筹划下建立的。1920 年夏，毛泽东北上与李大钊等人会晤，接着又赶赴上海拜见了陈独秀。北京和上海是马克思主义早期传播的重镇，以及共产主义者活动十分活跃的地方，对毛泽东产生很大影响。1920 年 7 月毛泽东回到长沙后，从传播马克思主义和寻找志同道合的"真同志"入手，他与何叔衡等人先后创办文化书社和俄罗斯研究会，并与新民学会的中坚分子讨论建党的问题。他们销售了《共产党宣言》《马克思资本论入门》等经典书刊，并鼓励理论学习，提倡革命青年赴苏俄勤工俭学。1920 年的初冬，毛泽东等人在新民学会当时这个已经很有影响力的团体中集结马克思主义的信仰者，秘密发起建立了长沙的共产党早期组织。长沙的共产党早期组织以新民学会、文化书社以及俄罗斯研究会的名义开展了大量群众工作，以《湖南通俗报》为平台发表了大量苏俄革命的消息和世界工人运动的情况，为湖南的重大政治运动培养了一大批积极的马克思主义者，以开办的湖南第一师范民众夜校和失学青年补习班为据点进行马克思主义的启蒙教育。

广州的共产党早期组织的建立过程比较曲折。1920 年 8 月，谭平山、陈

公博、谭植棠从北京大学毕业返回广东，陈独秀便请他们一起组建广东的共产党组织。谭平山等人回到广东后，首先建立的是广州社会主义青年团。广州社会主义青年团之后，又创办了《广东群报》，创刊号上发表了陈独秀撰写的《敬告广州青年》，吸引了很多信仰社会主义的青年加入。1920年底，陈独秀踏上南粤之地。经过与无政府主义者的论战，1921年春，几经酝酿的广州的共产党早期组织在陈独秀的主持下成立，当时取名为"广州共产党"。广州的共产党早期组织先由陈独秀、后由谭平山任书记，陈公博负责组织工作，谭植棠负责宣传工作，办公地点就设在高第街素波巷的宣讲员养成所内部。广州的共产党早期组织以《广东群报》和《劳动与妇女》等报刊为传播平台，创建马克思主义研究会为辅助平台，大力宣传马克思主义，而《新青年》因被上海法国巡捕房查封也南迁入广州，这都大大加快了马克思、列宁学说在广东地区的传播。

五四运动后，新思潮在山东得到广泛传播。五四运动中表现活跃的山东人王乐平于1919年10月在济南创办了"齐鲁通讯社"，该社与北京、上海、广州等进步团体建立联系，发行《新青年》《每周评论》《新潮》《共产党宣言》《资本论入门》等进步书刊，并举办讲演和学术研讨会，传播进步思想，成为进步青年的革命场所。1920年秋，王尽美、邓恩铭等在济南成立马克思学说研究会，学习和研究马克思主义。不久，反动政府以该组织"宣传过激主义"的罪名予以取缔。1920年，陈独秀发函王乐平，邀其在山东组建党组织。由于王乐平还是国民党山东省议会议员，在组建党组织时，王乐平推荐了在五四运动及齐鲁书社活动中表现积极且信仰马克思主义的王尽美和邓恩铭组织筹备。王尽美、邓恩铭等先进分子在上海、北京党组织的影响和帮助下，于1921年春成立了济南的共产党早期组织。在党的"一大"召开之前，济南的共产党早期组织出版《励新》刊物宣传革命思想，出版《济南劳动周刊》，组织工人俱乐部和工人夜校，团结了一大批工运骨干。

旅日华人中的共产党早期组织最早是由上海的共产党早期组织成员施存统和周佛海组成的。周佛海当时在日本鹿儿岛的第七高等学校留学，并对社会主义有了诸多兴趣和研究，在回国期间，他拜访了陈独秀并经其介绍成为正式的共产党员。1921 年 4 月，经陈独秀的介绍，施存统和周佛海在日本正式发起成立了旅日共产党组织，他们在日本撰写了《实行社会主义与发展实业》《我们为什么主张共产主义》《夺取政权》《我们怎么样干社会革命》等一批进步文章。

五四运动后，一大批进步青年赴法国勤工俭学。1920 年底，参与创建北京共产党组织的张申府带着建党任务来到法国里昂，他首先介绍了陈清扬和在法留学的周恩来入党，后来，他们又设法与陈公培、赵世炎等取得了联系，陈公培曾与陈独秀一道在上海建党，还带了一份抄写的党纲远赴重洋。1921 年初，张申府、赵世炎、陈公培、刘清扬、周恩来五人在法国组成了旅法共产党早期组织，在旅法的华工中开展斗争活动。

第二节　陈望道与《共产党宣言》的翻译

陈望道（1891—1977）中国教育家、语言学家。原名参一，又名融，字任重，浙江义乌人。1915 年初，陈望道赴日本留学，期间结识了日本著名进步学者河上肇、山川均等人，开始接受马克思主义理论的熏陶。1919 年 6 月陈望道回国后，在浙江第一师范学校担任国文教员。五四运动前，马克思主义著作已经零星地介绍到中国。五四运动加速了马克思主义在中国的传播，但那时还没有一本马克思主义著作中文全译本。当时，《星期评论》主编戴季陶想要邀人翻译《共产党宣言》，邵力子就推荐了陈望道。已经接受了马克思主义思想的陈望道欣然答应了这个邀约。

1920 年春，陈望道回到故乡义乌分水塘村，在一间破旧的柴屋里专心翻译《共产党宣言》，柴屋的条件十分简陋，但丝毫没有影响他翻译《共产党宣言》的决心。陈望道翻译《共产党宣言》时，他主要参考的蓝本是戴季陶提供的由幸德秋水、堺利彦合译的日文版《共产党宣言》，还参考了陈独秀借自北大图书馆的英文版。1920 年 4 月，陈望道完成了《共产党宣言》的翻译。1920 年 8 月，《共产党宣言》第一个中文全译本终于在上海正式出版，印刷及发行者为社会主义研究社，封面红色，上印有马克思像，共计印行约 1000 册。

该书出版后反响热烈，很快便销售一空。但由于印刷太过仓促，初版把封面的书名《共产党宣言》错印成了《共党产宣言》。同年9月，在勘误之后，《共产党宣言》第二个中文全译本被出版，除名字被纠正以外，封面也改为了蓝色。1975年前，很多人误把9月的再版本当作初版本，直到译者陈望道亲自辨认后，才知道原来错印版才是初版本，《共产党宣言》中译本的初版本弥足珍贵，就目前所知全国仅存11册，现由中国国家图书馆、上海中共一大会址纪念馆等单位收藏。

陈望道翻译的《共产党宣言》是马克思主义经典著作第一个中文全译本。这一中译本《共产党宣言》问世时，正是中国共产党在上海发起组织成立的时候。《共产党宣言》的出版和传播，对党的早期组织的发起和组成，以及1921年中国共产党的诞生作了思想上和理论上的准备。一大批具有初步共产主义思想的仁人志士，在它的影响下，从激进民主主义者成长为马克思主义者。

第三节　李达与人民出版社出版的第一批马克思主义书籍

1921年6月初，共产国际代表马林和共产国际远东书记处代表尼克尔斯基先后到达上海，并与上海的共产党早期组织成员李达、李汉俊建立联系，他们一致认为应尽快召开全国代表大会，正式成立中国共产党。国内各地的党组织和旅日的党组织共派出13名代表出席党的第一次全国代表大会。1921年7月23日，中国共产党第一次全国代表大会在上海召开，宣告中国共产党正式成立。

党的一大通过了《中国共产党纲领》，纲领共15条，其中第11条遗漏。纲领的第1条开宗明义地提出，"我们的党定名为'中国共产党'"，纲领还明确了党的名称、任务、入党程序、党组织建设等问题。党的一大通过的《中国共产党的第一个决议》，决定成立工会组织的研究机构，指出研究机构的工作分为几类："工人运动史，组织工厂工人的方法，卡尔·马克思的经济学说，各国工人运动的现状。研究的成果应定期发表。应特别注意中国工人运动问题。"① 这表明，中国共产党从一成立，就注意将工人运动的组织与马克思主义理论的学习相结合，提高工农群众的理论水平。

中国共产党成立以后，各地党组织迅速展开工作，对国际国内形势有了进一步的认识。1921 年 11 月由陈独秀署名的中央局给地方组织的通告，内容涉及在地方发展党员并成立执行委员会、发展青年团员、组织和管理工会、加强宣传、开展劳动运动和青年及妇女运动等。马克思主义著作在中国的出版与传播进入了一个崭新阶段。马克思主义著作源源不断地出版，为中国共产党领导人民进行革命斗争提供了强大的思想武器。

李达是第一位系统组织出版马克思主义著作的共产党员，而组织出版的机构是他一手创办的人民出版社。李达对马克思主义文献在中国的出版、传播贡献巨大。他的一生，贯穿着马克思主义文献的出版与传播，学习与研究。早年他留学日本，学习了日语、英语、德文。十月革命后，李达深受鼓舞，开始关注并学习马克思、恩格斯、列宁的著作，阅读了《共产党宣言》《资本论》《〈政治经济学批判〉导言》《国家与革命》等经典著作，对马克思主义理论知识有了深刻的认识。五四运动后，他依然放弃了之前的理科专业的学习，转而专攻马克思主义，并在这一时期为国内进步书刊撰写了《什么叫社会主义》《马克思还原》《张东荪现原记》《讨论社会主义并质梁任公》《社会革命底商榷》等一批马克思主义方面的文章，明确阐述了社会主义的性质和目的，介绍了欧洲社会主义运动的历史与现实，大力宣传了马克思主义。在这些文章中，李达对"唯物史观说""阶级斗争说""剩余价值说""劳工专政说"等进行了深刻的论述。

在日本期间，李达还翻译了《唯物史观解说》《马克思经济学说》《社会问题纵览》几部马克思主义的著作，对马克思主义哲学、马克思主义政治经济学

---

① 《"一大"前后——中国共产党第一次代表大会前后资料选编》（一），人民出版社 1980 年版，第 12—13 页。

和科学社会主义等方面的内容进行了剖析与阐释。

党的一大选举陈独秀为中央局书记，张国焘负责组织工作，李达负责宣传工作。根据一大决议，为适应革命发展需要，加强马克思主义的传播，中共中央局决定创建自己的出版机构——人民出版社。人民出版社是中国共产党创办的第一个出版机构，它的创立，标志着中共进入有组织、有计划地翻译和出版马克思主义经典著作的阶段。各地党组织迅速展开工作，对国际国内形势有了进一步的认识。

1921年9月1日，人民出版社在上海"辅德里"小弄堂625号成立。这是一座用青红砖相间砌成的石库门房子，各家各户前后都有门，独进独出。这里也是李达的家。此前，我国出版机构多称"书局""书社""社""印书馆"等，人民出版社是我国最早使用"出版社"这个新名称的出版机构之一。

新成立的人民出版社有别于新青年社。新青年社已形成了自己的影响和传统，它所依靠的作者群有些已与陈独秀分道扬镳，有些还团结在《新青年》旗下，但并不是彻底的马克思主义者，他们对马克思主义、社会主义的介绍只是一些篇幅不算太长的文章，这决定了新青年社还不能立即成为专门宣传马列主义的阵地。这可以从陈独秀主编的"新青年丛书"窥见端倪，这套八册的丛书包括《社会主义史》《社会主义讨论集》《哲学问题》《俄罗斯研究》《到自由之路》《欧洲和议后之经济》《工团主义》和《阶级斗争》，其中《社会主义史》《社会主义讨论集》《阶级斗争》是宣传社会主义和马克思主义的，而且只有《阶级斗争》的译者恽代英是新生的力量，其余多半是《新青年》的老作者、老关系自己选译的。可以看出，新青年社成了既宣传马克思主义，又宣传各种社会主义思想的聚集地。

因此，要想有新突破就必须依靠一批信仰马克思主义的新人，建立一个新的宣传、出版阵地。在中国共产党早期组织成立后，有组织、有系统地翻译和出版马克思主义著作提上重要日程。人民出版社在这种情况下应运而生。

人民出版社成立后，开始筹划出版第一批马克思主义经典著作。李达是该社的负责人，同时又兼及编辑、校对、付印、发行等工作，另外中共中央局委派刘仁静协助李达工作。李达曾回忆："人民出版社由我主持，并兼编辑、校对和发行工作，社址实际在上海，因为是秘密出版的，所以把社址填写为'广州昌兴马路'。"为了躲避反动派的搜查和破坏，特意把社址改成"广州昌兴新街 26 号""广州人民出版社"等字样。广州是孙中山领导国民革命的根据地，选择"广州"作掩护，可以确保安全。

经过李达和刘仁静的努力，人民出版社制订了庞大的出版计划。为给拟定的新书作宣传，1921 年 9 月 1 日，《新青年》第 9 卷第 5 号刊登了第一份人民出版社图书出版通告（图 52-5），通告指出，人民出版社的宗旨和任务是："近年来新主义新学说盛行，研究的人渐渐多了，本社同仁为供给此项要求起见，特刊行各种重要书籍，以资同志诸君之研究。本社出版品底性质，在指示新潮底趋向，测定潮势底迟速，一面为信仰不坚者祛除根本上的疑惑，一面和海内外同志图谋精神上的团结。各书或编或译，都经严加选择，内容务求确实，文章务求畅达，这一点同仁相信必能满足读者底要求。"[1] 该通告将已出版和计划出版的马克思主义著作书目同时刊出，分为四类，第一类是"马克思全书"，包括：王仁编《马克思传》、袁湘译《工钱、劳动与资本》、李定译《价值、价格与利润》、李定译《哥达纲领批评》、陈佛突译《共产党宣言》、孔剑明译《法兰西内乱》、李漱石译《资本论》、刘英译《剩余价直论》、李漱石译《经济学批评》、李漱石译《革命与反革命》、吴智译《自由贸易论》、钱润译《神圣家族》、黄式遵译《哲学之贫乏》、胡琰译《犹太人问题》、张九思译《历史法学派之哲学的宣言》。第二类是"列宁全书"，包括：张亮译《列宁传》、康明烈译《国家与革命》、李立译《劳农会之建设》、张空明译《无产阶级革命》、成则人译《现在的重要工作》、成则人译《劳工专政与宪法会议选举》、成则人译《讨论进行计划书》、孔剑明译《写给美国工人的一封信》、李墨耕译《劳农政府之效果与困难》、张空明译《共产主义左派幼稚病》、罗

---

[1] 本书编写组：《人民出版社社史（1921—1950）》，人民出版社 2011 年版，第 11 页。

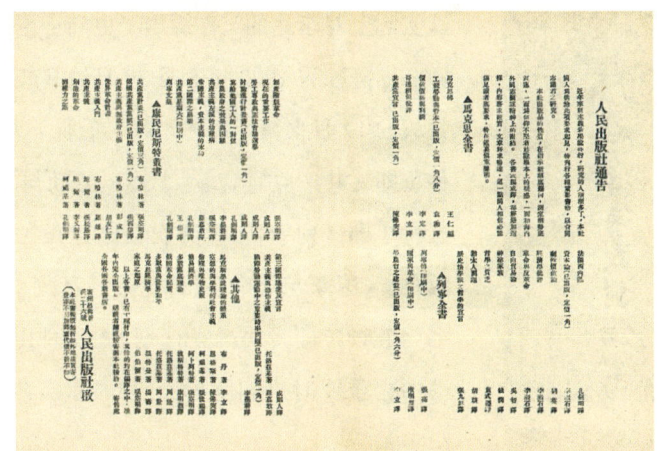

图52-5 1921年9月1日《新青年》第9卷第5号刊登的《人民出版社通告》。

慕敢译《帝国主义、资本主义之末局》、孔剑明译《第二国际的崩坏》、王崇译《共产党星期六》、孔剑明译《列宁文集》。第三类是"康民尼斯特丛书"，包括：张空明译《共产党计划》、张西望译《俄国共产党党纲》、彭成译《共产主义与无政府主义》、胡友仁译《世界革命计划》、罗雄译《共产主义入门》、张松严译《共产主义》、李又新译《创造的革命》、孔剑明译《到权力之路》、成则人译《第三国际议案及宣言》、罗慕敢译《共产主义与恐怖主义》、李墨耕译《国际劳动中之重要时事问题》。第四类是"其他"，包括：李立译《马克思学说理论体系》、陈佛突译《空想的与科学的社会主义》、张世福译《伦理与唯物史观》、张空明译《简易经济学》、康明烈译《多数党的理论》、周诠译《俄国革命纪实》、周诠译《多数党与世界和平》、杨寿译《马克思经济学》、张空明译《家庭之起源》。

由于当时的环境十分险恶、条件艰苦，计划的49种图书并未出全。陈独秀曾在1921年11月发出的《中国共产党中央局通告》中明确要求："中央局宣传部在明年七月以前，必须出书（关于纯粹的共产主义者）二十种以上。"①

① 《"一大"前后——中国共产党第一次代表大会前后资料选编》（一），人民出版社1980年版，第20页。

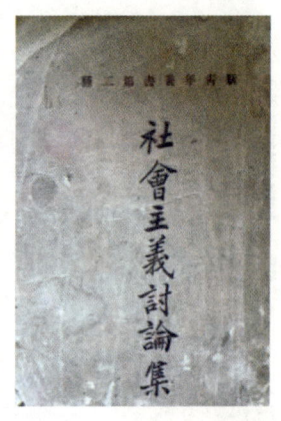

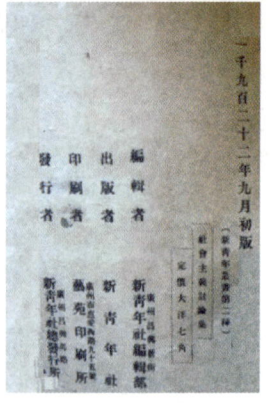

图 52-6 1920 年 9 月，新青年社出版，中央党史和文献研究院图书馆藏。

这实际上对李达的工作提出了更高、更快的工作要求。

据陈独秀 1922 年 6 月 30 日给共产国际的报告中称，所完成的 12 种书籍（每种印数三千册）为："马克思全书"二种（即《共产党宣言》《工钱、劳动与资本》），"列宁全书"五种（即《列宁传》《劳农会之建设》《劳动政府之效果与困难》《国家与革命》《讨论进行计划书》），"康民尼斯特丛书"五种（即《共产党计划》《俄国共产党党纲》《国际劳动中之重要时事问题》《第三国际议案及宣言》《俄国革命纪实》）。

人民出版社最初拟定出版的图书，到 1923 年 9 月，已经出版了 15 种。当月出版的《社会主义讨论集》（图 52-6）刊载的《人民出版社最近出版的新书》，列举了已经出版的图书："马克思全书"三种，即《共产党宣言》《资本论入门》《工钱劳动与资本》，"列宁全书"五种，即《劳农会之建设》《讨论进行计划书》《共产党礼拜六》《列宁传》《劳农政府之成功与困难》，"康民尼斯特丛书"四种，即《共产党底计划》《俄国共产党党纲》《国际劳动运动中之重要时事问题》《第三国际议案及宣言》，"其他"丛书三种，即《劳动运动时》《俄国革命纪实》《两个工人谈话》。《资本论入门》虽然不在所列书目中，但属学习、研究《资本论》的通俗读物，以当时的环境，这种小册子，可能要比《资本论》原著更宜为大众接受。虽然没能按计划完成任务，但在两年的时间里，出版了 15 种书籍，是非常了不起的成绩。中国共产党与国民党关系急转直下时，党的组织及出版机构不得不转入地下工作，而新的出版力量和翻译力量尚未成熟，人民出版社出版的这批马克思主义丛书，很长时间内，成为革命青年必要的学习读物。

在党的二大上，李达落选中央执行委员，于是他离开了上海。同年 11 月，应毛泽东之函邀前往长沙，到湖南自修大学工作，他与人民出版社从此告别。

第五十三章

马克思、恩格斯著作的传播在曲折中前行

第一节　上海书店与马克思主义著作的出版

　　筹建上海书店的工作是极其艰难的。当时的形势极为复杂，党中央拟选用一名身份尚未公开的党员负责筹建工作。为此，党中央特从浙江一所女子师范学校调来徐白民筹备并主持上海书店的日常工作。书店选址在华界与法租界交界处的民国路振业里 11 号的一套街面店房，楼下为书店，楼上为宿舍和党内活动的秘密场所，并于 1923 年 11 月 1 日书店开业。广州则另外成立平民书社，继续出版《新青年》及其他马克思主义和进步革命书籍。

　　徐白民回忆，"党在上海本来有一个公开的发行机构，那就是新青年社，社址在法租界大自鸣钟对面。该社自被法捕房封闭后，迁到广州，在广州展开活动终究不及上海方便。但迁回来就不能再用原来的名称，也不能设在租界里。因此，党决定另起炉灶，在华界找一个适当的地方开一家书店，这就是上海书店"。

　　为进一步加强宣传出版工作的领导，1925 年 12 月，党中央派毛泽东的大弟毛泽民到上海担任中共中央出版发行部的负责人，领导上海书店和印刷厂的

工作。

　　毛泽民利用周泰安、杨杰等化名，积极开展业务工作。在他的领导下，上海书店业务显著增长。为满足各地对上海书店出版物的需要，毛泽民领导上海书店在闸北香山路（今香山路）、宏兴路口的香星里建立了自己的印刷所，对外宣称"崇文棠印务局"，并负责发行。上海书店还成立了发行机构分支，如广州国光书店、潮州韩江书店、长沙文化书社、湘潭书店、南昌明星书店、宁波书店、青岛书店、重庆新署书店、太原明星书店、安庆新皖书店等。此外，还在海参崴设立五一书店，在巴黎设立了报社。这样，形成了以上海书店为中心，辐射国内大江南北以及欧洲、俄罗斯、日本的马克思主义著作和革命书刊的庞大发行网络。

　　上海书店出版了《共产党宣言》《反帝国主义运动》《世界劳工运动史》等多种马克思主义书刊，同时还销售已被查封的革命书刊。1924年下半年，上海书店出版了《社会科学讲义》（图53-1）、《反对基督教运动》等。1925年，北伐战争胜利推进，根据革命形势的需要，出版了《评中西文化观》《新梦》等书籍。

　　在三年的时间里，上海书店出版的书籍共有30余种，既有学术著作，也有《革命歌声》《世界名人明信片》等通俗读物、宣传册，同时还出版"中国青年社丛书""向导丛书"等影响深广的著作。鉴于各地平民夜校急需教材的形势，上海书店组织出版了《青年平民读本》，该读本分四册，每册24课，选用日常应用的1300余生字，运用发票式、借据式、记账式、故事式等多种生动、实用的形式，将社会、政治、经济、历史和自然方面的知识汇通起来，受到工农青年的热烈欢迎。

图53-1 1924年下半年，上海书店出版，上海图书馆藏。

图53-2 1923年，上海书店出版，中央党史和文献研究院图书馆藏。

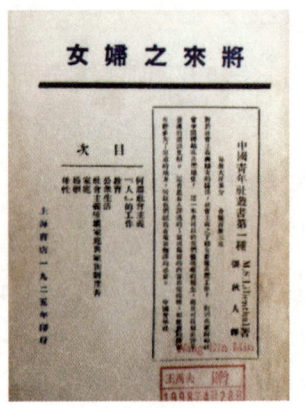
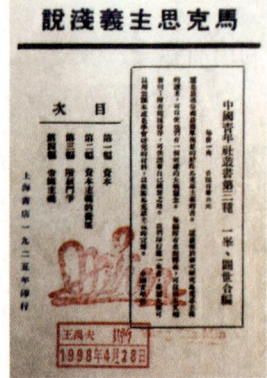

图 53-3 1925 年 10 月，上海书店出版，中央党史和文献研究院图书馆藏。

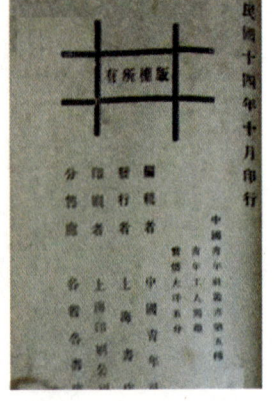

图 53-4 1925 年 10 月，上海书店出版，中央党史和文献研究院图书馆藏。

上海书店的出版活动引起了军阀的恐慌，1926 年，军阀孙传芳军队进驻上海后查封上海书店。党的出版发行工作被迫转入地下，工作人员在宝山路租借到一处地方，成立宝山书店，处理上海书店的后续事宜。[①]

第二节　汉口长江书店、上海长江书店、无产阶级书店与马克思主义著作的出版

党的五大后，中共中央设置了中央出版局，由张太雷任局长。1926 年 12 月，广州《新青年》仍以"人民出版社"的名义，出版了《我们为什么斗争》一书。1927 年北伐军攻克武汉后，中共中央的临时机构迁至武汉，武汉成了中国革命的中心。

---

① 侯俊智：《播火记——新中国成立前党的人民出版事业》，载《光明日报》，2011 年 9 月 2 日。

一、汉口长江书店

上海书店被查封后，未售的图书运往武汉。经瞿秋白、毛泽民选定，长江书店在汉口后城马路（今中山大道）于同年11月正式开业，由苏新甫负责具体业务工作，瞿秋白主管。书店是一栋普通四层砖木结构楼房，各层布局相同，为一宽敞通间，约70平方米。一楼营业、二楼编辑、三楼印刷、四楼为休息间。

开业当天，武汉很多报刊刊登了长江书店开业的广告和书目预告，并宣告本书店"继承上海书店营业"。为保障图书供应，毛泽民创办了长江印刷厂，重印了一批新青年社、上海书店曾出版过的图书，同时还出版新书。

书店开业后，《汉口民国日报》曾连续刊登启事："本店经营向导社、新青年社、中国青年社并一切关于革命的书报。本店愿意于这个高潮中，供给革命民众以研究高深革命理论的材料，凡我革命同志欲购阅革命的书报，请移至本店可也。"其鲜明的革命性、战斗性可见一斑。

1927年1月，斯大林著《列宁主义概论》，由瞿秋白译成中文，由长江书店出版，这是斯大林著作在我国最早的中译本。毛泽东著的《湖南农民运动考察报告》，开始在《向导》周报连载后，1927年4月，瞿秋白将该书改名《湖南农民革命》，亲自撰写序言，由长江书店出版单行本，公开发行（图53-5）。

长江书店还印行出版了《共产国际党纲草案》《资本主义稳定与无产阶级革命》等进步书籍47种。长江书店在中共各地党组织的支持下，设立了发行网点。时中书社（武昌）、国光书店（广州）、文化书社（长沙）、真理书店（长沙）、国民书店（成都）、民星书店（重庆）、明星书店（南

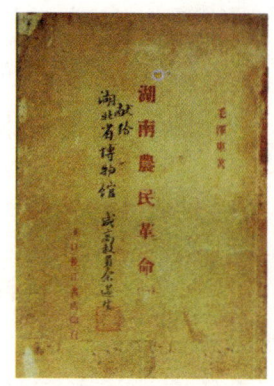

图53-5 1927年4月，长江书店出版的毛泽东《湖南农民革命》。

昌）、万县书店（万县）、九江书店（九江），江淮书店（安庆）等，都是它的分店或特约代销书店。

除图书外，长江书店还发行《向导》《中国青年》《前敌》等革命刊物。

汪精卫在汉口发动反革命政变后，武汉的革命形势变得十分严峻。1927年7月20日，长江书店被反动当局查封。8月4日，长江书店在《汉口民国日报》刊登"停业启事"，1927年底，长江书店正式停业。

二、上海长江书店

随着革命形势的迅速发展，中共中央决定在上海恢复一批公开的出版发行机构，设立了上海长江书店，社址选在原来的宝山书店，并在1927年3月27日的《民国日报》等报刊载《〈向导〉〈新青年〉〈中国青年〉上海总发行所启事》："本社历年言论和奋斗精神，久为革命的民众所深知……现因革命军已到上海，本社为应革命的民众的需要起见，特先在上海闸北宝山路宝昌路口设临时发行所，准于本月27日开始交易。至正式铺面尚在修理，一俟竣工，正式开张。"

3月31日的《民国日报》上登载《上海长江书店启事》："本店现受《向导》社、《新青年》社、《中国青年》社委托为上海总发行所，经售一切关于革命书报。现设总店于本阜（埠）闸北宝山路宝昌路口，分店则设于本阜（埠）南市西门中华路（即共和新影戏院隔壁）。"

4月1日，《民国日报》上刊载了《上海长江书店启事》和几十种书目的大幅广告，宣布该店于4月10日正式营业。"四一二"反革命政变发生后，上海长江书店被国民党当局查封。1927年3月底北伐军到上海后设立上海长江书店，旋即于"四一二"反革命政变中被封闭。

三、无产阶级书店

八七会议后，中共临时中央迁回上海，党的宣传、出版工作由郑超麟负责。1928年党中央在上海成立地下出版社——无产阶级书店。

在当时极其严酷的环境里，无产阶级书店仍然出版了《列宁论组织工作》等马克思主义书籍、共产国际的文件以及党的一些重要文件。

1929年，无产阶级书店遭受查封。

第三节　华兴书局与马克思主义著作的出版

1929年，中国共产党在上海成立了地下出版发行机构——华兴书局，出版革命书籍。

华兴书局在极端困难的条件下，出版发行了一批马克思主义经典著作。根据中央党史和文献研究院图书馆藏有的一张署名"一九三〇年，辛民"的"上海华兴书局书目"（图53-6）可知，华兴书局已经出版的和即将出版的进步图书共35种。

中国第二历史档案馆保存着几份国民党政府行政院档案，从中可以了解到国民党当局查封华兴书局的原因和经过。

1931年1月11日至3月23日，国民党政府共签发了六份文件。1月11日，由河南省政府主席刘峙签发的《河南省政府呈》文件称："窃职于一月六日奉派赴邮局检查邮件，查出上海华兴书局图书目录二本，系由上海寄开封河南大学及济汴中学，均系共产党书籍广告，请鉴核等情；并呈华兴书局图书

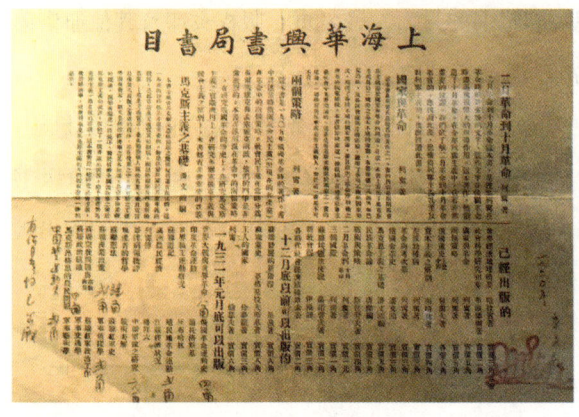
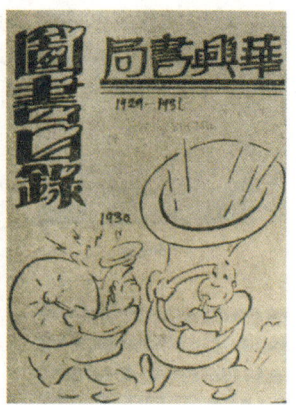

图53-6 1930年的华兴书局书目。

目录两本。据此，查该书目所载，多系宣传共产主义，自应查禁，以遏乱源。除饬属查禁外，拟请钧院俯赐通令各省市，一体查禁，以杜流传。"

通过该组文件可知，国民党当局共查禁华兴书局以"上海社会科学研究学会丛书""中外研究学会丛书"名义出版的马克思、恩格斯、列宁等马克思主义类图书共 49 种。

华兴书局在国民党反动派采取扼杀等极限压制的情况下，采取了种种伪装的办法，保障了党的图书出版工作持续进行。在 1931 年遭受查封的情形下，华兴书局后来先后改名为"春阳书店""启阳书店""浦江书店"，继续出版马列主义著作。①

第四节　北方人民出版社与马克思主义著作的出版

20 世纪 30 年代初，党中央决定在北方建立出版据点，经过多方考察，认为河北保定建立新的出版社最为合适。党中央决定由保定中共地下党员王辛民（后改名为王禹夫）负责出版工作。

鉴于人民出版社早期出版了一批马克思主义图书，在读者中有着良好的影响，决定出版社的名称为"北方人民出版社"；考虑到河北的青年们对"新生读书社"非常熟悉，于是决定发行者的名称为"新生书社"。

但在实际的传播过程中，为了不断躲避国民党对书报的查禁和查扣，图书不断地以伪装书的形式出现，即将书的封面、署名页、版权页印着其他通俗读物的名称，如人民书店、北国书店、新光书店等。

根据王辛民的回忆，北方人民出版社的主要任务是将党以前的出版机构，如人民出版社、新青年社、平民书社、中国青年社、上海书店、无产阶级书店、华兴书局等出版的优秀出版物，加以校订排印后重印，同时，也编审出版

---

① 参见中央编译局编：《马克思恩格斯著作在中国的传播》，人民出版社 1983 年版，第 277—279 页。

图 53-7 1932 年 1 月 10 日刊登的上海启阳书店书目。

一批新的图书。

北方人民出版社存在的约一年时间内，出版了"左翼文化丛书"、"人民文化丛书"（又称"大众文化丛书"）等一批图书。

根据中央党史和文献研究院图书馆保存的一份"人民出版社出版新书（1931—1932）"（图53-8）显示，北方人民出版社在这一年出版了一批图书，包括：《土地农民问题指南》、《政治问题讲话》（即苏共十六大斯大林的政治报告）、《苏维埃宪法浅说》（附中华苏维埃共和国宪法大纲）、《武装暴动》（封面印《论艺术》，实为伪装书）、《化学战争》、《共产国际纲领》、《少共国际纲领》、《国际政治法典》（即《第三国际议案及宣言》新订本）、《马克思主义的基础》（含华岗翻译的《共产党宣言》以及马克思的另一著作《雇佣劳动与资本》等）、《中国革命论》（即共产国际对中国革命决议案）、《中国到哪里去？》（问友著，初载《布尔什维克第2卷第4期》）、《中国革命与中共的任务》（即参加共产国际代表大会的代表在党的第六次代表大会上的政治报告）、《各时代社会经济结构元素表》（张伯简译制，根据上海书店原表排印）、《社会科学概论》（瞿秋白著，封面印为"社会科学研究初步"，著者化名为布浪得尔，杨霞青译，实为伪装书）、《民众革命与民众政权》（选自《红旗周报》，封面印"孙文主义之理论与实际"，实为伪装书）、《资本主义之解剖》（即《共产主义ABC》）等，另外，还重印了《国家与革命》《两个策略》《左派幼稚病》《俄国革命中之农业问题》《二月革命到十月革命》《革命与考茨基》《论反对派》等著作。

1932年，国民党反动当局镇压了保定学生运动，并通缉王辛民。北方人民出版社不得不停止业务，王辛民受命前往北平开展革命活动。根据北京市委唐锡朝（即唐明照）等负

图53-8 1931—1932年"北方人民出版社出版新书"书目。

卡·马克思和弗·恩格斯著作在中国的传播 1899—1949

责同志的要求，王辛民继续负责北方人民出版社的工作。这样，北方人民出版社继续运营，后来在北平出版了《苏联革命过程中的农业问题》等图书。[1]

第五节　闽西列宁书局与马克思主义著作的出版

1929 年 3 月，毛泽东、朱德、陈毅率领的红军入闽并攻占了长汀县城。红军利用中共地下党员毛钟鸣开设的"毛铭新印刷厂"印刷大批红军文件、布告、宣言等。1931 年春，闽西苏维埃政府利用毛铭新印刷所的部分设备和人员，创办了闽西革命根据地的第一家红色出版发行机构——闽西列宁书局，地址设在长汀县城内。

闽西列宁书局的诞生，标志着红军的革命根据地新闻出版事业有了新发展。闽西列宁书局下设印刷所、编辑部、发行部、会计科和事务股。书局主要编辑出版介绍党和政府有关方针政策的小册子，当地苏维埃政府的各种布告、宣言及文件，各种政治文化教育图书，还有自然科学、社会科学常识丛书等。

1931 年 11 月，中国共产党在江西瑞金成立中华苏维埃共和国临时中央政府，并设立中央出版局，下设编审部、发行部等部门，负责苏区根据地新闻出版书报刊的审定管理和发行，也兼具出版社的功能，出版发行图书。中央出版局出版的图书，大多印有"中央出版局出版，中央印刷局印刷"等字样。

在红色政权存在的三年（1931 年 11 月至 1934 年 10 月）时间里，苏维埃临时中央政府除了出版《战斗》《红色中华》《红星报》等报刊外，还出版了大量书籍，特别是马列主义著作。

中央苏区政府的其他机关如马克思主义研究总会编译部、马克思共产主义学校编审处、中共中央局党报委员会等，都出版发行自己编印的图书、报刊。另

---

[1]　陈有和：《与党同行的人民出版社》，载《北京党史》，2011 年第 3 期。

外，各红军部队的政治部，地方党委如江西省委、闽西特委也翻印、编印各种图书和小册子。这也从一个侧面表明，整个苏区对于出版宣传工作的高度重视。

中央苏区政府尤其高度重视马克思主义著作的编译工作。除了中央出版局和中央革命军事委员会编译委员会之外，还特别成立了"马克思主义研究总会"，设编译部专事马列经典著作的翻译工作。据目前可查阅到的资料显示，中央苏区出版的马列著作有14种：最早的是1932年2月出版的《共产党宣言》，另有列宁的《三个国际》《国家与革命》《关于我们的组织》《二月革命与十月革命》《无产阶级革命与叛徒考茨基》《第一国际到第三国际》《社会民主派在民主革命中的两个策略》和《"左"派幼稚病》，斯大林的《列宁主义问题》《列宁主义概论》《斯大林论列宁》和《为列宁主义化而斗争》。1934年2月，苏区再次出版了华岗在华兴书局编辑出版过的《马克思主义的基础》一书，书名改为《共产党宣言》，其内容除包括1930年出版的《共产党宣言》（华岗译）以及《马克思主义的基础》的全部内容之外，还增加了恩格斯两封未发表的信。

此外还有《共产主义和共产党》《土地问题决议案》《中国苏维埃的政权》《革命标语录》和《马克思主义政治经济学》等通俗理论读物，以及毛泽东著作的单行本《反对本本主义》《才溪乡调查》和《毛泽东同志给林彪的信》，还有一本毛泽东和张闻天合写的通俗读物《区乡苏维埃怎么工作》。

在中央苏区党的出版事业中，涌现出许多优秀的出版工作者。曾任中央印刷局局长、出版局局长的张人亚是其中的突出代表。

张人亚不仅为中央苏区的出版事业做出了重要贡献，而且还为党保留了一批珍贵的历史文献。1927年大革命失败以后的一个冬天的傍晚，张人亚突然回到宁波镇海霞浦老家，要其父把他带回家的一大箱书刊和党内文件秘密藏好，交代完当即就离家走了。其父依照张人亚的嘱咐，将这箱书刊文件藏匿在附近的长山岗的山洞中。新中国成立后，其父并不知道张人亚去世的消息。在等不到张人亚归来的情况下，张父就让三子张静茂把当年张人亚留下的这箱文件书报取出，带到上海交给上海市人民政府。这批珍贵文献包括《中国共产党第二次全国大会决议案》和《中国共产党第三次全国大会决议案及宣言》

等大会文件单行本，建党前后出版的《共产党宣言》、《共产党》月刊、《马克思资本论入门》、《俄国共产党党纲》、《第三国际议案及宣言》等一批马克思主义革命文献，尤其重要的是，这批文献中还包括人民出版社当年出版的第一批共 13 种图书《共产党宣言》《共产党礼拜六》《工钱、劳动与资本》《列宁传》和《李卜克内西纪念》等。

这批纸质文物目前几成孤本，分别由中央档案馆、国家博物馆和中共"一大"会址纪念馆珍藏。其中，被列为国家一级文物的 21 件、列为国家二级文物的 5 件、列为国家三级文物的 5 件。

中央苏区的出版工作虽然短暂而艰苦，但它仍然出版了成百上千种图书，为宣传党和苏维埃政府的各项政策，指导根据地的各项建设，发展苏维埃文化教育事业做出了重要贡献。

延安时期马克思、恩格斯著作的传播

延安时期是马克思主义在中国广泛传播以及马克思主义中国化的一个关键时期。党中央高度重视马克思主义理论的学习和研究，在艰苦复杂的条件下，翻译、编辑和出版了大批马克思主义著作，为马克思主义理论的创新发展提供不竭的思想来源。尤为重要的是，在领导人民进行革命的伟大实践中，中国共产党把马克思列宁主义的基本原理同中国革命的具体实践结合起来，创立了毛泽东思想，实现了马克思主义中国化的第一次历史性飞跃，从理论上武装了全党、唤醒了民众，指引中国人民取得了抗日战争和解放战争的伟大胜利。

第一节　马克思主义著作的翻译出版

1931 年 9 月 18 日，日本侵略者进犯东北，中国人民开始了长达 14 年的抗战。在抗日战争艰苦复杂的条件下，党中央和毛泽东同志始终高度重视马克思主义理论建设，明确向全党提出"普遍地深入地研究马克思主义的理论"的任务，强调"我们不仅要武装战士的手足，尤其重要的是武装战士的头脑"。在党中央的直接领导下，马克思主义经典著作不断地传播到全国，有力地推动了马克思主义中国化的历史进程。

延安时期，中国共产党对马列著作的翻译进入了规范化和制度化的发展阶段，先后成立了马列学院编译部和中央军委编译处，翻译出版了大量马列专著。

一、成立专门编译马列主义著作的机构

1938 年 5 月 5 日，为纪念马克思诞辰 120 周年，中共中央在延安成立了马列学院，由张闻天担任院长，学院下设的编译部专门负责翻译和编辑马列主义

图 54-1 延安时期，苏联出版的中文版马克思主义文献。

著作。马列学院编译部是由党中央正式组建和直接领导的第一个经典著作编译机构，集中翻译了大量马列主义经典著作，为我国革命战争提供了丰富而有力的思想理论支撑。

延安马列学院编译部成立后，张闻天非常重视马列著作的编译工作，亲自过问翻译进程和选书译稿，并亲自审阅部分译稿。张闻天同志曾规定，每人每天要译一千字，稿酬是每千字一块钱。还规定，如果以后译文在延安以外地区出版发行（如重庆），翻译者得到稿酬之后应把马列学院支付的稿酬退给公家。虽然编译部人数不多，但包括了英、俄、德、日、法等五个语种的人才。当时，编译部汇集了何锡麟、柯柏年、王石巍、王学文、张仲实等外语人才。参与编译工作的还有成仿吾、艾思奇、徐冰、吴黎平（即吴亮平）、王思华、何思敬等。

在编译部，何锡麟翻译的第一本马列主义经典著作是马克思的《雇佣劳动与资本》，接着翻译了后载入"政治经济学论丛"的《雇佣劳动与资本》《马克思底〈资本论〉》《节录〈资本论〉第二卷序言》《资本家的积蓄之历史的倾向》《〈政治经济学批判〉序》《马克思底〈政治经济学批判〉》，另外，还翻译了恩格斯的《〈资本论〉提纲》。[①]

柯柏年早期翻译了《社会主义从空想到科学的发展》《哥达纲领批判》等马列著作。抗战全面爆发后，柯柏年来到陕甘宁边区，在教育所工作了一段时间。延安马列学院成立后，他从教育所调到编译部翻译马列著作。柯柏年先译了马克思恩格斯合写的收录在《德国的革命与反革命》一书中的《中央委员会告共产主义者同盟书》。之后，又翻译了马克思的《法兰西阶级斗争》和《拿破仑第三政变记》。另外，还译了一些马克思、恩格斯关于无产阶级政党以及关于爱尔兰问题方面的书信。之后，柯柏年被调到中宣部翻译室工作，其主要任务是翻译列宁的著作，即把当时苏联出版的《列宁选集》补译完。

[①] 参见中央编译局编：《马克思恩格斯著作在中国的传播》，人民出版社1983年版，第127—129页。

柯柏年翻译了第 11 卷，即《马克思恩格斯及马克思主义》。抗战后期，美军观察组进驻延安，中央成立外事组，柯柏年调往中央外事组工作。此后，他一直从事外交工作，未再翻译过马恩著作。

张仲实早年曾翻译了苏联经济学家拉皮杜斯和奥斯特洛维季杨诺夫著的《政治经济学》，尽管这部 30 万字的译稿未出版，但他已经为日后从事马列主义著作的翻译工作打下了良好的基础。他在主持生活书店的编辑工作期间，有计划地出版了"世界名著译丛""世界学术名著译丛"。据张仲实回忆，凡生活书店出版的马列主义著作，均属"世界名著译丛"或"世界学术名著译丛"之列。他业余时间翻译了斯大林的《论民族问题》、恩格斯的《费尔巴哈与德国古典哲学的终结》及《家族、私有制和国家的起源》、普列汉诺夫的《马克思主义的基本问题》、列昂节夫的《政治经济学讲话》、拉比杜斯与奥斯特维季杨诺夫合著的《政治经济学教程》以及《费尔巴哈与德国古典哲学的终结》《论民族问题》《马克思恩格斯传略》《列宁传略》等著作。来到延安马列学院工作后，张仲实主要工作是根据俄文、并参考英文校订《列宁选集》。

吴黎平（即吴亮平），首次将《反杜林论》全书译成中文。早在上海大夏大学读书时，吴黎平就大量搜集和阅读革命书籍，阅读了陈望道译的《共产党宣言》、瞿秋白著的《新社会观》和《新俄游记》以及布哈林的《共产主义ABC》等在青年人中间有很大影响的书籍。孙中山逝世以后，苏联在莫斯科办了中山大学。吴黎平是第一批被中国共产党送去学习的，同去的还有张闻天、王稼祥、伍修权等人。受当时驻共产国际的中共代表团瞿秋白、邓中夏等同志的要求，学校组织了一些懂外文的同志翻译马克思主义的著作。吴黎平先翻译了恩格斯的《社会主义从空想到科学的发展》。《社会主义从空想到科学的发展》是《反杜林论》中的一部分，从这个时候起，吴黎平同《反杜林论》这部著作结下了不解之缘。这时，他和同张闻天合译了马克思的《法兰西内战》，参与翻译《共产党宣言》、列宁的《两个策略》《国家与革命》等著作。

1929 年秋，吴黎平奉党组织的指示从莫斯科回到上海，在中央宣传部工作，负责编辑介绍世界革命运动的刊物《环球》，撰写了马克思主义的启蒙书《社会主义史》以及其他的一些文章。这时，吴黎平决定克服困难，在短时间内把《反杜林论》全译出来。《反杜林论》中译本出版不久，吴黎平就被国民党特务逮捕了。1932 年，结束了两年的牢狱生活后，吴黎平离开上海前往中央苏区。

毛泽东同志在一次与吴黎平的见面中，得知他是《反杜林论》的译者，兴致很高地与他畅谈《反杜林论》中的理论问题。毛泽东非常重视马克思主义理论的学习，他在极其困难的条件下想方设法收集马列的著作，《反杜林论》就是 1931 年红军打下漳州时毛泽东亲自收集到的。

1939 年，受到毛泽东的鼓励和督促，吴黎平把《反杜林论》重新审校了一遍。他根据德文原本，参考 1938 年苏联新订正的俄文版，以及英文版进行了重新校订。他用了半年多的时间，于 1939 年秋校改完毕。这时，延安已经建立了印刷厂，第一次的校订本就在 1940 年由解放社出版。吴黎平后来回忆："《反杜林论》订正版，对我来说始终具有特殊的纪念意义，因为它是在毛主席的亲自鼓励和督促下完成的。"[1]

延安时期，苏联出版了两卷本的《马克思文选》，文选中的部分内容虽部分已有中译文，但需改译，还有部分内容未译成中文，需补译。除马列学院编译部的全部人员参与编译工作外，还将解放社的编辑徐冰、陕北公学的成仿吾和抗日军政大学的何思敬请来参加这项工作。当两集文选译完时，马列学院改组为马恩列斯研究院，之前的编译部不再设立。此时，柯柏年调任马恩列斯研究院西方革命研究室主任，翻译工作暂时中止。再后来，马恩列斯研究院改组为中央研究院。整风运动后期，中央研究院改为"党校三部"。

二、"马克思恩格斯丛书"十卷本的翻译

延安时期出版的马列主义著作，首推马列学院编译的十卷本的"马克思恩

---

[1] 参见中央编译局编：《马克思恩格斯著作在中国的传播》，人民出版社 1983 年版，第 28—33 页。

图 54-2 "马克思恩格斯丛书"。

格斯丛书"、二十卷本的《列宁选集》（实际出版 16 卷）和五卷本的《斯大林选集》，这些著作不仅在抗日战争时期广泛发行，大量重印，而且在解放战争时期，在各个解放区也传播范围极广。

"马克思恩格斯格斯丛书"的特点显著，极易辨认。有的封面除中文名外，还印有德文名，如《共产党宣言》和《法兰西内战》的封面印有德文名 "MANIFEST DER KOMMUNISTISCHEN PARTEI" 和 "BÜRGERIEG IN FRANKERICH"。在封面上都印有丛书的阿拉伯数字编号，在版权页印有中文数字编号，编号从三开始，至十二结束，如 "第三种""第四种"等。目前，未发现丛书的第一种和第二种，为何从第三种开始至第十二种结束，尚待进一步研究。从 1938 年 8 月至 1942 年 7 月，在 4 年的时间内，10 卷全部出齐（图 54-2）。[1] 参加这套丛书编辑与翻译工作的人员有：吴黎平、成仿吾、

---

① 见《"马克思恩格斯丛书"》，载《马克思恩格斯著作在中国的传播》，中央编译局编，人民出版社 1983 年 3 月，第 300—302 页。

徐冰、刘云、王学文、何锡麟、王石巍、柯柏年、艾思奇、何思敬等。

这套丛书具体如下：

"马克思恩格斯丛书·第三种"是《社会主义从空想到科学的发展》，吴黎平译，1938年6月解放社出版。

"马克思恩格斯丛书·第四种"是《共产党宣言》，成仿吾、徐冰翻译，1938年8月解放社出版。

"马克思恩格斯丛书·第五种"是《法兰西内战》，吴黎平、刘云翻译，1938年11月解放社出版。

"马克思恩格斯丛书·第六种"是《政治经济学论丛》，王学文、何锡麟、王石巍翻译，1939年3月解放社出版。

"马克思恩格斯丛书·第七种"是《马恩通讯选集》，柯柏年、艾思奇等翻译，1939年解放社出版。

"马克思恩格斯丛书·第八种"是《德国革命与反革命》，王石巍、柯柏年翻译，1939年4月解放社出版。

"马克思恩格斯丛书·第九种"是《〈资本论〉提纲》，何锡麟翻译，1939年11月解放社出版。

"马克思恩格斯丛书·第十种"是《哥达纲领批判》，何思敬、徐冰翻译，1939年12月解放社出版。

"马克思恩格斯丛书·第十一种"是《拿破仑第三政变记》，柯柏年、吴黎平翻译，1940年8月解放社出版。

"马克思恩格斯丛书·第十二种"是《法兰西阶级斗争》，柯柏年，1942年7月解放社出版。

三、恩格斯军事著作的翻译

红军到达陕北后，为总结土地革命战争经验和中国革命战争的规律，用马克思列宁主义的军事思想来指导全民族抗日战争，中共中央和中央军委及毛泽东高度重视马克思主义军事军事理论著作的翻译、学习和研究。1938年，中央军委决定把学习和研究马克思主义军事学说作为高级军事干部的必修课，指示延安的编译部门翻译恩格斯的军事文章和其他马克思主义军事著作。为此，中央专门抽调一批懂翻译的专业人才，建立了军委编译处，由曾涌泉任处长。另外，成立了军事研究委员会、抗战研究委员会、克劳塞维茨《战争论》研究会和新哲学研究会。这些研究机构的成立和研究活动的开展，有力地促进了马克思主义军事学说的传播和发展。

1939年2月，恩格斯的《冲锋》和《军队论》（即《攻击》和《军队》）等，陆续由编译处翻译，并发表在《八路军军政杂志》上。《冲锋》和《军队论》的译者是焦敏之，其中，《冲锋》一文摘录了《攻击》中的一个段落，约五六百字，介绍了两军对峙并准备会战时所使用的几种攻击方法。

这年年底，焦敏之翻译的、曾涌泉校订的《恩格斯军事论文选集》由八路军军政杂志作为"抗日战争参考丛书"第四种在延安出版。此后，延安还出版了曹汀翻译、何思敬校订的恩格斯《新德意志帝国建设之际的暴力与经济》（即《暴力在历史中的作用》）、《1870—1871年普法战争》，以及《马克思主义论战争与军队》等军事著作。

第二节　成立专门的出版、发行机构

延安时期，中国共产党开启了系统编译马恩列斯经典著作的新时期，把学习马列主义经典著作与提高人民大众的政治理论水平联系起来，注重加强思想政治理论武器建设，将理论运用于解决中国革命的实际问题。这一时期，我党的机构设置和出版管理逐步走向专门化、制度化和规范化，成立了专门的翻译、出版、发行和管理机构，延安成为全国马克思主义文献翻译、出版和传播中心。

1937年1月，周恩来、张闻天、博古、凯丰等组成中央党报委员会，负责编辑政治理论刊物并管理专门报刊书籍的出版、发行工作，大力宣传、普及马列主义和党的方针、政策。

1939年5月17日印发的《中共中央关于宣传教育工作的指示》明确要求："坚持公开宣传马列主义，出版翻印各种关于马列主义书籍，组织各种社会科学的研究会与读书会等"。据此精神，1939 年 6 月，中共中央发行部在延安成立，中央党报委员会并入该部，同年 9 月改称为中共中央出版发行部，主管全党的出版、发行工作，该部印刷的出版物上均印明：解放社出版，新华书店发行。1941 年冬，该部改组为中央出版局，博古兼任局长，许之桢任秘书长。1946 年春，中央出版局并入中共中央宣传部，设发行科和新华书店总店。

一、解放社

中央党报委员会于 1937 年 4 月 24 日创办《解放》周刊，同时开始编印图书，均以"解放周刊社"名义出版。从 1938 年 1 月起，中央党报委员会主持编印的刊物和图书，改用解放社名义出版。2 月 4 日，中共中央在延安和武汉公开刊登启事：凡本党文件、领导人言论、本党历史等，均委托中国出版社和延安解放社印行。

1939 年 9 月，中共中央成立出版发行部，党报委员会的出版科、发行科并入该部。该部编印的马克思、恩格斯、列宁、斯大林和毛泽东著作，党中央的文献及其他重要著作，均用解放社名义出版。1941 年年底，中央出版发行部又改为中央出版局，博古任局长。

延安时期的解放社实际上起到了党社的作用。解放社成立不久就出版了革命导师的言论汇编本《什么是马克思主义》和《什么是列宁主义》，受到了广大干部的欢迎。解放社还先后出版多种单行本，其中包括《共产党宣言》新译本（成仿吾、徐冰合译）、《法兰西内战》（吴黎平、刘云译）、《马恩通信选集》（柯柏年、艾思奇等译）、《哥达纲领批判》（何思敬、徐冰译）、《拿破仑第三政变记》（柯柏年译）等书。

此外，解放社还出版了著名的"两大丛书"和"两大选集"，即马列学院编译部编译的"马克思恩格斯丛书"和"抗日战争参考丛书"；"两大选集"即《列宁选集》和《斯大林选集》。解放社出版的《列宁选集》，是延安时期党的出版工作的突出成就。该译本一部分根据联共（布）中央马克思恩格斯列宁学院编的《列宁选集》俄文版 6 卷集体编译，一部分是由何锡麟、柯柏年、王实味、吴黎平、林仲等人翻译的。原计划出版 20 卷，实际出版 16 卷，第 14、15、19、20 卷没有出版。第 4、11（下）、16、17 卷由英译本转译，第 18 卷由德译本转译，其余都是由俄文版翻译的。除第 11（下）、16—18 卷外，其余各卷书后都有注释。这套《列宁选集》的第 19、20 卷译本，曾付排并打好了纸型。1947 年 3 月胡宗南进攻延安，中宣部出版科副科长张仲实亲手将纸型埋在瓦窑铺永坪一带，后被胡宗南的军队挖出毁掉。

解放社在《列宁选集》的"序言"中指出，出版该书的目的是：为了帮助中国广大的革命战士和一般先进读者根据列宁本人底基本著作去掌握列宁的学说，以提高自己的政治与理论的水准。原因是列宁主义是全世界无产阶级和被压迫人民谋求解放底武器——理论与策略，唯有正确地掌握了这一武器，中国革命的胜利，才会有充分的保证。

当时的解放社条件艰苦，印刷设备粗糙，印刷用纸十分短缺。为了解决缺纸问题，解放社使用了一种叫做马兰草纸的纸质品。"边区纸张供应存在较大缺口，造纸工人就用马兰草土法生产纸张来代替，不得已时甚至节制书籍的印数。油墨来源出现断绝，就以松树自烧烟灰，轧制油墨。印刷设备陈旧落后，就因陋就简地以油印、石印，甚至传统木刻的方法印书，同时派人前往西安和上海，通过各种关系，设法购买铅印及其他现代化印刷器材，一步步向前改进。"谢觉哉赋诗一首，赞曰："马兰纸虽粗，印出马列篇。清凉万佛洞，印刷很安全。"

解放战争时期，我国许多地区的出版发行机构都出版过一些马克思主义经典著作，但出版和传播的工作主要是在解放区进行的。中共中央以解放社的名义，在短短三年时间内出版了一大批马克思主义经典著作。据统计，这一时期，各个解放区仅出版的《宣言》就有近 70 种。

除了根据中央决定确定干部学习读物外，各个解放区也根据学习的需要，自行制定指定的学习读本。1946 年 9 月，山东新华书店总店出版了一套"干部学习丛书"，其中就包括了《共产党宣言》博古译本，这是我党的出版机构第一次将有关我党学习用书等字样印在《共产党宣言》等图书上。

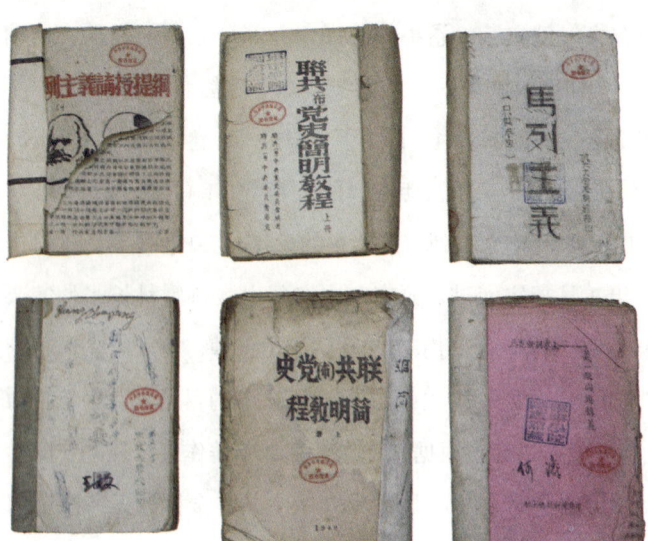

图54-3 延安时期，用马兰草纸印制的马克思主义著作。

该年，江苏淮阴华中新华书店出版了一套"干部学习丛书"，包括有《共产党宣言》（干部学习丛书之一，1946年9月）、《社会主义从空想到科学的发展》（干部学习丛书之二，1946年1月）、《在民主革命中社会民主党的两个策略》（干部学习丛书之五，1946年9月）等书，其中最早出版的就是《共产党宣言》博古译本。

1848年2月，冀鲁豫书店出版的《共产党宣言》博古译本在其封面上印有"干部学习丛书"字样。同时被冀鲁豫书店出版并指定为"干部学习丛书"的还有：《卡尔·马克思》（列宁，1948年12月）、《列宁主义概论》（斯大林，1948年12月）、《政治经济学》（列昂捷夫，1948年12月）、《帝国主义是资本主义底最高阶段》（列宁，1949年1月）、《社会发展简史》（列宁，1949年2月）、《中国革命语中国共产党》（毛泽东，1949年3月）、《关于修改党章的报告》（刘少奇，1949年3月）、《新民主主义论》（毛泽东，1949年6月）、《思想方法论》（马克思、恩格斯、列宁、斯大林，1949年），等等。其中排在首位、最早出版的就是马克思、恩格斯合著，博古译的《共产党宣言》。

1948年下旬至1949年上旬，江苏淮阴华中新华书店出版了一套"干部高级读物"，包括有《马列主义概论》（列宁、斯大林，1948年10月）、《社会发展史略》（1948 年 11 月）、《辩证唯物主义与历史唯物主义》（斯大林，1948 年 11 月）、《共产党宣言》（马克思、恩格斯，1949 年 2 月），等等。

1949 年，华东新华书店出版了一套"中级党校教材"，包括有《政治经济学》（列昂节夫，1949 年 1 月）、《整风文献》（1949 年 1 月）、《辩证唯物主义与历史唯物主义》（斯大林，1949 年 1 月）、《列宁论马克思恩格斯与马克思主义》（1949 年 1 月）、《国际形势》（毛泽东、陆定一，1949 年 1 月）、《共产党宣言》（马克思、恩格斯，1949 年 2 月）、《社会发展简史》（1949 年 2 月）等著作。

1949 年，新中国书局出版发行了一套"干部学习丛书第一辑"，具体书名、作者及出版时间如下表。

书名	作者	出版时间
《联共（布）党史简明教程》	联共（布）中央委员会	1949 年 3 月
《新民主主义论》	毛泽东	1949 年 3 月
《卡尔马克思马克思主义的三个来源与三个组成部分》	列宁	1949 年 4 月
《政治经济学》	列昂捷夫	1949 年 4 月
《左派幼稚病》	列宁	1949 年 4 月
《国家与革命》	列宁	1949 年 4 月
《思想方法论》	马克思、恩格斯、列宁、斯大林	1949 年 4 月
《社会主义丛空想到科学的发展》	恩格斯	1949 年 4 月
《国际形势》	斯大林	1949 年 4 月
《社会发展史略》	恩格斯等	1949 年 4 月
《整风文献》	毛泽东刘少奇等	1949 年 4 月
《论国际主义与民族主义》	刘少奇	1949 年 4 月
《社会民主党在民主革命中的两个策略》	列宁	1949 年 4 月
《帝国主义论》	列宁	1949 年 4 月
《论联合政府》	毛泽东	1949 年 4 月
《共产党宣言》	马克思、恩格斯	1949 年 4 月

1949 年东北书店也出版了一套"干部必读文件"，包括有《左派幼稚病》（列宁，1949 年 5 月）、《社会发展简史》（1949 年 8 月）、《政治经济学》（列昂捷夫，1949 年 9 月）、《论列宁主义基础》（斯大林，1949 年 5 月）、《思想方法

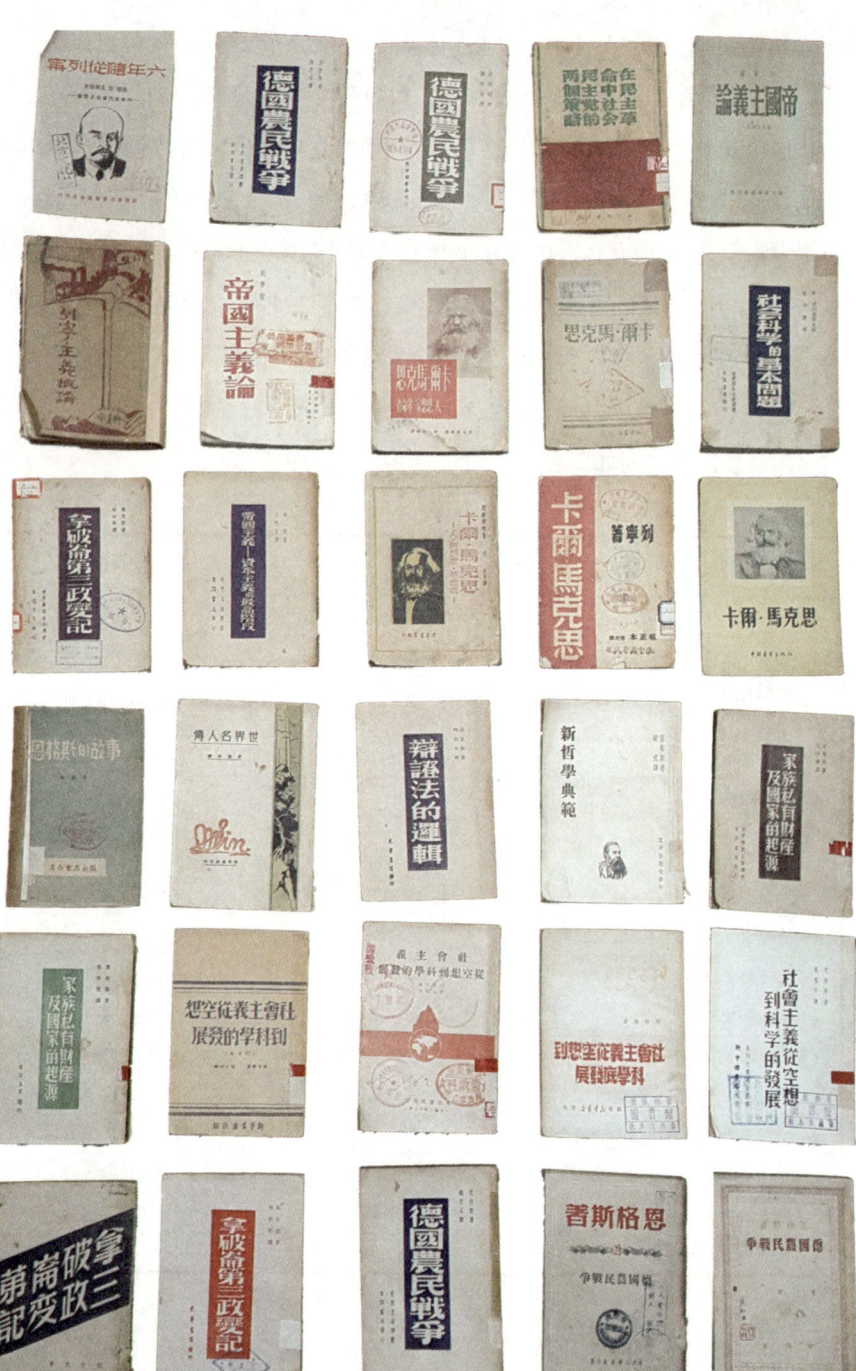

图 54-4 解放战争时期出版的部分马克思主义书籍。

卡·马克思和弗·恩格斯著作在中国的传播 1899—1949

图 54-5 解放战争时期各解放区出版的干部学习丛书。

论》（1949 年 5 月）、《共产党宣言》（1949 年 5 月）等著作。

　　1949 年 8 月，江西赣东北新华书店出版了一套"干部学习丛书"，其中就包括了《共产党宣言》。

　　1949 年 8 月，中国人民解放军第十五兵团翻印、编印了一套"干部读物"，其中包括有《共产党宣言》、《论人民民主专政》等书。

　　1948 年至 1949 年，江苏淮阴华中新华书店出版了一套"干部学习丛书"，包括《共产党宣言》（1948 年 6 月）、《整党学习材料》（1948 年 8 月）、《时事

图 54-6 解放社出版的"干部必读"丛书。

学习材料》(1948 年 10 月)、《论国际形势》(1948 年 11 月)、《论知识分子》(1949 年 3 月)、《思想领导与工作方法》(1948 年 11 月)、《城市政策与工商业政策》(1949 年 2 月)、《关于修改党章的报告》(1948 年 11 月),等等。

1949 年 2 月,新中国成立前夕,为应对我党"理论准备不足"和急切学习马克思主义理论的需要,张仲实和胡乔木根据毛泽东的提议,拟定了 12 种学习书目(图 54-6),它们分别是《共产党宣言》《社会主义从空想到科学的发展》《社会发展简史》《政治经济学》《帝国主义是资本主义的最高阶段》《国家与革命》《共产主义运动中的"左派"幼稚病》《论列宁主义基础》《苏联共产党(布)历史简要读本》《马恩列斯思想方法论》《列宁斯大林论社会主义经济建设》和《列宁斯大林论中国》,毛泽东还亲自在书目上加上了"干部必读"四个字。1949 年 3 月 13 日,毛泽东在中共七届二中全会上的总结讲话中指出要普遍宣传马克思主义,并指示党的干部要读好"干部必读"的图书。

这套"干部必读"丛书从 1949 年 6 月出版第一种书《共产党宣言》到 1950 年 9 月出版最后一种书《列宁斯大林论中国》,历时 1 年 3 个月。在此期间,全国多家出版社还多次重印再版,印行总量数百万册。这套丛书在全国各地广泛传播,影响极大,前中央文献研究室主任逄先知在著述中说,新中国成立后,这 12 本书"在一个比较长的时期内,一直是干部学习马列主义的基本教材,从思想上武装了一代中国共产党人"。

"干部学习丛书""干部高级读物""干部必读"等一系列学习性丛书的大量出版及广泛传播对建国前后提高广大党员干部和群众马克思主义理论水平，培养广大党员干部学会用马克思主义的立场、观点和方法去分析和解决事情的能力，发挥了巨大作用。

二、中国出版社、新华日报馆

1937 年 12 月，中共中央派出以周恩来为首的中共代表团常驻国民党中央政府所在地，并在武汉设立中共中央长江局，建立中国出版社，作为在国统区以民间企业形式出现的出版机构，以区别于共产党公开宣传机关的《新华日报》及其附设的出版部。中国出版社的社名由毛泽东题写。中国出版社不另立机构，完全委托党领导下的新知书店办理印制和发行工作，中国出版社和新知书店实际上是一套人马，两副牌子。长江局决定，凡用中国出版社名义出版的书籍，书稿一律送凯丰审定。

1938 年 10 月武汉沦陷后，中国共产党机关报《新华日报》从汉口迁至重庆，成立新华日报馆。新华日报馆在南方局的指导下编译马列著作，翻印了大量上海书店、解放社的图书及国内外的一些进步报刊，同时还自己编辑出版了许多宣传品。

这一时期的中国出版社和新华日报馆，相当于延安的解放社在国统区使用的副牌，它与解放社南北呼应，配合默契，成为中国共产党在国统区宣传革命思想的重要阵地。1938 年 2 月 4 日，中共中央在延安和武汉公开刊登启示：凡本党文件、领导人言论、本党历史等，均委托中国出版社和解放社印行。还有一个重要的标志是，在许多情况下，同一译者同一版本的出版物几乎在同一时间出版，一般只有两三个月的间隔，既极有力地扩大了马克思主义在整个中国的传播和影响，也很好地保护和壮大了宣传者自己。

1938 年 3 月，中国出版社出版了《马克思恩格斯论中国》，这是第一本中文版的马恩关于中国的论文集，是指导中国革命的理论著作，也是指导殖民地半殖民地人民革命运动的重要文献，最早由莫斯科外国工人出版社 1937 年出版，译者方乃宜。5月，解放社就出版了同一版本的《马克思恩格斯论中国》。8月，《共产党宣言》由解放社出版，10月，中国出版社也出版了《共产党宣言》。11月，中国出版社出版了《社会主义从空想到科学的发展》，还出版了成仿吾、徐冰合译的《共产党宣言》，纪华译的《共产主义运动中的"左派"幼稚病》《共产党党章》《论反对派》《国家与革命》《列宁主义问题》《吴玉章抗战言论选集》等书。

1938年，吴黎平、刘云合译的《法兰西内战》由解放社出版，新华日报馆于2月重印这本《法兰西内战》以及《列宁选集》部门卷册。同时，中国出版社出版了伯虎、流沙合译的《列宁选集》（第8卷）、毛泽东的《论持久战》、赵飞克等译的《苏联概况》。

1947年2月28日午夜，国民党当局封闭新华日报馆，拘禁其工作人员。经中共中央及吴玉章的多方交涉，从3月初至3月9日新华日报馆遭拘禁人员陆续被释放，全部撤回延安。中国出版社的名称后来则被党领导下的生活书店的三线书店华夏书店所使用，陆续出版了一些介绍马克思主义的书籍，一直延续到解放战争后期。

三、新华书店

（一）新华书店总店的成立

1937年4月24日，就在中共中央机关刊物《解放》周刊创刊的同时，党中央领导的发行机构也同时诞生。

1937年10月2日出版的《解放》周刊第18期，刊登了一篇引人注目的图书馆广告，署名"发行处：陕西延安新华书店"。这篇广告中的图书有：《列宁主义概论》《列宁主义问题》《两个策略》《列宁选集》（第12卷）等。这时《解放》周刊从10月30日出版的第21期起，将周刊发行者"新华书局"改为"新华书店"。从此，新华书店不仅发行《解放》周刊，也开始发行延安解放社出版的马恩列斯著作和毛泽东著作，书的版权页上都印着"总经售：新华书店"或"发行者：新华书店"。

1938 年 1 月，中共中央党报委员会一律使用解放社名义出书，新华书店总经销。随着《解放》周刊和马列丛书发行数量的增加和发行范围的扩大，新华书店的影响很快扩及陕西、山西、河北、山东、河南、甘肃、四川、湖北、江苏、上海等十几个省市。

1939 年 9 月 1 日，延安北门外新华书店门市部正式开业。毛泽东同志题写了"新华书店"四个大字，这是毛泽东第一次为新华书店题写店名。

1942 年 5 月 1 日，经中央批准，原新华书店在延安的门市部交由中共陕甘宁边区中央局成立的陕甘宁边区新华书店经营。在延安正式使用"新华书店"的名义，统一负责北方革命根据地图书的编辑出版与发行工作，这个机构后被称为"新华书店总店"。[①]

1947 年 3 月，国民党胡宗南部队进犯延安，我军撤离延安时，新华书店总店随中央机关迁至瓦窑堡，又迁至晋绥边区。新华书店总店从 1937 年 4 月成立，到 1947 年 3 月离开延安，经过了整整十年的时间。[②]

（二）抗日根据地新华书店的建立与发展

同延安相比，各敌后抗日根据地的出版事业起步较晚，发展也相对落后。各抗日根据地新华书店不但从无到有，还逐步壮大，从单纯地发行图书，发展到翻印解放社等出版机构的图书，再到书店内部设立编辑部独立编辑出版图书。抗日根据地的新华书店，起到了宣传抗日、启发民智和传播马克思主义的作用。[③]

陕甘宁新华书店

1942 年 5 月，陕甘宁新华书店成立，至 1943 年与三联书店在延安的华北书店合并经营，经理为原来华北新华书店经理李文。1944 年 1 月，为纪念邹韬

---

① 本书编写组编写：《人民出版社社史（1921—1950）》，人民出版社 2011 年版，第 73 页。
② 本书编写组编写：《人民出版社社史（1921—1950）》，人民出版社 2011 年版，第 73 页。
③ 本书编写组编写：《人民出版社社史（1921—1950）》，人民出版社 2011 年版，第 73 页。

奋同志，书店改称为韬奋书店，店牌改为"新华、韬奋书店联合门市部"。①

晋西北新华书店

1940 年 1 月 15 日，抗日民主政府——晋西北公署成立，同年 3 月，晋西北新华书店在兴县成立。②

晋察冀新华书店

1941 年 5 月 5 日，以《晋察冀日报》发行科为基础，在河北灵寿县陈庄镇正式成立了新华书店晋察冀分店（后迁入河北省阜平县），对外称新华书店，对内是报社发行科。在抗战期间，晋察冀新华书店以报社和书店的名义，出版发行图书 600 多种，报刊几十种。1944 年由晋察冀日报社出版、晋察冀新华书店发行的五卷本《毛泽东选集》，是中国出版史上的一件大事。③

华北新华书店

1939 年元旦，《新华日报》华北版创刊，2 月，新华日报华北分馆开始出版图书，通过报社发行系统发行。1940 年华北分馆在黎城县城开设新华书店，由徐晨钟负责。1941 年 5 月 5 日以后，华北分馆附属的新华书店扩大为新华书店华北总店，独立经营。1942 年元旦，华北新华书店在辽县岭南成立、直属晋冀鲁豫中央局宣传部领导，统一负责晋冀鲁豫根据地书刊的编辑、印刷、发行工作。1943 年华北新华书店和三联书店开设的华北书店合并，自己成立编辑部，王显周任经理。对外仍保留两个牌子，文艺读物以华北书店的名义出版，政治读物以华北新华书店的名义出版。④

山东新华书店

山东新华书店是抗战末期，由大众日报社分立出来的。《大众日报》是中共中央山东分局机关报，成立于 1939 年 1 月，最早出版的书籍有《共产党宣

① 本书编写组编写：《人民出版社社史（1921—1950）》，人民出版社 2011 年版，第 74 页。
② 本书编写组编写：《人民出版社社史（1921—1950）》，人民出版社 2011 年版，第 74 页。
③ 本书编写组编写：《人民出版社社史（1921—1950）》，人民出版社 2011 年版，第 74 页。
④ 本书编写组编写：《人民出版社社史（1921—1950）》，人民出版社 2011 年版，第 75 页。

言》《列宁主义概论》《论新阶段》等。1940 年 12 月 7 日，大众印书馆成立，并于 1942 年 4 月并入大众日报社，负责继续编辑、出版一些通俗时事政治读物。1943 年 7 月，大众日报社内部的出版股改为出版科（出版部），对外称山东新华书店，省内各地也陆续建立分支机构。1944 年 7 月 6 日，山东新华书店在莒南县后净埠子村正式成立，隶属大众日报社。山东新华书店是一个编辑、印刷和发行三位一体的出版机构，下设 5 个分店、9 个支店、20 多个分销处。由于出版发行业务的日益发展和经营情况的逐步改善，山东新华书店于 1945 年 1 月改成山东新华书店总店。9 月，总店进驻临沂，同大众日报社完全分开（仍属报社领导）。①

（三）解放战争时期新华书店的发展

1946 年 1 月，中央出版局并入中央宣传部。中央宣传部设发行科，科长许之祯，发行科就是新华书店总店原机构。②

人民解放军在山西开辟了大片新解放区，晋绥新华书店先后派人随军建立了晋中新华书店，晋南新华书店，绥蒙的丰镇、集宁新华书店。③

1948 年 4 月，华北新华书店与晋察冀新华书店合并，称华北新华书店，下设冀中、邯郸两个总分店，1949 年 3 月迁入北京。④

解放战争初期，原华中新华书店随军北撤山东与山东新华书店合并，此时在华中工委宣传部领导下又建立了以周天泽为经理的华中新华书店。

1947 年 2 月，原来的华中新华书店北撤山东，与山东新华书店合并，总店增设了华英申、华青禾两位副经理。随着解放战争形式的发展，1948 年 6 月，山东新华书店改称华东新华书店。1949 年 2 月，总店组织了一支 362

---

① 本书编写组编写：《人民出版社社史（1921—1950）》，人民出版社 2011 年版，第 76—77 页。
② 本书编写组编写：《人民出版社社史（1921—1950）》，人民出版社 2011 年版，第 78 页。
③ 本书编写组编写：《人民出版社社史（1921—1950）》，人民出版社 2011 年版，第 78—79 页。
④ 本书编写组编写：《人民出版社社史（1921—1950）》，人民出版社 2011 年版，第 79 页。

人的南下队伍，5 月 27 日，书店南下队伍随军进驻上海，组建了新的华东新华书店。1945 年 11 月 7 日，东北日报社在沈阳成立东北书店。1946 年 5 月，东北书店迁至佳木斯，书店设有印刷厂，大量翻印延安等老解放区的出版物。①

1947 年 7 月，东北书店再迁回哈尔滨，1948 年 5 月，由东北局宣传部长凯丰主持编辑，经中共中央审定的《毛泽东选集》六卷合订本由东北书局在哈尔滨初版，首印 2 万套，读者争相购买。1948 年夏季攻势后，我军取得重大胜利，东北书店总店南下，在吉林、长春、沈阳、锦州等地建立了分店。②

随着解放战争的深入推进，南京新华书店也开始建立。1949 年 4 月 20 日，南京新华书店开张营业，十分轰动。每天有三四千人拥进仅一百多平方米的书店买书。③

随着解放战争的节节胜利，东北、华北、华东、中原（后改为中南）新华书店的发行网点不断增加，先后成立了各大战略区新华书店总店或总管理处。重庆解放后，建立了新华书店西南总分店。

在解放军的一些大部队里，还有新华书店的随军书店。1947 年，山东新华书店在鲁中建立随军书店，书店就设在第三野战军政治部。

随着全国解放的日益迫近，1948 年 8 月，党中央在西柏坡决定建立全国出版工作的统一集中领导机关，考虑全国新华书店的统一工作。在此期间，毛泽东主席在西柏坡第三次为新华书店题写了店名。北平解放以后，新成立的北平新华书店及全国各地新华书店，陆续统一用这次题字复刻店招。④

这些书店在解放战争后期，陆续改名为各地新华书店，并逐渐走向统一管理。

---

① 本书编写组编写：《人民出版社社史（1921—1950）》，人民出版社 2011 年版，第 80 页
② 本书编写组编写：《人民出版社社史（1921—1950）》，人民出版社 2011 年版，第 81 页
③ 本书编写组编写：《人民出版社社史（1921—1950）》，人民出版社 2011 年版，第 81 页
④ 本书编写组编写：《人民出版社社史（1921—1950）》，人民出版社 2011 年版，第 82 页

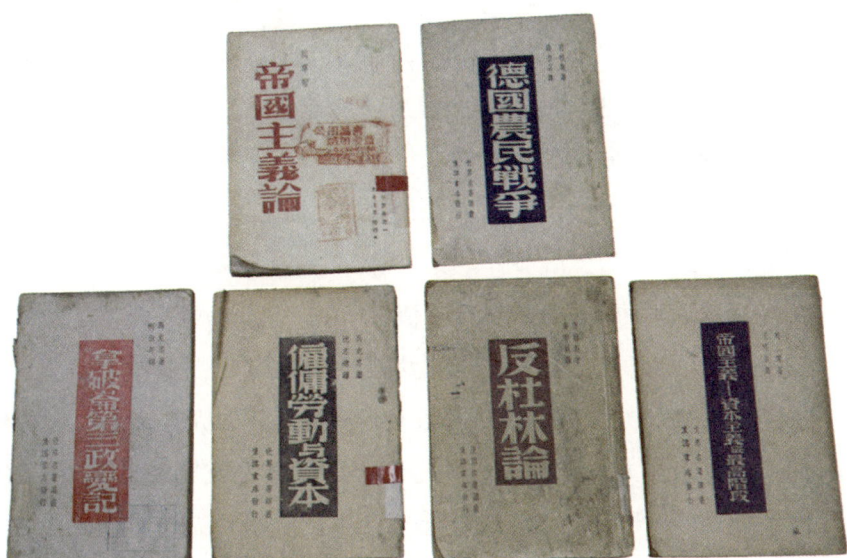

图 54-7 生活书店出版的"世界学术名著译丛"。

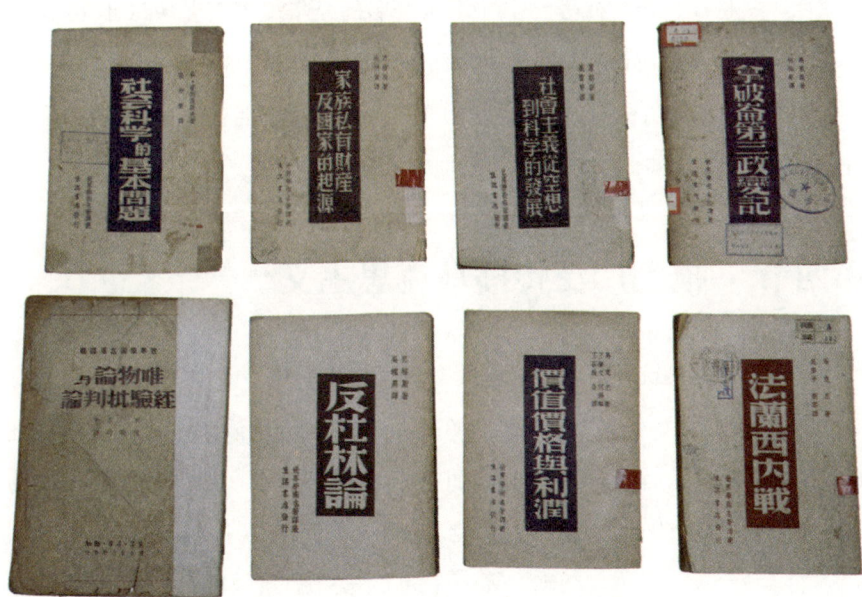

图 54-8 生活书店出版的"世界学术名著译丛"。

第三节　革命文化的堡垒——三联书店

1932 年 7 月 1 日，生活书店在上海成立，负责人是邹韬奋。1935 年冬，读书出版社在《读书生活》半月刊的基础上扩建成立，李公朴任社长。1935 年 8 月，新知书店在上海成立，创办人包括钱俊瑞、徐雪寒等。

1945 年 10 月 22 日，三店在重庆民生路生活书店二楼举行大会，宣布自 11 月 1 日起重庆的生活书店、读书生活出版社和新知书店三店正式合并，成立重庆三联书店，发布了《生活、读书、新知为合组重庆三联分店告同人书》。三店联合后，发行网点发展迅速，在广州、汉口、长沙、北平均设立了分店，并于 1947 年 1 月在台北开设了新创造出版社。从 1946 年起，三联书店派人去解放区开办书店。为了领导这支庞大的图书出版发型网，三店领导人黄洛峰、徐伯昕、沈静芷共同组建了三联总管理处。

1945 年 10 月，生活书店率先在上海复业。不久，正式恢复编辑部，党委派胡绳回到生活书店，主持书店的编辑工作。在出版《民主》周刊的同时，书店利用一些副牌出版进步书籍。这些副牌有：拂晓社、之事出版社、中国出版社、燕赵社、丘引社等。其中最为著名的是华夏书店。1948 年 10 月 26 日，三家出版机构在香港宣布成立生活·读书·新知三联书店。在出版马列主义著作的进步出版机构中，生活·读书·新知三联书店曾为马克思主义的传播事业做出了突出贡献，被誉为"革命文化的堡垒"。

第四节　报刊广泛传播马克思主义

报纸和刊物是抗日战争时期宣传马克思主义的主要阵地之一，也是教育党员干部的重要载体。中国共产党在边区和国统区出版了大量的报纸和刊物，报纸主要有《解放日报》《新华日报》《新中华报》《晋察冀日报》，刊物主要有《解放》《中国文化》《共产党人》《中国青年》《中国工人》《中国妇女》《群众》《八路军军政杂志》等，理论工作者编写、翻译的大量马克思主义理论文章与著作通过这些报刊发表出来。

一、《解放日报》

1941 年 5 月，中共中央经研究决定将延安《新中华报》与《今日新闻》合并，改名为《解放日报》，博古为社长。毛泽东亲自为中共中央书记处起草了创办《解放日报》的通知，亲笔题写了"解放日报"报头并撰写了发刊词。《解放日报》在宣传党的中心工作、传播和研究马克思主义理论等方面做出了巨大贡献。

二、《新华日报》

1938 年 1 月 11 日，《新华日报》在武汉创刊。武汉失守后，报社迁重庆继续出版，这是抗日战争时期和解放战争初期中国共产党在国民党统治区公开出版的机关报，并在多地设立分馆。《新华日报》在抗战期间刊登了大量革命文献及介绍马列主义著作及思想的文章，为宣传党的抗日民族统一战线方针、团结国民党和社会各阶层抗战发挥了极为重要的作用。

三、《解放》周刊

《解放》周刊是党中央的机关刊物，1937 年 4 月 24 日在延安创刊。初为周刊，后改为半月刊。《解放日报》出版后，《解放》周刊于 1941 年 8 月 31 日出至 134 期停刊。它高举马列主义的旗帜，站在民族解放斗争的前列，宣传中国共产党关于抗日战争的方针政策，报道和评论抗日民主根据地的抗战与建设工作，介绍马列主义的理论著作。

毛泽东十分重视《解放》周刊的工作，他总结抗战经验的重要著作《论持久战》《论新阶段》《新民主主义论》，都是在这个刊物上发表的。张闻天的《论青年修养》，刘少奇的《论共产党员的修养》，陈云的《怎样做一个共产党员》，也都是在这里首次发表。

四、《群众》周刊

1937 年 12 月 11 日，抗战时期的第一个党刊《群众》周刊在汉口创立，这是抗日战争时期和解放战争初期中国共产党在国民党统治区公开出版的机关刊物。武汉失守后，《群众》周刊转移至重庆，坚持宣传我党的抗日方针，为在国统区传播马克思主义发挥了重要作用。

五、《八路军军政杂志》

《八路军军政杂志》于 1939 年 1 月创刊，1942 年 3 月停刊，共出 39 期。《八路军军政杂志》编排形式多样生动，内容丰富，不仅包括马列主义经典作家的有关军事著作，还包括党的领袖人物的军事著作和其他政治理论著作以及重大战役报道等。《八路军军政杂志》发表了一批马克思、恩格斯论军事的文章，对我党军事理论的建设发挥了重要作用。

第五节　马克思主义理论的宣传学习

在延安时期，党中央高度重视马克思主义理论学习和宣传，为武装全党、教育人民，全党开展了一场深入持久的马克思主义学习运动。毛泽东要求"把全党变成一个大学校"，号召进行"一个全党的学习竞赛"，而且率先垂范，带头学习。在党中央的周密组织和毛泽东同志的亲自引领下，历史上空前的马克思主义学习运动取得了显著成效，极大地提高了干部群众的理论水平，使全党在思想上达到了空前的团结。同时，开展了丰富多样的马克思主义宣传普及活动，有力地推动了马克思主义大众化。

中国共产党扩大的六届六中全会决定在全党开展马克思主义理论学习运动，指出："必须加紧认真地提高全党理论的水平，自上而下一致地努力学习马克思、列宁、斯大林的理论。"

1939 年，中央专门设立了干部教育部，负责指导全党的学习，随后，为了"提高党内高级干部的理论水平与政治水平"，还成立了各级高级学习组，毛泽东亲自担任中央学习组组长，王稼祥担任副组长。延安整风时期，党中央成立了总学习委员会，由毛泽东亲自任主任。

1940 年 3 月，中共中央发出的《关于在职干部教育的指示》中规定马克思的诞辰日（5 月 5 日）为学习节，以总结每年的学习经验并进行奖励，年末还评比和考核一年来的学习成绩。

以下是延安第一届"五五学习节"表彰的模范学习小组。

甲类（8 个组）：

张闻天小组	陈云小组	马列学院小组
中央党校小组	陕公校部小组	抗大校部小组
军委编译处小组	军委一局小组	

乙类（21 个组）：

中央宣传教育部小组	中央秘书处文书科小组
敌后工作委员会小组	中央党校小组
军委一局小组	军委三局小组
总政宣传部小组	后方政治部特课小组
留守处副官处	留守处秘书处
留守处二十一分队	抗大校训部政教组
抗大校训部第四组	抗大一大队第二队
抗大一大队第四队	抗大二大队第一队
抗大二大队第二队	抗大直属二队
抗大合作社第一小组	抗大合作社第二小组
边区保安处文书科	

丙类（10 个组）

中央秘书处	中央职工运动委员会	军委一局
留守处机要科	抗大校训部	边区党校
边区保安处	中央教导大队第一中队	
中央教导大队第三中队第一组	中央教导大队第三中队第二组	

图 54-9 毛泽东签名的《法兰西内战》。

图 54-10 周恩来签名的《共产党宣言》。

1943 年 3 月 16 日，毛泽东在中央政治局会议上提出："中央直属机关干部要进行理论、思想教育，读马、恩、列、斯的四十本书。"

1943 年 5 月，党中央做出《关于一九四三年翻译工作的决定》，指出："为提高高级干部理论学习，许多马恩列斯的著作必须重新校阅。"

1943 年 12 月 14 日，毛泽东主持召开了中共中央书记处会议，会议决定，从 1943 年 11 月起至 1944 年底，党的高级干部学习课本为六种，即《共产党宣言》《社会主义从空想到科学的发展》《共产主义运动中的"左派"幼稚病》《社会民主党在民主革命中的两种策略》《联共（布）党史简明教程》和《两条路线》①，其中 5 本为马列原著。

1945 年 4 月，党的六届七中全会上，毛泽东再次向全党提出要"加强对马、恩、列、斯著作的学习"的任务。

毛泽东在 1945 年党的七大上作的口头政治报告中又提出：要读《共产党宣言》《社会主义从空想到科学的发展》《在民主革命中社会民主党的两个策略》《共产主义运动中的"左派"幼稚病》《联共（布）党史简明教程》等五本马列主义的著作，并提出，"马、恩、列、斯的书多得很，如果先读了这五本书，就差不多了"。毛泽东指出："如果有五千人到一万人读过了，并且有大体的了解，那就很好，就有益处。"② 可见，毛泽东提倡学习马列著作，不在于多少，而要读懂，读精，理解其要义。

目前，留存下来的延安时期毛泽东等领导同志学习马列

---

① 《毛泽东年谱（1893—1949）》中册，中央文献出版社 2005 年版，第 484 页。
② 《毛泽东文集》第三卷，人民出版社 1996 年版，第 351 页。

主义的史料非常之多，有毛泽东阅读斯大林著作的照片，有毛泽东签名的马列著作，有刘少奇、周恩来签名的马列著作等，这些充分反映了当时开展马克思主义学习活动的热烈程度（图54-9、图54-10、图54-11）。

图54-11 战士们学习马列主义理论。

第五十五章

纪念马克思、恩格斯、列宁的活动

1918 年是第一次世界大战结束之年，也是马克思诞辰 100 周年、《共产党宣言》发表 70 周年，世界各地举行了形式不一的纪念活动。这一年，《共产党宣言》英文版、法文版、德文版、俄文版、匈牙利文版等新译本问世了，意大利学者伯特·安德烈亚斯（Bert Andreas）撰写了《〈共产党宣言〉：历史与书目 1848—1918》，第一次系统地梳理了《共产党宣言》在世界的传播过程。虽然帝国主义战争给人们带来的恐惧一时无法消失，但马克思主义闪耀的真理之光，为全人类解放带来了不灭的希望。

1918 年，对于绝大部分中国人而言，马克思主义依然是遥不可及的新事物。然而它来得又那么迅速，十月革命一声炮响，给中国送来了马克思列宁主义。十月革命胜利的消息虽然迟迟没有传播开来，但给少数追寻真理的人们带来的震撼不言而喻。终于，怒火在 1919 年爆发了，5 月 4 日，即马克思诞辰 101 周年的前一天，北京的青年学生掀起了一场彻底的反帝反封建的爱国运动，也许，这是对马克思最好的纪念，是马克思主义在中国广泛传播的欢迎仪式。自此，以马克思、恩格斯、列宁的诞辰日、忌日，十月革命的纪念日以及《共产党宣言》《资本论》第一卷的发表日期为对象的纪念活动成为宣传、学习马克思主义不可或缺的方式。

第一节　建党前后和大革命时期的纪念活动

中国共产党成立以前，通过陈独秀、李大钊等人以及一批青年学生的著述、翻译以及组织的宣传活动，马克思主义经典著作《共产党宣言》《资本论》《哥达纲领批判》《雇佣、劳动与资本》等学说，以及马克思主义的重要理论概念"唯物史观""阶级斗争""剩余价值"等学说开始为广大青年学生、进步的知识分子所接收。中国共产党是在共产国际的帮助下建立的，与苏俄有着天然的纽带关系。因此，中国共产党成立以后以及大革命时期，围绕列宁和十月革命胜利为主题的纪念活动，成为构建中国共产党的形象、宣传中国共产党的革命主张、团结革命力量、号召人民同帝国主义和封建军阀势力展开斗争重要形式。这些活动主要包括：

一、1919 年，为纪念马克思诞辰 101 周年，在李大钊主持下，《晨报》副刊"马克思研究"专栏发表了多篇介绍马克思主义的文章，在《马克思的唯物史观》（河上肇著，渊泉译）一文中，马克思的"唯物史观"的概念第一次传到中国。

1919 年 5 月 5 日，"马克思研究"专栏又连载了马克思的重要著作《雇佣劳动与资本》的全译文，标题译为"劳动与资本"。《雇佣劳动与资本》是最早登陆中国的马克思专著。

二、1922 年，为纪念马克思诞辰 104 周年，在中国共产党的直接领导下，全国各地党、团组织和进步团体都纷纷开展纪念活动，召开了纪念会，举行了演讲会和讨论会，出版纪念专刊或发表纪念文章等。

为了表示对马克思的崇敬，在 1922 年 3 月 14 日——马克思逝世 39 周年纪念日这一天，广东省社会主义青年团成立大会召开。会上确定以"研究马克思主义实行社会改造"为宗旨。

1922 年 5 月 5 日，在马克思诞辰 104 周年纪念日这一天，中国社会主义青年团第一次全国代表大会在广州举行。出席会议的 25 人代表全国 5000 多

图55-1《今日》第1卷第4号的"马克斯特号"。

图55-2 1925年5月出版的《马克思纪念册》，中央党史和文献研究院图书馆藏。

名团员。张太雷主持大会，向大会致开幕词，作团纲和团章草案报告，并在会上当选团的第一届中央执行委员。这次大会通过《中国社会主义青年团纲领》和《中国社会主义青年团章程》，宣告中国社会主义青年团正式成立。

1922年2月，《今日》在北京创刊，该杂志在5月15日第1卷第4期特设立的"马克斯特号"（图55-1），其卷头语中写道："本志是研究马克斯学说的机关，差不多每期都有他学说的文章……因为马克斯对于学术上思想上社会改造上都有很大贡献。"《今日》从第1卷第1期到第3卷第2期，共出版10期。从第1卷第2期起陆续刊载一些马克思、恩格斯著作的译文及有关活动的介绍。"马克思特号"以马克思57岁在伦敦的照片为封面，专门介绍了马克思的学说和生平，指出："逢着本年五月五日，他百零四周年之祭日……专载关于他的学说的几篇文章，以表示一种微忱的纪念。"在这一期中，还刊载熊得山翻译的《哥达纲领批评》（即《哥达纲领批判》）、胡南湖翻译的《马克思传》以及李湘渔翻译的马克思青年时代的三首诗和李光华女士的《马克斯夫人燕妮传》等文。

1922年5月5日这一天，中国劳动组合书记部根据党的决定，在上海举行了盛大的纪念会，同时，还专门编辑出版了《马克思纪念册》（图55-2），这是我国出版的第一个马克思纪念册。纪念册封面套红印有马克思的半身像。纪念册包括了《马克思诞生一〇四周年纪念日敬告工人与学生》《马克思传》和《马克思学说》这三篇文章。第一篇文章指出纪念马克思的伟大意义，"我们应该纪念他是一个大经济学者，因为他在经济学上发明了独特的价值论和剩余价值论，使资本及劳动之意义都得着新的真的解释"；"我们应该纪念他是一个大社会学者大历史哲学者，因为他发明了唯物的历史观，使我们得了人类社会历史运动底原则，使我们得了研究社会学历史学之科学得方法"；"我们应该纪念他是一个最有力的社会主义者，因为他发明了阶级斗争说和劳工专政说，使全世界无产劳动阶级都得了自救得方针"；"我们尤其应该纪念的，是他的苦战奋斗的精神和他的富贵不能淫贫贱不能移威武不能屈的人格"；"马克思不但是一个学识渊博的大思想家，而且是一个社会改造之实际运动的战士"。文章最后对青年充满了期待，指出，在饱受国内资本家和国外资本主义帝国主义双重压迫、侵略之下，青年"不必学马克思做一个学识渊博的学者，应该学马克思做一个苦战奋斗的战士"。第二篇文章节译威廉·李卜克内西的《马克思传》，较详细地介绍了马克思的生平活动及其事业，尤其对马克思的《犹太人问题》、《神圣的家族》、《哲学的贫困》、《黑格尔法哲学批判》（本书译为《赫格儿法理哲学的批评》）、《共产党宣言》、《新莱茵》以及《资本论》第一卷等著作进行了较为详细的阐释。第三篇文章简要叙述马克思关于剩余价值、唯物史观和阶级斗争的学说，文中大量引述了《资本论》、《共产党宣言》、《法兰西内战》（本书译为《法兰西内战》）、《哥达纲领批判》的相关内容。《马克思纪念册》广为散发，掀起了一股学习马克思主义的热潮。1922年6月30日，陈独秀在给共产国际的报告中所说："五月五日全国共产党所在地都开马克思纪念会，分散马克思纪念册二万本"，足见其影响之大。

1922年5月5日和6日，北京《晨报》副刊出版了两期"马克思纪念专号"（图55-3），刊载了《我们纪念马克思的意义》等四篇介绍马克思生平和学说的文章。

三、1923年5月，中国社会主义青年团中央机关报《先驱》发表了题为《马克思诞生一百零五周年纪念日敬告中国青年》的文章（图55-4），指出"马克思主义是无产阶级革命的唯一武器"，号召中国青年坚定地站在马克思主义旗帜下，同帝国主义、军阀势力展开斗争。

1923年5月5日，北京《晨报》出版了纪念特刊。天津《新民意报》副刊《星火》发表了《马克斯传》和李大钊在1922年所做的"马克思的经济学说"演讲的文稿。

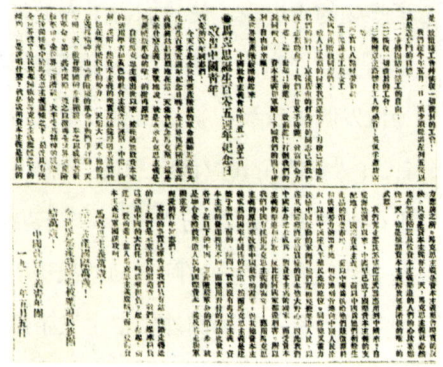

图 55-3 1922 年 5 月北京《晨报副刊》的"马克思纪念"专号。

图 55-4 1923 年 5 月，中国社会主义青年团中央机关报《先驱》发表的《马克思诞生一百零五周年纪念日敬告中国青年》。

　　这些纪念性活动，表达了中国共产党人和工农群众对革命领袖的怀念和崇敬的性情，表达了高举马克思主义的旗帜，进行无产阶级革命的坚定决心。

　　四、1924 年 2 月 7 日，李大钊出席在广州举行的追悼列宁暨纪念"二七"大会，并发表演讲指出："列宁同志是世界上被压迫民族的解放者，他的死是全世界被压迫阶级与民族，尤其是东方被压迫民族若中国，一件莫大的损失"，列宁同志的精神"尚引导吾人向前革命，以打倒军阀并国际帝国主义"。

　　1924 年 2 月 2 日，《中国青年》第 16 期发表陈独秀纪念文章《列宁之死》，指出："列宁生前在革命中的成绩，是我们所知道的；他死后，在新俄建设及世界革命中的损失，也是我们所应该承认的。"

　　1924 年 3 月 9 日，《民国日报》刊出"追悼列宁大会特刊"，刊载瞿秋白的《历史的工具——列宁》一文，指出："我们平民曾经用列宁，当他是革命斗争的好工具。我们平民永久崇拜列宁，因为他是革命的象征。"

　　1924 年 3 月 15 日出版的上海大学学生创办的《孤星》旬报第 4 期刊发《追悼列宁专号》。

　　1924 年 5 月 5 日，为纪念马克思诞辰 106 周年，北京大学的《北大经济学会》半月刊出版了"马克斯纪念专号"，发表了《马克斯年谱》等四篇文章。在《马克斯年谱》中，作者介绍了马克思生平活动，列举了学习马克思主义的 17 种参考书。

五、1925 年 1 月 10 日，中共中央通告第二十四号《对北洋军阀召开善后会议的对策》中提出："列宁周年纪念日（本月二十一日）各地应在可能范围以内号召地方各团体开一纪念会。"

1925 年 1 月 20 日，李大钊在北京纪念列宁大会上指出："今日为列宁周年忌日。我们今天开会纪念他的意义，因为他是世界革命指导者，同时又为东方被压迫者的良友。"

1925 年 1 月 21 日，《向导》刊载"列宁逝世一周年纪念刊特"，发表《中国共产党第四次大会对于列宁逝世一周年纪念宣言》《列宁与中国——列宁逝世周年纪念日告中国民众》《殖民地被压迫人民所应纪念的列宁》《一九〇五年的列宁》《列宁不死》等纪念文章，较全面介绍列宁的革命思想及其对中国革命的现实意义。

1925 年 1 月 21 日，《中国共产党第四次大会对于列宁逝世一周年纪念宣言》指出："列宁主义就是资本帝国主义专权时代的马克思主义，是消灭帝国主义的唯一武器。""我们只有站在列宁主义的旗帜之下，实行列宁主义，与全世界的工农阶级联合起来去消灭世界帝国主义。""中国的工人们，农人们和一切被压迫民众！你们要想脱离你们的重重压迫与奴隶地位，只有起来努力了解列宁主义，实行列宁主义，因为只有列宁主义才是我们自己解放自己的唯一武器。"

1925 年 5 月，《中国青年》出版"五月第一周特刊"，刊载任弼时为纪念马克思诞辰一百零七周年撰写的《马克思主义概略》一文（图 55-5），作者通俗而系统地阐述了马克思主义的由来、唯物主义辩证法和阶级斗争学说，并号召青年学习和掌握马克思主义世界观，指出："我们只有用马克思主义的宇宙观，去研究一切学问，方才可以得到一个正确的解答。"

1925 年，在纪念十月革命八周年之际，董必武领导的国民党湖北省机关刊物《武汉评论》推出了"苏俄十月革命纪念专号"，指出列宁领导的"十月革命含有三种性质：无产阶级对于资产阶级的革命、农民对于地主贵族的革命、被压迫民族对于压迫的大俄罗斯民族的革命。上述三种性质的革命，在

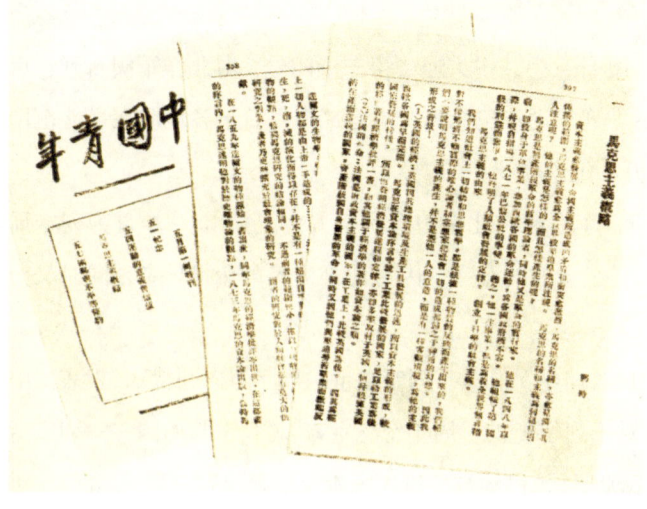

图 55-5 1925 年 5 月,《中国青年》发表任弼时的《马克思主义概略》一文。

中国都有 迫切的需要,所以我们应当热烈的纪念他"①。

六、1926 年 1 月 21 日,李大钊在列宁逝世两周年纪念大会上指出:"列宁先生已去世二年了!他的死是世界的大损失,而且他给了我们很重的责任。"

1926 年 1 月 21 日,《向导》周刊第 143 期刊发了瞿秋白的纪念文章《列宁主义与中国的国民革命》,指出:"如今列宁逝世的二周年已经到了,中国民众应当纪念他,应当考察中国现时的革命运动之发展和世界革命的无产阶级及列宁主义的关系。"

同年,为纪念列宁逝世两周年,《武汉评论》推出"列宁纪念专号",发表《中国民众纪念李卢列的意义》《列宁主义概述》《列宁主义与中国革命》等文章。

七、1927 年是列宁逝世三周年纪念,武汉举行多种纪念列宁的活动。1 月 21 日,《向导》周刊第 184 期设立"列宁逝世三周年纪念特刊"发表了《列宁逝世三周年纪念中之中国革命运动》《列宁论东方民族的解放运动》《列宁主义是

---

① 田雨:《列宁主义在武汉地区最早传播》,载《决策与信息》,2017 年第 02 期。

否不适合于中国的所谓"国情"？》《"列宁死了，但列宁主义活着！"》《列宁与妇女解放》等纪念文章。陈独秀在《列宁逝世三周年纪念中之中国革命运动》一文中指出："中国社会，现在只有两种对抗的大势力：一方面是革命的工农群众及革命化的小资产阶级；一方面是反革命的军阀、官僚、买办、地主、土豪、劣绅。资产阶级乃介在革命与反革命之间动摇不定。"

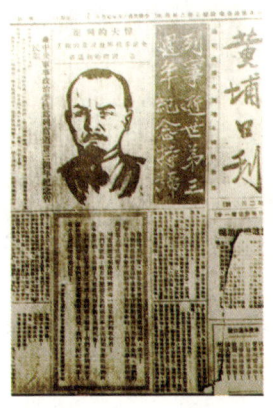

图55-6　1927年1月，《黄埔日刊》刊发"列宁逝世第三周年纪念特号"。

1927年元月，黄埔军校刊物《黄埔日刊》刊发"列宁逝世第三周年纪念特号"（图55-6），并发布"中央军事政治学校为列宁逝世三周年纪念告群众"。在《列宁逝世三周年纪念中之中国革命运动》一文中，提出："三民主义万岁！列宁主义万岁！国民革命成功万岁！世界革命成功万岁！"等口号。该刊的另一篇文章《列宁与黄埔学生》，高度赞扬了列宁伟大的一生，要求黄埔学生"应是最勇敢的列宁精神之模仿者"。

1927年1月20日，方志敏为纪念列宁逝世三周年，以江西农民协会筹备处名义起草印发了一份宣传材料《为纪念列宁敬告民众》，指出："列宁逝世已三周年了，但他不朽的精神和伟大的主义，永远活在每个被压迫的人民心中！我们只有接受他的主义在列宁主义指导之下奋斗，才能得到胜利""我们今日纪念列宁，不但因丧失了我们的指导者怀着无限的悲哀，并且为继续他未竟的工作更有无穷的兴奋，时时刻刻记住这重大的革命责任，用全力联合一切革命的力量，结成坚固的反帝国主义的联盟！"

第二节　土地革命时期的纪念活动

土地革命战争时期，纪念马克思、恩格斯、列宁的活动内容更加丰富，主题更加鲜明，时代感更强。通过纪念活动，广大工人、农民、学生被动员起来积极拥护苏维埃政权并加入红军，推动了革命的向前发展。这一时期的纪念活动主要包括：

一、1928年5月，为纪念马克思诞辰110周年，《流沙》杂志的报刊号上发表了李一氓编译的《唯物史观原文》一文。该文录辑了马克思《〈政治经济学批判〉序言》《共产党宣言》和《资本论》中有关唯物主义的论述。该号"社会运动家及社会思想家"专栏里，还刊载了介绍马克思、恩格斯生平活动的文章。

二、1930年1月18日，《红旗》杂志发表纪念文章《纪念列宁李卜克内西卢森堡》，指出："一月二十一日，是世界革命领袖列宁逝世六周年纪念日""我们现在纪念他，是因为他有领导革命的伟大功劳，尤其是因为他告诉了我们革命的必由之路。我们不仅对于他表示景仰，而且，特别要了解他的主义，实行他的主义。"

三、1930年，为纪念恩格斯诞生110周年及巴黎公社59周年，《萌芽》第1卷第3期发表三篇纪念论文：恩格斯的《在马克思葬式上的演说》（致平译）、特拉廷巴格的《巴黎公社论》（韩侍桁译）、莆理契的《巴黎公社的艺术政策》（冯雪峰译）。

同年5月，为纪念马克思诞辰并针对当时国民党反动统治对革命进步出版物的控制，《萌芽》月刊第5期"五月各节纪念号"上，发表了冯雪峰摘译的马克思早期著作《第六届莱茵省议会的辩论（第一篇论文）》和《评普鲁士近期的书报检查令》中论述关于出版自由的片断，标题是《马克思论出版自由与检阅》。

四、1931年1月15日，中国共产党中央机关报《红旗日报》发表《纪念列李卢》的社论。"列李卢"即列宁、卡尔·李卜克内西、罗萨·卢森堡。文中指出："一月二十一日是列宁同志逝世七周年纪念""发动并领导广大群众运用马克思列宁主义的武器以反抗敌人的进攻。"

1931年1月16日，中共闽粤赣苏区特委西南分委《为李卢列纪念周告群众书》指出："列宁著作了十月革命辉煌的篇章，创造了布尔什维克党，建立了无产阶级的祖国苏联，把占全世界六分之一的土地与人口脱离了帝国的统治，开辟了无产阶级的花园。"

1931年1月22日，《红旗日报》发表社论《纪念我们伟大底领导——列宁》，社论强调坚持列宁主义旗帜，进行革命斗争，反对反列宁主义的错误。

1931年4月21日，《中央关于苏区宣传鼓动工作决议》规定："一切纪念节在苏区都应该是广大的宣传鼓动的日子""一月二十一日应该是列宁纪念周，大规模征收党员的日子。"

五、1932年5月2日，为纪念马克思诞辰114周年，《红旗周报》第39期刊载《为马克思主义而斗争》一文。文章介绍了马克思的革命生涯及其理论贡献，回顾了中国共产党的革命历史。

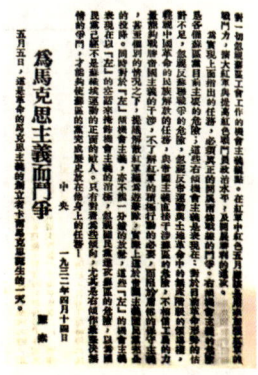

图 55-7 1932 年 5 月 2 日，《红旗周报》第 39 期刊载《为马克思主义而斗争》。

六、1933年是马克思逝世50周年，与全世界无产阶级和劳动人民一样，怀着对革命导师的深厚感情，中央苏区举行了多种纪念活动。中国共产党中央委员会于2月17日做出《中央关于马克思逝世五十周年纪念的决议》（图55-8），要求各地组织群众组织纪念大会，报告马克思学说，编译马克思主义和列宁主义基础理论的小册子。

在这次纪念活动中，党中央决定将新建立的苏维埃党校定名为"马克思共产主义学校"。3月12日，《红色中华》报道了苏维埃党校将要开学的消息，标题为"纪念科学社会主义之父！马克思共产主义学校三月十三日开学"，报道指出："今年是马克思逝世的五十周年，中央局为了纪念我们的科学社会主义的鼻祖，广泛地有系统地来传播马克思所创造的共产主义，故集中了党团政府工会的力量，创办一个大规模的苏维埃党校，大批训练新的工农干部，以适应目前革命与战争的需要，彻底改造和加强党团政府工会的工作，

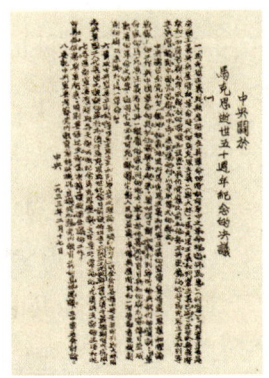

图 55-8 1933 年 2 月 17 日发布的《中央关于马克思逝世五十周年纪念的决议》。

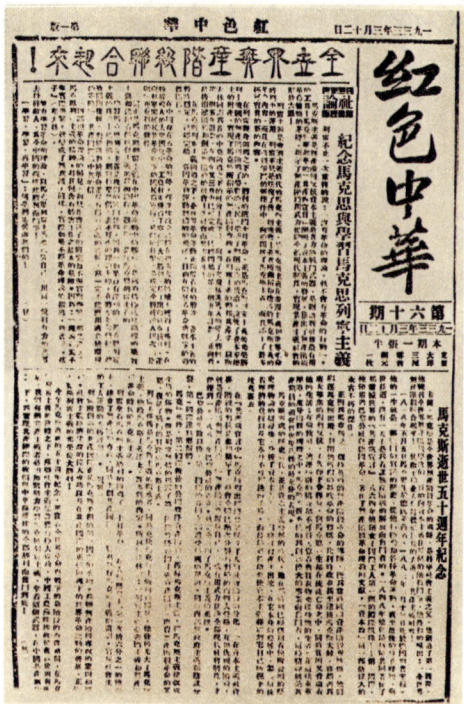

图 55-9 1933 年 3 月 12 日，中华苏维埃共和国临时中央政府机关报《红色中华》发表纪念马克思逝世五十周年的社论和文章。

争取战争的全部胜利。现在这一党校经过长期的准备，就要在三月十三日开学了。"

3 月 12 日的《红色中华》在头版大标题"全世界无产者联合起来"下还发表了署名"昆"撰写的社论《纪念马克思与学习马克思列宁主义》和署名"然"撰写的《马克思逝世五十周年》的专文（图 55-9）。

1933 年 3 月 13 日，马克思共产主义学校在瑞金叶坪洋溪村举行了隆重的开学典礼。3 月 15 日，《红色中华》再次报道了马克思共产主义学校开学时的消息："正当马克思逝世五十周年纪念节，马克思共产主义学校开学了。十三日下午一时全体学生暨各机关代表均到达该校，齐集礼堂，举行极庄严的开学典礼。少共中央局、中央政府与全总执行局代表均有重要演说，勉励学生努力学习马克思列宁主义。最后由校长训词，学生答词后，即宣布散会。""晚上举行晚会，工农剧社表演歌舞，活报，新剧等，节目均极精彩，博得观众的热烈鼓掌和喝彩声，直至十一时，始尽兴而散。"报道生动地反映了马克思共

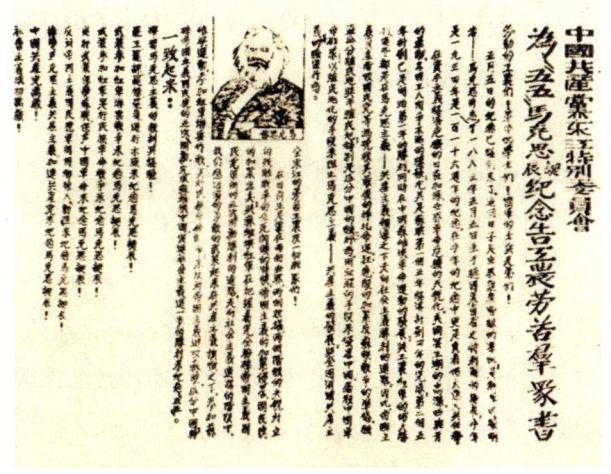

图 55-10　1934 年 5 月 5 日，中国
共产党东江特别委员会《为"五五"
马克思诞辰纪念告工农劳苦群众书》。

产主义学校开学时的盛况。①

　　七、1934 年 5 月 5 日，为纪念马克思诞辰 116 周年，中共东江特别委员会以传单的形式散发《为"五五"马克思诞辰纪念告工农劳苦群众书》（图 55-10）。传单用红纸油印，字迹工整秀丽，传单中央上方刻有马克思的半身像。文章称马克思为"同志"，简述了马克思的生平，阐述此次纪念活动的意义就是要粉碎国民党反动派的第五次"围剿"："马克思同志于 1885 年（应为 1818 年）五月五日生于德国莱茵省特利尔，今年一九三四年是一百一十六周年纪念。在今年的纪念中更是负着伟大意义与任务……苏维埃红军在把握着完全粉碎帝国主义国民党军阀的五次'围剿'胜利的道路，走向社会主义道路的阶段中，我们应活泼的勇敢的武器起来在共产主义旗帜下，参加苏维埃运动，参加红军游击作战，实行民族革命战争，来反对帝国主义进攻苏联，瓜分中国，粉碎帝国主义国民党的五次'围剿'，完成苏维埃中国，促进社会主义进一步胜利来纪念'五五'。"

①　《培养党的干部的红色摇篮》，载《学习时报》，2013 年 3 月 11 日。

第三节 抗日战争和解放战争时期的纪念活动

抗日战争时期，纪念活动主要围绕动员全国人民及联合国民党抗日、争取国际上的支持、进一步构建中国共产党对内对外的形象、争取抗日战争取得最后胜利而开展。解放战争时期的纪念活动主要服务于解放全国的总动员、新中国成立后的重建工作，以及中国共产党即执政的部署等。这期间，主要纪念活动包括：

一、1938年是马克思诞辰120周年，《共产党宣言》发表90周年，马克思逝世55周年。1938年1月21日，《新华日报》发表《纪念革命中之圣人——列宁》的一文。文章指出："在抗战的今日，来纪念我们这位伟大的导师，应该加紧研究，加深了解列宁的民族主义，学习列宁的精神，更紧切地和民众团结，更坚决肃清汉奸土匪，巩固和扩大抗日民族统一战线，实现紧密的民族团结，贯彻到底。"

5月1日，《解放》周刊第36期，发表了纪念马克思诞辰120周年的文章《马克思与中国》。

二、1939年，为纪念马克思逝世56周年，《新中华报》发表社论《纪念孙中山与马克思》，指出民族解放与无产阶级解放是相互的关系，"空前严重的民族危机，要求马克思主义者与三民主义者精诚友爱的合作"。毛泽东在延安举行的纪念晚会上也指出："现在马克思主义与三民主义连系起来，在唤起民众和联合世界上以平等待我之民族以求达到中国之自由平等上基本是相同的。"

3月8日，《解放》周刊第66期刊载《纪念马克思与孙中山》一文（图55-11）。11月7日，《解放》周刊第89期特出版"十月革命二十二周年纪念特刊"（图55-12），刊载

图55-11 1938年3月8日《解放》周刊刊载的《纪念马克思与孙中山》。

图55-12 1938年11月7日《解放》周刊设立的"十月革命二十二周年纪念特刊"。

陈伯达的《十月社会主义革命与马克思列宁主义》、吴黎平的《十月社会主义革命与革命转变问题》、许之桢的《十月革命与苏联底和平政策》、艾思奇的《社会主义革命与知识分子》以及列宁的《十月革命四周年纪念》等文章。12月30日，《解放》周刊第95期专载《共产国际为纪念十月革命二十二周年》一文。

三、1940年1月24日，为纪念列宁逝世16周年，《新中华报》发表题为《纪念世界革命导师——列宁》的社论，指出："列宁不仅是无产阶级革命的领袖，列宁的学说是人类解放的灯塔，照耀着人类解放斗争的道路。"

四、1941年，为纪念列宁逝世17周年，《解放》周刊发表纪念文章指出，对待马克思、恩格斯、列宁、斯大林，"不是把他们的理论当作教条看，而是当作行动的指南。不是学习马克思列宁主义的字母，而是学习他们观察问题与解决问题的立场与方法"。5月，为纪念马克思诞辰123周年，解放社选编并出版了《论马恩列斯》等书。

五、1943年，为纪念列宁逝世19周年，《解放日报》发表胡乔木执笔的社论《列宁活着呢》。社论指出，对这种不译不读马列著作的现象，有扫除的必要，因为过去曾有人读了马列的书而不用或乱用，被称为教条主义者，就走向另一个极端，根本不读马列著作，"根本停止和拒绝翻译、传布、解释、通俗化这些原著的工作"，所有这些想法和做法都是不对的，都"完全不是马克思列宁主义"。

六、1945年，为纪念列宁逝世21周年，《新华日报》发表《列宁逝世的第一周年》一文指出，列宁在"继续巴黎公社的工程"，"他所指导的俄罗斯革命经验，已经给了全世界无产者以无产阶级国家的革命建设之一个活泼泼的榜样"。

七、1948年，为了纪念《共产党宣言》发表100周年，中国出版社在香港出版乔冠华根据成仿吾、徐冰译本校订的新的《共产党宣言》译本。著者署名：马克思、恩格斯，译者署名：成仿吾、徐冰，乔冠华在"校后记"中对这版本《共产党宣言》进行了概要性说明。

同年，为纪念《共产党宣言》发表100周年，莫斯科外国文书籍出版局

图 55-13 1948 年 8 月，新中出版社出版的《马克思主义百年纪念》。

图 55-14 1949 年 3 月，新中国书局翻印的《马克思主义百年纪念》。

出版《共产党宣言》"百周年纪念版"系列译本，其中包括汉译本。该译本由谢唯真根据德文版，参考国内陈望道译本、成仿吾和徐冰译本以及博古译本而重新翻译。

同年 8 月，香港的新中出版社出版了由沈志远主编的《理论与现实丛刊（第三辑）》——"马克思主义百年纪念"（图 55-13）。该书包括"马克思主义百年纪念特辑"和"新民主主义特辑"两部分内容。前者收入《马克思主义永垂不朽》《马克思主义与中国近代思想发展概观》《1848——1948 历史和理论的发》《马克思主义与历史学》《马克思主义与哲学》《马克思主义与科学》六篇学术论文；后者收入《新民主主义底历史认识》和《论新民主主义经济诸问题》两篇论文。